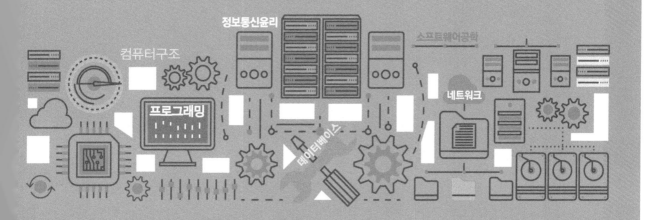

# 정보 · 컴퓨터 중등교사 임용시험을 위한

# 교과내용학

강오한 지음

21세기사

# PREFACE

정보·컴퓨터 표시과목 임용시험의 문항 출제를 위해 한국교육과정평가원과 컴퓨터교육학회를 중심으로 임용시험 표준화 작업을 수행하였으며, 이 결과에 근거하여 컴퓨터교육 관련학과의 교육과정이 편성되고 임용시험 문항이 출제되고 있다. 이 책에서는 이에 근거하여 출제된 기출문항을 풀이하고, 모의문항 풀이와 핵심개념 정리를 통해 심화학습이 가능하도록 하였다.

정보·컴퓨터 표시과목의 임용시험은 교과교육학 1개, 교과내용학 12개를 포함하여 총 13개의 기본이수과목(영역)을 대상으로 한다. 전공과목의 수가 많고 범위가 넓어 학생들이 시험 준비에 많은 어려움을 느끼고 있다. 이러한 문제점을 해결하고, 시험에 대비한 체계적인 학습을 위해서는 기출문항의 풀이를 통한 출제 경향 파악이 매우 중요하다. 임용시험의 기출문항은 전공과목의 기본 이론을 정확히 이해하고 문제해결력을 갖추어야 풀 수 있는 다양한 문항들로 구성되어 있다.

이 책에서는 과목별 기초이론과 핵심개념을 이해할 수 있도록 기출문항 풀이를 상세히 기술함으로써 체계적이고 효율적인 시험 준비가 될 수 있도록 하였다. 이 책의 구성과 내용 측면에서 중요한 특징은 다음과 같이 요약할 수 있다.

정보·컴퓨터 표시과목의 기본이수과목(영역)에 포함되는 교과내용학 과목들에 대한 개념을 학습할 수 있도록 기출문항을 풀이하고 핵심 개념을 정리하였다. 이 책에서 다루는 내용은 정보·컴퓨터 표시과목의 13개 기본이수과목 중에서 자료구조, 알고리즘, 논리회로, 컴퓨터구조, 운영체제, 네트워크, 데이터베이스, 프로그래밍, 정보통신윤리, 인공지능, 소프트웨어공학에 관한 것이다.

이 책에서는 임용시험 기출문항을 과목과 영역별로 분류하고 풀이하였다. 임용시험 준비를 위해서는 전공과목의 주요 내용을 요약하여 정리하고, 기출문항 풀이를 통해 실전 능력을 키워야 한다. 이 책을 사용하여 학습함으로써 전공지식을 넓히고 문제해결력이 향상되기를 기대한다. 이를 통해 예비 교사들이 교직의 꿈을 실현하는데 도움이 되기를 바란다.

2023년 5월
저자

# CONTENTS

PREFACE 3

CHAPTER **1**  자료구조/알고리즘 9

1.1  데이터 구조 기초 12

1.2  리스트 18

1.3  트리 25

1.4  그래프 36

1.5  해싱 56

1.6  탐색과 정렬 60

CHAPTER **2**  논리회로/컴퓨터구조 81

2.1  데이터의 표현 84

2.2  부울 대수와 논리게이트 87

2.3  조합 논리회로 90

2.4  순차 논리회로 97

2.5  중앙처리장치 104

2.6  기억장치 120

2.7  입출력장치 132

2.8  병렬처리 136

CHAPTER 3    **운영체제**                                              145

3.1   운영체세의 개요                                            147

3.2   프로세스 관리                                              149

3.3   교착상태(Deadlock)                                        173

3.4   주기억장치 관리                                            183

3.5   입출력 관리                                               206

3.6   파일 관리                                                212


CHAPTER 4    **네트워크**                                             219

4.1   물리 계층                                                221

4.2   데이터 링크 계층                                          227

4.3   네트워크 계층                                             236

4.4   전송 계층                                                259

4.5   응용 계층                                                267


CHAPTER 5    **데이터베이스**                                          271

5.1   데이터베이스 개요                                          273

5.2   데이터 모델링                                             275

5.3   관계 데이터베이스 시스템                                    281

5.4   정규화                                                  287

5.5   SQL(Structured Query Language)                          300

5.6   트랜잭션(Transaction)                                     325

CHAPTER **6**   프로그래밍   339

6.1   C언어의 기본   341

6.2   배열과 구조체   349

6.3   함수 및 라이브러리   359

6.4   프로그래밍 실기   370

CHAPTER **7**   정보통신윤리/인공지능/소프트웨어공학   389

7.1   정보통신 윤리   392

7.2   인공지능   394

7.3   소프트웨어공학   405

참고문헌   411

CHAPTER 1

# 자료구조/알고리즘

### ※ 자료구조 과목의 평가 영역 및 평가 내용 요소

| 평가 영역 | 평가 내용 요소 |
|---|---|
| 데이터구조 기초 | 기본 자료형과 추상 자료형 |
| | 순차 데이터구조와 연결 데이터구조(배열의 개념 및 종류, 링크를 이용한 노드 연결 개념 및 종류) |
| 선형 데이터구조 | 배열의 연산 및 응용 |
| | 연결 리스트의 개념 및 연산 |
| | 배열 및 연결리스트를 이용한 선형 리스트의 구현 및 응용(다항식, 가용 공간 리스트) |
| | 스택과 큐의 개념 |
| | 스택과 큐의 표현 및 연산 |
| | 스택과 큐의 응용(괄호쌍검사, 후위 수식 변환 및 계산, 환형큐, 대기큐) |
| 트리 | 트리의 개념 및 기본 용어 이해 |
| | 이진트리의 개념 및 특징 |
| | 이진트리의 연산 및 순회 |
| | 트리의 응용(우선순위의 큐, 힙 정렬, 균형 이진탐색 트리, 다원 탐색 트리, B+트리) |
| 그래프 | 그래프의 개념 및 기본 용어 이해 |
| | 그래프의 순회 및 응용(깊이/너비우선, 신장트리, 최소신장트리, 단일출발점 최단경로) |
| 해싱 | 해싱의 개념 및 기본 용어 |
| | 정적 및 동적 해싱의 개념 및 연산 |
| | 해싱의 응용 |

## ※ 알고리즘 과목의 평가 영역 및 평가 내용 요소

| 평가 영역 | 평가 내용 요소 |
|---|---|
| 알고리즘 기초 | 알고리즘의 정의와 요건 |
| | 알고리즘의 표현 |
| | 성능 분석에 필요한 시/공간 복잡도 |
| | 점근 표기법 |
| 알고리즘 설계원리 | 재귀 알고리즘 설계 원리 |
| | 분할/축소 정복(이진탐색/선택/하노이탑) |
| | 그리디(Greedy) 알고리즘(동전거스름돈/부분 배낭 채우기/최소신장트리/최단경로/허프만코드) |
| | 동적 프로그래밍(모든 쌍 간 최단경로/동전거스름돈/0-1 배낭 채우기) |
| | 되추적(그래프채색/여왕말/미로 찾기/0-1배낭 채우기/방문판매원) |
| | 한정분기(0-1배낭 채우기/방문판매원) |
| 정렬/탐색 알고리즘 | 정렬 알고리즘(버블/선택/삽입/합병/퀵/힙/계수/기수정렬) |
| | 탐색 알고리즘(순차탐색/이진탐색) |

## 1.1 데이터 구조 기초

다음 두 개 프로그램은 배열로 구현한 큐에서 삽입과 삭제 연산 수행을 비교하기 위한 것이다. 〈조건〉을 고려하여 물음에 답하시오.

| 프로그램 ㉮ | 프로그램 ㉯ |
|---|---|
| <pre>insert(char data) {<br>  if (_____㉠_____)<br>    printf("Queue Overflow") ;<br>  else {<br>    Q[rear] = data ;<br>    rear = rear + 1 ;<br>  }<br>}<br><br>delete( ) {<br>  if (front == rear)<br>    printf("Queue Underflow") ;<br>  else {<br>    temp = Q[front] ;<br>    front = front + 1 ;<br>    return temp ;<br>  }<br>}</pre> | <pre>insert(char data) {<br>  if (_____㉡_____)<br>    printf("Queue Overflow") ;<br>  else {<br>    Q[rear] = data ;<br>    rear = (rear+1) % n  ;<br>  }<br>}<br><br>delete( ) {<br>  if (front == rear)<br>    printf("Queue Underflow") ;<br>  else {<br>    temp = Q[front] ;<br>    front = (front + 1) % n ;<br>    return temp ;<br>  }<br>}</pre> |

조건

• 프로그램 ㉮는 선형큐, ㉯는 원형큐를 사용한다.
• 프로그램에서 front와 rear의 초깃값은 0이다.
• 프로그램 ㉮는 데이터를 최대 n개 저장할 수 있다.
• 프로그램 ㉯는 데이터를 최대 n-1개 저장할 수 있고, 자료의 삽입과 삭제 시 저장 공간은 순환적으로 접근된다.
• 데이터 저장을 위한 n은 4이다.

(1) ㉠, ㉡에 들어갈 내용은 무엇인가?

(2) 프로그램 ㉯에서 아래의 7개 연산을 순서에 따라 수행하였을 때 front와 rear의 최
종 값을 구하시오.

| 연산순서 | 1 | 2 | 3 | 4 |
|---|---|---|---|---|
| 연산내용 | insert('q') | insert('u') | delete() | insert('e') |
| 연산순서 | 5 | 6 | 7 | |
| 연산내용 | insert('u') | delete() | insert('e') | |

---

**풀이**  (1) ㉠ : rear > n − 1, ㉡ : ((rear + 1) % n) == front

(2) front = 2, rear = 1

원형큐에서 연산순서에 따라 연산을 수행하면 front(ⓕ)와 rear(ⓡ)의 변화는 다음과
같다.

1. insert('q')

| q | |
|---|---|
| [0]ⓕ | [1]ⓡ |
| [3] | [2] |

2. insert('u')

| q | u |
|---|---|
| [0]ⓕ | [1] |
| [3] | [2]ⓡ |

3. delete()

| | u |
|---|---|
| [0] | [1]ⓕ |
| [3] | [2]ⓡ |

4. insert('e')

| | u |
|---|---|
| [0] | [1]ⓕ |
| [3]ⓡ | [2] |
| | e |

5. insert('u')

| | u |
|---|---|
| [0]ⓡ | [1]ⓕ |
| [3] | [2] |
| u | e |

6. delete()

| | u |
|---|---|
| [0]ⓡ | [1] |
| [3] | [2]ⓕ |
| u | e |

7. insert('e')

| e | |
|---|---|
| [0] | [1]ⓡ |
| [3] | [2]ⓕ |
| u | e |

---

다음 프로그램은 후위표기법(postfix)으로 표현된 수식을 스택을 이용하여 계산하는 것
이다. 〈조건〉을 고려하여 물음에 답하시오.

```
calculateExp(st, exp) {
    int x, y, z ;
    while ((token == getChar(exp)) != '$') {
```

```
        if (token == operand) push(st, token) ;
        else if (token == operator) {
            x = pop(st) ;
            y = pop(st) ;
            z = (_____㉠_____) operator (_____㉡_____) ;
            push(st, z) ;
        }
    }
    print(pop(st)) ;
}
```

**조건**

• st는 스택을 나타내고, 초기 상태는 공백이다.
• 연산자(operator)는 +, −, *, / 중 하나이고, 피연산자(operand)는 0~9의 한 자릿수이며, 끝식별자(delimiter)는 $이다.
• token은 연산자, 피연산자, 끝식별자 중 하나이고, exp는 이들로 구성된다.
• getChar는 exp에서 차례대로 하나의 token을 읽는 함수이다.
• push, pop은 각각 스택에 원소를 삽입하고 삭제하는 함수이다.
• 계산할 수식(exp)은 '7 5 3 + * 9 16 8 / − + $'이다.

(1) ㉠, ㉡에 들어갈 내용은 무엇인가?

(2) calculateExp()의 출력은 무엇인가?

(3) calculateExp()를 수행하는 동안 push()의 전체 호출 횟수는?

(4) 수식의 계산 과정을 스택으로 나타내시오.

---

**풀이** (1) ㉠ : y, ㉡ : x

(2) 63

(3) 11회, 수식에서 '$'를 제외하고 토큰 수만큼 push 연산이 일어난다.

(4)
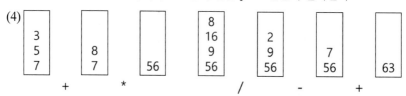

다음 프로그램은 중위 표기식(infix)을 입력받아 스택을 이용하여 연산을 수행하는 것이다. 〈조건〉을 고려하여 나타내시오.

```
infix_calc() {
    int In_Stack_P[] = {1, 5, 2, 2, 3, 3, 0} ; // (, ), + , - , *, \, $
    int Input_P[] = (6, 5, 2, 2, 3, 3, 0) ;
    int Top = 0 ;
    char symbol ;
    Stack[0] = '$';
    while ((symbol = get_symbol(Exp)) != '$') {
        if (symbol == operand) print_symbol(symbol) ;
        else if (symbol == ')') {
            while (Stack[Top] != '(') print_symbol(Pop(Stack)) ;
            _____㉠_____ ;
        } else {
            while (In_Stack_P[Stack[Top]] >= Input_P[symbol])
                print_symbol(Pop(Stack)) ; ← ㉢
            _____㉡_____ ;
        }
    }
    while ((symbol = Pop(Stack)) != '$') print_symbol(symbol) ;
}
```

조건

- 연산 처리할 수식(Exp)은 'a – (b + c) * d + e $'이다.
- symbol은 연산자인 (, ), + , – , *, \, $와 피연산자인 operand로 구분한다.
- symbol은 스택 속의 연산자 우선순위와 새로 읽은 연산자 우선순위가 있으며, 각각 In_Stack_P[]와 Input_P[]로 우선순위를 정의한다.
- Top은 Stack의 top이고, $는 스택의 최하단 및 중위표기식의 마지막 symbol이다.
- get_symbol은 Exp에서 symbol을 읽고, print_symbol은 하나의 symbol을 출력한다.
- Push, Pop은 각각 symbol을 Stack에 삽입하고 삭제하는 함수이다.

(1) Pop(매개변수), Push(매개변수1, 매개변수2) 함수를 사용하여 ㉠, ㉡에 들어갈 내용을 쓰시오.

(2) 연산자 '*'가 입력되어 처리되었을 때 Stack의 내용과 출력은 무엇인가?

(3) 문장 ㉢에 의해 출력되는 symbol을 모두 나열하시오.

(4) 프로그램에서 수식이 처리되었을 때 최종 출력은 무엇인가?

---

**풀이** (1) ㉠ : Pop(Stack), ㉡ : Push(Stack, symbol)

(2) Stack : $ - *, 출력 : abc+

(3) *-

(4) abc+d*-e+

| symbol | Stack | | | | 출력 |
|---|---|---|---|---|---|
| | [0] | [1] | [2] | [3] | |
| a | $ | | | | a |
| - | $ | - | | | a |
| ( | $ | - | ( | | a |
| b | $ | - | ( | | ab |
| + | $ | - | ( | + | ab |
| c | $ | - | ( | + | abc |
| ) | $ | - | | | abc+ |
| * | $ | - | * | | abc+ |
| d | $ | - | * | | abc+d |
| + | $ | + | | | abc+d*- |
| e | $ | + | | | abc+d*-e |
| $ | $ | | | | abc+d*-e+ |

---

다음 프로그램은 배열 A에 원소 t를 삽입하는 함수이다. 연산 a/b의 결과는 a를 b로 나눈 값의 소수점 아래를 버린 정수이다. insert(A, n, 12)를 호출하였다고 가정하고 물음에 답하시오.

| 원소수(n) | 배열 A | | | | | | | | |
|---|---|---|---|---|---|---|---|---|---|
| | 1 | 2 | 3 | 4 | 5 | 6 | 7 | 8 | 9 |
| 8 | 2 | 18 | 9 | 87 | 26 | 51 | 72 | 91 | |

```
insert(A, n, t) {
    if (n = 0) {
        A[1] ← t ;
        n ← 1 ;
    } else {
        n ← n + 1 ;
        A[n] ← t ;
        c ← n ;
        p ← c / 2 ;
        while (p > 0) {
            if (t > A[p]) while문을 벗어남 ;   ← ㉠
            else {
                A[c] ← A[p] ;
                c ← p ;
                p ← c / 2 ;
            }
            print A ;   ← ㉡
        }
        A[c] ← t ;
        print A ;   ← ㉢
    }
}
```

(1) 문장 ㉠에서 if 조건을 만족하는 경우가 어떤 것인지 설명하시오.

(2) 문장 ㉡이 첫 번째 실행되었을 때 배열 A의 내용은 무엇인가?

(3) 문장 ㉢이 실행된 직후 배열 A의 내용은 무엇인가?

---

**풀이** (1) 삽입할 정수가 배열 A의 비교 값보다 크면 while문에서 빠져나오도록 한다. 최소힙 트리의 삽입 기능을 구현한 프로그램으로 while문 진입 직전 배열 A와 관련 변수의 값은 다음과 같다.

| 1 | 2 | 3 | 4 | 5 | 6 | 7 | 8 | 9 |
|---|---|---|---|---|---|---|---|---|
| 2 | 18 | 9 | 87 | 26 | 51 | 72 | 91 | 12 |
|   |   |   | p |   |   |   |   | c |

(2) 2 18 9 87 26 51 72 91 87

문장 ㉡을 첫 번째 실행한 직후의 배열 A와 관련 변수의 값은 다음과 같다.

| 1 | 2 | 3 | 4 | 5 | 6 | 7 | 8 | 9 |
|---|---|---|---|---|---|---|---|---|
| 2 | 18 | 9 | 87 | 26 | 51 | 72 | 91 | 87 |

     p            c

(3) 2 12 9 18 26 51 72 91 87

't > A[p]' 조건을 만족하여 while문을 벗어나기 직전의 배열 A와 관련 변수의 값은 다음과 같다.

| 1 | 2 | 3 | 4 | 5 | 6 | 7 | 8 | 9 |
|---|---|---|---|---|---|---|---|---|
| 2 | 18 | 9 | 18 | 26 | 51 | 72 | 91 | 87 |

     p    c

문장 ㉢을 실행한 직후의 배열 A와 관련 변수의 값은 다음과 같다.

| 1 | 2 | 3 | 4 | 5 | 6 | 7 | 8 | 9 |
|---|---|---|---|---|---|---|---|---|
| 2 | 12 | 9 | 18 | 26 | 51 | 72 | 91 | 87 |

     p    c

## 1.2 리스트

**중등교사 임용시험 정보 · 컴퓨터 2020-B-10.**

다음 프로그램은 학생의 학번을 입력 순서대로 연결 리스트에 저장한다. 변수 start는 연결 리스트의 첫 번째 노드를 가리킨다. findLast()는 연결 리스트의 마지막 노드의 주소를 반환하고, insert()는 연결 리스트의 끝에 노드를 추가한다. 물음에 답하시오.

```c
#include <stdio.h>
#include <stdlib.h>

typedef struct node {
    int sID ;
    struct node *next ;
} Node ;

Node *findLast(Node *start) {
    Node *p ;
```

```
      if (start == NULL) return NULL ;
      p = start ;
      while _____㉠_____ ;
      return p ;
   }


   void insert(Node *start, int s) {
      Node *n, *p ;
      p = findLast(start) ;
      if (p != NULL) {
         n = (Node *) malloc(sizeof (Node)) ;
         ┌──────────────────────────────┐
         │              ㉮              │
         └──────────────────────────────┘

      }
   }


   int main () {
      Node *start = NULL ;
      start = (Node *) malloc(sizeof(Node)) ;
      start->sID = 10000 ;
      start->next = NULL ;
      insert(start, 20000) ;   ← ㉡
      insert(start, 30000) ;
      return 0 ;
   }
```

(1) ㉠에 들어갈 내용은 무엇인가?

(2) ㉮에 들어갈 코드를 작성하시오.

(3) 문장 ㉡의 실행이 완료되었을 때 연결 리스트의 모양을 포인터와 함께 그림으로 나타내시오.

(4) 프로그램의 실행이 완료되었을 때 연결 리스트의 모양을 그림으로 나타내시오.

---

**풀이** (1) (p->next != NULL) p = p->next

(2)  n->sID = s ;
   n->next = NULL ;
   p->next = n ;

(3)

```
start  →  10000  –  →  20000  \0
              ↑           ↑
              p           n
```

(4)

```
start  →  10000  –  →  20000  –  →  30000  \0
```

중등교사 임용시험 정보·컴퓨터 2010-1차-32.

다음 C 언어 프로그램은 배열 값을 이용하여 연결 리스트를 만들고 그 내용을 확인하는 것이다. 물음에 답하시오.

```c
#include <stdio.h>
#include <stdlib.h>
struct node {
    int id ;
    struct node *link ;
} ;

void main() {
    int a[5][5] = { {0, 1, 0, 1, 1}, {1, 0, 1, 1, 0}, {0, 1, 0, 0, 1},
        {1, 1, 0, 0, 0}, {1, 0, 1, 0, 0} } ;
    struct node *h[5], *t ;
    int i, j ;
    for (i = 0 ; i < 5 ; i++) {
        h[i] = NULL ;
        for (j = 0 ; j < 5 ; j++) {
            if (a[i][j]) {
                t = (struct node *) malloc(sizeof(struct node)) ;
                ┌─────────────────────────────────┐
                │               ㉮                  │
                └─────────────────────────────────┘

        }
```

```
        }
    }
    for (i = 0 ; i < 5 ; i++) {
        t = h[i] ;
        while (t) {
            printf("(%d %d) ", i, t->id) ;  ← ㉠
            t = t->link ;
        }
    }
}
```

(1) ㉮에 들어갈 코드를 작성하시오.

(2) 프로그램 실행이 완료되었을 때 생성되는 연결 리스트를 그림으로 나타내시오.

(3) 명령문 ㉠이 세 번째로 실행될 때 출력되는 값은 무엇인가?

---

**풀이** (1)  ```
t->id = j ;
t->link = h[i] ;
h[i] = t ;
```

(2) 배열 값을 이용하여 생성되는 연결 리스트는 아래 그림과 같다.

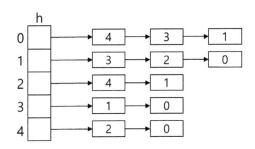

(3) (0, 1)

　　㉠이 세 번째로 실행될 때 출력되는 값은 연결 리스트에서 3번째 노드인 (0, 1)이 된다.
```

중등교사 임용시험 정보·컴퓨터 2014-B-서술형-3.

 다음 프로그램은 단일 연결 리스트에 학생의 학번과 점수를 저장하기 위한 것이다. 단, 학생 정보들은 학번을 기준으로 오름차순으로 정렬되고, 동일한 학번은 입력되지 않는다. 물음에 답하시오.

```c
#include <stdio.h>

void insertNode(struct node **head, int stdnum, int score) {
    struct node *prevptr, *ptr, *elm ;
    elm = _____ ㉠ _____ ;
    elm->stdnum = stdnum ;
    elm->score = score ;
    elm->next = NULL ;
    if ((*head) == NULL) {
        (*head) = elm ;
        return ;
    }
    prevptr = NULL ;
    ptr = (*head) ;
    while (ptr != NULL) {
        if (ptr->stdnum < stdnum) {
            ┌─────────────────┐
            │        ㉮        │
            └─────────────────┘
        }
        else {
            if (prevptr == NULL) (*head) = elm ;
            else prevptr->next = elm ;
            _____ ㉡ _____ ;
            return ;
        }
    }
    prevptr->next = elm ;
    return ;
}
```

(1) 프로그램에 적합한 node를 구조체로 정의하시오.

(2) ㉮에 들어갈 코드를 작성하시오.

(3) ㉠에 들어갈 내용은 무엇인가?

(4) ㉡에 들어갈 내용은 무엇인가?

---

**풀이** (1) 
```
typedef struct node {
    int stdnum ;
    int score ;
    struct node *next ;
} node ;
```

(2) 
```
prevptr = ptr ;
ptr = ptr->next ;
```

(3) (struct node *) malloc(sizeof(struct node))

(4) elm->next = ptr

---

### 중등교사 임용시험 정보 · 컴퓨터 2008-8.

다음은 이중 연결 리스트에 데이터를 오름차순으로 삽입하는 C 프로그램이다. 데이터 5, 2, 9를 삽입하기 위해 ㉯에서 sorted_insert 함수를 호출한 것으로 가정하고 물음에 답하시오.

```c
#include <stdio.h>
#include <stdlib.h>

typedef struct DN {
    int val ;
    struct DN *prev ;
    struct DN *next ;
} DNODE ;
void sorted_insert(int) ;
DNODE *head, *tail ;
```

```
void main(void) {
    head = (DNODE *) malloc(sizeof(DNODE)) ;
    tail = (DNODE *) malloc(sizeof(DNODE)) ;
    ┌─────────────────────────────────┐
    │              ㉮                  │
    ├─────────────────────────────────┤
    │              ㉯                  │
    └─────────────────────────────────┘
}

void sorted_insert(int k) {
    DNODE *stptr, *itptr ;
    stptr = head->next ;
    while (stptr->val <= k && stptr != tail) stptr = _____㉠_____ ;
    itptr = (DNODE *) malloc(sizeof(DNODE)) ;
    itptr->val = k ;
    _____㉡_____ = itptr ;
    itptr->prev = _____㉢_____ ;
    stptr->prev = itptr ;
    itptr->next = stptr ;
}
```

(1) ㉮에 들어갈 코드를 작성하시오.

(2) ㉠~㉢에 들어갈 내용을 쓰고, 각각의 기능을 설명하시오.

---

**풀이** (1)  head->next = tail ;
　　　　head->prev = head ;
　　　　tail->next = tail ;
　　　　tail->prev = head ;

(2)

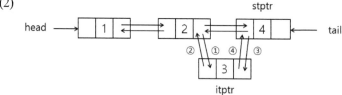

　㉠ stptr → next

　　새로 삽입된 k보다 큰 값을 찾거나 리스트의 끝까지 포인터를 뒤로 이동한다.

   Ⓛ stptr → prev → next

    삽입할 위치를 찾았으면 바로 전 노드의 포인터가 삽입할 노드를 가리키도록 한다.

   Ⓒ stptr→prev

    이전 노드의 포인터가 가리키는 곳을 삽입 노드의 포인터가 가리키도록 한다.

## 1.3 트리

다음은 확장 이진탐색 트리인 레드-블랙(Red-Black) 트리를 나타낸 것이다. 트리에서 흰색 노드는 블랙 노드이고 사각형은 실패 노드를 나타낸다. 물음에 답하시오.

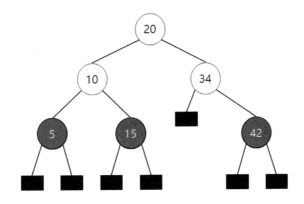

(1) 주어진 트리에 키값 12를 삽입하는 경우 색깔 반전이 필요한 노드의 키값을 나열하시오.

(2) 주어진 트리에 키값 50을 삽입한 후 변화된 트리를 노드의 색깔과 함께 나타내시오.

(3) 주어진 트리를 2-3-4 트리(차수가 4인 B-트리)로 변환하여 나타내시오.

(4) 주어진 트리에서 레드 노드를 삭제하는 경우 새로 만들어진 트리가 레드-블랙 트리의 성질을 유지하는지 설명하시오.

**풀이** (1) 5, 10, 15

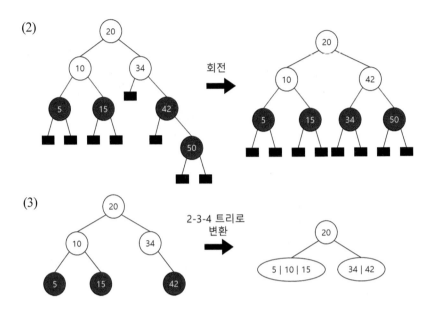

(4) 레드-블랙 트리에서 레드 노드는 3노드 또는 4노드의 일부이기 때문에 삭제된 후에도 레드-블랙 트리의 성질은 그대로 유지된다.

레드-블랙 트리는 2-3-4 트리를 이진트리로 나타낸 것으로, 레드-블랙 트리에서 한 노드의 자식 포인터는 레드와 블랙의 두 가지 형태가 존재한다. 자식 포인터가 원래 2-3-4 트리에 존재한 경우는 블랙 포인터가 되고, 그렇지 않으면 레드 포인터가 된다. 레드-블랙 트리의 특성은 다음과 같다.

① 레드-블랙 트리는 이진 탐색 트리이다.

② 루트에서 외부 노드로의 모든 경로는 같은 수의 블랙링크를 포함한다. 이것은 원래 2-3-4 트리의 모든 외부 노드들이 같은 레벨에 있고, 블랙 포인터가 원래의 포인터라는 것을 의미한다.

③ 루트에서 외부 노드로의 모든 경로는 두 개 또는 그 이상의 연속적인 레드 포인터를 가질 수 없다.

다음 프로그램은 리스트를 이용하여 허프만 트리를 만들기 위한 것이다. 〈조건〉을 고려하여 물음에 답하시오.

```
#define N 5

typedef struct node *NODE ;
NODE list = NULL ;

NODE least() {
    NODE t ;
    if (list == NULL) return NULL ;
    t = list ;
    list = list->next ;
    return t ;
}

void insert(NODE t) {
    NODE pt, old ;
    if (list == NULL || t->w < list->w) {
        ┌─────────────────────────┐
        │            ㉮           │
        └─────────────────────────┘
    } else {
        old = list ;
        pt = old->next ;
        while (pt != NULL && pt->w < t->w) {
            ┌─────────────────────┐
            │          ㉯         │
            └─────────────────────┘
        }
        t->next = pt ;
        old->next = t ;
    }
}

int main(void) {
    int i ;
    NODE pt ;
```

```
init() ;  ← ㉠
for (i = 1 ; i < N ; i++) {
    pt = newnode() ;
    pt->lc = least() ;
    pt->rc = least() ;
    pt->w = (pt->lc)->w + (pt->rc)->w ;
    insert(pt) ;  ← ㉡
}
return 0 ;
}
```

조건

• 노드(node)와 리스트의 구조는 다음과 같다.

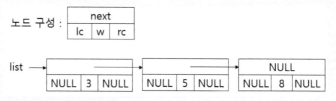

노드 구성 :

• 초기 가중치 값은 (15, 5, 8, 12, 4)이다
• init()는 초기 가중치를 받아 오름차순으로 정렬된 리스트를 만든다.
• newnode()는 새로운 노드를 생성한다.
• least()는 list에 있는 원소 중에서 가중치 값이 가장 작은 것을 가져온다.
• insert()는 list에 새 원소를 정렬 순서에 맞게 삽입한다.

(1) 프로그램에 적합한 node를 구조체로 정의하시오.

(2) ㉮에 들어갈 코드를 작성하시오.

(3) ㉯에 들어갈 코드를 작성하시오.

(4) 문장 ㉠이 실행된 직후의 리스트를 그림으로 나타내시오.

(5) 문장 ㉡이 첫 번째 실행된 직후의 트리를 순서대로 나타내시오.

(6) 구성된 최종 이진트리를 전위(preorder) 순회할 때 4번째와 8번째 방문 노드의 가중치 값을 순서대로 쓰시오.

**풀이** (1) 
```
struct node {
    int w ;
    NODE lc, rc ;
    NODE next ;
} ;
```

(2) 
```
t->next = list ;
list = t ;
```

(3) 
```
old = pt ;
pt = pt->next ;
```

(4) 

(5) 생성된 리스트에서 least() 함수를 이용하여 가중치가 가장 작은 원소를 insert() 함수를 사용하여 삽입한다. t가 삽입할 노드이고 pt가 이것보다 weight가 큰 첫 번째 노드일 때 다음과 같이 트리가 만들어진다.

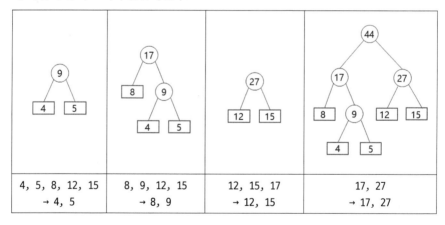

| | | | |
|---|---|---|---|
| 4, 5, 8, 12, 15 → 4, 5 | 8, 9, 12, 15 → 8, 9 | 12, 15, 17 → 12, 15 | 17, 27 → 17, 27 |

(6) 9, 12

(5)에서 생성된 트리에서 전위순회로 노드를 방문하면 방문순서는 44, 17, 8, 9, 4, 5, 27, 12, 15가 된다.

## 중등교사 임용시험 정보 · 컴퓨터 2017-A-11.

AVL 트리에 대한 아래 물음에 답하시오. 단, 공백 트리에 데이터 2, 3을 순서대로 삽입한 후의 AVL 트리는 다음과 같다.

(1) 높이균형 이진트리(height balanced binary tree)를 정의하시오.

(2) 위의 트리에 데이터 5를 삽입한 후 비균형 상태의 트리를 만들었다. 각 노드에 대한 균형인수를 구하시오.

(3) (2)에서 만든 비균형 트리를 균형 상태의 AVL 트리로 변환한 후 데이터 9, 8을 순서대로 삽입하였다. 균형 상태의 AVL 트리로 그리시오.

---

**풀이** (1) 공백 트리는 높이 균형을 이룬다. 트리 T가 왼쪽과 오른쪽 서브 트리인 TL과 TR을 가진 이진트리라고 할 때 다음 조건을 만족하면 T는 높이 균형을 이루며 그 역도 성립한다.

① TL과 TR의 높이 균형을 이룬다.

② | HL - HR | ≤ 1 (HL과 HR은 각각 TL과 TR의 높이)

(2) 5는 2, 3보다 크므로 3의 오른쪽 자식이 된다. 따라서 각 노드의 균형인수는 다음과 같다.

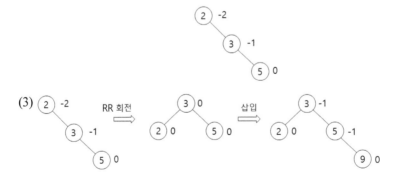

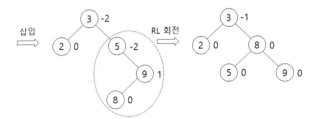

 다음은 영문 알파벳의 5개 노드로 구성된 균형이진(AVL) 트리이다.

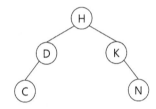

(1) 트리에 자료 A를 삽입한 후의 트리를 나타내고, 각 노드의 균형인수(balanced factor) 값을 구하시오.

(2) (1)의 트리를 균형이진 트리로 변경하여 나타내시오.

 (1)

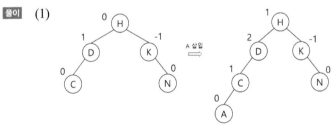

(2)

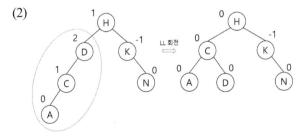

다음과 같이 초기 상태와 차수(degree)가 3인 B-트리가 있다. 물음에 답하시오.

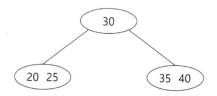

(1) 키(key)값 45와 50을 순서대로 추가한 후의 트리를 그리시오.

(2) (1)의 트리에서 35가 삭제된 후의 트리를 그리시오.

**풀이**

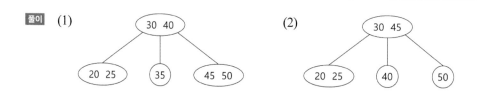

---

📋 **참고**

### B-트리의 정의

차수 m인 B-트리는 공백이거나, 다음 성질을 만족하는 m-원 탐색 트리이다.
① 루트 노드는 적어도 2개의 자식을 갖는다.
② 루트 노드와 외부 노드를 제외한 모든 노드는 적어도 ⌈m/2⌉ 개의 자식을 갖는다.
③ 모든 외부 노드들은 같은 레벨을 구성한다.

### m-원 탐색 트리(m-way search tree)의 정의

m-원 탐색 트리는 공백이거나, 다음 성질들을 만족한다.
① 루트는 최대 m개의 서브트리를 가지며, 다음 구조로 구성된다.
   $n, p_0, (e_1, p_1), (e_2, p_2), ..., (e_n, p_n)$
   $p_i(0 \leq i \leq n < m)$은 서브 트리에 대한 포인터이고, $e_i(1 \leq i \leq n < m)$은 원소이다. 각 원소 $e_i$는 키 $e_i.k$를 가지고 있다.
② $e_i.k < e_{i+1}.k$ $(1 \leq i < n)$이다.
③ $e_0.k = -\infty$이고 $e_{n+1}.k = \infty$이다. $0 \leq i \leq n$에 대하여 서브트리 $p_i$의 모든 키는 $e_{i+1}.k$보다 작고 $e_i.k$보다 크다.
④ 서브트리 $p_i(0 \leq i \leq n)$도 m-원 탐색 트리이다.

다음은 큐에서 대기 중인 프로세스 정보를 완전이진 트리를 사용하여 저장하기 위한 프로그램의 일부이다. 〈조건〉에 따라 물음에 답하시오.

```c
#define Max 100

typedef struct {
    int priority ;
    int process_ID ;
} node_st ;
node_st mtree[Max] ;

void insert_mtree(node_st node, int node_cnt) {
    int pos ;
    pos = ++node_cnt ;
    while ((pos != 1) && (node.priority > mtree[pos / 2].priority)) {
        _____ ㉠ _____ ;
        pos = pos / 2 ;
    }
    _____ ㉡ _____ ;
}
```

조건
- 우선순위가 가장 높은 프로세스가 루트노드가 된다. 단, 값이 클수록 우선순위가 높다.
- 각 노드 내 프로세스의 우선순위는 자식노드에 위치한 프로세스의 우선순위보다 낮지 않다.
- node는 큐에 새로 도착한 프로세스이고, node_cnt는 구성된 트리의 노드 개수로 초깃값은 0이다.
- 프로세스가 저장되는 첫 번째 위치는 1이고, mtree는 배열로 표현된다.
- insert_mtree는 새로 도착한 프로세스를 트리에 삽입하는 함수이다.

(1) ㉠, ㉡에 들어갈 내용은 무엇인가?

(2) 우선순위가 30인 프로세스가 작업 큐에 도착한 후 50, 70, 90인 프로세스가 차례대로 큐에 도착하였다. 구성되는 트리를 순서대로 나타내시오.

**풀이** (1) ㉠ : mtree[pos] = mtree[pos / 2]

㉡ : mtree[pos] = node

(2)

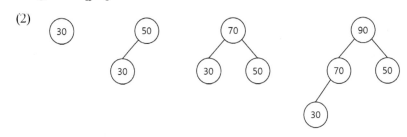

다음 사각형 안에 있는 이진트리를 헤드노드를 갖는 중위 순회 스레드 이진트리로 나타내고자 한다. 트리에 있는 숫자는 노드의 물리적 주소이다. 〈조건〉을 고려하여 물음에 답하시오.

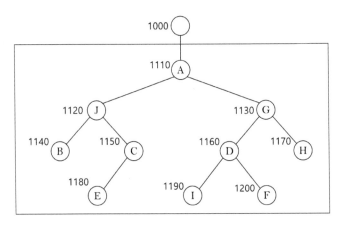

조건

• 중위 순회 스레드 이진트리로 표현한 노드 구조체는 다음과 같다.

| l_thread | l_child | data | r_child | r_thread |
| --- | --- | --- | --- | --- |

• 노드의 l_thread(r_thread)가 거짓이면 l_child(r_child)는 왼쪽(오른쪽) 자식 노드를 가리킨다.
• 노드의 l_thread(r_thread)가 참이면 l_child(r_child)는 스레드 포인터이다.
• 헤드노드의 l_thread와 r_thread의 값은 0(false)이다.
• 헤드노드의 data 값은 NULL이고, r_child와 l_child 값은 각각 헤드노드 주소와 트리의 루트노드 주소이다.

(1) 헤드노드의 l_child와 r_child의 값은 각각 무엇인가?

(2) 노드 B의 l_thread, l_child, r_thread, r_child를 구하시오.

(3) 노드 F의 l_thread, l_child, r_thread, r_child를 구하시오.

(4) 트리의 중위 순회 결과는 무엇인가?

---

**풀이**  (1) l_child : 1110, r_child : 1000

(2) l_thread = 1, l_child = 1000, r_thread = 1, r_child = 1120

(3) l_thread = 1, l_child = 1160, r_thread = 1, r_child = 1130

(4) B J E C A I D F G H

---

### 📑 참고  트리(tree)의 특성

① 차수가 k인 트리의 링크 이용률 : $(n-1) / kn$, 이진트리($k = 2$) : 50%
② 노드 수가 n인 이진트리에서 차수가 1인 노드가 $n_1$, 차수가 2인 노드가 $n_2$일 때 단말 노드의 수 : $n_2 + 1$
③ 이진트리에서 레벨 l(l≥1)에서의 최대 노드의 수 : $2^{l-1}$
④ 높이 h인 이진트리의 최대 노드 수 : $2^h - 1$
⑤ 노드 수가 n인 완전이진트리의 높이 : $\lceil \log_2(n+1) \rceil$
⑥ 노드가 3개일 때 서로 다른 모양의 이진트리의 개수 : 5개
⑦ 루트노드의 레벨이 1일 때 깊이가 k인 이진트리를 배열로 표현하는 경우 배열의 최대 원소 수 : $2^k - 1$
⑧ 노드 수가 n이고 차수가 k인 트리의 널 링크 점유율 : $(n(k - 1) + 1) / nk$
⑨ 높이가 h인 m원 탐색 트리의 최대 노드 수 : $(m^h-1) / (m-1)$
⑩ 이진 탐색 알고리즘의 시간 복잡도 : $O(\log_2 n)$

## 1.4 그래프

무방향 그래프 G에서 정점(vertex)은 3비트의 2진 값으로 나타내며, 간선(edge)은 한 비트만 다른 두 정점 사이에 존재한다. 다음 표는 G를 인접 행렬(adjacency matrix)로 나타낸 것이며, 0은 인접하지 않고 1은 인접한 것이다. 물음에 답하시오.

|     | 000 | 001 | 010 | 011 | 100 | 101 | 110 | 111 |
|-----|-----|-----|-----|-----|-----|-----|-----|-----|
| 000 | 0   | 1   | 1   | 0   | 1   | 0   | 0   | 0   |
| 001 | 1   | 0   | 0   | 1   | 0   | 1   | 0   | 0   |
| 010 | 1   | 0   | 0   | 1   | 0   | 0   | 1   | 0   |
| 011 | 0   | 1   | 1   | 0   | 0   | 0   | 0   | 1   |
| 100 | 1   | 0   | 0   | 0   | 0   | 1   | 1   | 0   |
| 101 | 0   | 1   | 0   | 0   | 1   | 0   | 0   | 1   |
| 110 | 0   | 0   | 1   | 0   | 1   | 0   | 0   | 1   |
| 111 | 0   | 0   | 0   | 1   | 0   | 1   | 1   | 0   |

(1) G의 전체 간선의 개수는 몇 개인가?

(2) 정점 110과 인접한 정점 3개를 구하시오.

(3) 정점 000에서 111까지의 최단경로 중 정점 011을 경유하는 최단경로를 2가지 구하시오.

(4) 그래프에서 임의의 정점 u에서 v까지 최단경로 길이의 최댓값은 무엇인가?

(5) 인접 행렬에 해당하는 그래프를 그리시오.

(6) 해당 그래프의 특성을 설명하시오.

---

**풀이** (1) 12개

인접 행렬에서 1의 개수로 간선의 개수를 알 수 있으며, 무방향 그래프에서는 이것을 2로 나누어 주어야 한다. 따라서 전체 간선의 개수는 24 / 2 = 12개이다.

(2) 010 100 111

인접한 정점은 정점을 나타내는 이진수 3비트 중에서 한 비트만 다른 것을 의미하며, 이것은 그레이(Gray) 코드와 같다. 따라서 110과 인접한 정점은 111, 010, 100이다.

(3) 000 001 011 111, 000 010 011 111

그래프의 노드는 다음 그림과 같이 나타낼 수 있으며, 그림에서 두 가지 최단경로를 구할 수 있다.

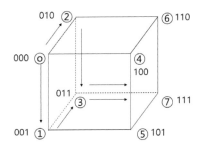

(4) 3

(5)

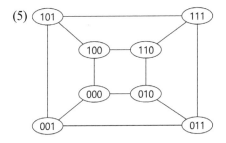

(6) ① 그래프는 분지수가 3인 연결 그래프이다.

② 그래프에서 간선 개수는 인접행렬의 주대각선을 포함한 삼각행렬의 36개 원소를 참조하여 구할 수 있다. 즉, 간선 개수는 인접행렬에 있는 1의 개수의 절반과 같다.

③ 그래프에는 임의의 정점 u에서 출발하여 u를 제외한 나머지 모든 정점을 한 번씩만 지나고 u로 돌아오는 사이클이 있다.

다음은 무방향 그래프에서 출발 노드부터 목적 노드까지 깊이 우선 탐색을 수행할 프로그램과 이를 적용할 그래프이다. 〈조건〉을 고려하여 물음에 답하시오.

```c
#include <stdio.h>

typedef struct node *nodePointer ;
struct node {
    int id ;
    nodePointer link ;
} ;

DFS(int s, int d) {
    nodePointer w ;
    visited[s] = true ;
    print(s) ;   ← ㉠
    if (s == d) {
        printpath(d) ;   ← ㉡
        return ;
    }
    for (w = adjList[s] ; w != 0 ; w = w->link)
        if (!visited[w->id])
            _____㉢_____ ;
}
```

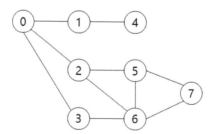

조건

- 주어진 그래프에서 DFS(0, 7)를 실행한다.
- visited는 노드의 방문 여부를 표시하는 1차원 배열이고, 초깃값은 false이다.
- printpath(d)는 깊이우선 탐색 신장트리에서 출발 노드 0에서 목적 노드 d까지 경로상의 노드를 순서대로 출력한다.
- adjList는 그래프를 인접 리스트로 표현한 nodePointer 형의 1차원 배열이다. 주어진 그래프의 인접 리스트 배열은 다음과 같다.

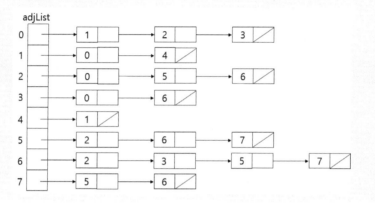

(1) 문장 ㉠의 출력 결과를 쓰시오.

(2) 문장 ㉡의 출력 결과를 쓰시오.

(3) ㉢에 들어갈 내용은 무엇인가?

---

**풀이** (1) 0 1 4 2 5 6 3 7

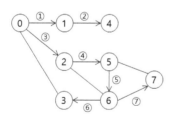

(2) 0 2 5 6 7 (트리에서 출발지와 목적지 사이의 경로)

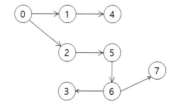

(3) DFS(w->id, d)

깊이우선 탐색은 출발정점 v를 방문한 후 v의 인접리스트 중에 방문하지 않은 정섬 w 를 선택하고 w를 시작점으로 다시 깊이우선 탐색을 시작한다. 모든 인접 정점을 방문 한 정점 u에 도달하면, 최근에 방문한 정점 w로 돌아간 후 이것과 인접하고 있는 방문 하지 않은 정점으로 이동한다. 방문한 정점들로부터 방문하지 않은 정점으로 더 갈 수 없을 때 종료된다.

---

**중등교사 임용시험 정보 · 컴퓨터 2005-17.**

다음은 무방향 그래프의 인접관계를 나타낸 리스트이다. 리스트에서 head[v]는 노드 v 의 포인터 배열이다. 물음에 답하시오.

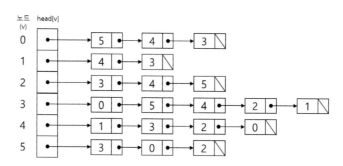

(1) 위의 인접 리스트에 해당하는 그래프를 그리시오,

(2) 다음은 그래프 순회(traverse) 알고리즘을 나타낸 것이다. 출발 노드 v를 0부터 시 작할 때 출력 결과를 쓰시오. 단, 알고리즘을 실행하기 전에 visited의 초깃값은 0이 고, 배열 첨자는 0부터 시작한다고 가정한다.

```
struct node {
    int NODE ;
    struct node *LINK ;
}
```

```
DFS(int v) {
    struct node *w ;
    visited[v] = True ;
    printf("%d", v) ;
    for (w = head[v] ; w ; w = w->LINK)
        if (!visited[w->NODE])
            DFS(w->NODE) ;
}
```

(1)

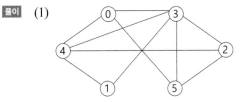

(2) 0 5 3 4 1 2

다음은 무방향 그래프를 인접 리스트로 나타낸 것이다. Kruskal 알고리즘을 이용하여 그래프의 최소비용 신장트리를 구하고자 한다. 〈조건〉을 고려하여 물음에 답하시오.

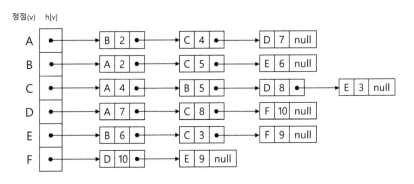

조건

- 인접 리스트의 h[v]는 정점노드 v의 헤더노드이며, 정점 v의 인접 리스트에 대한 포인터이다.
- 인접 리스트의 정점 노드는 정점, 가중치, 링크 순서로 필드가 구성된다.
- 최소비용 신장트리의 간선 집합을 T, 그래프에서 정점 수는 n, 간선 수는 e이다.
- 그래프에서 임의의 정점 u, v를 연결하는 간선은 (u, v)로 나타낸다.
- Kruskal 알고리즘에서 간선을 선택할 때 최소 힙(min heap)을 이용한다.

(1) 주어진 인접 리스트를 그래프로 나타내시오.

(2) Kruskal 알고리즘 실행이 종료된 후 T는 무엇인가?

(3) T에 세 번째로 추가된 간선은 무엇인가?

(4) T를 구하는 과정에서 사이클이 형성되어 거부된 간선의 집합을 구하시오.

(5) 그래프가 단절 그래프(disconnected graph)인지 간선 수와 연계하여 설명하시오.

(6) Kruskal 알고리즘의 시간 복잡도는 무엇인가?

 (1)

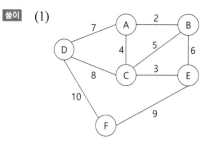

(2) {(A, B), (C, E), (A, C), (A, D), (E, F)}

(3) (A, C)

(4) {(B, C), (B, E), (C, D)}

(5) 정점 수가 n인 그래프에서 Kruskal 알고리즘으로 구한 최소비용 신장트리의 간선 수가 n-1보다 적으면 그래프는 단절 그래프이다. 위 그래프의 경우 알고리즘이 종료되었을 때 트리의 간선 수가 5개이므로 단절 그래프가 아니다.

(6) $O(e\log_2 e)$

---

**중등교사 임용시험 정보·컴퓨터 2023-B-11**

다음은 그래프에서 최소비용 신장트리를 찾기 위한 Kruskal 알고리즘의 의사 코드와 이 알고리즘에 필요한 함수를 C 언어로 작성한 것이다. 〈조건〉을 고려하여 물음에 답하시오.

```
Kruskal_MST(Graph G) {
  MST = ∅ ;  // 간선의 집합 MST 초기화
  n = 그래프 G의 노드 개수 ;
  n개의 정수(0 ~ n-1)로 구성된 parent 배열 생성 ;

  init_set(parent, n) ;
  G의 모든 간선을 가중치 기준으로 정렬 후 edges에 저장 ;
  while (MST의 간선의 개수 < n - 1) do {
    e(v, u) = delete_min(edges) ;
```

```
        v_set = find_set(parent, v) ;
        u_set = find_set(parent, u) ;
        if (v_set != u_set) then {   ← ㉠
            set_union(parent, v_set, u_set) ;
            MST = MST ∪ e(v, u) ;   ← ㉡
        }
    }
    return MST ;
}


void init_set(int parent[ ], int n) {
    for (int i = 0 ; i < n ; i++)
        parent[i] = i ;
}


int find_set(int parent[ ], int v) {
    while (parent[v] != v)
        v = parent[v] ;
    return v ;
}


void set_union(int parent[ ], int v, int u) {
    if (v < u)
        parent[u] = v ;
    else
        parent[v] = u ;
}
```

조건

- 그래프에서 노드 내부의 숫자는 노드 번호이며, 간선의 숫자는 가중치를 나타낸다.
- e(v, u)는 노드 v와 u를 연결하는 간선이다.
- delete_min(edges) 함수는 집합 edges에서 가중치가 최소인 간선을 가져온 후 해당 간선을 edges에서 제거한다.
- 알고리즘에 적용할 그래프는 다음과 같다.

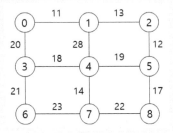

(1) 주어진 그래프에서 최소비용 신장트리의 간선 가중치의 합을 구하시오.

(2) 최소비용 신장트리를 만드는 과정에서 조건문 ㉠이 필요한 이유를 기술하시오.

(3) 문장 ㉡을 통해 MST에 간선 e(2, 5)가 포함되었을 때, parent[1]과 parent[5]에 저장된 값은 무엇인가?

---

**풀이** (1) 125

11(0, 1) + 12(2, 5) + 13(1, 2) + 14(4, 7) + 17(5, 8) + 18(3, 4) + 19(4, 5) + 21(3, 6) = 125

주어진 그래프에 대한 최소비용 신장트리는 다음과 같으며, 가중치의 총합은 125이다.

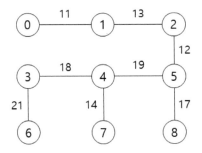

(2) 사이클이 발생하지 않도록 할 목적으로 필요하다.

(3) 0, 2

| MST ＼ parent | 0 1 2 3 4 5 6 7 8 | union set |
|---|---|---|
| e(0, 1) | 0 0 2 3 4 5 6 7 8 | {0, 1}, 2, 3, 4, 5, 6, 7, 8 |
| e(2, 5) | 0 0 2 3 4 2 6 7 8 | {0, 1}, {2, 5}, 3, 4, 6, 7, 8 |
| e(1, 2) | 0 0 0 3 4 2 6 7 8 | {0, 1, 2, 5}, 3, 4, 6, 7, 8 |
| e(4, 7) | 0 0 0 3 4 2 6 4 8 | {0, 1, 2, 5}, 3, {4, 7}, 6, 8 |
| e(5, 8) | 0 0 0 3 4 2 6 4 0 | {0, 1, 2, 5, 8}, 3, {4, 7}, 6 |
| e(3, 4) | 0 0 0 3 3 2 6 4 0 | {0, 1, 2, 5, 8}, {3, 4, 7}, 6 |
| e(4, 5) | 0 0 0 0 3 2 6 4 0 | {0, 1, 2, 3, 4, 5, 7, 8}, 6 |
| e(0, 3) | discarded | |
| e(3, 6) | 0 0 0 0 3 2 0 4 0 | {0, 1, 2, 3, 4, 5, 6, 7, 8} |

📑 참고    **set_union을 수행하는 과정**

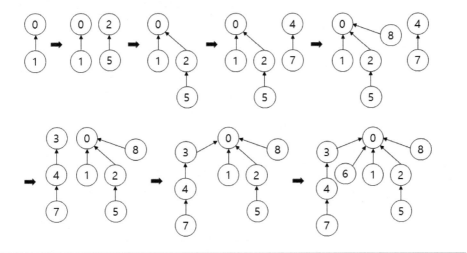

중등교사 임용시험 정보 · 컴퓨터 2014-B-서술형-1.

 다음은 소프트웨어 개발 프로젝트를 위한 소작업 리스트이다. 물음에 답하시오.

| 소작업 구분 | 소작업 내용 | 소요 기간(일) | 선행 작업 |
|---|---|---|---|
| A | 요구사항 수집 | 7 | – |
| B | 프로세스 분석 | 5 | A |
| C | 데이터 분석 | 10 | A |
| D | UI 설계 | 4 | B, C |
| E | DB 설계 | 6 | C |
| F | 구현 | 15 | D, E |
| G | 테스트 | 12 | F |
| H | 문서화 | 10 | D, E |
| I | 완료 | – | G, H |

(1) 소작업 리스트에 대한 인접 리스트를 나타내고 위상순서를 구하시오.

(2) 소작업별 가장 이른 시간을 구하시오.

(3) 임계 경로(critical path)를 구하시오.

(4) 프로젝트의 최소 소요 기간을 구하시오.

**풀이** (1)

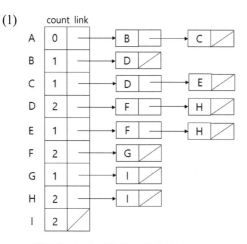

• 위상 순서 : A C E B D H F G I

(2) 가장 이른 시간 : ee[j] = max {ee[i] + <i, j>}

| ee | A | B | C | D | E | F | G | H | I | Stack |
|----|---|---|---|---|---|---|---|---|---|-------|
| 초기 | 0 | 0 | 0 | 0 | 0 | 0 | 0 | 0 | 0 | [A] |
| A | 0 | 7 | 7 | 0 | 0 | 0 | 0 | 0 | 0 | [C, B] |
| C | 0 | 7 | 7 | 17 | 17 | 23 | 0 | 0 | 0 | [E, B] |
| E | 0 | 7 | 7 | 17 | 17 | 23 | 0 | 23 | 0 | [B] |
| B | 0 | 7 | 7 | 17 | 17 | 23 | 0 | 23 | 0 | [D] |
| D | 0 | 7 | 7 | 17 | 17 | 23 | 0 | 23 | 0 | [H, F] |
| H | 0 | 7 | 7 | 17 | 17 | 23 | 0 | 23 | 0 | [F] |
| F | 0 | 7 | 7 | 17 | 17 | 23 | 38 | 23 | 33 | [G] |
| G | 0 | 7 | 7 | 17 | 27 | 23 | 38 | 23 | 33 | [I] |
| I | 0 | 7 | 7 | 17 | 17 | 23 | 38 | 23 | 50 | |

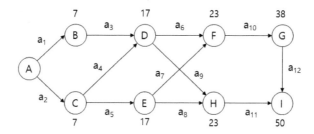

(3) A, C, E, F, G, I

① 역인접 리스트를 사용한 위상정렬

　• 위상 순서 : I H G F E D C B A

② 가장 늦은 시간 : le[j] = min {le[i] - <j, i>}

| le | A | B | C | D | E | F | G | H | I | Stack |
|----|---|---|---|---|---|---|---|---|---|-------|
| 초기 | 0 | 0 | 0 | 0 | 0 | 0 | 0 | 0 | 50 | [I] |
| I | 0 | 0 | 0 | 0 | 0 | 0 | 38 | 40 | 50 | [H, G] |
| H | 0 | 0 | 0 | 36 | 36 | 0 | 38 | 40 | 50 | [G] |
| G | 0 | 0 | 0 | 36 | 37 | 23 | 38 | 40 | 50 | [F] |
| F | 0 | 0 | 0 | 19 | 17 | 23 | 38 | 40 | 50 | [E, D] |
| E | 0 | 0 | 7 | 19 | 17 | 23 | 38 | 40 | 50 | [D] |
| D | 0 | 14 | 7 | 19 | 17 | 23 | 38 | 40 | 50 | [C, B] |
| C | 0 | 14 | 7 | 19 | 17 | 23 | 38 | 40 | 50 | [B] |
| B | 0 | 14 | 7 | 19 | 27 | 23 | 38 | 40 | 50 | [A] |
| A | 0 | 14 | 7 | 19 | 17 | 23 | 38 | 40 | 50 | |

③ 임계성 판단

| 작업 | ee | le | 여유시간 | 임계성 |
|------|-----|-----|----------|--------|
| a1 | 0 | 7 | 7 | 아니오 |
| a2 | 0 | 0 | 0 | 예 |
| a3 | 7 | 14 | 7 | 아니오 |
| a4 | 7 | 9 | 2 | 아니오 |
| a5 | 7 | 7 | 0 | 예 |
| a6 | 17 | 19 | 2 | 아니오 |
| a7 | 17 | 17 | 0 | 예 |
| a8 | 17 | 34 | 17 | 아니오 |
| a9 | 17 | 36 | 19 | 아니오 |
| a10 | 23 | 23 | 0 | 예 |
| a11 | 23 | 40 | 17 | 아니오 |
| a12 | 38 | 38 | 0 | 예 |

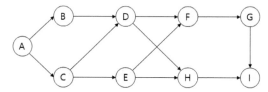

(4) 50일 (7 + 10 + 6 + 15 + 12)

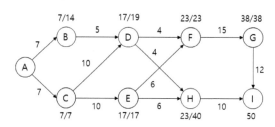

프로젝트 일정 계획에서 임계 경로가 중요한 이유는 임계 경로 내의 작업 시간을 단축시키면 프로젝트 전체 일정이 단축되기 때문이다.

다음 간선 작업 그래프(Activity On Edge)에 대한 물음에 답하시오.

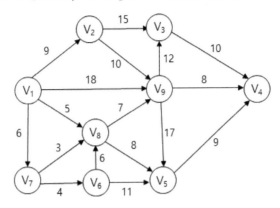

(1) 그래프에 해당하는 인접 리스트를 나타내시오.

(2) V₃과 V₈이 시작될 수 있는 가장 이른 시간을 구하시오.

(3) V₃과 V₈이 시작되어야 할 가장 늦은 시간을 구하시오.

(4) V₃과 V₈에서 지연될 수 있는 각각의 시간을 구하시오.

(5) V₁에서 V₄까지의 작업이 완료되기까지 필요한 임계경로를 구하시오.

(6) V₁에서 V₄까지의 작업이 완료되기까지 필요한 최소시간을 구하시오.

**풀이** (1)

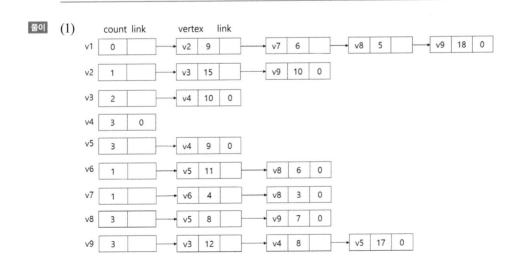

(2) 가장 이른 시간 : $V_3 = 35(6 + 4 + 6 + 7 + 12)$, $V_8 = 16(6 + 4 + 6)$

• ee[j] = max {ee[i] + <i, j>}

| ee | v1 | v2 | v3 | v4 | v5 | v6 | v7 | v8 | v9 | Stack |
|----|----|----|----|----|----|----|----|----|----|-------|
| 초기 | 0 | 0 | 0 | 0 | 0 | 0 | 0 | 0 | 0 | [0] |
| v1 | 0 | 9 | 0 | 0 | 0 | 0 | 6 | 5 | 18 | [7, 2] |
| v7 | 0 | 9 | 0 | 0 | 0 | 10 | 6 | 9 | 18 | [6, 2] |
| v6 | 0 | 9 | 0 | 0 | 21 | 10 | 6 | 16 | 18 | [8, 2] |
| v8 | 0 | 9 | 0 | 0 | 24 | 10 | 6 | 16 | 23 | [2] |
| v2 | 0 | 9 | 24 | 0 | 24 | 10 | 6 | 16 | 23 | [9] |
| v9 | 0 | 9 | 35 | 31 | 40 | 10 | 6 | 16 | 23 | [5, 3] |
| v5 | 0 | 9 | 35 | 49 | 40 | 10 | 6 | 16 | 23 | [3] |
| v3 | 0 | 9 | 35 | 49 | 40 | 10 | 6 | 16 | 23 | [4] |
| v4 |  |  |  |  |  |  |  |  |  |  |

(3) 가장 늦은 시간 : $V_3 = 39(49 - 10)$, $V_8 = 16(49 - 33)$

• le[j] = min {le[i] - <j, i>}

|  | ee | le | 여유시간 | 임계성 |
|----|----|----|------|------|
| v1 | 0 | 0 | 0 | 예 |
| v2 | 9 | 13 | 4 | 아니오 |
| v3 | 35 | 39 | 4 | 아니오 |
| v4 | 49 | 49 | 0 | 예 |
| v5 | 40 | 40 | 0 | 예 |
| v6 | 10 | 10 | 0 | 예 |
| v7 | 6 | 6 | 0 | 예 |
| v8 | 16 | 16 | 0 | 예 |
| v9 | 23 | 23 | 0 | 예 |

le[4] = ee[4] = 49

le[3] = min {le[4] - 10} = 39

le[5] = min {le[4] - 9} = 40

le[9] = min {le[3] - 12, le[4] − 8, le[5] - 17} = 23

le[2] = min {le[3] − 15, le[9] − 10} = 13

le[8] = min {le[5] − 8, le[9] - 7} = 16

le[6] = min {le[5] − 11, le[8] - 6} = 10

le[7] = min {le[6] − 4, le[8] - 6} = 6

le[1] = min {le[2] − 9, le[7] − 6, le[8] − 5, le[9] - 18} = 0

(4) 지연될 수 있는 시간

- $V_3$ : 4(39 - 35)
- $V_8$ : 0(16 - 16, 임계 경로인 $V_8$에서 $V_9$으로 가는 작업에 대한 지연시간)

(5) 임계경로 : $V_1$, $V_7$, $V_6$, $V_8$, $V_9$, $V_5$, $V_4$

(6) 최소시간 : 49(6 + 4 + 6 + 7 + 17 + 9)

---

**중등교사 임용시험 정보 · 컴퓨터 2008-12.**

 다음은 그래프와 이에 적용할 알고리즘이다. 〈조건〉을 고려하여 물음에 답하시오.

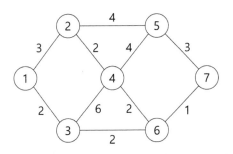

```
T = {} ;
TV = {1} ;
while (T의 간선 수가 (n - 1)보다 적음) {
    u ∈ TV이고 v ∉ TV인 최저 비용 간선을 (u, v)라 함 ;
    if (그런 간선이 없음) break ;
    v를 TV에 추가함 ;
    (u, v)를 T에 추가함 ;
}
if (T의 간선 수가 (n - 1)보다 적음) printf("트리 생성 실패") ;
```

조건

- 그래프는 정점(vertex)과 간선(edge)의 집합으로 구성된다.
- T는 트리를 구성하는 간선의 집합이다.
- TV는 트리를 구성하는 정점의 집합이다.
- 그래프의 간선은 두 정점 간 비용을 포함한다.

(1) 트리를 구성하는 동안 선택된 간선의 집합 T를 나타내시오.

(2) 알고리즘의 용도와 이름을 쓰시오.

(3) 알고리즘에 따른 완성된 트리를 나타내시오.

(4) 알고리즘의 평균 시간 복잡도는 무엇인가?

---

**풀이** (1) T = {(1, 3), (3, 6), (6, 7), (4, 6), (2, 4), (5, 7)}

(2) 최소비용 신장트리를 구하는 것으로 Prim 알고리즘이다.

(3)

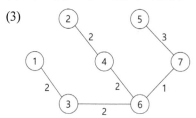

(4) 평균 시간복잡도 : $O(n^2)$

---

다음은 그래프에서 최소비용 신장트리를 구하는 알고리즘을 구현한 프로그램과 이를 적용할 그래프를 나타낸 것이다. 〈조건〉을 고려하여 물음에 답하시오.

```
T = { } ;
TV = {1} ;
initnear() ;
near[1] = 0 ;
while(size(T) < n-1) {
  v = find() ;
  add((v, near[v]), T) ;   ← ㉠
  vadd(v, TV) ;
  near[v] = 0 ;
  modifynear(v) ;   ← ㉡
}
print(T) ;
```

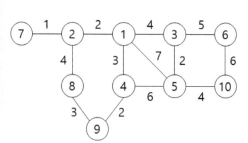

조건

- T와 TV는 현재 시점의 신장트리에서 각각 간선과 정점의 집합이다.
- 배열 near의 항목 수는 대상 그래프의 정점 수인 n이다.
- near[i]는 TV에 속한 정점 중 i와 최소 비용으로 연결된 정점을 갖는다. 단, 정점 i가 TV에 속한 경우 near[i]는 0이고, TV에 속한 정점 중 i와 직접 연결된 것이 없으면 near[i]는 시작 정점인 1로 설정된다.

| 인덱스(정점번호) | 1 | 2 | 3 | 4 | 5 | 6 | 7 | 8 | 9 | 10 |
|---|---|---|---|---|---|---|---|---|---|---|
| 배열 near | 0 | 1 | 1 | 1 | 1 | 1 | 1 | 1 | 1 | 1 |

- find()는 near[i]의 값이 0이 아닌 정점 중 (i, near[i])이 최소인 것을 반환한다. 간선이 존재하지 않는 두 정점 사이의 비용은 무한대이다.
- initnear()는 배열 near의 모든 항목 값을 1로 설정한다.
- 알고리즘은 새로운 정점 v를 TV에 추가하고 near[v] 값을 0으로 설정한다. 이어서 modifynear(v)를 호출하여 TV에 속하지 않은 모든 정점 i에 대해 (i, near[i])보다 (i, v)의 비용이 적으면 near[i]의 값을 v로 변경한다.
- 함수 size(T)는 T에 속한 간선의 개수를 반환한다.
- add((v, near[v]), T)는 간선 (v, near[v])를 집합 T에 추가하고, vadd(v, TV)는 정점 v를 집합 TV에 추가한다.

(1) 문장 ㉠이 여섯 번째 실행될 때 T에 추가되는 간선은 무엇인가?

(2) 문장 ㉡이 여섯 번째 실행될 때 near의 항목 값이 변경되는 정점을 나열하시오.

(3) 그래프에 알고리즘을 적용하였을 때 T에 포함된 모든 간선의 비용 합을 구하시오.

(4) 주어진 그래프에 대한 최소비용 신장트리를 그리시오.

---

**풀이** (1) (1, 3)

(2) 3, 5, 6

(3) 신장트리의 간선 수가 n-1개가 될 때까지 신장트리에 포함된 노드와 연결된 간선 중에서 최소비용의 간선을 선택하여 트리에 추가한다. 선택된 간선의 순서대로 비용을 나열하면 다음과 같다.

1 + 2 + 3 + 3 + 4 + 4 + 2 + 4 + 5 = 26

(4)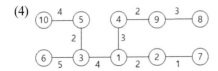

주어진 그래프를 알고리즘에 적용할 때 최소비용 신장트리가 만들어지는 과정은 다음과 같다.

① 간선 (2, 1) 추가

v = find()에서 비용이 최소인 정점 2를 반환

T = {(2, 1)}, TV = {1, 2}

v = 2 : 목적지가 2인 경로 중에서 원래의 값과 비교하여 near 값을 변경함

즉, (7, 2)와 (8, 2)에서 값이 변경됨

● near

| 인덱스(정점번호) | 1 | 2 | 3 | 4 | 5 | 6 | 7 | 8 | 9 | 10 |
|---|---|---|---|---|---|---|---|---|---|---|
| 배열 near | 0 | 0 | 1 | 1 | 1 | 1 | 2 | 2 | 1 | 1 |

② 간선 (7, 2) 추가

T = {(2, 1), (7, 2)}, TV = {1, 2, 7}

v = 7 : 목적지가 7인 경로 중에서 원래의 값과 비교하여 near 값을 변경함

새로운 간선이 없으므로 TV에 추가된 7번 인덱스만 0으로 설정함

● near

| 인덱스(정점번호) | 1 | 2 | 3 | 4 | 5 | 6 | 7 | 8 | 9 | 10 |
|---|---|---|---|---|---|---|---|---|---|---|
| 배열 near | 0 | 0 | 1 | 1 | 1 | 1 | 0 | 2 | 1 | 1 |

③ 간선 (4, 1) 추가

T = {(2, 1), (7, 2), {4, 1}}, TV = {1, 2, 7, 4}, v = 4

● near

| 인덱스(정점번호) | 1 | 2 | 3 | 4 | 5 | 6 | 7 | 8 | 9 | 10 |
|---|---|---|---|---|---|---|---|---|---|---|
| 배열 near | 0 | 0 | 1 | 0 | 4 | 1 | 0 | 2 | 4 | 1 |

④ 간선 (4, 9) 추가

T = {(2, 1), (7, 2), (4, 1), (4, 9)}, TV = {1, 2, 7, 4, 9}, v = 9

● near

| 인덱스(정점번호) | 1 | 2 | 3 | 4 | 5 | 6 | 7 | 8 | 9 | 10 |
|---|---|---|---|---|---|---|---|---|---|---|
| 배열 near | 0 | 0 | 1 | 0 | 4 | 1 | 0 | 9 | 0 | 1 |

⑤ 간선 (8, 9) 추가

T = {(2, 1), (7, 2), (4, 1), (9, 4), (8, 9)}

TV = {1, 2, 7, 4, 9, 8}, v = 8

● near

| 인덱스(정점번호) | 1 | 2 | 3 | 4 | 5 | 6 | 7 | 8 | 9 | 10 |
|---|---|---|---|---|---|---|---|---|---|---|
| 배열 near | 0 | 0 | 1 | 0 | 4 | 1 | 0 | 0 | 0 | 1 |

⑥ 간선 (1, 3) 추가

간선 (1, 3)이 추가되었을 때, T, TV, near의 값은 다음과 같다. 정점 3의 near 값이 0으로 변경되며, 정점 3에 연결된 정점 5, 6의 near 값도 변경됨

T = {(2, 1), (7, 2), (4, 1), (9, 4), (8, 9), (1, 3)}

TV = {1, 2, 7, 4, 9, 8, 3}, v = 3

● near

| 인덱스(정점번호) | 1 | 2 | 3 | 4 | 5 | 6 | 7 | 8 | 9 | 10 |
|---|---|---|---|---|---|---|---|---|---|---|
| 배열 near | 0 | 0 | 0 | 0 | 3 | 3 | 0 | 0 | 0 | 1 |

⑦ 간선 (3, 5) 추가

T = {(2, 1), (7, 2), (4, 1), (9, 4), (8, 9), (3, 1), (3, 5)}

TV = {1, 2, 7, 4, 9, 8, 3, 5}, v = 5

● near

| 인덱스(정점번호) | 1 | 2 | 3 | 4 | 5 | 6 | 7 | 8 | 9 | 10 |
|---|---|---|---|---|---|---|---|---|---|---|
| 배열 near | 0 | 0 | 0 | 0 | 0 | 3 | 0 | 0 | 0 | 5 |

⑧ 간선 (5, 10) 추가

T = {(2, 1), (7, 2), (4, 1), (9, 4), (8, 9), (3, 1), (5, 3), (5, 10)}

TV = {1, 2, 7, 4, 9, 8, 3, 5, 10}, v = 10

● near

| 인덱스(정점번호) | 1 | 2 | 3 | 4 | 5 | 6 | 7 | 8 | 9 | 10 |
|---|---|---|---|---|---|---|---|---|---|---|
| 배열 near | 0 | 0 | 0 | 0 | 0 | 3 | 0 | 0 | 0 | 0 |

⑨ 간선 (3, 6) 추가

T = {(2, 1), (7, 2), (4, 1), (9, 4), (8, 9), (3, 1), (5, 3), (10, 5), (3, 6)}

TV = {1, 2, 7, 4, 9, 8, 3, 5, 10, 6}, v = 6

● near

| 인덱스(정점번호) | 1 | 2 | 3 | 4 | 5 | 6 | 7 | 8 | 9 | 10 |
|---|---|---|---|---|---|---|---|---|---|---|
| 배열 near | 0 | 0 | 0 | 0 | 0 | 0 | 0 | 0 | 0 | 0 |

최소비용 신장트리(spanning tree)를 구하는 알고리즘으로 다음과 같은 Prim 알고리즘이 있다.

① 지정된 한 개 정점에서 시작하여 트리를 확장한다.

② 트리에 포함된 정점에 인접한 정점 중에서 최소비용으로 연결된 정점을 선택한다.

③ 트리의 간선 수가 전체 간선의 수보다 한 개 적을 때까지 반복한다.

## 1.5 해싱

 다음 표는 디렉토리를 이용한 동적 해싱을 위한 것으로 삽입할 키와 해싱 함수를 나타낸 것이다. 〈조건〉을 고려하여 물음에 답하시오.

| 키 | 5 | 8 | 11 | 7 | 6 | 15 |
|---|---|---|---|---|---|---|
| h(키) | 0101 | 1000 | 1011 | 0111 | 0110 | 1111 |

조건

- 디렉토리의 엔트리는 인덱스와 포인터의 쌍으로 구성되며, 포인터는 하나의 리프만 가리킨다.
- 인덱스는 해시함수 h()를 적용한 결과 값의 가장 오른쪽부터 n비트로 구성된다.
- 인덱스의 길이가 n일 때 디렉토리의 엔트리 수는 $2^n$개이다.
- 리프(leaf)의 크기는 2이고, 리프 내의 키는 삽입된 순서대로 저장된다.
- 키 삽입 시에 리프가 가득 차 있으면 새 리프를 만든다. 그리고 이전 리프의 내용을 인덱스에 따라 이전 리프와 새 리프에 재분배한 후 삽입키를 저장한다.
- 다음 그림은 키 5, 8, 11이 삽입된 상태를 나타낸 것이다. 이후 삽입할 키는 7, 6, 15이다.

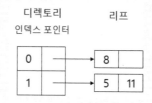

(1) 키 7이 삽입된 직후의 결과를 그림으로 나타내시오.

(2) 키 15가 삽입된 후의 결과를 그림으로 나타내시오.

풀이 (1) 키 5, 8, 11이 삽입된 상태는 인덱스 길이 n이 1이므로 엔트리 수는 $2^1$로 2이다. 키 7의 h(키)는 0111이며, 현재 인덱스는 가장 오른쪽 1비트이므로 1이 된다.

디렉토리의 해당 인덱스는 리프가 모두 차 있으므로 확장이 필요하다. 인덱스 길이 n은 2가 되며, 엔트리 수는 $2^2$로 4이다. 새로운 리프를 만들고 인덱스 1에 있는 5(0101), 11(1011)을 재분배한다. 이때 인덱스는 가장 오른쪽부터 2비트가 되므로 각각 인덱스 1과 3의 리프에 삽입된다. 이어서 새로운 키 7(0111)은 오른쪽 2비트가 3이므로 인덱스 3의 리프에 삽입된다.

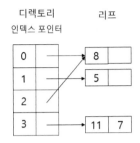

(2) 아래 첫 번째 그림은 (1)의 결과에서 키 6을 삽입한 것이다. 오른쪽 그림은 이 상태에 서 키 15를 삽입한 결과이다. 키 15의 h(키)는 1111이며, 현재 인덱스는 오른쪽 2비트 이므로 11이 된다. 디렉토리의 해당 인덱스는 리프가 모두 차 있으므로 확장이 필요하 다. 인덱스 길이 n은 3이 되며, 엔트리 수는 $2^3$으로 8이다.

새 리프를 만들고 인덱스 3에 있는 11(1011), 7(0111)를 재분배한다. 이때 인덱스는 가 장 오른쪽부터 3비트이므로 각각 인덱스 3과 7의 리프에 삽입된다. 이어서 새로운 키 15(1111)의 경우 오른쪽 3비트가 7이므로 인덱스 7의 리프에 삽입된다.

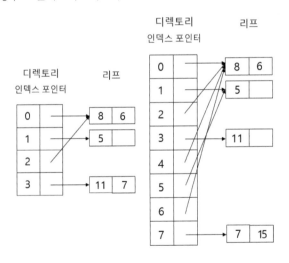

다음 프로그램은 해싱 처리를 위한 것이다. 〈조건〉을 고려하여 물음에 답하시오.

```c
#define N 5

static int ht[N] ;
void construct_HT(int data) {
    int h ;
    h = hash_function(data) ;
    while (ht[h] != 0) _____㉠_____ ;
    ht[h] = data ;
    printf("%d\n", h) ;  ← ㉢
}

void search_HT(int key) {
    int m1, m2, cnt = 1 ;
    m1 = hash_function(key) ;
    m2 = m1 - 1 ;
    while (ht[m1] != key && ht[m1] != 0) {
        _____㉡_____ ;
        if (m1 == m2) break ;
        cnt++ ;
    }
    if (ht[m1] == key)
        printf("%d\n", cnt) ;  ← ㉣
    else
        printf("없음\n") ;
}
```

- ht[]는 해시 테이블이고, 초기 상태는 다음과 같다.

| ht[0] | ht[1] | ht[2] | ht[3] | ht[4] |
|---|---|---|---|---|
| 0 | 0 | 331 | 233 | 323 |

- 해시 테이블이 가득 찬(full) 상황은 고려하지 않는다.
- hash_function(a)는 a의 각 자릿수의 합을 N으로 나눈 나머지를 반환하는 함수이다. N은 해시 테이블의 크기이다.

(1) ㉠에 들어갈 내용은 무엇인가?

(2) ㉡에 들어갈 내용은 무엇인가?

(3) 초기 상태에서 construct_HT(313)을 실행할 때 문장 ㉢의 출력은 무엇인가?

(4) (3)에 이어서 search_HT(313)을 실행할 때 문장 ㉣의 출력은 무엇인가?

(5) (4)의 search_HT(313)을 실행하였을 때 탐색시간이 많이 걸리는 이유를 오버플로 처리 관점에서 설명하시오.

---

**풀이** (1) $h = (h + 1) \% N$

(2) $m1 = (m1 + 1) \% N$

(3) 0

construct_HT(313) 후 h = 2→3→4→0이 된다. (3 + 1 + 3) % 5 = 2이고, ht[2]에는 이미 데이터가 들어있으므로 배열의 인덱스 주소를 증가시키면서 비어있는 공간을 찾아 데이터를 입력한다.

| ht[0] | ht[1] | ht[2] | ht[3] | ht[4] |
|---|---|---|---|---|
| 313 | 0 | 331 | 233 | 323 |

(4) 4

search_HT(313) 후 m1 = 2→3→4→0이 된다. m2 = 1이므로 cnt = 2→3→4이 된다.

(5) 탐색시간이 길어지는 것은 오버플로 처리 과정에서 불필요한 키(data)의 탐색(순차탐색)이 필요하기 때문이다.

## 1.6 탐색과 정렬

다음은 버블 정렬 알고리즘을 의사(pseudo) 코드로 나타낸 것이다. 배열 A에 저장된 정렬할 데이터가 (43, 33, 7, 15, 20)일 때 다음 표를 작성하여 정렬 과정을 논리적으로 추적하고자 한다. 물음에 답하시오.

```
반복하기 : i를 5에서 2까지 1씩 감소
    반복하기 : j를 2에서 i까지 1씩 증가
        만약 (A[j-1] > a[j])이면
            A[j-1]과 A[j]를 서로 바꾸기  ← ⓐ
    반복 끝
반복 끝
```

| 변수 | | | | 비교 결과 | 배열 | | | | |
|---|---|---|---|---|---|---|---|---|---|
| i | j | A[j-1] | A[j] | A[j-1] > A[j] | A[1] | A[2] | A[3] | A[4] | A[5] |
| 5 | 2 | 43 | 33 | yes | 33 | 43 | 7 | 15 | 20 |
| 5 | 3 | 43 | 7 | yes | 33 | 7 | 43 | 15 | 20 |
| 5 | 4 | 43 | 15 | yes | 33 | 7 | 15 | 43 | 20 |
| | | | | | | | | | ㉮ |
| | | | | | | | | | |
| ㉠ | ㉡ | ㉢ | ㉣ | | | | | | |
| | | | | | | | | | ㉮ |
| | | | | | | | | | |
| | | | | | | | | ㉮ | |
| | | | | | | | ㉮ | | |

(1) ㉠~㉣의 값은 무엇인가?

(2) 정렬 과정에서 의사 코드의 문장 ⓐ를 총 몇 회 실행하였는가?

(3) 정렬 과정에서 ㉮의 위치가 내포하는 의미를 기술하시오.

**풀이** (1) ㉠ : 4 ㉡ : 3, ㉢ : 33, ㉣ : 15

(2) 7회

(3) ㉮의 위치는 배열에서 특정 지점을 표시하는 플래그로 설정되며, 그 이후 숫자에 대해서는 비교할 필요가 없는 정렬된 값임을 나타낸다.

| 5 | 2 | 43 | 33 | yes | 33 | 43 | 7 | 15 | 20 |
| 5 | 3 | 43 | 7 | yes | 33 | 7 | 43 | 15 | 20 |
| 5 | 4 | 43 | 15 | yes | 33 | 7 | 15 | 43 | 20 |
| 5 | 5 | 43 | 20 | yes | 33 | 7 | 15 | 20 | 43 |
| 4 | 2 | 33 | 7 | yes | 7 | 33 | 15 | 20 | 43 |
| 4 | 3 | 33 | 15 | yes | 7 | 15 | 33 | 20 | 43 |
| 4 | 4 | 33 | 20 | yes | 7 | 15 | 20 | 33 | 43 |
| 3 | 2 | 7 | 15 | no | 7 | 15 | 20 | 33 | 43 |
| 3 | 3 | 15 | 20 | no | 7 | 15 | 20 | 33 | 43 |
| 2 | 2 | 7 | 15 | no | 7 | 15 | 20 | 33 | 43 |

## 중등교사 임용시험 정보 · 컴퓨터 2017-B-7.

 다음 프로그램은 배열 원소를 오름차순으로 정렬하는 것이다. 물음에 답하시오.

```c
#include <stdio.h>

void swap(int *x, int *y) ;
void main() {
    int i, j, k, key ;
    int data[5] = {8, 3, 7, 2, 1} ;
    for (i = 0 ; i <= 3 ; i++) {  ← ㉠
        key = i ;
        for (j = i + 1 ; j <= 4 ; j++)
            if (data[j] < data[key]) key = j ;  ← ㉡
        if (key != i) swap(&data[i], &data[key]) ;
        if (i == 2)
            for (k = 0 ; k <= 4 ; k++) printf("%3d", data[k]) ;
    }
}
void swap(int *x, int *y) {
    int temp ;
    temp = *x ;
    *x = *y ;
```

```
    *y = temp ;
 }
```

(1) ㉠의 for문이 첫 번째 실행된 직후의 data 값은 무엇인가?

(2) 프로그램이 종료될 때까지 swap( ) 함수가 호출된 횟수는?

(3) 프로그램의 출력 결과와 해당 알고리즘의 이름을 쓰시오.

(4) 프로그램 출력이 내림차순으로 되도록 ㉡을 하나의 문장으로 쓰시오.

---

**풀이** (1) 1 3 7 2 8

(2) 3회

(3) 1 2 3 7 8, 선택정렬 알고리즘

| | 0 | 1 | 2 | 3 | 4 |
|---|---|---|---|---|---|
| data의 초깃값 | 8 | 3 | 7 | 2 | 1 |
| i = 0, key = 0→4, swap | 1 | 3 | 7 | 2 | 8 |
| i = 1, key = 1→3, swap | 1 | 2 | 7 | 3 | 8 |
| i = 2, key = 2→3, swap | 1 | 2 | 3 | 7 | 8 |
| i = 3, key = 3 | 1 | 2 | 3 | 7 | 8 |

(4) key = (data[j] > data[key]) ? j : key ;

(data[j] > data[key]) ? key = j : key ;

(data[j] > data[key]) ? (key = j) : key ;

key = (data[j] < data[key]) ? key : j ;

(data[j] < data[key]) ? key : key = j ;

(data[j] < data[key]) ? key : (key = j) ;

📑 참고

```
        if (data[j] > data[key]) key = j ;
```

이 문장은 내림차순 정렬이 가능하다. 그러나 이것은 if문과 'key = j'라는 두 문장으로 구성된 것이다. 일반적으로는 세미콜론(;)이 한 문을 구분하지만 if문 for문 등과 같은 것은 두 문장이 하나의 함수 역할을 한다. 따라서 'if(조건) { }'라는 if문과 'key = j'라는 하나의 문이 합쳐진 것이므로 두 개의 문이 되어 답이 될 수 없다.

다음 프로그램은 10진수 세 자릿수에 대해 각 자릿수를 기준으로 정렬하는 것이다. radixsort(A, 8)를 실행할 때 〈조건〉을 고려하여 물음에 답하시오.

```
radixsort(A, n) {
   Queue Q[10] ;

   for (d = 1 ; d <= 3 ; d++) {
      init(Q) ;
      for (i = 0 ; i < n ; i++) {
         b = digit(A[i], d) ;
         add(Q[b], A[i]) ;
      }
    Q[2]의 내용을 front부터 순서대로 출력 ; ←  ㉠
    connect_copy(Q, A) ;
    배열 A의 내용을 순서대로 출력 ; ← ㉡
   }
}
```

조건

* init(Q)는 큐 10개를 원소가 없는 빈 큐로 만든다.
* add(Q[b], A[i])는 Q[b]에 A[i]를 추가한다.
* connect_copy(Q, A)는 큐들을 그림과 같이 연결한 후 Q[0]의 front부터 Q[9]의 rear까지의 값을 순서대로 배열 A에 재배정한다.

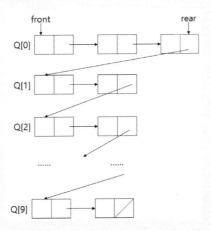

- digit(A[i], d)는 A[i] 값에 대해 d가 1인 경우 일 자릿수를, d가 2인 경우 십 자릿수를, d가 3인 경우 백 자릿수를 반환한다.
- 배열 A의 초깃값은 127, 145, 870, 252, 325, 691, 471, 512이고 n은 8이다.

(1) 명령문 ㉠이 첫 번째와 두 번째 실행될 때 출력은 각각 무엇인가?

(2) 명령문 ㉡이 첫 번째와 두 번째 실행될 때 출력은 각각 무엇인가?

(3) 위 프로그램의 시간 복잡도를 빅-오(Big-oh) 표기법으로 나타내시오.

---

**풀이** (1) 첫 번째 실행 : 252, 512, 두 번째 실행 : 325, 127

첫 번째 실행될 때는 1의 자릿수의 값을 찾아 각 자릿수에 해당하는 큐에 삽입한다. 삽입한 후 Q[2]는 252, 512이 된다.

| Q[0] | Q[1] | Q[2] | Q[3] | Q[4] | Q[5] | Q[6] | Q[7] | Q[8] | Q[9] |
|---|---|---|---|---|---|---|---|---|---|
| 870 | 691 ↓ 471 | 252 ↓ 512 |  |  | 145 ↓ 325 |  | 127 |  |  |

두 번째 실행될 때는 10의 자릿수의 값을 찾아 각 자릿수에 해당하는 큐에 삽입한다. 삽입한 후 Q[2]는 325, 127이 된다.

| Q[0] | Q[1] | Q[2] | Q[3] | Q[4] | Q[5] | Q[6] | Q[7] | Q[8] | Q[9] |
|---|---|---|---|---|---|---|---|---|---|
|  | 512 | 325 ↓ 127 |  | 145 | 252 |  | 870 ↓ 471 |  | 691 |

(2) 첫 번째 실행 : 870, 691, 471, 252, 512, 145, 325, 127

두 번째 실행 : 512, 325, 127, 145, 252, 870, 471, 691

- d = 1일 때, 배열 A : 870, 691, 471, 252, 512, 145, 325, 127

| Q[0] | Q[1] | Q[2] | Q[3] | Q[4] | Q[5] | Q[6] | Q[7] | Q[8] | Q[9] |
|---|---|---|---|---|---|---|---|---|---|
| 870 | 691 ↓ 471 | 252 ↓ 512 |  |  | 145 ↓ 325 |  | 127 |  |  |

- d = 2일 때, 배열 A : 512, 325, 127, 145, 252, 870, 471, 691

| Q[0] | Q[1] | Q[2] | Q[3] | Q[4] | Q[5] | Q[6] | Q[7] | Q[8] | Q[9] |
|---|---|---|---|---|---|---|---|---|---|
|  | 512 | 325 ↓ 127 |  | 145 | 252 |  | 870 ↓ 471 |  | 691 |

(3) - O(dn) : 일반적인 기수정렬 알고리즘의 시간 복잡도를 기준으로 하는 경우

　　- O(d(n + r)) : 주어진 알고리즘의 시간 복잡도를 기준으로 하는 최악의 경우

　　- O(n) : 일반적으로 d ( < 10, 컴퓨터에서 최댓값 표현의 한계)가 n보다 매우 적음

다음 C 프로그램은 쉘 정렬(shell sort) 알고리즘의 일부를 나타낸 것이다. 〈조건〉을 고려하여 물음에 답하시오.

```c
void shell_sort(int data[], int cnt) {
  int gap, i, k ;
  for (gap = cnt / 2 ; gap > 0 ; gap = gap / 2) {
    for (i = gap ; i < cnt ; i++) {
      for (k = i - gap ; k >= 0 ; k = k - gap) {
        if (data[k] > data[k + gap])
            swap(&data[k], &data[k + gap]) ;
        else
            break ; ← ㉠
      }
    }
    for (i = 0 ; i < cnt ; i++) {
        printf("%5d", data[i]) ;
    }
    printf("\n") ;
  }
}
```
ㄴ (ㄴ)

조건

• 배열 data의 값은 {17, 25, 26, 18, 12, 33, 9, 35}이다.

• shell_sort(data, 8)를 호출한다.

• swap 함수는 다음과 같이 두 변수의 값을 교환한다.

```
void swap(int *a, int *b) {
  int temp = *a ;
  *a = *b ;
  *b = temp ;
}
```

(1) 변화되는 gap의 값을 순서대로 나열하시오.

(2) gap의 값이 4일 때 문장 ㉠의 실행 횟수는 무엇인가?

(3) gap의 값이 4일 때 ㉡의 출력 결과에서 data[0]과 data[6]의 값을 순서대로 나열하시오.

---

**풀이**

(1) 4 2 1 0

gap의 초깃값은 for문에서 cnt/2 = 8/2 = 4가 되며, for문이 반복되면서 gap이 2씩 나누어지므로 4, 2, 1, 0이 된다.

(2) 2

두 수의 비교에서 앞의 수가 뒤의 수보다 작으면 문장 ㉠을 실행한다. gap 4에서 (25, 33)의 비교와 (18, 35)의 비교가 이 조건을 만족한다.

17, 25, 26, 18, 12, 33, 9, 35   gap = 4

12, 25, 9, 18, 17, 33, 26, 35   gap = 4 정렬 결과 / gap = 2

9, 18, 12, 25, 17, 33, 26, 35   gap = 2 정렬 결과 / gap = 1

9, 12, 18, 17, 25, 26, 33, 35   gap = 1 정렬 결과

(3) 12, 26

gap 4가 실행되어 정렬되었을 때 data는 {12, 25, 9, 18, 17, 33, 26, 35}이다.
따라서 data[0]과 data[6]의 값은 각각 12, 26이다.

참고

쉘 정렬을 수행하는 과정은 다음과 같다.
① 데이터를 특정한 간격(gap)에 있는 원소들끼리 묶어 그룹화 한다.
② 각 그룹별로 삽입 정렬을 수행한다.
③ 정렬된 데이터를 다시 이전 gap의 절반(gap = gap/2)으로 원소들끼리 묶어 그룹화 한다.
④ 모든 그룹의 원소가 1개가 될 때까지 ②~③을 반복한다.

 다음은 퀵 정렬을 하는 C 프로그램의 일부이다. 〈조건〉을 고려하여 물음에 답하시오.

```c
int partition(int a[], int n, int p, int q) {
    int v = a[p], i, j, t ;
    i = p ;
    j = q + 1 ;
    do {
        do _____㉠_____ while (a[i] < v) ;
        do _____㉡_____ while (a[j] > v) ;
        if (i < j) {
            [    ㉮    ]
        }
    } while (i < j) ;
    a[p] = a[j] ;
    a[j] = v ;
    return j ;
}

void quicksort(int a[], int n, int p, int q) {
    int j ;
    if (p < q) {
        j = partition(a, n, p, q) ;
```

```
        print(a, n) ;  ← ©
        printf("%d ", j) ;  ← @
        quicksort(a, n, p, j - 1) ;
        quicksort(a, n, j + 1, q) ;
    }
}
```

조건

- partition(a, n, p, q)은 a[q+1]의 값이 a[p]에서 a[q]까지의 값보다 크다고 가정한다.
- print(a, n)는 배열 a[0]부터 a[n-1]까지의 값을 순서대로 출력한다.
- 배열 a의 값은 {43, 87, 15, 32, 29, 76, 65, 1000}이다.
- quicksort(a, 7, 0, 6)를 호출한다.

(1) ㉠, ㉡에 들어갈 문장은 각각 무엇인가?

(2) ㉮에 들어갈 코드를 작성하시오.

(3) 문장 ㉢이 2번째 실행될 때의 출력 결과는 무엇인가?

(4) quicksort()가 종료되었을 때 문장 ㉣의 출력 결과는 무엇인가?

---

**풀이** (1) ㉠ : i++ ;, ㉡ : j-- ;

(2)
```
t = a[i] ;
a[i] = a[j] ;
a[j] = t ;
```

(3) 15 29 32 43 87 76 65

(4) 3 2 0 6 4

| | |
|---|---|
| 43 87 15 32 29 76 65 1000 | (초기 상태) |
| 43 87 15 32 29 76 65 1000 | (i = 1, j = 4) |
| 43 29 15 32 87 76 65 1000 | (i = 4, j = 3) |
| 32 29 15 43 87 76 65 1000 | ㉢ 실행 |
| 32 29 15 43  87 76 65 1000 | (i = 3, j = 2) |
| 15 29 32 43  87 76 65 1000 | ㉢ 실행 (i = 2, j = 0) |
| 15 29 32 43  87 76 65 1000 | (i = 7, j = 6) |
| 15 29 32 43  65 76 87 1000 | (i = 5, j = 4) |

다음 프로그램은 퀵 정렬 알고리즘을 구현한 것이다. 프로그램에서 swap(&x, &y)은 매개변수 x와 y를 바꾸는 함수이다. 물음에 답하시오.

```
void Quick_Sort(int list[], int left, int right) {
    int i, j, pivot ;
    if (left < right) {
        i = left + 1 ; j = right ;
        pivot = list[left] ;
        while (i <= j) {
            while (list[i] <= pivot) i++ ;
            while (list[j] > pivot) j-- ;
            if (i < j) swap(&list[i], &list[j]) ;
        }
        swap(&list[j], &list[left]) ;  ← ㉠
        Quick_Sort(list, left, j-1) ;
        _____㉡_____ ;
    }
}
```

(1) ㉡에 들어갈 내용은 무엇인가?

(2) n개 레코드를 퀵 정렬하는데 걸리는 시간이 $T(n)$일 때, 다음 수식은 퀵 정렬 알고리즘의 최선과 평균 시간복잡도가 $O(n\log_2 n)$임을 나타낸 것이다. ㉮는 퀵 정렬 알고리즘에서 문장 ㉠을 첫 번째 실행한 후의 상태를 나타낸 것이다. ㉮에 들어갈 수식은 무엇인가?

$$T(n) \leq \underline{\quad ㉮ \quad} \leq cn\log_2 n + nT(1) = O(n\log_2 n) \quad /* \text{ c는 임의의 상수 } */$$

(3) 입력 데이터가 (46, 58, 23, 68, 20, 30, 88, 37, 79, 31)일 때 ㉠을 첫 번째 실행한 후의 결과는 무엇인가?

---

**풀이** (1) Quick_Sort(list, j + 1, right)

(2) $c \cdot n + 2T(n/2)$

(3) 30, 31, 23, 37, 20, 46, 88, 68, 79, 58

다음 C 프로그램은 두 개의 정렬된 리스트를 합병하여 하나의 정렬된 리스트로 만드는 것이다. 예를 들면, 다음과 같이 두 개의 정렬된 리스트인 a, b를 합병하여 새로운 리스트를 만들 수 있다. head와 rear는 합병된 리스트의 첫 번째 노드와 마지막 노드를 가리킨다. 물음에 답하시오.

```
a ──→ [ 3 | ]──→[ 8 | ]──→[ 15 | NULL ]

b ──→ [ 4 | ]──→[ 7 | ]──→[ 21 | NULL ]

                                                    rear
                                                     │
head ──→[ 3 | ]─→[ 4 | ]─→[ 7 | ]─→[ 8 | ]─→[ 15 | ]─→[ 21 | NULL ]
```

```c
typedef struct node * NODE ;
struct node {
  int id ;
  NODE next ;
} ;

NODE mergelist(NODE a, NODE b) {
  NODE head = NULL, rear = NULL ;
  while (a != NULL && b != NULL) {
    if (rear == NULL) {
      if (a->id < b->id) {
        ┌─────────────────────────┐
        │            ㉮            │
        └─────────────────────────┘
      } else {
        ┌─────────────────────────┐
        │            ㉯            │
        └─────────────────────────┘
      }
    } else {
      if(a->id < b->id) {
        rear->next = a ;
        rear = rear->next ;
        a = a->next ;
      } else {
        rear->next = b ;
```

```
            rear = rear->next ;
            b = b->next ;
        }
    }
}
if (a == NULL && b != NULL) {
    _____ㄱ_____ ;
} else if (a != NULL && b == NULL) {
    _____ㄴ_____ ;
}
return head ;
}
```

(1) ㉮에 들어갈 코드를 작성하시오.

(2) ㉯에 들어갈 코드를 작성하시오.

(3) ㉢, ㉣에 들어갈 내용을 쓰고, 각각의 기능을 설명하시오.

---

**풀이**  (1) a의 값이 더 작으므로 합병된 결과 리스트에 a가 들어가게 된다.

```
head = a ;
rear = a ;
a = a->next ;
```

(2) b의 값이 더 작으므로 합병된 결과 리스트에 b가 들어가게 된다.

```
head = b ;
rear = b ;
b = b->next ;
```

(3) ㉠ : rear->next = b

리스트 a에 남은 값이 없고 리스트 b에만 남아있을 때, 합병결과 리스트의 rear의 끝에
리스트 b의 나머지 부분을 붙여준다.

ㄴ : rear->next = a

리스트 b에 남은 값이 없고 리스트 a에만 남아있을 때, 합병결과 리스트의 rear의 끝에
리스트 a의 나머지 부분을 붙여준다.

다음 프로그램은 삽입 연산을 통해 최대 힙(max heap)을 만드는 것이다. 트리를 구성하는 노드에 키 값을 저장한다. 단, 루트 노드의 인덱스는 1이고, heap[0]은 사용하지 않는다. heap_size는 현재 힙에 포함된 노드의 개수이다. 물음에 답하시오.

```c
#include <stdio.h>
#include <stdlib.h>
#define MAX_ELEMENT 10

typedef struct heap_type {
    int heap[MAX_ELEMENT] ;
    int heap_size ;
} HeapType ;

void insert_heap(HeapType *h, int key) {
    int k ;
    k = ++(h->heap_size) ;
    while ((k != 1) && (key > h->heap[k / 2])) {
                    ㉮
    }
    h->heap[k] = key ;
}

int main() {
    int k ;
    HeapType *hp ;
    hp = (HeapType *) malloc(sizeof(HeapType)) ;
    hp->heap_size = 0 ;
              ㉠
    for (k = 1 ; k <= hp->heap_size ; k++)
    printf ("%d ", hp->heap[k]) ;
    return 0 ;
}
```

(1) ㉮에 들어갈 코드를 작성하시오.

(2) ⊙에서 키 값 (3, 7, 6, 2, 8)의 삽입을 위해 insert_heap을 호출한다. 프로그램의
실행 결과는 무엇인가?

(3) (2)에서 heap[]에 저장되는 키 값으로 구성되는 완전이진 트리를 그림으로 나타내시오.

---

**풀이** (1)  `h->heap[k] = h->heap[k / 2] ;`
`k = k / 2 ;`

(2) 8 7 6 2 3

(3)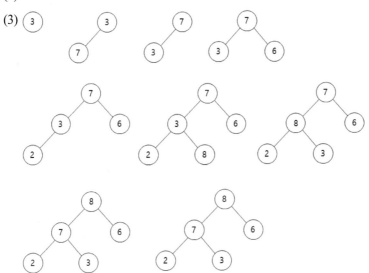

---

중등교사 임용시험 정보 · 컴퓨터 2010-1차-28.

---

다음은 C 언어로 작성된 힙 정렬(heap sort) 프로그램이다. ary[0]는 정렬할 원소로 사
용되지 않는 것으로 가정하고 물음에 답하시오.

```c
#include <stdio.h>

void swap(int *x, int *y) {
    int temp = *x ; *x = *y ; *y = temp ;
}
```

```
void construct(int ary[], int j, int n) {
    int k, buf = ary[j] ;
    for (k = 2 * j ; k <= n ; k = k * 2) {
        if (k < n && ary[k] > ary[k + 1]) k++ ;
        if (_____㉠_____) break ;
        ary[k / 2] = ary[k] ;   ← ㉮
    }
    ary[k / 2] = buf ;
}

void heapSort(int ary[], int n) {
    int j ;
    for (j = n / 2 ; j > 1 ; j--) construct(ary, j, n) ;   ← ㉡
    for (j = n ; j > 1 ; j--) {   ← ㉢
        construct(ary, 1, j) ;
        swap(&ary[1], &ary[j]) ;
    }
}

void main() {
    int ary[] = {0, 20, 15, 6, 28, 12, 10, 9} ;
    heapSort(ary, (sizeof(ary) / sizeof(int)) - 1) ;
}
```

(1) ㉠에 들어갈 문장은 무엇인가?

(2) ㉡의 for문 실행이 끝났을 때 ary[]의 원소 값은 무엇인가?

(3) ㉢의 for문에서 j가 4인 경우 반복문 실행 직후 ary[]의 원소 값은?

(4) ㉡, ㉢의 for문이 실행되었을 때 문장 ㉮는 각각 총 몇 회를 실행하는가?

---

**풀이** (1) 최소 힙을 활용한 힙 정렬이기 때문에 ㉠은 buf <= ary[k]이다.

(2) 0, 20, 12, 6, 28, 15, 10, 9

(3) 0, 28, 15, 20, 12, 10, 9, 6

(4) ㉡ : 1회, ㉢ : 7회

| | 순서번호 | k, j | | 0 | 1 | 2 | 3 | 4 | 5 | 6 | 7 | ㉮ 실행횟수 |
|---|---|---|---|---|---|---|---|---|---|---|---|---|
| ⓛ | ① | j = 3 k = 6 | | 0 | 20 | 15 | 6 | 28 | 12 | 10 | 9 | 0 |
| | ② | j = 2 k = 4 | | 0 | 20 | 12 | 6 | 28 | 15 | 10 | 9 | 1 |
| ⓒ | ③ | j = 7 | construct | 0 | 6 | 12 | 9 | 28 | 15 | 10 | 20 | 2 |
| | | | swap | 0 | 20 | 12 | 9 | 28 | 15 | 10 | 6 | |
| | ④ | j = 6 | construct | 0 | 9 | 12 | 10 | 28 | 15 | 20 | 6 | 2 |
| | | | swap | 0 | 20 | 12 | 10 | 28 | 15 | 9 | 6 | |
| | ⑤ | j = 5 | construct | 0 | 10 | 12 | 20 | 28 | 15 | 9 | 6 | 1 |
| | | | swap | 0 | 15 | 12 | 20 | 28 | 10 | 9 | 6 | |
| | ⑥ | j = 4 | construct | 0 | 12 | 15 | 20 | 28 | 10 | 9 | 6 | 1 |
| | | | swap | 0 | 28 | 15 | 20 | 12 | 10 | 9 | 6 | |
| | ⑦ | j = 3 | construct | 0 | 15 | 28 | 20 | 12 | 10 | 9 | 6 | 1 |
| | | | swap | 0 | 20 | 28 | 15 | 12 | 10 | 9 | 6 | |
| | ⑧ | j = 2 | construct | 0 | 20 | 28 | 15 | 12 | 10 | 9 | 6 | 0 |
| | | | swap | 0 | 28 | 20 | 15 | 12 | 10 | 9 | 6 | |

다음 C언어 프로그램은 퀵 정렬 알고리즘을 구현한 것이다. 물음에 답하시오.

```c
#include <stdio.h>
#define Num 8

int partition(int data[], int n, int p, int q) {
  int i, j, temp, pivot ;
  i = p ;
  j = q + 1 ;
  pivot = data[p] ;
  do {
    do
      i++ ;
    while (data[i] < pivot) ;
    do
      j-- ;
    while (data[j] > pivot) ;
    if (i < j) {
      ㉯
    }
  } while (i < j) ;
```

```
    data[p] = data[j] ;
    _____㉠_____ ;
    return j ;
}

void q_sort(int data[], int n, int p, int q) {
  int k ;
  if (p < q) {
    k = partition(data, n, p, q) ;  ← ㉡
    q_sort(data, n, p, k − 1) ;
    q_sort(data, n, k + 1, q) ;
  }
}

int main() {
  int data[] = {42, 77, 13, 46, 35, 23, 81, 58, 100} ;
  q_sort(data, Num, 0, 7) ;
}
```

(1) ㉮에 들어갈 코드를 작성하시오.

(2) ㉠에 들어갈 내용은 무엇인가?

(3) 문장 ㉡이 실행된 직후의 k 값을 순서대로 나열하시오.

(4) 문장 ㉡이 실행된 직후의 data 값을 순서대로 나열하시오.

(5) data 값이 내림차순으로 정렬되도록 프로그램을 수정하시오.

---

**풀이**  (1)  temp = data[i] ;
        data[i] = data[j] ;
        data[j] = temp ;

(2) data[j] = pivot

(3) 3 2 0 4 6

(4) 35 23 13 42 46 77 81 58

    13 23 35 42 46 77 81 58

    13 23 35 42 46 77 81 58

    13 23 35 42 46 77 81 58

    13 23 35 42 46 58 77 81

(5) while (data[i] < pivot) => while (data[i] > pivot)

while (data[j] > pivot) => while (data[j] < pivot)

int data[] = {42, 77, 13, 46, 35, 23, 81, 58, 0}

---

중등교사 임용시험 정보 · 컴퓨터 2023-A-12

다음 C 프로그램은 이진 탐색 기반의 그룹 테스트 기능을 구현한 것이다. 이것을 사용하여 혈액의 샘플을 통해 질병의 감염 여부를 검사하는 그룹 테스트를 수행하고자 한다. 〈조건〉을 고려하여 물음에 답하시오.

```c
#include <stdio.h>
#define NEG -1
#define POS 1

int test(int start, int end) {
  int result ;
  printf ("[%d ~ %d] 테스트 결과: ", start, end) ;
  scanf ("%d", &result) ;
  return result ;
}

void group_test(int start, int end) {
  int result = NEG ;
  result = test(start, _____ ㉠ _____ ) ;
  if (result == POS) {
    if (start == end) {
      printf ("[%d] 양성\n", end) ;
    } else {
      group_test(start, _____ ㉡ _____ ) ;
      group_test( _____ ㉢ _____ , end) ;
    }
  }
}
```

조건

- 한 명의 혈액 샘플은 하나의 용기에 담겨 수집된다.
- 혈액 샘플에 시약을 섞어 질병의 감염 여부를 확인하는 과정을 테스트라 한다.
- 테스트 결과에 따라 감염 혈액은 양성, 반대는 음성이라고 한다.
- 여러 혈액 샘플을 하나의 용기에 섞어 테스트하는 것을 그룹 테스트라고 한다.
- 그룹 테스트 과정에서 혈액 샘플을 구별하기 위해 각각의 샘플에 0부터 순서대로 정수 ID를 부여한다.

(1) 그룹 테스트 수행을 위한 프로그램이 완성되도록 빈칸 안의 ㉠, ㉡, ㉢에 들어갈 코드를 쓰시오.

(2) 혈액 샘플 64개에서 감염된 혈액의 샘플 ID를 찾아내기 위해 group_test(0, 63)을 호출하여 그룹 테스트를 수행한다. 이때 test( ) 함수의 호출 횟수를 구하시오. 단, 혈액 샘플 64개 중에서 감염된 것은 1개만 존재한다.

---

**풀이**  (1) ㉠ : end, ㉡ : (start + end) / 2, ㉢ : (start + end) / 2 + 1

(2) 13회 : 1 + 2 + 2 + 2 + 2 + 2 + 2 = 13

- 그룹 테스트 수행 과정의 예

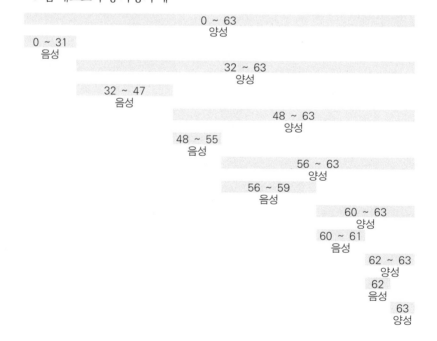

## ※ 요약 : 정렬 알고리즘

| 알고리즘 | 특징 |
|---|---|
| 삽입 정렬 | ① 최적의 경우 : $O(n)$ – 정렬된 것을 정렬하는 경우<br>② 최악의 경우 : $O(n^2)$ – 내림차순으로 되어 있는 경우(역순인 경우) |
| 선택 정렬 | ① 시간 복잡도 : $O(n^2)$<br>　– 총 비교 횟수 = $(n-1) + (n-2) + ... + 1 = n(n-1)/2$<br>② 기준 자료와 나머지 자료 사이에 대소의 비교만 이루어짐<br>　입력되는 자료가 정렬된 상태일지라도 $O(n^2)$의 시간이 걸림 |
| 버블 정렬 | ① 프로그램은 간단하지만 실행시간이 늦음<br>② 비교 횟수<br>　– $(n-1)$ 단계 수행, $i$ 번째 단계에서 $(n-i)$번 비교함<br>　$(n-1) + (n-2) + ... + 1 = n(n-1)/2$, 시간 복잡도 : $O(n^2)$<br>③ 오름차순 정렬은 뒤에서부터 하나씩 정렬됨 |
| 퀵 정렬 | ① 평균 실행시간이 가장 좋으며, 같은 실행시간을 갖는 다른 알고리즘보다 구현이 쉬움<br>② 평균과 최적 : $O(n\log n)$, 최악(정렬된 데이터) : $O(n^2)$ |
| 쉘 정렬 | ① 매개변수 증분 값(간격)에 영향을 받음<br>　– 가장 좋은 값은 존재하지 않음, 매개변수가 1일 때 끝남<br>② 시간 복잡도<br>　– 적당한 d : $O(n(\log n)^2)$, 특정한 d : $O(n^{1.5})$ |
| 합병 정렬 | ① 두 개의 정렬된 리스트를 하나의 정렬 리스트로 합병함<br>　– 필요 공간 : $O(n)$, 실행시간 : $O(n)$<br>② 반복 합병 정렬(merge sort)<br>　– merge_pass : 합병 정렬의 한 회전만 수행(합병 : merge( )) $\Rightarrow O(n)$<br>　– 회전의 횟수 : $O(n\log n)$<br>③ 순환 합병 정렬<br>　– 시간 복잡도는 반복 합병 정렬과 동일 : $O(n\log n)$ |
| 힙 정렬 | ① 힙 정렬 : 일정한 양의 기억 장소만 추가로 필요함<br>　– 공통점 : 최악의 경우와 평균 실행시간 모두 $O(n\log n)$<br>② 시간 복잡도 : $O(n\log n)$<br>　– 두 번째 for문 : 트리의 최대 깊이 $\log_2(n+1)$로 adjust를 $(n-1)$번 호출함 |
| 기수 정렬 | ① MSD(Most Significant Digit : 최대 유효 숫자) 정렬<br>② LSD(Least Significant Digit : 최소 유효 숫자) 정렬 |

## ※ 요약 : 알고리즘 비교

| 알고리즘 | 방식 | 안정성 | 공간 복잡도 | 시간 복잡도 | | |
|---|---|---|---|---|---|---|
| | | | | 최적 | 평균 | 최악 |
| 삽입(Insertion) | 삽입 | stable | $O(N)$ | $O(n)$ | $O(n^2)$ | $O(n^2)$ |
| 선택(Selection) | 교환 | stable | $O(N)$ | | $O(n^2)$ | $O(n^2)$ |
| 퀵(Quick) | 교환 | unstable | $O(N)$+stack | $O(nlogn)$ | $O(nlogn)$ | $O(n^2)$ |
| 버블(Bubble) | 교환 | stable | $O(N)$ | | $O(n^2)$ | $O(n^2)$ |
| 쉘(Shell) | 삽입 | stable | $O(N)$ | $O(n(logn)^2)$ | $O(n^{1.5})$ | $O(n^2)$ |
| 합병(Merge) | 병합 | stable | $O(N) \times 2$ | | $O(nlogn)$ | $O(nlogn)$ |
| 힙(Heap) | 선택 | unstable | $O(N)$ | | $O(nlogn)$ | $O(nlogn)$ |
| 기수(Radix) | 분배 | stable | | | $O(digit 수 (radix+n))$ | $O(d(r+n))$ |

CHAPTER **2**

# 논리회로/컴퓨터구조

## ※ 논리회로 과목의 평가 영역 및 평가 내용 요소

| 평가 영역 | 평가 내용 요소 |
|---|---|
| 데이터의 표현 | 데이터의 종류 |
| | 보수와 보수를 이용한 산술 연산 |
| | 고정 소수점 표현 |
| | 부동 소수점 표현 |
| | 이진 코드 |
| | 에러 검출 코드(패리티 검사) |
| 디지털 논리회로 | 논리 게이트와 진리표 |
| | 부울 대수 |
| | 부울 대수 기본 관계에 의한 간소화 |
| | 카르노 맵에 의한 간소화 |
| 조합회로 | 조합 회로의 분석과 설계 과정 |
| | 반가산기, 전가산기 |
| | 2진 가감산기 |
| | 디코더, 인코더 |
| | 멀티플렉서, 디멀티플렉서 |
| 순차회로 | 플립플롭의 종류와 동작, 특성표, 여기표 |
| | 순차회로의 설계 방법 |
| | 레지스터와 카운터 |

## ※ 컴퓨터구조 과목의 평가 영역 및 평가 내용 요소

| 평가 영역 | 평가 내용 요소 |
|---|---|
| 연산장치 | 데이터표현 |
| | 레지스터 전송과 메모리 전송 |
| | 산술/논리/시프트 마이크로 연산 |
| 컴퓨터구조와 설계 | 명령어 코드 |
| | 연산과 마이크로 연산 |
| | 레지스터와 공동 버스 시스템 |
| | 입출력과 인터럽트 |
| | 제어 장치의 구성 방식(hardwired 방식) |
| 중앙처리장치 | 레지스터와 스택 구조 |
| | 명령어 형식과 종류 |
| | 어드레싱 모드 |
| | 데이터 전송과 처리 |
| | 프로그램 제어 |
| | 명령어 집합과 명령어 사이클 |
| 기억장치 | 메모리 계층 |
| | 주기억 장치와 보조기억 장치 |
| | 캐시 메모리 |
| 입출력장치 | 입출력 인터페이스 |
| | 전송 모드 |
| | 우선순위 인터럽트 |
| | 직접 메모리 접근 |
| 병렬 컴퓨터 | 병렬 처리와 파이프라인 |
| | 산술/명령어/RISC 파이프라인 |

## 2.1 데이터의 표현

다음 표는 IEEE 754 표준 단정도 (single-precision) 부동 소수점을 표현한 것이다. 물음에 답하시오.

| 31 | 30          23 | 22                                    0 |
|----|----------------|-------------------------------------------|
| 1  | 1000 0000      | 110 0000 0000 0000 0000 0000              |

(1) 주어진 부동 소수점 수를 10진수로 나타내시오.

(2) (1)에서 구한 수에 십진수 −1.375를 더한 결과를 IEEE 754 형식으로 나타내시오.

(3) 부동 소수점 표현 방식에서 지수 필드의 길이가 줄어들고, 줄어든 만큼 가수 필드의 길이가 늘어난다면 얻을 수 있는 장점은 무엇인가?

**풀이** (1) −3.5

IEEE 754 부동 소수점 형식 : $(-1)^{부호} \times (1 + 가수) \times 2^{(지수-127)}$

$B = -1.11 \times 2^1 = -11.1_2 = -3.5$

(2)

| 31 | 30          23 | 22                                    0 |
|----|----------------|-------------------------------------------|
| 1  | 1000 0001      | 001 1100 0000 0000 0000 0000              |

$A = -1.375 = -1.011_2$

$B = -1.11 \times 2^1 = -11.1_2$

$A + B = -1.011_2 + (-11.1_2)$

$\qquad = -100.111_2$

$\qquad = -1.00111_2 \times 2^2$

- 지수부 : 2 + 127 = 129(10000001)

- 가수부 : 00111000000000000000000

| 31 | 30          23 | 22                                    0 |
|----|----------------|-------------------------------------------|
| 1  | 1000 0001      | 001 1100 0000 0000 0000 0000              |

(3) 표현 가능한 유효자릿수의 길이가 길어진다.

다음은 부동 소수점 수를 IEEE 754 표준의 단일 정밀도로 나타낸 것이다. S, E, M이 각각 부호, 지수, 가수 필드일 때 이것을 10진수 변환하는 식은 $N = (-1)^S 2^{E-127}(1.M)$로 나타낼 수 있다. 물음에 답하시오.

| S | E | | M |
|---|---|---|---|
| 0 | 1000 0000 | | 010 0100 0000 0000 0000 |
| 31 | 30 | 23 | 22                      0 |

(1) 주어진 수를 10진수 변환 식으로 나타내시오.

(2) 주어진 수에 −4를 곱한 값을 10진수로 변환하고자 한다. 곱셈한 결과를 10진수 변환 식으로 나타내시오.

(3) 부동 소수점 표현에서 바이어스를 사용하는 이유는 무엇인가?

**풀이** (1) $(-1)^0 \times 2^1 \times 1.01001$

10진수 변환 식인 $(-1)^S 2^{E-127}(1.M)$로 표현하기 위해 S, E, M 값을 구해야 한다.

주어진 수에서 부호 비트가 0이므로 S는 0이며, 지수 필드의 값인 128은 지수에 127을 더한 것이므로 실제 지수 값은 128 − 127 = 1이다. 가수 필드는 변화가 없다.

(2) $(-1)^1 \times 2^3 \times 1.01001$

- S : 주어진 수에 음수를 곱하면 결과가 음수가 되므로 부호 비트는 1이 되어야 한다.
- E : 지수 필드 128의 실제 값은 1이므로 10진수로 $2^1$이다. 여기에 $4(2^2)$를 곱하면 $2^1 \times 2^2$가 되어 지수는 3이 된다.
- M : 숨겨진 비트(hidden bit)를 포함해서 변화가 없다.

(3) 단일 정밀도 부동 소수점 표현에서 가수가 0이면 지수에 상관없이 값은 $0(0 \times 2^E)$이며, 0이 다수 존재하게 된다. 이 경우 프로그램 수행 과정에서 0인지 검사하는 과정이 복잡해진다. 0 검사를 쉽게 할 수 있도록 도입한 것이 바이어스이며, 값이 0인 경우 지수를 포함한 32비트 모두 0이 되도록 한다. 8비트 지수에서 지수 필드는 모든 비트 0에서 모든 비트가 1인 경우까지 256개 존재하며, 각각의 절댓값은 0 ~ 255가 된다. 바이어스 127을 사용하는 경우 절댓값 0은 지수 필드의 모든 비트가 0이며, 실제 지수 값은 −127이 된다. 지수 E의 값이 가장 큰 음수이며, 이때 $2^E$의 절댓값은 0에 가까워지므로 이것을 0으로 처리한다. 절댓값 255는 지수 필드의 모든 비트가 1이고, 실제 지수 값은 128이 된다.

## ※ 요약 : 부동 소수점 표현(floating-point representation) : 단일정밀도

| | 설명 |
|---|---|
| 형식 | <table><tr><td>31</td><td>30</td><td>23</td><td>22</td><td></td><td>0</td></tr></table> <br> \| S \| 지수(E) 필드 \| 가수(M) 필드 \| |
| 정규화된 표현<br>(Normalized<br>representation) | • 형식: $\pm\ 0.1bbb...b \times 2^E$<br>• 소수점 아래 첫 번째 비트는 항상 1이므로 생략하며, 바이어스 값은 128을 사용함<br>• 예제 : $-13.625$에 대한 부동 소수점 표현<br><br>$13.625_{10} = 1101.101_2 = 0.1101101 \times 2^4$<br>부호(S) 비트 = 1 (−)<br>지수(E) = 00000100 + 10000000 = 10000100<br>가수(M) = 10110100000000000000000<br><br>\| S \| E \| M \|<br>\| 1 \| 1000 0100 \| 1011 0100 0000 0000 0000 000 \| |
| IEEE 754 표현 | • 형식: $(-1)^S\ 2^{E-127}\ (1.M)$<br>• 지수 필드는 바이어스 127을 사용하고 가수는 부호화-크기 표현을 사용<br>• $1.M \times 2^E$의 형태를 가지며, 소수점 아래의 M 부분만 가수 필드에 저장<br>• 소수점 왼쪽의 저장되지 않는 1은 hidden bit<br>• 예제 : $-13.625$에 대한 부동 소수점 표현<br><br>$13.625_{10} = 1101.101_2 = 1.101101 \times 2^3$<br>부호(S) 비트 = 1 (−)<br>지수 E = 00000011 + 01111111 = 10000010<br>가수 M = 10110100000000000000000 (소수점 좌측의 1은 제외)<br><br>\| S \| E \| M \|<br>\| 1 \| 1000 0010 \| 1011 0100 0000 0000 0000 000 \| |

## 2.2 부울 대수와 논리게이트

다음 부울 함수를 간소화하고자 한다. 물음에 답하시오.

$$F(A, B, C, D) = \sum(0, 1, 2, 5, 7, 8, 9, 10, 11, 13, 15)$$

(1) 부울 함수에 대해 카르노맵(K-map)을 작성하시오.

(2) 주항(prime implicant)과 필수 주항(essential prime implicant)을 구하시오.

(3) 입력 변수와 항의 수가 최소인 간소화된 부울 함수를 모두 구하시오.

---

**풀이** (1) $F(A, B, C, D) = \sum(0, 1, 2, 5, 7, 8, 9, 10, 11, 13, 15)$

| AB\CD | 00 | 01 | 11 | 10 |
|---|---|---|---|---|
| 00 | 1 | 1 | 0 | 1 |
| 01 | 0 | 1 | 1 | 0 |
| 11 | 0 | 1 | 1 | 0 |
| 10 | 1 | 1 | 1 | 1 |

| AB\CD | 00 | 01 | 11 | 10 |
|---|---|---|---|---|
| 00 | 1 | 1 | 0 | 1 |
| 01 | 0 | 1 | 1 | 0 |
| 11 | 0 | 1 | 1 | 0 |
| 10 | 1 | 1 | 1 | 1 |

(2) 필수 주항 : BD, B′D′, 주항 : AD, AB′, B′C′, C′D, BD, B′D′

(3) ① $F = BD + B'D' + AD + B'C'$

② $F = BD + B'D' + AB' + C'D$

③ $F = BD + B'D' + AB' + B'C'$

④ $F = BD + B'D' + AD + C'D$

다음 불 대수식을 NOR 게이트만 사용하여 회로를 구성하고자 한다. 물음에 답하시오.

$$F(A, B, C, D) = \sum m(0, 2, 3, 7, 8, 10) + \sum d(5, 6, 15)$$

(1) 카르노 맵을 사용하여 불 대수식을 최대항식으로 간소화하시오.

(2) (1)에서 구한 식을 NOR 게이트만 사용할 수 있도록 드모르간 정리를 사용하여 변환하시오.

(3) (2)에서 구한 식을 회로도로 나타내시오.

---

**풀이** (1) ① $F = (A' + D')(B' + D)(C + D')$

② $F' = AD + BD' + C'D$

$F = (AD + BD' + C'D)'$

$= (AD)'(BD')(C'D)$

$= (A' + D')(B' + D)(C + D')$

| AB \ CD | 00 | 01 | 11 | 10 |
|---------|----|----|----|----|
| 00      | 1  | 0  | 1  | 1  |
| 01      | 0  | x  | 1  | x  |
| 11      | 0  | 0  | x  | 0  |
| 10      | 1  | 0  | 0  | 1  |

(2) $F'' = F = (A' + D')(B' + D)(C + D')$

$= (((A' + D')(B' + D)(C + D'))')'$

$= ((A' + D')' + (B' + D)' + (C + D')')'$

(3)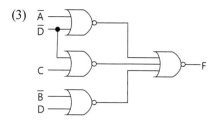

다음은 4-세그먼트(segment) LED의 구성과 입력 X, Y에 따른 LED의 출력 형태를 나타낸 것이다. 물음에 답하시오. 단, a, b, c, d는 출력이 1이면 켜지고 0이면 꺼지며, 회로는 정논리(positive logic)로 동작한다.

| X | Y | 출력 형태 |
|---|---|---|
| 0 | 0 | |
| 0 | 1 | |
| 1 | 0 | |
| 1 | 1 | |

(1) 입력 X, Y에 대한 출력 a, b, c, d를 구하시오.

(2) a, b, c, d의 간소화된 논리식을 각각 SOP로 나타내시오.

---

**풀이** (1)

| 입력 | | 출력 | | | |
|---|---|---|---|---|---|
| X | Y | a | b | c | d |
| 0 | 0 | 1 | 1 | 1 | 1 |
| 0 | 1 | 0 | 0 | 1 | 1 |
| 1 | 0 | 1 | 1 | 0 | 0 |
| 1 | 1 | 1 | 1 | 0 | 1 |

(2) 카르노맵을 활용하여 간소화

① $a = X + \overline{Y}$    ② $b = X + \overline{Y}$    ③ $c = \overline{X}$    ④ $d = \overline{X} + Y$

| X \ Y | 0 | 1 |
|---|---|---|
| 0 | 1 | 0 |
| 1 | 1 | 1 |

| X \ Y | 0 | 1 |
|---|---|---|
| 0 | 1 | 0 |
| 1 | 1 | 1 |

| X \ Y | 0 | 1 |
|---|---|---|
| 0 | 1 | 1 |
| 1 | 0 | 0 |

| X \ Y | 0 | 1 |
|---|---|---|
| 0 | 1 | 1 |
| 1 | 0 | 1 |

## 2.3 조합 논리회로

아래 그림은 2비트의 이진 곱셈을 처리하는 2×2 배열 승산기의 조합회로이다. 승수의 비트는 각각 $b_1$과 $b_0$, 피승수의 비트는 $a_1$과 $a_0$, 출력 결과는 $K_3$, $K_2$, $K_1$, $K_0$이다. 물음에 답하시오.

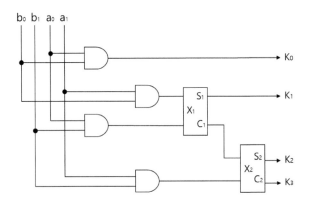

(1) $X_1$의 입력을 A, B라고 할 때 $X_1$ 회로에 대한 진리표를 작성하고 논리식을 구하시오.

(2) $X_1$에 적합한 회로를 그리시오.

(3) NOR 게이트만을 사용하여 $X_2$에 적합한 회로를 그리시오.

---

**풀이**   (1)

| 입력 | | 입력 | |
|---|---|---|---|
| A | B | $S_1$ | $C_1$ |
| 0 | 0 | 0 | 0 |
| 0 | 1 | 1 | 0 |
| 1 | 0 | 1 | 0 |
| 1 | 1 | 0 | 1 |

$S_1 = A'B + AB'$
$\quad = A \oplus B$
$C_1 = AB$

(2) $K_0 = a_0 b_0$

$K_1 = S_1 = a_0 b_1$ XOR $a_1 b_0$, $C_1 = a_0 b_1$ AND $a_1 b_0$ ⟸ 반가산기

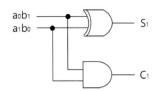

(3) $K_2 = S_2 = C_1$ XOR $a_1b_1$, $K_3 = C_2 = C_1$ AND $a_1b_1$ ⇐ 반가산기

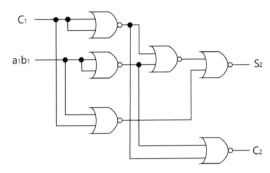

논리식 F = AB + A′B′C + BC′을 4-to-1 멀티플렉서를 사용하여 구현하고자 한다. 물음에 합하시오.

(1) 논리식 F를 최소항의 합으로 나타내시오.

(2) 멀티플렉서의 선택 신호 입력을 A, B라고 하고 진리표를 작성하시오.

(3) 멀티플렉서로 구현한 부울 함수에 대한 블록도를 그리시오.

**풀이** (1) $F(A, B, C) = m_1 + m_2 + m_6 + m_7 = \sum m(1, 2, 6, 7)$

(2)

| 입력 | | | 출력 | |
|---|---|---|---|---|
| A | B | C | F | |
| 0 | 0 | 0 | 0 | F = C |
| 0 | 0 | 1 | 1 | |
| 0 | 1 | 0 | 1 | F = C′ |
| 0 | 1 | 1 | 0 | |
| 1 | 0 | 0 | 0 | F = 0 |
| 1 | 0 | 1 | 0 | |
| 1 | 1 | 0 | 1 | F = 1 |
| 1 | 1 | 1 | 1 | |

(3)

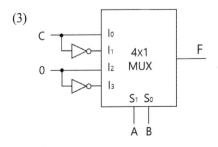

2개의 4-to-1 멀티플렉서(multiplexer)를 연결하고 그것에 대한 동작 상태를 알아보고자 한다. 물음에 답하시오.

(1) 한 개의 4-to-1 멀티플렉서에 대한 회로도와 함수표(function table)를 나타내시오.

(2) 아래 블록도에서 X, Y가 선택신호의 입력이고, S와 $C_{out}$이 각각 합과 케리를 나타낸 것이다. 이것이 전가산기로 동작하는 것을 설명하시오.

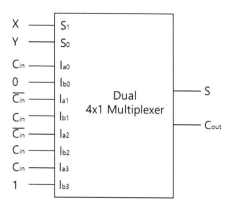

**풀이** (1)

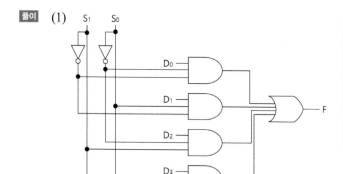

| 선택신호 | | 출력 |
|---|---|---|
| $S_1$ | $S_0$ | F |
| 0 | 0 | $D_0$ |
| 0 | 1 | $D_1$ |
| 1 | 0 | $D_2$ |
| 1 | 1 | $D_3$ |

(2) 전가산기의 진리표는 아래와 같으며, 합과 케리는 각각 $S = \Sigma(1, 2, 4, 7)$, $C_{out} = \Sigma(3, 5, 6, 7)$과 같음을 알 수 있다. 블록도에서 $I_a$와 $I_b$는 각각 S와 $C_{out}$에 대한 입력을 나타낸 것임을 알 수 있다.

전가산기는 두 개의 2진수 입력 X, Y와 아랫자리로부터 올라온 케리 $C_{in}$을 포함하여 한 자리 2진수 3개를 더하는 조합논리회로이다.

| X | Y | $C_{in}$ | S | $C_{out}$ | S | $C_{out}$ |
|---|---|---|---|---|---|---|
| 0 | 0 | 0 | 0 | 0 | $C_{in}$ | 0 |
| 0 | 0 | 1 | 1 | 0 | | |
| 0 | 1 | 0 | 1 | 0 | $C_{in}'$ | $C_{in}$ |
| 0 | 1 | 1 | 0 | 1 | | |
| 1 | 0 | 0 | 1 | 0 | $C_{in}'$ | $C_{in}$ |
| 1 | 0 | 1 | 0 | 1 | | |
| 1 | 1 | 0 | 0 | 1 | $C_{in}$ | 1 |
| 1 | 1 | 1 | 1 | 1 | | |

[멀티플렉서 출력 S]

| X \ $YC_{in}$ | 00 | 01 | 11 | 10 |
|---|---|---|---|---|
| 0 | 0 | 1 | 3 | 2 |
| 1 | 4 | 5 | 7 | 6 |

[멀티플렉서 출력 $C_{out}$]

| X \ $YC_{in}$ | 00 | 01 | 11 | 10 |
|---|---|---|---|---|
| 0 | 0 | 1 | 3 | 2 |
| 1 | 4 | 5 | 7 | 6 |

## 중등교사 임용시험 정보 · 컴퓨터 2020-A-3.

2×4 디코더와 4×1 멀티플렉서를 포함한 다음 논리회로에 대한 물음에 답하시오.

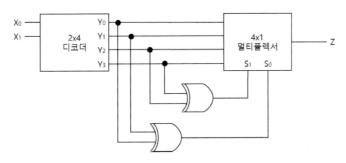

(1) 회로의 각 입력에 대한 디코더의 출력, 멀티플렉서의 입력, 멀티플렉서의 선택신호,
    회로의 출력을 표로 나타내시오.

(2) 회로의 출력 Z에 대한 논리식을 구하시오.

풀이 (1) 2×4 디코더에 대한 진리표와 4×1 멀티플렉서에 대한 진리표로 다음 표를 완성할 수 있다.

| 입력 | | 디코더 출력 & 멀티플렉서 입력 | | | | 멀티플렉서 선택 신호 | | 출력 | |
|---|---|---|---|---|---|---|---|---|---|
| $X_1$ | $X_0$ | $Y_3$ | $Y_2$ | $Y_1$ | $Y_0$ | $S_1$ | $S_0$ | Z | |
| 0 | 0 | 0 | 0 | 0 | 1 | 0 | 1 | Y1 | 0 |
| 0 | 1 | 0 | 0 | 1 | 0 | 0 | 1 | Y1 | 1 |
| 1 | 0 | 0 | 1 | 0 | 0 | 1 | 0 | Y2 | 1 |
| 1 | 1 | 1 | 0 | 0 | 0 | 1 | 0 | Y2 | 0 |

(2) $Z = X_1'X_0 + X_1X_0' = X_1 \oplus X_0$

　　정논리란 1을 TRUE, 0을 FALSE로 보는 것을 정상적인 값을 처리한다고 본다.

---

**중등교사 임용시험 정보 · 컴퓨터 2023-A-2**

논리 함수 F = A′B + AB′C + BC′를 다음과 같이 4×1 멀티플렉서를 이용하여 구현하고자 한다. 물음에 답하시오.

(1) 논리 함수에 대한 최소항을 구하시오.

(2) ㉠, ㉡에 적합한 내용은 무엇인가?

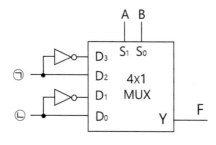

| $S_1$ | $S_0$ | Y |
|---|---|---|
| 0 | 0 | $D_0$ |
| 0 | 1 | $D_1$ |
| 1 | 0 | $D_2$ |
| 1 | 1 | $D_3$ |

풀이 (1) $F(A, B, C) = m_2 + m_3 + m_5 + m_6 = \Sigma m(2, 3, 5, 6)$

(2) ㉠ : C, ㉡ : 0

　　멀티플렉서의 입력은 다음 진리표와 같이 $D_0 = 0$, $D_1 = 1$, $D_2 = C$, $D_3 = C'$이 된다.

| 입력 | | | 출력 | |
|---|---|---|---|---|
| A | B | C | F | |
| 0 | 0 | 0 | 0 | F = 0 |
| 0 | 0 | 1 | 0 | |
| 0 | 1 | 0 | 1 | F = 1 |
| 0 | 1 | 1 | 1 | |
| 1 | 0 | 0 | 0 | F = C |
| 1 | 0 | 1 | 1 | |
| 1 | 1 | 0 | 1 | F = C' |
| 1 | 1 | 1 | 0 | |

중등교사 임용시험 정보 · 컴퓨터 2021-B-3.

다음은 어떤 코드를 2진수 코드로 변환하는 논리회로이다. 단, 회로의 입력과 출력은 각각 X, Y이며, $X_3$과 $Y_3$이 최상위 비트이고, $X_0$과 $Y_0$이 최하위 비트이다.

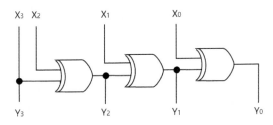

(1) 입력 X가 최상위 비트부터 1010일 때 출력 Y는 무엇인가?

(2) 출력 Y가 최상위 비트부터 1010이 되기 위한 X를 구하시오.

(3) 위 회로를 출력이 $Y_0$인 짝수 패리티(even parity) 오류 검출기로 사용할 때 입력에 오류가 있는 경우의 출력 $Y_0$ 값을 쓰고, 그 이유를 설명하시오. 단, $X_3$, $X_2$, $X_1$은 데이터 비트, $X_0$는 패리티 비트로 하고 1개 비트에만 오류가 있다고 가정한다.

**풀이** (1) 1100, 주어진 회로는 Gray 코드를 2진 코드로 변환하는 것이다. Gray 코드 1010이 입력되면 2진 코드로 1100이 출력된다.

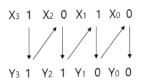

(2) 1111, 주어진 회로는 Gray 코드를 2진 코드로 변환
하는 것이다. 2진 코드 1010이 출력되기 위한 Gray
코드의 입력은 1111이다.

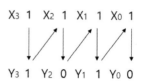

(3) 1

XOR는 odd 함수이므로 1의 개수가 홀수이면 출력이 1이 된다. 세 비트 데이터와 한
비트 패리티에서 1의 개수가 짝수가 된다. 따라서 한 비트 오류가 발생하면 1의 개수
가 홀수 개가 되며, 출력은 1이 된다.

---

📋 **참고**

2진 코드를 Gray 코드로 변환하는 회로는 다음과 같이 설계할 수 있다. 카르노맵을 사용하여 다음과 같이
출력 비트들에 대한 간소화된 식을 구할 수 있다.

| 2진 코드 | | | | Gray 코드 | | | |
|---|---|---|---|---|---|---|---|
| w | x | y | z | A | B | C | D |
| 0 | 0 | 0 | 0 | 0 | 0 | 0 | 0 |
| 0 | 0 | 0 | 1 | 0 | 0 | 0 | 1 |
| 0 | 0 | 1 | 0 | 0 | 0 | 1 | 1 |
| 0 | 0 | 1 | 1 | 0 | 0 | 1 | 0 |
| 0 | 1 | 0 | 0 | 0 | 1 | 1 | 0 |
| 0 | 1 | 0 | 1 | 0 | 1 | 1 | 1 |
| 0 | 1 | 1 | 0 | 0 | 1 | 0 | 1 |
| 0 | 1 | 1 | 1 | 0 | 1 | 0 | 0 |
| 1 | 0 | 0 | 0 | 1 | 1 | 0 | 0 |
| 1 | 0 | 0 | 1 | 1 | 1 | 0 | 1 |
| 1 | 0 | 1 | 0 | 1 | 1 | 1 | 1 |
| 1 | 0 | 1 | 1 | 1 | 1 | 1 | 0 |
| 1 | 1 | 0 | 0 | 1 | 0 | 1 | 0 |
| 1 | 1 | 0 | 1 | 1 | 0 | 1 | 1 |
| 1 | 1 | 1 | 0 | 1 | 0 | 0 | 1 |
| 1 | 1 | 1 | 1 | 1 | 0 | 0 | 0 |

$A = w$

| wx＼yz | 00 | 01 | 11 | 10 |
|---|---|---|---|---|
| 00 | 0 | 0 | 0 | 0 |
| 01 | 0 | 0 | 0 | 0 |
| 11 | 1 | 1 | 1 | 1 |
| 10 | 1 | 1 | 1 | 1 |

$B = w'x + wx' = w \oplus x$

| wx＼yz | 00 | 01 | 11 | 10 |
|---|---|---|---|---|
| 00 | 0 | 0 | 0 | 0 |
| 01 | 1 | 1 | 1 | 1 |
| 11 | 0 | 0 | 0 | 0 |
| 10 | 1 | 1 | 1 | 1 |

$C = xy' + x'y = x \oplus y$

| wx＼yz | 00 | 01 | 11 | 10 |
|---|---|---|---|---|
| 00 | 0 | 0 | 1 | 1 |
| 01 | 1 | 1 | 0 | 0 |
| 11 | 1 | 1 | 0 | 0 |
| 10 | 0 | 0 | 1 | 1 |

$D = y'z + yz' = y \oplus z$

| wx＼yz | 00 | 01 | 11 | 10 |
|---|---|---|---|---|
| 00 | 0 | 1 | 0 | 1 |
| 01 | 0 | 1 | 0 | 1 |
| 11 | 0 | 1 | 0 | 1 |
| 10 | 0 | 1 | 0 | 1 |

**2진 코드를 Gray 코드로 변환하는 회로**

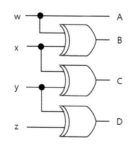

## 2.4 순차 논리회로

중등교사 임용시험 정보 · 컴퓨터 2019-A-7.

다음은 가상의 ST 플립플롭을 사용한 순차 논리회로와 ST 플립플롭의 특성표를 나타낸 것이다. 물음에 답하시오.

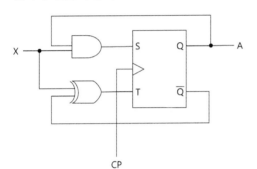

| S | T | Q(t+1) |
|---|---|---|
| 0 | 0 | Q(t) |
| 0 | 1 | 1 |
| 1 | 0 | 0 |
| 1 | 1 | $\overline{Q}(t)$ |

(1) 다음 표는 현재 상태 A(t)와 입력 x에 따른 다음 상태 A(t + 1)을 나타낸 것이다. ㉠, ㉡에 해당하는 값은 무엇인가?

| 현재 상태 A(t) | 다음 상태 A(t + 1) | |
|---|---|---|
| | x = 0 | x = 1 |
| 0 | ㉠ | |
| 1 | | ㉡ |

(2) ST 플립플롭의 여기표(excitation table)를 구하시오.

**풀이** (1) ㉠ : 1, ㉡ : 0

- S = A·x, T = A′⊕x

㉠ : S = 0·0 = 0, T = 1⊕0 = 1

특성표에서 S = 0, T = 1이면 다음 상태는 1인 것을 알 수 있다.

㉡ : S = 1·1 = 1, T = 0⊕1 = 1

특성표에서 S = 1, T = 1이면, 다음 상태는 Q(t)′이 된다.

(2)

| Q | Q(t+1) | S | T |
|---|--------|---|---|
| 0 | 0 | x | 0 |
| 0 | 1 | x | 1 |
| 1 | 0 | 1 | x |
| 1 | 1 | 0 | x |

## 중등교사 임용시험 정보 · 컴퓨터 2018-A-7.

다음은 가상의 UV 플립플롭의 논리기호와 특성표, 그리고 이 플립플롭을 사용하여 카운
터를 설계할 때 필요한 상태 여기표의 일부이다.

[논리기호]

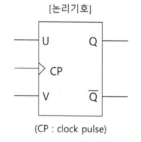

(CP : clock pulse)

| U | V | Q(t+1) |
|---|---|--------|
| 0 | 0 | Q'(t) |
| 0 | 1 | 0 |
| 1 | 0 | 1 |
| 1 | 1 | Q(t) |

〈상태 여기표〉

| 현재 상태 | | 다음 상태 | | 플립플롭 입력 | | | |
|---|---|---|---|---|---|---|---|
| A | B | A | B | $U_A$ | $V_A$ | $U_B$ | $V_B$ |
| 0 | 0 | 1 | 1 | ㉠ | | ㉠ | |
| 0 | 1 | 0 | 0 | ㉡ | | 0 | x |
| 1 | 0 | 0 | 1 | 0 | x | ㉠ | |
| 1 | 1 | 1 | 0 | 1 | x | 0 | x |

(1) UV 플립플롭의 여기표를 작성하시오.

(2) 카운터는 A와 B의 상태 값은 다음과 같은 순서로 반복된다. ㉠, ㉡에 들어갈 내용은
무엇인가?

00, 11, 10, 01, 00, 11, 10, ……

**풀이** (1) 여기표

| Q | Q(t+1) | U | V |
|---|--------|---|---|
| 0 | 0 | x | 1 |
| 0 | 1 | x | 0 |
| 1 | 0 | 0 | x |
| 1 | 1 | 1 | x |

(2) ㉠ : x 0

㉠은 A가 0에서 1로 바뀐 것으로, 이러한 변화는 플립플롭의 입력 U, V가 0, 0 또는 1, 0인 것을 특성표에서 알 수 있다. 따라서 이것은 U = x, V = 0으로 표현된다. A와 같이 B도 0에서 1로 바뀌었으므로 U = x, V = 0이 된다.

㉡ : x 1

여기표를 활용하여 이것을 확인할 수도 있다. 먼저 <상태 여기표>에서 A의 현재 상태 0이고 다음 상태 0으로 유지된 것을 확인할 수 있다. 이러한 변화는 플립플롭의 입력이 U = x, V = 1인 것을 여기표에서 알 수 있다.

---

### 중등교사 임용시험 정보 · 컴퓨터 2008-14.

다음 표는 mod-4 동기식 카운터(counter)를 설계하기 위한 〈상태 할당표〉와 〈제어 입력표〉를 나타낸 것이다. 〈조건〉을 고려하여 물음에 답하시오.

〈상태 할당표〉

| 계수 | 출력 | | 상태 할당 |
|------|------|------|----------|
| $C_p$ | $Q_B$ | $Q_A$ | $S$ |
| 0 | 0 | 0 | $S_0$ |
| 1 | 0 | 1 | $S_1$ |
| 2 | 1 | 0 | $S_2$ |
| 3 | 1 | 1 | $S_3$ |
| 4 | 0 | 0 | $S_0$ |

〈제어 입력표〉

| 상태 변환 | 제어 입력 | |
|-----------|----------|---|
| | $J$ | $K$ |
| 0 | 0 | x |
| $\alpha$ | 1 | x |
| $\beta$ | x | 1 |
| 1 | x | 0 |
| $\Phi$ | x | x |

조건

- JK 플립플롭(Flip Flop) 2개를 사용한다.
- 현재 상태 0이 다음 상태 0으로 변하면 변환 형태를 0으로 한다.
- 현재 상태 0이 다음 상태 1로 변하면 변환 형태를 $\alpha$로 한다.
- 현재 상태 1 다음 상태 0으로 변하면 변환 형태를 $\beta$로 한다.
- 현재 상태 1이 다음 상태 1로 변하면 변환 형태를 1로 한다.

(1) 플립플롭의 입력을 확인하는 상태 변환표를 작성하시오.

(2) 플립플롭 입력에 대한 간소화된 논리식을 구하시오.

---

**풀이** (1)

| 현재 상태 | | 다음 상태 | | 변환 형태 | | 제어 입력 | | | |
|---|---|---|---|---|---|---|---|---|---|
| $Q_B$ | $Q_A$ | $Q_B$ | $Q_A$ | B | A | $J_B$ | $K_B$ | $J_A$ | $K_A$ |
| 0 | 0 | 0 | 1 | 0 | $\alpha$ | 0 | x | 1 | x |
| 0 | 1 | 1 | 0 | $\alpha$ | $\beta$ | 1 | x | x | 1 |
| 1 | 0 | 1 | 1 | 1 | $\alpha$ | x | 0 | 1 | x |
| 1 | 1 | 0 | 0 | $\beta$ | $\beta$ | x | 1 | x | 1 |

(2) $J_B = Q_A, K_B = Q_A, J_A = 1, K_A = 1$

① $J_B = Q_A$

| $Q_B$\$Q_A$ | 0 | 1 |
|---|---|---|
| 0 | 0 | 1 |
| 1 | x | x |

② $K_B = Q_A$

| $Q_B$\$Q_A$ | 0 | 1 |
|---|---|---|
| 0 | x | x |
| 1 | 0 | 1 |

③ $J_A = 1$

| $Q_B$\$Q_A$ | 0 | 1 |
|---|---|---|
| 0 | 1 | x |
| 1 | 1 | x |

④ $K_A = 1$

| $Q_B$\$Q_A$ | 0 | 1 |
|---|---|---|
| 0 | x | 1 |
| 1 | x | 1 |

---

자동판매기 기능을 구현하기 위해 동기형 순차회로를 설계하고자 한다. 〈조건〉을 고려하여 물음에 답하시오.

조건

- 투입된 금액을 저장하기 위해 플립플롭을 사용한다.
- 자동판매기는 300원짜리 음료수를 판매한다.
- 50원과 100원짜리 동전만 사용할 수 있다.
- 투입된 금액이 300원 이상이면 음료수를 내보내고 잔액을 반환한다.
- 초기 금액은 0원이며, 반환 버튼을 누르면 현재 금액을 반환하고 초기 금액이 된다.

(1) 입력과 출력의 종류를 나열하시오.

(2) 플립플롭이 가질 수 있는 상태의 종류를 나열하시오.

(3) 자판기의 상태도를 그리시오.

(4) 자판기의 상태표를 작성하시오.

---

**풀이** (1) 입력 종류

| $I_1$ | $I_0$ | 입력 |
|---|---|---|
| 0 | 0 | 입력 없음 |
| 0 | 1 | 50원 동전 입력 |
| 1 | 0 | 100원 동전 입력 |
| 1 | 1 | 해당 없음 |

출력 종류

| $O_1$ | $O_0$ | 출력 |
|---|---|---|
| 0 | 0 | 출력 없음 |
| 0 | 1 | 거스름돈 출력 |
| 1 | 0 | 음료수 출력 |
| 1 | 1 | 음료수와 거스름돈 출력 |

(2) 플립플롭 상태의 종류

| $S_2$ | $S_1$ | $S_0$ | 플립플롭 |
|---|---|---|---|
| 0 | 0 | 0 | 입력 없음 상태 저장 |
| 0 | 0 | 1 | 50원 입력 상태 저장 |
| 0 | 1 | 0 | 100원 입력 상태 저장 |
| 0 | 1 | 1 | 150원 입력 상태 저장 |
| 1 | 0 | 0 | 200원 입력 상태 저장 |
| 1 | 0 | 1 | 250원 입력 상태 저장 |

(3)

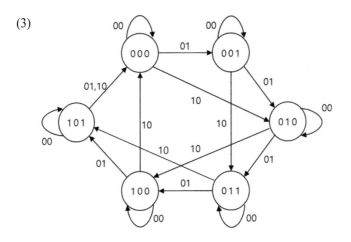

(4)

| 현재 상태 | | | 입력 | | 다음 상태 | | |
|---|---|---|---|---|---|---|---|
| $S_2$ | $S_1$ | $S_0$ | $I_1$ | $I_0$ | $S_2$ | $S_1$ | $S_0$ |
| 0 | 0 | 0 | 0 | 0 | 0 | 0 | 0 |
| 0 | 0 | 0 | 0 | 1 | 0 | 0 | 1 |
| 0 | 0 | 0 | 1 | 0 | 0 | 1 | 0 |
| 0 | 0 | 0 | 1 | 1 | x | x | x |
| 0 | 0 | 1 | 0 | 0 | 0 | 0 | 1 |
| 0 | 0 | 1 | 0 | 1 | 0 | 1 | 0 |
| 0 | 0 | 1 | 1 | 0 | 0 | 1 | 1 |
| 0 | 0 | 1 | 1 | 1 | x | x | x |
| 0 | 1 | 0 | 0 | 0 | 0 | 1 | 0 |
| 0 | 1 | 0 | 0 | 1 | 0 | 1 | 1 |
| 0 | 1 | 0 | 1 | 0 | 1 | 0 | 0 |
| 0 | 1 | 0 | 1 | 1 | x | x | x |
| 0 | 1 | 1 | 0 | 0 | 0 | 1 | 1 |
| 0 | 1 | 1 | 0 | 1 | 1 | 0 | 0 |
| 0 | 1 | 1 | 1 | 0 | 1 | 0 | 1 |
| 0 | 1 | 1 | 1 | 1 | x | x | x |

| 현재 상태 | | | 입력 | | 다음 상태 | | |
|---|---|---|---|---|---|---|---|
| $S_2$ | $S_1$ | $S_0$ | $I_1$ | $I_0$ | $S_2$ | $S_1$ | $S_0$ |
| 1 | 0 | 0 | 0 | 0 | 1 | 0 | 0 |
| 1 | 0 | 0 | 0 | 1 | 1 | 0 | 1 |
| 1 | 0 | 0 | 1 | 0 | 0 | 0 | 0 |
| 1 | 0 | 0 | 1 | 1 | x | x | x |
| 1 | 0 | 1 | 0 | 0 | 1 | 0 | 1 |
| 1 | 0 | 1 | 0 | 1 | 0 | 0 | 0 |
| 1 | 0 | 1 | 1 | 0 | 0 | 0 | 0 |
| 1 | 0 | 1 | 1 | 1 | x | x | x |
| 1 | 1 | 0 | 0 | 0 | x | x | x |
| 1 | 1 | 0 | 0 | 1 | x | x | x |
| 1 | 1 | 0 | 1 | 0 | x | x | x |
| 1 | 1 | 0 | 1 | 1 | x | x | x |
| 1 | 1 | 1 | 0 | 0 | x | x | x |
| 1 | 1 | 1 | 0 | 1 | x | x | x |
| 1 | 1 | 1 | 1 | 0 | x | x | x |
| 1 | 1 | 1 | 1 | 1 | x | x | x |

 다음 상태표에 맞는 순서 논리회로를 T-플립플롭을 사용하여 설계하고자 한다. 상태표에서 x는 시스템의 입력이다. 물음에 답하시오.

| 현재 상태 | | | 다음 상태 | | | | | | 출력 | |
|---|---|---|---|---|---|---|---|---|---|---|
| | | | x=0 | | | x=1 | | | x=0 | x=1 |
| A | B | C | A | B | C | A | B | C | F | F |
| 0 | 0 | 1 | 0 | 0 | 1 | 0 | 1 | 0 | 0 | 0 |
| 0 | 1 | 0 | 0 | 1 | 1 | 1 | 0 | 0 | 0 | 0 |
| 0 | 1 | 1 | 0 | 0 | 1 | 1 | 0 | 0 | 0 | 0 |
| 1 | 0 | 0 | 1 | 0 | 1 | 1 | 0 | 0 | 0 | 1 |
| 1 | 0 | 1 | 0 | 0 | 1 | 1 | 0 | 0 | 0 | 1 |

(1) 상태 여기표(excitation table)를 작성하시오.

(2) 미사용 상태를 포함하여 플립플롭 입력과 출력에 대한 간소화된 식을 구하시오.

(3) 미사용 상태의 상태표를 작성하시오.

(4) 미사용 상태를 포함한 상태도를 그리시오.

---

**풀이** (1)

| 현재 상태 | | | 차기 상태 | | | | | | 출력 | | 플립플롭 입력 | | | | | |
|---|---|---|---|---|---|---|---|---|---|---|---|---|---|---|---|---|
| | | | x=0 | | | x=1 | | | x=0 | x=1 | x=0 | | | x=1 | | |
| A | B | C | A | B | C | A | B | C | F | F | $T_A$ | $T_B$ | $T_C$ | $T_A$ | $T_B$ | $T_C$ |
| 0 | 0 | 1 | 0 | 0 | 1 | 0 | 1 | 0 | 0 | 0 | 0 | 0 | 0 | 0 | 1 | 1 |
| 0 | 1 | 0 | 0 | 1 | 1 | 1 | 0 | 0 | 0 | 0 | 0 | 0 | 1 | 1 | 1 | 0 |
| 0 | 1 | 1 | 0 | 0 | 1 | 1 | 0 | 0 | 0 | 0 | 0 | 1 | 0 | 1 | 1 | 1 |
| 1 | 0 | 0 | 1 | 0 | 1 | 1 | 0 | 0 | 0 | 0 | 0 | 0 | 1 | 0 | 0 | 0 |
| 1 | 0 | 1 | 0 | 0 | 1 | 1 | 0 | 0 | 0 | 1 | 1 | 0 | 0 | 0 | 0 | 1 |

(2) 미사용 상태 : (000), (110), (111)

| AB＼Cx | 00 | 01 | 11 | 10 |
|---|---|---|---|---|
| 00 | x | x | | |
| 01 | | 1 | 1 | |
| 11 | x | x | x | x |
| 10 | | | | 1 |

$$T_A = Bx + ACx'$$

| AB＼Cx | 00 | 01 | 11 | 10 |
|---|---|---|---|---|
| 00 | x | x | 1 | |
| 01 | | 1 | 1 | 1 |
| 11 | x | x | x | x |
| 10 | | | | |

$$T_B = A'x + BC$$

| AB＼Cx | 00 | 01 | 11 | 10 |
|---|---|---|---|---|
| 00 | x | x | 1 | |
| 01 | 1 | | 1 | |
| 11 | x | x | x | x |
| 10 | 1 | | 1 | |

$$T_C = C'x' + Cx = C \odot x$$

| AB＼Cx | 00 | 01 | 11 | 10 |
|---|---|---|---|---|
| 00 | x | x | | |
| 01 | | | | |
| 11 | x | x | x | x |
| 10 | | | 1 | 1 |

$$F = Ax$$

(3)

| 현재 상태 | | | 차기 상태 | | | | | | 출력 | |
|---|---|---|---|---|---|---|---|---|---|---|
| | | | x=0 | | | x=1 | | | x=0 | x=1 |
| A | B | C | A | B | C | A | B | C | F | F |
| 0 | 0 | 0 | 0 | 0 | 1 | 0 | 1 | 0 | 0 | 0 |
| 1 | 1 | 0 | 1 | 1 | 1 | 0 | 1 | 0 | 0 | 1 |
| 1 | 1 | 1 | 0 | 0 | 1 | 0 | 0 | 0 | 0 | 1 |

(4)

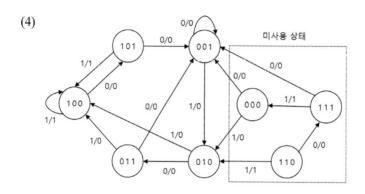

## 2.5 중앙처리장치

 다음 그림은 메모리와 레지스터로 구성된 컴퓨터구조를 나타낸 것이며, 표는 레지스터에 관한 설명이다. 다중화기(MUX, 멀티플렉서)를 통하여 선택된 출력만 버스에 전송된다. 레지스터는 병렬 저장 기능과 상향 카운터 기능이 있다. 아래 마이크로 연산을 참조하여 물음에 답하시오.

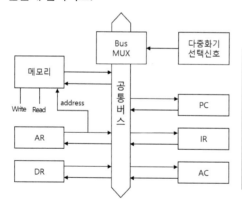

| 레지스터 | 설명 |
|---|---|
| AR | 메모리 주소 레지스터 |
| DR | 데이터 레지스터 |
| PC | 프로그램 카운터 |
| IR | 명령어 레지스터 |
| AC | 누산기 |

- **마이크로 연산**

| | |
|---|---|
| R ← M[AR] | AR 값이 지정하는 메모리 주소에 있는 데이터를 레지스터 R에 저장함 |
| $R_2 ← R_1$ | 레지스터 $R_1$ 값을 레지스터 $R_2$에 저장함 |
| R ← R + 1 | 레지스터 R에 저장된 값을 1만큼 증가시킴 |

(1) 공통버스의 다중화기 선택 신호는 최소 몇 비트 필요한가?

(2) 마이크로연산 AR ← PC와 DR ← DR + 1이 동일한 클록에 수행 가능한지 판단하고, 그 이유를 설명하시오.

(3) DR 값이 지정하는 메모리 주소에 있는 데이터를 AC에 저장하려고 한다. 이를 위한 마이크로 연산은 무엇인가? 단, 수행되는 마이크로 연산의 개수를 최소화한다.

---

**풀이** (1) 3

구분해야 하는 메모리 혹은 레지스터의 개수가 6개이다. 3비트가 있으면 최대 8개를 구분할 수 있으므로 3비트가 필요하다.

(2) 수행이 가능하다. 그 이유는 레지스터는 저장과 상향 카운터 수행에서 중복되는 레지스터가 없기 때문이다.

(3) AR ← DR, AC ← M[AR]

AC가 있는 컴퓨터구조에서 일반적으로 AC ← M[AR] 연산은 사용하지 않는다. 메모리에서 읽은 내용은 명령어나 데이터가 된다. 특히 명령어를 AC로 바로 넣는 경우는 없다.

---

다음 그림은 총 4096개의 워드로 구성된 메모리 장치와 레지스터인 MAR, PC, MBR, AC, IR이 연결된 공통버스 시스템을 나타낸 것이다. 〈조건〉을 고려하여 물음에 답하시오.

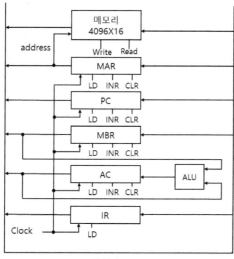

공통버스

조건

- 메모리는 Read와 Write를 위한 제어 입력을 갖는다.
- CLR(저장 값을 지움), LD(값을 받음), INC(저장 값을 1 증가)는 레지스터의 제어 입력이다.
- 하나의 워드는 16비트의 크기를 가지며, 워드 단위로 주소를 지정한다.
- 각 레지스터는 메모리 장치에 최적화된 크기를 갖는다.

(1) 레지스터인 PC와 MAR의 비트 수를 구하시오.

(2) MBR ← AC 마이크로 연산이 수행되기 위한 조건을 설명하시오.

(3) 명령어 인출(fetch) 사이클의 마이크로 연산을 쓰고, 이 사이클에서 LD가 enable 되는 레지스터를 나열하시오.

---

**풀이** (1) 12비트 : 메모리가 4096×16이므로 PC와 MAR의 길이는 각각 12비트이다.

(2) AC가 공통버스의 사용권을 얻어야 하고, MBR의 LD가 Enable 되어야 한다.

(3) LD가 enable 되는 레지스터 : MAR, MBR, IR

인출 사이클

$t_0$ : MAR ← PC

$t_1$ : MBR ← M[MAR], PC ← PC + 1

$t_2$ : IR ← MBR

---

중등교사 임용시험 정보 · 컴퓨터 2019-B-7.

다음은 가상의 컴퓨터에서 수행되는 명령어 형식, 레지스터 종류, 메모리에 저장된 프로그램, 명령어 수행 사이클에 대한 흐름도를 나타낸 것이다. 〈조건〉을 고려하여 물음에 답하시오.

■ 명령어 형식

| 비트번호 | 11 | 10 | 8 | 7 | 0 |
|---|---|---|---|---|---|
| | m | Op_code | | Operand | |

■ 메모리 참조 명령어 구성

- Op_code 값의 범위는 000에서 110이다.
- m이 0이면 직접주소방식, m이 1이면 간접주소방식을 사용한다.
- Operand 값은 메모리 주소로 사용된다.

| 명령어 | m | Op_code | 의미 |
|---|---|---|---|
| BSA | 0 | 011 | 직접주소방식을 사용하여 복귀주소 저장 및 서브루틴 분기 |
| | 1 | 011 | 간접주소방식을 사용하여 복귀 주소 저장 및 서브루틴 분기 |

■ 입출력 명령어 구성

- 입출력 명령어는 m의 값이 1이고, Op_code의 값은 111이다.
- Operand 값은 특정 입출력 명령어를 지정하는 데 사용된다.

| 명령어 이름 | m | Op_code | Operand | 의미 |
|---|---|---|---|---|
| INP | 1 | 111 | 0100 0000 | 문자를 입력함 |

■ 레지스터 참조 명령어 형식

- m의 값은 0이고, Op_code의 값은 111이다.
- Operand 값은 특정 레지스터 명령어를 지정하는 데 사용된다.

| 명령어 이름 | m | Op_code | Operand | 의미 |
|---|---|---|---|---|
| CAC | 0 | 111 | 1000 0000 | 누산기를 초기화시킴 |

■ 레지스터 종류

| 종류 | 의미 |
|---|---|
| MAR | 메모리 주소 레지스터 |
| PC | 프로그램 카운터 |
| IR | 명령어 레지스터 |
| AC | 누산기 |

■ 메모리 저장 프로그램

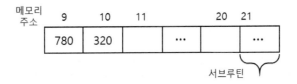

■ 명령어 수행 사이클에 대한 흐름도

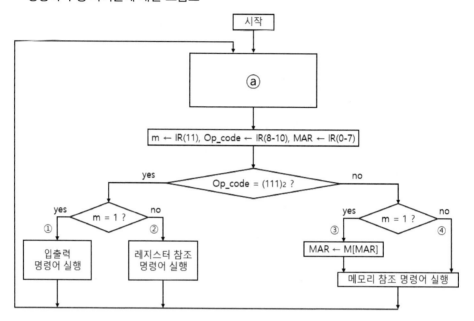

조건

* 메모리 주소와 명령어 내용은 16진수로 표현된 것이다.
* 명령어 사이클은 인출 단계, 디코딩 단계, 실행 단계로 이루어져 있다.
* M[MAR]에서 M은 메모리를 의미한다.
* BSA 명령어 수행을 위한 마이크로연산은 다음과 같다.

$T_0$ : M[MAR] ← PC

$T_1$ : PC ← MAR + 1

(1) 메모리 $(9)_{16}$번지 명령어 $(780)_{16}$을 인출하여 디코딩한 후 실행 단계에서 진입하는 지점은 ①~④ 중에서 어떤 것인가?

(2) $(10)_{16}$번지 명령을 수행한 후 $(20)_{16}$번지에 저장된 값과 PC에 저장된 값을 16진수로 구하시오.

(3) 위 순서도에서 인출 단계인 ⓐ에 들어갈 마이크로연산을 순서대로 쓰시오.

---

**풀이**  (1) ②

780은 16진수이므로 이진수로 나타내면 011110000000이다. 이것을 명령어 형식에 맞추면 m = 0, op_code = 111, operand = 10000000이므로 레지스터 참조 명령어 형식이다. 따라서 주어진 순서도에서 ②인 레지스터 참조 명령어 실행에 진입하게 된다.

(2) $(11)_{16}$, $(21)_{16}$

10번지에 저장된 320을 이진수로 나타내면 001100100000이다. 주어진 명령어 형식
에 적용하면 직접주소 방식을 사용하여 복귀주소 저장 및 서브루틴으로 분기하는 명
령어이다. 10번지 명령을 수행한 뒤 PC는 11이 된다. 20번지에 저장되는 값은 복귀해
야 할 주소인 11이며, PC 값은 다음에 수행할 서브루틴의 시작주소이므로 21이 된다.

(3) 명령어의 수행을 마치고 다음 명령어를 가져오는 인출 단계의 마이크로연산은 다음과
같다.

MAR ← PC

IR ← M[MAR], PC ← PC + 1

---

중등교사 임용시험 정보 · 컴퓨터 2011-1차-26.

---

다음은 컴퓨터의 명령어 형식, 명령어 코드, 레지스터와 메모리의 내용을 나타낸 것이다.
〈조건〉을 고려하여 물음에 답하시오.

■ 명령어 형식

| 15 | 12 | 11 | 10 | 9 | 0 |
|---|---|---|---|---|---|
| OP-code | | Mode | | Operand Address | |

■ 명령어 코드

| OP-code | 의미 | 명령어 |
|---|---|---|
| 0001 | AC←AC+M[X] | ADD |
| 0010 | AC←M[X] | LOAD |
| 0011 | M[X]←AC | STORE |
| 1001 | AC←$\overline{AC}$ | COM |
| 1010 | AC←AC+1 | INC |
| 1111 | Halt computer | HLT |

■ 레지스터와 메모리의 내용

PC

| 00 | 0001 | 0000 |
|---|---|---|

AC

| 0000 | 0000 | 0000 | 0000 |
|---|---|---|---|

| 주소 | 메모리 내용 |
|---|---|
| ⋮ | ⋮ |
| 16 | 0010 □01 0000 0000 |
| 17 | 1001 0000 0000 0000 |
| 18 | 1010 0000 0000 0000 |
| 19 | 0001 □00 1000 0000 |
| 20 | 0011 □10 0000 0000 |
| 21 | 1111 0000 0000 0000 |
| ⋮ | ⋮ |
| 64 | 0000 0001 0000 0000 |
| ⋮ | ⋮ |
| 128 | 0000 0001 0000 0000 |
| ⋮ | ⋮ |
| 256 | 0000 0000 1000 0000 |
| ⋮ | ⋮ |
| 512 | 0000 0000 0100 0000 |
| ⋮ | ⋮ |

조건

- 16비트 워드 단위로 주소를 지정한다.
- M[X]는 메모리 주소 X에 저장된 내용이다.
- 메모리 주소는 십진수이고, 내용은 이진수이다.
- Mode에서 00, 01은 각각 직접주소와 간접주소 모드를 나타낸다.

(1) 직접주소 모드로 실행될 때 메모리 512번지의 내용을 십진수로 나타내시오.

(2) 간접주소 모드로 실행될 때 메모리 512번지의 내용을 십진수로 나타내시오.

---

**풀이** (1) 128

| 주소 | 명령어 | | AC |
|---|---|---|---|
| | | | 0000 0000 0000 0000 |
| 16 | LOAD | AC ← M[256] | 0000 0000 1000 0000 |
| 17 | COM | AC ← (AC)′ | 1111 1111 0111 1111 |
| 18 | INC | AC ← AC + 1 | 1111 1111 1000 0000 |
| 19 | ADD | AC ← AC + M[128] | 0000 0000 1000 0000 |
| 20 | STORE | M[512] <- AC(128) | 0000 0000 1000 0000 |

(2) 64

| 주소 | 명령어 | | AC |
|---|---|---|---|
| | | | 0000 0000 0000 0000 |
| 16 | LOAD | AC ← M[128] | 0000 0001 0000 0000 |
| 17 | COM | AC ← (AC)′ | 1111 1110 1111 1111 |
| 18 | INC | AC ← AC + 1 | 1111 1111 0000 0000 |
| 19 | ADD | AC ← AC + M[256] | 1111 1111 1000 0000 |
| 20 | STORE | M[64] <- AC | 1111 1111 1000 0000 |

다음은 공통버스 시스템을 갖는 컴퓨터구조와 이 컴퓨터에서 수행되는 명령어의 마이크로연산을 나타낸 것이다. 물음에 답하시오.

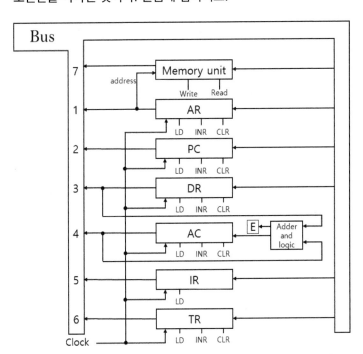

| 매크로 명령어 | 제어함수 | 마이크로연산 |
|---|---|---|
| Fetch | $RT_0$ | AR ← PC |
| | $RT_1$ | IR ← M[AR], PC ← PC+1 |
| Decode | $RT_2$ | $D_0$, …, $D_7$ ← Decode IR(12-14), AR ← IR(0-11), I ← IR(15) |
| Interrupt | $T_0' T_1' T_2' IEN$ | R ← 1 |
| | $RT_0$ | AR ← 0, TR ← PC |
| | $RT_1$ | M[AR] ← TR, PC ← 0 |
| | $RT_2$ | PC ← PC + 1, IEN ← 0, R ← 0, SC ← 0 |
| AND | $D_0 T_4$ | DR ← M[AR] |
| | $D_0 T_5$ | AC ← AC∧DR, SC ← 0 |
| ADD | $D_1 T_4$ | DR ← M[AR] |
| | $D_1 T_5$ | AC ← AC + DR, E ← $C_{out}$, SC ← 0 |
| LDA | $D_2 T_4$ | ㉠ |
| | $D_2 T_5$ | ㉡ |
| STA | $D_3 T_4$ | M[AR] ← AC, SC ← 0 |
| BUN | $D_4 T_4$ | PC ← AR, SC ← 0 |

(1) AR의 값을 지우는 입력 CLR(clear)의 논리식을 구하시오.

(2) PC의 값을 1 증가시키는 입력 INR(increase)의 논리식을 구하시오.

(3) 매크로 동작의 인터럽트를 참조하여 메모리 주소 0번지에 저장되는 내용과 1번지에 저장된 내용이 각각 무엇인지 설명하시오.

(4) LDA(load to AC) 매크로 명령어를 마이크로연산으로 나타낼 때 ㉠, ㉡의 내용은 무엇인가?

(5) 마이크로 명령어를 참조하여 명령어의 형식을 그림으로 나타내시오.

---

**풀이** (1) CLR(AR) = $RT_0$, CLR(AR)은 AR ← 0인 제어함수를 찾으면 된다.

(2) INR(PC) = $R'T_1$ + $RT_2$, INR(PC)는 PC ← PC + 1인 제어함수를 찾으면 된다.

(3) 메모리 주소 0번지에 저장되는 내용은 인터럽트 서비스 루틴을 수행한 후에 리턴할 주소가 저장된다. 메모리 주소 1번지에 저장된 내용은 인터럽트 서비스 루틴의 시작주소로 점프하는 명령어이다.

(4) ㉠ : DR ← M[AR], ㉡ : AC ← DR, SC ← 0

(5)

| 15 14 | 12 11 | 0 |
|---|---|---|
| M | Op code | Address |

중등교사 임용시험 정보 · 컴퓨터 2009-1차-25.

다음은 디지털 컴퓨터의 명령어 형식과 명령어를 나타낸 것이다. 16비트 크기를 갖는 프로그램 카운터(PC), 시스템 레지스터(R1), 인덱스 레지스터(XR), AC에는 각각 0x0030, 0x0064, 0x0020, 0x0000이 저장되어 있다. 프로그램이 주소 0x0030부터 실행된다고 가정하고 물음에 답하시오.

■ 명령어 형식

| 15 12 11 | 8 7 | 0 |
|---|---|---|
| Op code | Mode | Address |

■ 컴퓨터 명령어(모든 데이터는 16비트 단위로 연산됨)

| Op code | 설명 | Mode | 주소지정 방식 |
|---|---|---|---|
| 0 | AND: AC의 값과 AND | 0 | 직접주소 |
| 1 | ADD: AC의 값에 더함(Add) | 1 | 간접주소 |
| 2 | LDA: AC 값 입력(Load) | 2 | 상대주소 |
| 3 | STA: AC의 값을 저장(Store) | 3 | 인덱스주소 |
| 4 | SHL: AC 값을 좌로 1비트 이동 | 4 | 레지스터 간접주소 |
| 5 | SHR: AC 값을 우로 1비트 이동 | | |
| 6 | HLT: 컴퓨터를 종료 | | |

| 레지스터<br>(Hex) | 주소<br>(Hex) | 메모리<br>(Hex) |
|---|---|---|
| PC = 0030 | 0030 | 2070 |
| | 0032 | 4000 |
| R1 = 0064 | 0034 | 1160 |
| | 0036 | 3360 |
| XR = 0020 | 0038 | 2401 |
| | 003A | 3202 |
| AC = 0000 | 003C | 6000 |
| | ⋮ | ⋮ |
| | 0060 | 0070 |
| | 0062 | 0072 |
| | 0064 | 0005 |
| | ⋮ | ⋮ |
| | 0070 | 0004 |
| | ⋮ | ⋮ |
| | 0080 | 0006 |
| | ⋮ | ⋮ |

(1) 프로그램이 주소 0x0030에서 0x0034까지 실행되는 동안 변화되는 AC 값을 나열하시오.

(2) 0x0036번지의 명령어가 실행되었을 때 저장되는 값과 주소를 쓰시오.

(3) 0x0038번지의 명령어가 실행되었을 때 유효주소와 변화된 값을 쓰시오.

(4) 0x003A번지의 명령어가 실행되었을 때 저장되는 값과 주소를 쓰시오.

---

**풀이**

(1) 0004, 0008, 000C

(2) 0x0080(0x0060 + 0x0020), 000C

(3) 유효주소 : 0x0064, 변화된 값 : AC = 5

(4) 유효주소 : 0x003E, 변화된 값 : 0x003E = 5

| 주소 | 메모리 | 명령어 | 실행 결과 |
|---|---|---|---|
| 0030 | 2070 | LDA 0070, 0070 참조<br>직접 모드 | AC = 0004 |
| 0032 | 4000 | SHL | AC = 0008 |
| 0034 | 1160 | ADD 0060,<br>간접 모드 | AC = 000C<br>(0x0060 참조) |

| 주소 | 메모리 | 명령어 | 실행 결과 |
|------|--------|--------|-----------|
| 0036 | 3360 | STA 0060, 0080 참조<br>인덱스 모드 | 0x0080 = 000C<br>(XR 참조) |
| 0038 | 2401 | LDA 0001, 0064 참조<br>레지스터 간접 모드 | AC = 0005<br>(R1 참조) |
| 003A | 3202 | STA 0002, 003E 참조<br>상대 모드 | 0x003E = 0005<br>(PC 참조) |
| 003C | 6000 | HLT | 프로그램 실행 중단 |

📇 참고    **주소지정방식**

| 방식 | 설명 |
|------|------|
| 직접 주소<br>(Direct address) | 피연산자의 주소가 그대로 주소 필드에 저장됨 |
| 간접 주소<br>(Indirect address) | 명령어의 주소 필드가 가리키는 주소에 피연산자의 주소가 저장됨 |
| 묵시적(Implied) | 실제로 유효주소는 불필요함. 누산기를 사용하는 명령어, 스택에서 이루어지는 PUSH와 POP 등이 이에 해당함 |
| 즉치(Immediate) | 피연산자가 명령어 그 자체 내에 존재함 |
| 레지스터<br>(Register) | 레지스터에 피연산자가 있고, 주소 필드가 레지스터를 지정함 |
| 레지스터 간접<br>(Register indirect) | 명령어가 피연산자의 주소를 가지고 있는 레지스터를 지정함 |
| 자동증가<br>(Auto increment) | 메모리 접근 후에 주소가 자동으로 하나 증가함. 나머지는 레지스터 간접 모드와 동일함 |
| 자동 감소(Auto decrement) | 메모리 접근 전에 주소가 자동으로 하나 감소함. 나머지는 레지스터 간접 모드와 동일함 |
| 상대 주소 (Relative) | PC가 명령어의 주소 부분과 더해져서 유효주소가 됨. 분기 명령어에서 사용하면 변위가 양수, 음수이면 각각 앞과 뒤로 분기할 수 있음 |
| 인덱스 레지스터<br>(Index register) | 인덱스 레지스터의 내용이 명령어의 주소부분과 더해져서 유효주소가 결정됨. 배열과 같이 연속된 데이터 접근 시 유효함 |
| 베이스 레지스터<br>(Base register) | 베이스 레지스터의 내용이 명령어의 주소부분과 더해져서 유효주소가 됨. 베이스 레지스터에 프로그램의 시작주소를 가지고 재배치에 사용됨 |

다음 〈조건〉을 만족하는 명령어 집합을 설계하고자 한다. 물음에 답하시오.

조건

- 레지스터 개수는 16개이다.
- 명령어 개수는 12개이며, 이들 명령어는 3개의 레지스터(소스 레지스터 RA와 RB, 연산결과 저장 레지스터 RC)를 사용하는 레지스터 연산을 한다.
- 레지스터와 명령코드(opcode)를 이용한 레지스터 연산 명령어 실행의 의미는 다음과 같다.

RC ← RA opcode RB

- 모든 명령어의 길이는 동일하다.
- 덧셈, 뺄셈, 곱셈, 기억장소 저장 명령어의 연산코드는 각각 ADD, SUB, MUL, STR을 사용한다.
- 메모리 주소 K에 접근하는 것은 M[K]로 표시한다.

(1) 명령코드 필드의 최소 비트 수를 구하시오.

(2) 명령어 형식을 그림으로 나타내고, 명령어의 최소 길이를 구하시오.

(3) 사용하고 있는 명령어 수와 추가로 사용할 수 있는 명령어 수를 구하시오.

(4) 문장 'X = (A + B)×(C − D)'을 처리하도록 프로그램을 작성하시오. 메모리 접근이 필요한 경우에는 접근하기 전에 메모리 주소가 레지스터에 저장되어 있다고 가정한다.

(5) 명령어의 주소 필드가 3개인 경우와 이보다 적은 경우를 비교하여 장단점을 기술하시오.

---

풀이 (1) 명령어 개수가 12개이므로 명령코드 필드는 최소 4비트가 필요하다. 레지스터의 개수가 16개이므로 한 개 오퍼랜드 필드는 최소 4비트가 되어야 한다.

(2) 명령어 크기는 최소 2바이트가 필요하다. 각 명령어는 opcode, RA, RB, RC 등 최소 4개 필드가 필요하다.

| opcode | RC | RA | RB |
|--------|----|----|----|

(3) 명령어 코드는 4비트로 표현하여 16개의 명령어를 사용할 수 있는데, 12개의 명령어만 사용하고 있으므로 4개의 새로운 명령어를 추가하여 사용할 수 있다.

(4) ADD   R1, R2, R3   : R1 ← M[A] + M[B]

SUB   R4, R5, R6   : R4 ← M[C] - M[D]

MUL   R7, R1, R4   : M[X] ← R1×R4

(5) 주소 필드가 3개인 경우의 장점은 프로그램 길이를 짧게 작성할 수 있는 것이며, 단점은 명령어의 길이가 길어서 명령어 해독 과정이 복잡해질 수 있다.

다음 그림은 8비트 ALU와 4비트 상태 레지스터로 구성된 블록도이다. 물음에 답하시오. 단, 음수는 부호화된 2의 보수로 표현된다. 그림에서 플래그인 V, Z, S, C는 각각 오버플로(overflow)가 발생한 경우, 연산 결과 값이 0인 경우, 연산 결과 값의 부호가 음수인 경우, 올림수 또는 빌림수가 발생한 경우에 1로 저장된다.

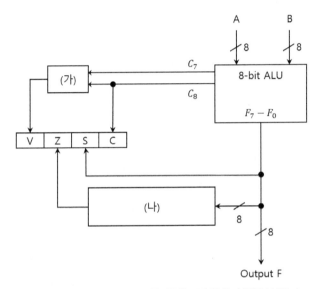

(1) (가)에서 오버플로우 발생 유무를 확인하는 방법을 설명하시오.

(2) (나)에 들어갈 게이트는 무엇인가?

(3) S는 무엇에 의해 결정되는가?

(4) 0x1C + 0x3F 연산이 수행될 때 캐리의 발생유무를 판단하시오.

---

**풀이** (1) $V = C_8$ XOR $C_7$, ALU 연산에서 최상위 비트로 들어오는 캐리와 최상위 비트에서 나가는 캐리를 비교하여 이것이 서로 다르면 오버플로우가 발생된 것이며, V가 1이 된다.

(2) Z가 1인 경우는 연산결과가 0이므로 $F_7 \sim F_0$의 모든 비트가 0이 되어야 한다. 따라서 Z = $(F_0 + F_1 + ... + F_7)$이므로 NOR 게이트를 사용할 수 있다.

(3) S는 부호비트이므로 F의 최상위 비트인 $F_7$에 따라 결정된다. $F_7$이 1이면 음수, 0이면 양수이다.

(3) 0x1C + 0x3F = 0001 1100 + 0011 1111 = 0101 1011 = 0x5B
캐리가 발생하지 않는다.

다음은 4비트 정수 A와 B를 더한 결과를 S로 출력하는 병렬 가산기와 상태 레지스터의 플래그를 설정하는 회로도이다. 〈조건〉을 고려하여 물음에 답하시오.

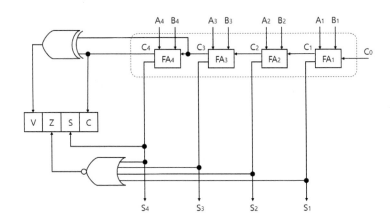

조건

- 음수는 2의 보수로 표현한다.
- $C_0$에는 0이 입력된다.
- 플래그 V, Z, S, C는 각각 오버플로(overflow), 영(zero), 부호(sign), 올림수(carry)를 나타낸다.

(1) 회로도에서 10진수 연산 '−1 + 1'을 수행하였을 때 상태 레지스터에서 1로 세트되는 플래그를 모두 쓰시오.

(2) S에 표현될 수 있는 수의 범위를 10진수로 나타내시오.

**풀이**

| | carry | 1 110 |
|---|---|---|
| | (−1) | 1 111 |
| + | (+1) | 0 001 |
| | | 0 000 |
| | C = 1 | S  Z |

(1) C, Z (C : carry 발생, Z : 결과의 모든 비트가 0으로 세트되었음)

(2) −8 ~ 7

다음은 레지스터 기반 명령어(3-주소 명령어)와 스택 기반 명령어(0-주소 명령어)로 작성된 코드이다. 〈조건〉을 고려하여 물음에 답하시오.

<3-주소 명령어>

```
① ADD R1, 5, 10
② MUL R2, R1, 7
③ ADD R3, 3, 6
④ MUL R4, R2, R3
```

<0-주소 명령어>

```
PUSH 7
PUSH 5
PUSH 10
ADD
PUSH 3
PUSH 6
_____ ㉠
_____ ㉡
_____ ㉢
POP R4
```

조건

- ADD R, A, B : A와 B의 합을 레지스터 R에 넣는다.
- MUL R, A, B : A와 B의 곱을 레지스터 R에 넣는다.
- PUSH A : A를 스택에 넣는 것이다.
- POP R : 스택의 상단 값을 꺼내고 레지스터 R에 넣는다.
- ADD : 스택의 상단 값 두 개를 꺼내고 이 두 값의 합을 구하여 스택에 넣는다.
- MUL : 스택의 상단 값 두 개를 꺼내고 이 두 값의 곱을 구하여 스택에 넣는다.
- 오퍼랜드 R은 레지스터이고, 오퍼랜드 A, B는 숫자 또는 레지스터가 될 수 있다.

(1) 3-주소 명령어의 코드 실행 후 R4에 저장된 값은 무엇인가?

(2) 명령어 ①~④ 중에 위치를 서로 바꾸어도 실행 결과(R4의 값)가 변하지 않는 명령어의 번호 2가지를 쓰시오.

(3) 두 가지 코드의 실행이 완료되었을 때 R4의 값이 같도록 ㉠, ㉡, ㉢에 들어갈 명령어를 순서대로 쓰시오.

---

풀이　(1) 945

ㅤㅤ①~④의 각 명령어 수행 후 R1, R2, R3, R4 값은 각각 15, 105, 9, 945로 바뀐다.

ㅤ(2) ②, ③

ㅤㅤ②는 ①의 R1과 연관되어 있고, ④는 ②, ③과 연관되어 있다. 그러나 ②, ③은 연관된

R의 값이 없으므로 바꾸어도 실행 결과가 바뀌지 않는다.

(3) ADD, MUL, MUL

ㄱ 이전까지 코드를 실행하면 스택에 저장된 값은 7 15 3 6이 된다. 여기서 원하는 결과를 얻기 위해서는 더하기 연산 후 곱하기 연산을 2번 수행해야 한다.


## 2.6 기억장치

다음은 CPU 칩의 블록도이다. 512×8 RAM 칩과 2048×8 ROM 칩을 활용하여 2048×8 RAM 용량과 4096×8 ROM 용량을 가진 메모리를 설계하고자 한다.

⟨조건⟩을 고려하여 물음에 답하시오.

> 조건
> - 메모리 주소는 CPU 주소 버스의 LSB(Least Significant Bit)부터 차례대로 할당한다.
> - CPU 주소 버스의 16번 비트는 RAM에 대해서 0, ROM에 대해서 1로 지정한다.
> - 주소 버스와 데이터 버스의 구성은 다음과 같다.

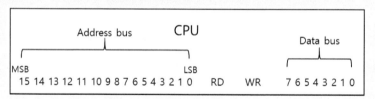

(1) 필요한 RAM 칩과 ROM 칩의 개수를 구하시오.

(2) RAM 칩을 선택하기 위해 디코더의 입력으로 들어가는 CPU 주소 버스의 선은 무엇인가?

(3) 메모리 주소 0x0788에 쓰기 연산을 수행하는 경우 몇 번째 RAM 칩에 접근해야 하는가?

(4) 기억장치 주소표를 작성하시오.

풀이  (1) RAM 칩 : 4개, ROM 칩 : 2개

(2) 디코더 입력 : 9번, 10번

(3) 4번째 RAM 칩

(4)

| 메모리 칩 | 주소 영역 (16진수) | 주소 비트 | | | | | | | | | | | | | | | |
|---|---|---|---|---|---|---|---|---|---|---|---|---|---|---|---|---|---|
| | | 15 | 14 | 13 | 12 | 11 | 10 | 9 | 8 | 7 | 6 | 5 | 4 | 3 | 2 | 1 | 0 |
| RAM1 | 0000~01FF | 0 | 0 | 0 | 0 | 0 | 0 | 0 | x | x | x | x | x | x | x | x | x |
| RAM2 | 0200~03FF | 0 | 0 | 0 | 0 | 0 | 0 | 1 | x | x | x | x | x | x | x | x | x |
| RAM3 | 0400~05FF | 0 | 0 | 0 | 0 | 0 | 1 | 0 | x | x | x | x | x | x | x | x | x |
| RAM4 | 0600~07FF | 0 | 0 | 0 | 0 | 0 | 1 | 1 | x | x | x | x | x | x | x | x | x |
| ROM1 | 8000~87FF | 1 | 0 | 0 | 0 | 0 | x | x | x | x | x | x | x | x | x | x | x |
| ROM2 | 8800~8FFF | 1 | 0 | 0 | 0 | 1 | x | x | x | x | x | x | x | x | x | x | x |

**중등교사 임용시험 정보 · 컴퓨터 2017-B-6.**

다음은 주기억장치를 구성하기 위해 n개의 RAM을 직렬로 연결한 블록도의 일부이다. CS는 칩 선택, Addr은 주소를 나타낸다. 256×8비트 RAM을 연결하여 1KByte 용량의 주기억장치를 구성한다. 주기억장치 주소($A_{m-1} \sim A_0$)는 0번지부터 시작하고, LSB는 $A_0$이다.

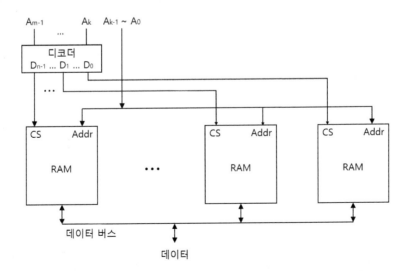

(1) 디코더의 진리표를 작성하시오. 단, 디코더의 입력 변수는 $A_{m-1} \sim A_k$를 사용한다.

(2) 디코더의 입력이 모두 1일 경우 선택되는 RAM에서 12번째 단어(word)의 주소를 16진수로 구하시오.

(3) (1)에서 사용한 디코더 출력 개수만큼의 RAM을 병렬로 연결하여 주기억장치를 구성하였을 때 데이터 버스는 몇 비트인가?

---

**풀이** (1) 디코더 입력 : $A_9$, $A_8$

디코더 출력 : 입력 2개와 출력 4개로 구성하며, 두 입력에 따라 출력 4개 중 하나가 선택된다.

| $A_9$ | $A_8$ | $D_3$ | $D_2$ | $D_1$ | $D_0$ |
|---|---|---|---|---|---|
| 0 | 0 | 0 | 0 | 0 | 1 |
| 0 | 1 | 0 | 0 | 1 | 0 |
| 1 | 0 | 0 | 1 | 0 | 0 |
| 1 | 1 | 1 | 0 | 0 | 0 |

(2) 30B

디코더의 입력이 모두 1이면 $A_9$이 1, $A_8$이 1인 경우이므로 $D_3 = 1$이 되어 4번째 RAM이 선택된다. 4번째 RAM에서 12번째 단어이므로 $(1100\ 0000\ 1011)_2$이다.

16진수로 바꾸면 30B이다.

| 메모리 칩 | 주소 영역 (16진수) | 주소 비트 | | | | | | | | | |
|---|---|---|---|---|---|---|---|---|---|---|---|
| | | 9 | 8 | 7 | 6 | 5 | 4 | 3 | 2 | 1 | 0 |
| RAM1 | 000~0FF | 0 | 0 | x | x | x | x | x | x | x | x |
| RAM2 | 100~1FF | 0 | 1 | x | x | x | x | x | x | x | x |
| RAM3 | 200~2FF | 1 | 0 | x | x | x | x | x | x | x | x |
| RAM4 | 300~3FF | 1 | 1 | x | x | x | x | x | x | x | x |

(3) 32비트

4개의 RAM을 병렬로 연결하면 데이터 버스는 32비트가 된다.

다음 그림은 CPU와 메모리 연결도의 일부이다. ROM과 RAM은 데이터 버스와 주소 버스를 통하여 CPU에 연결된다. 주소 라인의 일부는 칩 선택을 위해 디코더에 연결된다. 물음에 답하시오.

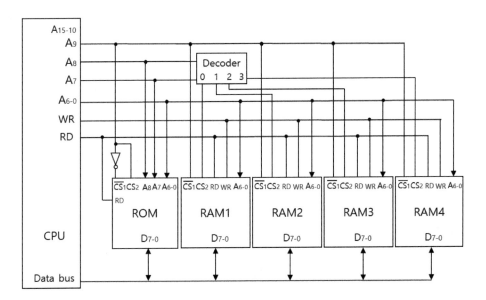

(1) ROM과 RAM의 용량은 각각 얼마인가?

(2) 주소가 0x015C일 때 선택되는 칩은 무엇인가?

(3) 디코더를 3×8로 확장하는 경우 메모리 용량을 구하시오.

---

**풀이** (1) ROM 용량 : 512×8, ROM 주소 선은 9(512), 데이터 선은 8

　　　　RAM 용량 : 128×8×4 = 512×8, RAM 주소 선은 7(128), 데이터 선은 8

(2) 0x015C = 0000 0001 0101 1100, 램을 선택하는 값이 10이므로 RAM3이 선택된다.

(3) RAM의 개수가 4개 더 늘어난다. 따라서 메모리 용량은 128×8×8 = 1024×8이 된다.

### 중등교사 임용시험 정보 · 컴퓨터 2006-11.

CPU가 다음 표의 〈접근순서 번호〉에 따라 순서대로 접근주소의 데이터에 접근한다. 〈조건〉을 고려하여 물음에 답하시오.

| 접근순서 번호 | ① | ② | ③ | ④ | ⑤ | ⑥ | ⑦ | ⑧ | ⑨ | ⑩ | ⑪ | ⑫ | ⑬ | ⑭ | ⑮ |
|---|---|---|---|---|---|---|---|---|---|---|---|---|---|---|---|
| 접근주소 | $A_0$ | $B_0$ | $C_2$ | $D_1$ | $B_0$ | $E_4$ | $F_5$ | $A_0$ | $D_1$ | $G_3$ | $C_2$ | $H_7$ | $I_6$ | $B_0$ | $J_0$ |

조건

- 캐시의 크기는 8바이트이며, 초기에 모두 비어 있다.
- 데이터 교체가 필요하면 LRU(Least Recently Used) 알고리즘을 사용한다.
- 접근주소의 첨자는 물리(physical) 메모리 주소의 하위 3비트를 나타낸다.

(1) 직접 매핑(direct mapping) 캐시 구조에서 접근이 종료되었을 때 적중(hit)한 경우의 접근순서 번호를 모두 나열하시오.

(2) 캐시의 각 바이트에 대한 최종 접근주소를 쓰시오.

(3) 2-way 세트 어소시어티브(set associative) 캐시 구조에서 접근이 종료되었을 때 적중한 경우의 접근순서 번호를 모두 나열하시오.

(4) (3)에서 첫 번째 세트의 각 바이트에 대한 최종 접근주소를 쓰시오.

---

**풀이** (1) 직접 매핑 캐시에서 적중한 접근순서 번호 : ⑤, ⑨, ⑪

(2) 직접 매핑 캐시에서 최종 접근주소 : $J_0$, $D_1$, $C_2$, $G_3$, $E_4$, $F_5$, $I_6$, $H_7$

| 0 | A B B(⑤) A B J |
|---|---|
| 1 | D D(⑨) |
| 2 | C C(⑪) |
| 3 | G |
| 4 | E |
| 5 | F |
| 6 | I |
| 7 | H |

(3) 2-way 세트 연관 캐시에서 적중한 접근순서 번호 : ⑤, ⑨, ⑪

(4) 2-way 세트 연관 캐시에서 최종 접근주소 : $B_0$, $D_1$, $C_2$, $G_3$

| 0, 4 | A E B | B B(⑤) A J |
|------|-------|------------|
| 1, 5 | D D(⑨) | F |
| 2, 6 | C C(⑪) | I |
| 3, 7 | G | H |

직접 사상(direct mapping) 방식의 캐시 메모리를 사용하는 시스템이 있다. 이 캐시 메모리는 블록당 한 워드(32비트)씩 8개 워드를 저장한다. 아래 6비트 이진 블록주소가 CPU로부터 요청되었다. 〈조건〉을 고려하여 물음에 답하시오.

이진 블록주소 : 100010 → 111000 → 101010 → 110110 → 111000

조건
- 캐시 메모리의 초기 상태는 비어 있다.
- 직접 사상 방식은 블록주소를 캐시 메모리의 블록 수로 나머지(modulo) 연산한 값을 인덱스(index)로 사용한다.
- 접근주소의 첨자는 물리(physical) 메모리 주소의 하위 3비트를 나타낸다.

(1) 블록주소 형식을 나타내고, 주어진 이진 블록주소를 필드 단위로 구분하시오.

(2) 이진 블록주소가 처리된 후 캐시 메모리 내부 ㉮, ㉯, ㉰에 들어갈 내용은 무엇인가?

| 인덱스 | 태그(tag) | 블록 데이터 |
|--------|-----------|-------------|
| 0 | ㉮ | 데이터 |
| 1 | | |
| 2 | ㉯ | 데이터 |
| 3 | | |
| 4 | | |
| 5 | | |
| 6 | ㉰ | 데이터 |
| 7 | | |

**풀이**　(1) • 블록주소 형식

| 3비트 | 3비트 |
|:---:|:---:|
| 태그 | 인덱스 |

• 블록주소 필드 구분

$100\,010 \rightarrow (4, 2),\ 111\,000 \rightarrow (7, 0),\ 101\,010 \rightarrow (5, 2),$

$110\,110 \rightarrow (6, 6),\ 111\,000 \rightarrow (7, 0)$

(2) ㉮ : 111, ㉯ : 100→101, ㉰ : 110

• 6비트 이진 블록주소 요청 처리 순서

$100\,010 \rightarrow 111\,000 \rightarrow 101\,010 \rightarrow 110\,110 \rightarrow 111\,000$

---

**중등교사 임용시험 정보·컴퓨터 2022-B-7**

다음 그림은 주기억장치와 캐시 메모리에 적재된 데이터를 나타낸 것이다. 〈조건〉을 고려하여 물음에 답하시오.

조건
• 주기억장치 주소는 바이트 단위로 지정된다.
• 단어 길이는 1바이트이다.
• 주기억장치와 캐시 사이의 데이터 전송은 2바이트 크기의 블록 단위이다.
• 직접 사상(direct mapping) 기법을 사용한다.

| 메모리 주소 | | | 데이터 |
|:---:|:---:|:---:|:---:|
| 태그 | 라인 | 단어 | |
| 0 | 00 | 0 | A0A1 |
| 0 | 01 | 0 | A0B1 |
| 0 | 10 | 0 | A0C1 |
| 0 | 11 | 0 | A0D1 |
| 1 | 00 | 0 | A0E1 |
| 1 | 01 | 0 | A0F1 |
| 1 | 10 | 0 | B0A1 |
| 1 | 11 | 0 | B0B1 |
| 1비트 | 2비트 | 1비트 | 16비트 |

| 라인 | 태그 | 데이터 |
|:---:|:---:|:---:|
| 00 | 1 | A0E1 |
| 01 | 1 | A0F1 |
| 10 | 0 | A0C1 |
| 11 | 0 | A0D1 |
| 2비트 | 1비트 | 16비트 |

(1) 주소 0111로 읽기를 수행할 때 캐시 적중 유무를 판단하고, 읽을 데이터가 무엇인지 쓰시오.

(2) CPU가 주기억장치 주소 0010을 읽은 후 갱신된 캐시의 내용을 라인, 태그, 데이터로 나타내시오.

(3) 태그, 라인이 각각 2, 1비트로 변경된 경우 캐시에 저장할 수 있는 총 데이터는 몇 바이트인가?

(4) 직접 사상 기법에서 LRU(Least Recently Used)와 같은 교체 알고리즘이 필요하지 않은 이유를 기술하시오.

---

**풀이** (1) 적중, D1

(2) 01, 0, A0B1

(3) 4Byte

태그와 라인이 각각 1, 2비트인 경우에는 2바이트 데이터를 4개 저장할 수 있으므로 총 8바이트이다. 태그와 라인이 각각 2, 1비트인 경우에는 2바이트 데이터를 2개 저장할 수 있으므로 총 4바이트이다.

(4) 직접 사상에서 모든 블록은 저장될 캐시 라인이 1개로 고정되어 있다. 따라서 교체 알고리즘이 필요하지 않다.

---

캐시 메모리를 사용하는 시스템에서 주소 사상(mapping)이 필요하다. 조건을 고려하여 아래 물음에 답하시오.

조건
- 직접 사상(direct mapping)과 2-way 세트 연관 사상 기법을 사용한다.
- 캐시의 라인 수는 8개이고, 각 라인은 1바이트 크기의 두 워드 데이터를 저장한다.
- 캐시 메모리는 초기에 비어 있다.
- 세트 연관 사상에서 세트의 모든 라인에 데이터가 들어 있으면 먼저 저장된 라인의 데이터를 교체한다.
- CPU가 데이터 인출을 위해 접근하는 주기억장치의 주소, 각 주소에 저장된 데이터, 접근순서는 아래와 같다.

| 주소 | 1110110 → 0000011 → 0100110 → 1011111 → 0110010 → 1110011 |
|------|-----------------------------------------------------------|
| 데이터 | a1　　　　b2　　　　c3　　　　d4　　　　e5　　　　f6 |

(1) 직접 사상 기법에 대한 주소 형식을 나타내시오.

(2) 2-way 세트 연관 사상 기법에 대한 주소 형식을 나타내시오.

(3) CPU의 기억장치 접근이 모두 끝났을 때 직접 사상 기법에 대해 아래 캐시 메모리의 저장 내용을 쓰시오.

(4) CPU의 기억장치 접근이 모두 끝났을 때 2-way 세트 연관 사상 기법에 대해 아래 캐시 메모리의 저장 내용을 쓰시오.

---

**풀이** (1)

| 3 | 3 | 1 |
|---|---|---|
| 태그 | 라인 | 단어 |

(2)

| 4 | 2 | 1 |
|---|---|---|
| 태그 | 세트 | 단어 |

(3)

| 라인 | 태그 | 데이터 |
|---|---|---|
| 0 | | |
| 1 | 000 → 011 → 111 | b2 → e5 → f6 |
| 2 | | |
| 3 | 111 → 010 | a1 → c3 |
| 4 | | |
| 5 | | |
| 6 | | |
| 7 | 101 | d4 |

(4)

| 세트 | 태그 | 데이터 | 태그 | 데이터 |
|---|---|---|---|---|
| 0 | | | | |
| 1 | 0000 → 1110 | b2 → f6 | 0110 | e5 |
| 2 | | | | |
| 3 | 1110 → 1011 | a1 → d4 | 0100 | c3 |

다음은 집합-연관 사상(set-associative mapping) 기법의 캐시 메모리 구조와 메모리의 현재 적재 상태이다. 〈조건〉을 고려하여 물음에 답하시오.

| 집합 인덱스 | 태그 | 데이터 블록 | 태그 | 데이터 블록 | 참조 |
|---|---|---|---|---|---|
| 00 | 11 | DA | | | 0 |
| 01 | 00 | AB | 01 | BB | 0 |
| 10 | 01 | BC | | | 0 |
| 11 | 10 | CD | 01 | BD | 1 |

| 메모리 주소 | 0000 | 0001 | 0010 | 0011 | 0100 | 0101 | 0110 | 0111 |
|---|---|---|---|---|---|---|---|---|
| 데이터 블록 | AA | AB | AC | AD | BA | BB | BC | BD |

| 메모리 주소 | 1000 | 1001 | 1010 | 1011 | 1100 | 1101 | 1110 | 1111 |
|---|---|---|---|---|---|---|---|---|
| 데이터 블록 | CA | CB | CC | CD | DA | DB | DC | DD |

**조건**

- 메모리 주소는 4비트 크기이며, 바이트 단위로 지정된다.
- 메모리 주소는 태그 2비트, 집합 인덱스 2비트로 구성된다.
- 주기억장치에서 캐시 메모리로 전송되는 데이터 블록의 단위는 1바이트이다.
- 2-way 집합-연관 사상 캐시 메모리를 사용한다.
- 캐시 메모리에서 데이터 블록의 교체는 최소 최근 사용(Least Recently Used) 기법을 따른다.
- 캐시 메모리에서 참조 필드(1비트)는 해당 집합 인덱스에 존재하는 데이터 블록 중 최근에 사용된 데이터 블록을 나타낸다. 해당 집합 인덱스에서 0은 왼쪽, 1은 오른쪽 데이터 블록이 최근에 사용되었음을 나타낸다.
- CPU가 1100, 1101, 1010, 1111 주소에 적재된 데이터를 순차적으로 인출한다.

(1) 인출 과정에서 데이터 블록이 교체된 주소를 모두 나열하시오.

(2) 모든 인출이 완료되었을 때, 참조 비트 값을 집합 인덱스 순서에 따라 나열하시오.

**풀이** (1) 1101, 1111

(2) 0 1 1 0

- 초기 상태

| 집합 인덱스 | 태그 | 데이터 블록 | 태그 | 데이터 블록 | 참조 |
|---|---|---|---|---|---|
| 00 | 11 | DA | | | 0 |
| 01 | 00 | AB | 01 | BB | 0 |
| 10 | 01 | BC | | | 0 |
| 11 | 10 | CD | 01 | BD | 1 |

- 1100 인출

1100은 캐시 메모리에 적재되어 있고 참조 비트 또한 0이므로 변화가 없다.

| 집합 인덱스 | 태그 | 데이터 블록 | 태그 | 데이터 블록 | 참조 |
|---|---|---|---|---|---|
| 00 | 11 | DA | | | 0 |
| 01 | 00 | AB | 01 | BB | 0 |
| 10 | 01 | BC | | | 0 |
| 11 | 10 | CD | 01 | BD | 1 |

- 1101 인출

| 집합 인덱스 | 태그 | 데이터 블록 | 태그 | 데이터 블록 | 참조 |
|---|---|---|---|---|---|
| 00 | 11 | DA | | | 0 |
| 01 | 00 | AB | 11 | DB | 1 |
| 10 | 01 | BC | | | 0 |
| 11 | 10 | CD | 01 | BD | 1 |

- 1010 인출

| 집합 인덱스 | 태그 | 데이터 블록 | 태그 | 데이터 블록 | 참조 |
|---|---|---|---|---|---|
| 00 | 11 | DA | | | 0 |
| 01 | 10 | CB | 11 | DB | 1 |
| 10 | 01 | BC | 10 | CC | 1 |
| 11 | 10 | CD | 01 | BD | 1 |

- 1111 인출

| 집합 인덱스 | 태그 | 데이터 블록 | 태그 | 데이터 블록 | 참조 |
|---|---|---|---|---|---|
| 00 | 11 | DA | | | 0 |
| 01 | 10 | CB | 11 | DB | 1 |
| 10 | 01 | BC | 10 | CC | 1 |
| 11 | 11 | DD | 01 | BD | 0 |

## ※ 요약 : 캐시 사상 기법

| 기법 | 사상 절차 |
|---|---|
| 직접 사상 | 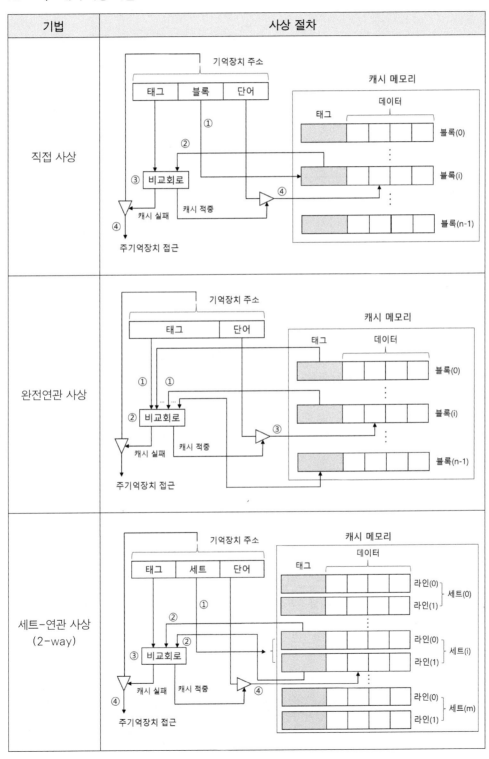 |
| 완전연관 사상 | |
| 세트-연관 사상<br>(2-way) | |

## 2.7 입출력장치

다음 그림은 하드웨어 우선순위 인터럽트 장치인 데이지 체인(daisy-chaining)을 나타낸 것이다. 각 장치의 인터럽트 요청 신호는 REQ이고, 인터럽트 서비스 루틴의 주소인 VAD(Vector Address)를 활성화시키는 신호는 Enable이다. 물음에 답하시오.

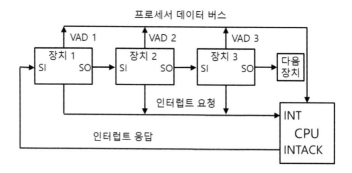

(1) SO와 Enable의 논리식을 SI와 REQ로 표현하시오.

(2) 장치들의 우선순위는 어떤 방식으로 결정되는지 설명하시오.

(3) CPU가 인터럽트 요청장치의 판단 방법을 설명하시오.

---

**풀이** (1) • $SO = REQ' \cdot SI$

  • $Enable = REQ \cdot SI$

| SI | REQ | SO | Enable |
|----|-----|----|--------|
| 0 | 0 | 0 | 0 |
| 0 | 1 | 0 | 0 |
| 1 | 0 | 1 | 0 |
| 1 | 1 | 0 | 1 |

(2) 다수의 장치에서 동시에 인터럽트를 요청하는 경우 CPU에서 보낸 인터럽트 확인 신호를 먼저 받는 장치가 우선순위가 높다.

(3) 인터럽트를 요구한 입출력장치는 인터럽트 확인 신호를 받는 즉시 자신의 고유 번호인 인터럽트 벡터(interrupt vector)를 데이터 버스를 통하여 CPU로 전송한다. CPU는 수신된 인터럽트 벡터를 해당 입출력장치의 인터럽트 서비스 루틴 시작주소를 결정하는 데 사용한다.

다음 그림은 명령어 사이클과 인터럽트 사이클을 나타낸 것이다. 〈조건〉을 고려하여 물음에 답하시오.

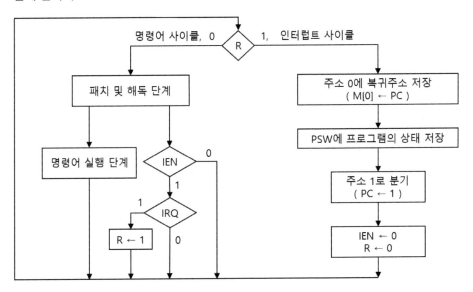

조건

- 그림에서 PSW(Program Status Word)는 현재 프로그램의 상태만을 저장하는 고정 크기의 메모리 영역이다.
- 그림에서 IRQ(Interrupt Request)는 입출력장치가 인터럽트를 요청하면 1이 된다.
- 아래 방식의 인터럽트 처리가 될 수 있도록 기능을 개선하고자 한다.
  ㉠ 우선순위가 낮은 입출력장치가 인터럽트를 요청하여 처리 중일 때, 우선순위가 높은 입출력장치가 인터럽트를 요청하면 우선순위가 낮은 입출력장치의 처리를 잠시 멈추고 우선순위가 높은 입출력장치를 먼저 처리한다.
  ㉡ 우선순위가 다른 여러 개의 입출력장치가 단일 인터럽트 요청라인을 통하여 CPU에 연결되어 있다.

(1) 위 인터럽트 사이클 구조에서는 〈조건〉 ㉠을 만족하지 않는다. 이에 대한 해결 방안을 제시하시오.

(2) (1)의 컴퓨터구조에서 인터럽트 서비스 루틴의 실행 직전과 실행 직후에 처리할 작업은 무엇인가?

(3) 〈조건〉 ㉡에서 우선순위가 다른 여러 개의 입출력장치가 동시에 인터럽트를 요청할 때, 가장 높은 우선순위의 입출력장치를 찾는 방법을 설명하시오.

**풀이** (1) 다중 우선순위 인터럽트 처리가 가능하도록 해야 한다. 다음 그림은 우선순위가 서로 다른 4가지 장치의 인터럽트 서비스를 위한 하드웨어 구조이다.

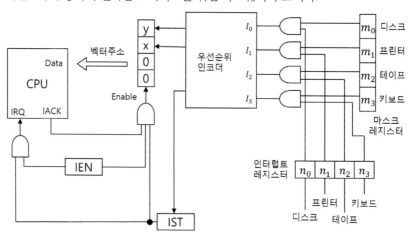

우선순위 인코더의 출력 x와 y의 간소화된 부울 합수식과 인터럽트 상태 플립플롭 IST의 부울 합수식은 다음과 같다.

① 우선순위 인코더의 진리표

| I0 | I1 | I2 | I3 | x | y | IST |
|----|----|----|----|----|----|-----|
| 1 | x | x | x | 0 | 0 | 1 |
| 0 | 1 | x | x | 0 | 1 | 1 |
| 0 | 0 | 1 | x | 1 | 0 | 1 |
| 0 | 0 | 0 | 1 | 1 | 1 | 1 |
| 0 | 0 | 0 | 0 | x | x | 0 |

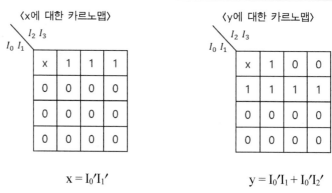

〈x에 대한 카르노맵〉 〈y에 대한 카르노맵〉

$$x = I_0'I_1'$$

$$y = I_0'I_1 + I_0'I_2'$$

② IST의 부울 합수식 : $IST = I_0 + I_1 + I_2 + I_3$

다음 그림은 다중 우선순위 인터럽트 처리가 가능하도록 소프트웨어 측면에서 동작을 나타낸 것이다.

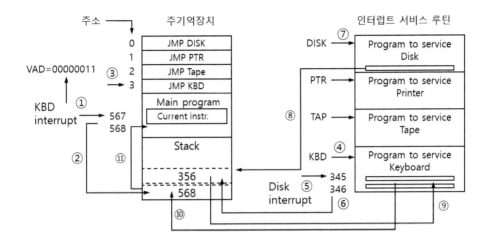

(2) 다음은 인터럽트 서비스 루틴을 수행하기 직전과 인터럽트 서비스 루틴의 수행이 끝
난 직후에 처리할 내용을 나타낸 것이다.

> ① 하위 마스크 레지스터 비트를 클리어시킴
> ② IST ← 0
> ③ CPU 레지스터의 상태 저장
> ④ IEN ← 1
> ⑤ 인터럽트 서비스 루틴으로 점프
>
> ① IEN ← 0
> ② CPU 레지스터를 복구
> ③ 인터럽트 레지스터 비트를 클리어시킴
> ④ 하위 마스크 레지스터 비트를 셋 시킴
> ⑤ 리턴 주소로 복귀, IEN ← 1

(3) 다음 그림은 우선순위 인터럽트 장치인 데이지 체인(daisy-chaining)을 나타낸 것이다.
모든 장치는 인터럽트 요청 선을 공유하며, 자신의 장치 주소인 VAD(Vector Address)
를 갖는다.

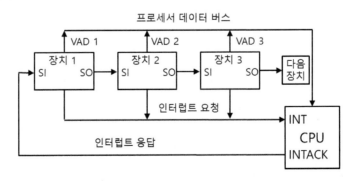

다수의 장치에서 동시에 인터럽트를 요청하는 경우 CPU에서 보낸 인터럽트 확인 신호를 먼저 받는 장치가 우선순위가 높다. 인터럽트를 요구한 입출력장치는 인터럽트 확인 신호를 받는 즉시 자신의 고유 번호인 인터럽트 벡터(interrupt vector)를 데이터 버스를 통하여 CPU로 전송한다. CPU는 수신된 인터럽트 벡터를 해당 입출력장치의 인터럽트 서비스 루틴 시작주소를 결정하는 데 사용한다.

## 2.8 병렬처리

중등교사 임용시험 정보 · 컴퓨터 2010-1차-23.

RISC(Reduced Instruction Set Computer)에서 명령어들의 실행시간이 다음과 같다. 파이프라이닝 유무에 따른 중앙처리장치의 실행시간을 구하고자 한다.
⟨조건⟩을 고려하여 물음에 답하시오.

(단위 : pico second)

| 명령어 | 각 명령어의 실행 단계 | | | | | 명령어별 전체 실행시간 |
|---|---|---|---|---|---|---|
| | 명령어 인출 | 레지스터 읽기 | ALU 연산 | 데이터 접근 | 레지스터 쓰기 | |
| LOAD | 100 | 50 | 100 | 100 | 50 | 400 |
| STORE | 100 | 50 | 100 | 100 | | 350 |
| ADD | 100 | 50 | 100 | | 50 | 300 |
| JUMP | 100 | 50 | 100 | | | 250 |

조건
- 파이프라이닝 과정에서 해저드(hazard)는 발생하지 않는다.
- 파이프라이닝의 모든 명령어에서 각 단계의 실행은 한 사이클(cycle)에 이루어진다.
- CPU 실행시간은 메모리 접근을 고려하지 않고 명령어 실행시간만을 의미한다.
- 명령어 ADD, JUMP, LOAD가 순서대로 한 번씩 실행된다.

(1) 아래 표에서 명령어를 파이프라이닝 없이 모두 동일하게 한 사이클에 하나씩 실행하는 경우 CPU 실행시간을 구하시오.

(2) 아래 표에서 명령어의 각 실행 단계를 모두 동일하게 중첩하여 한 사이클에 실행하는 파이프라이닝 실행을 하는 경우 CPU 실행시간을 구하시오.

---

**풀이** (1) 1200

모두 동일하게 한 사이클에 명령어 하나씩 실행하므로 3개의 명령어 중 실행시간이 가장 긴 시간을 선택해야 한다. 따라서 이 경우 각 명령어를 400ps 동안 실행하므로, 중앙처리 장치 실행시간은 400×3 = 1200ps이다.

(2) 700

파이프라이닝의 각 단계 중 가장 오래 걸리는 시간이 100ps이므로 한 단계의 클럭 사이클 시간은 100ps이다. 따라서 중앙 처리 장치의 총 실행시간은 100×(3 + 5 − 1) = 700ps이다.

---

## 중등교사 임용시험 정보 · 컴퓨터 2016-A-6.

다음은 명령어 A, B, C를 처리하는데 필요한 시간을 나타낸 것이다. 명령어를 모두 처리하는데 걸리는 최소 시간을 구하고자 한다. 〈조건〉을 고려하여 물음에 답하시오.

| 명령어 | 단일 사이클 | 파이프라인 | | | | |
|---|---|---|---|---|---|---|
| | | IF | ID | EX | MEM | WB |
| A | 120 | 40 | 20 | 40 | 20 | 0 |
| B | 140 | 40 | 20 | 40 | 0 | 40 |
| C | 160 | 40 | 20 | 40 | 20 | 40 |

조건
- 각 명령어는 한 번씩만 처리되며 처리 순서는 A, B, C이다.
- 각 명령어는 한 클럭 주기(clock cycle)에 수행된다.
- 파이프라인 구현에서 각 단계(stage)는 한 클럭 주기에 수행된다.
- 파이프라인에서 해저드(hazard)는 존재하지 않는다.

(1) 파이프라인을 쓰지 않고 단일 사이클로 구현할 경우, 명령어 A, B, C를 모두 처리하는 데 걸리는 최소 시간을 구하시오.

(2) 파이프라인으로 구현할 경우, 명령어 A, B, C를 모두 처리하는데 걸리는 최소 시간을 구하시오.

---

**풀이** (1) 480

모두 동일하게 한 사이클에 명령어 하나씩 실행하므로 3개의 명령어 중 실행시간이 가장 긴 시간을 선택해야 한다. 따라서 이 경우 각 명령어를 160 동안 실행하므로, 중앙 처리 장치 실행시간은 160×3 = 480이다.

| IF | ID | EX | MEM | WB |
|---|---|---|---|---|
| 40 | 20 | 40 | 20 | 0 → 40 |
| 40 | 20 | 40 | 0→20 | 40 |
| 40 | 20 | 40 | 20 | 40 |

(2) 280

파이프라이닝의 각 단계 중 가장 오래 걸리는 시간이 40이므로 한 단계의 클럭 사이클 시간은 40이다.

(명령어 개수 + 구성요소 개수 − 1)×구성요소의 가장 큰 필요시간

= (3 + 5 − 1)×40 = 280

| IF 40 | ID 40 | EX 40 | MEM 40 | WB 40 | | |
|---|---|---|---|---|---|---|
| | IF 40 | ID 40 | EX 40 | MEM 40 | WB 40 | |
| | | IF 40 | ID 40 | EX 40 | MEM 40 | WB 40 |

다음은 RISC 파이프라인 컴퓨터의 〈명령어 세그먼트〉와 〈명령어〉이다. 명령어와 데이터는 서로 다른 메모리 모듈을 사용하며, 인터럽트는 발생하지 않는다. 그리고 주소 X4에는 'LOAD R10, X10'이 저장되어 있다. 물음에 답하시오.

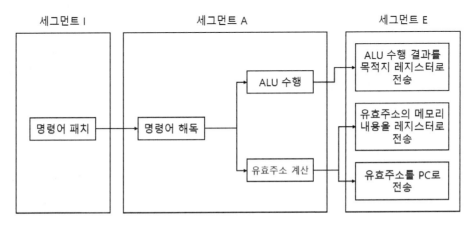

| 명령어 | 설명 |
|---|---|
| LOAD R1, X | 주소 X의 메모리 내용을 레지스터 R1로 전송 |
| BUN X | 주소 X로 무조건 분기(branch) |
| ADD R1, R2, R3 | 레지스터 R2와 레지스터 R3의 값을 더한 값을 레지스터 R1에 전송 |

| 〈프로그램 1〉 | 〈프로그램 2〉 |
|---|---|
| LOAD R1, X1<br>LOAD R2, X2<br>LOAD R3, X3<br>ADD R3, R3, R3<br>ADD R1, R1, R1<br>ADD R2, R2, R2<br>BUN X4 | LOAD R4, X5<br>LOAD R5, X6<br>ADD R5, R4, R5<br>ADD R6, R5, R5 |

(1) 〈프로그램 1〉과 〈프로그램 2〉가 실행될 때 발생하는 충돌은 어떤 것이 있는가?

(2) 〈프로그램 1〉에서 발생하는 충돌의 소프트웨어적 해결 방안을 설명하시오.

(3) 〈프로그램 2〉에서 발생하는 충돌의 소프트웨어적 해결 방안을 설명하시오.

**풀이** (1) 프로그램 1 : 데이터 충돌, 분기 충돌

프로그램 2 : 데이터 충돌

(2) ① 명령어 재배치 : 1 3 2 4 7 5 6으로 명령어 실행 순서를 변경하여 충돌을 방지할 수 있다.

| | $t_0$ | $t_1$ | $t_2$ | $t_3$ | $t_4$ | $t_5$ | $t_6$ | $t_7$ | $t_8$ | $t_9$ |
|---|---|---|---|---|---|---|---|---|---|---|
| I | 1 | 3 | 2 | 4 | 7 | 5 | 6 | 7 | | |
| A | | 1 | 3 | 2 | 4 | 7 | 5 | 6 | 7 | |
| E | | | 1 | 3 | 2 | 4 | 4 | 5 | 6 | 7 |

② 무연산(N) 삽입 : 1 2 3 N 4 N 5 6 7와 같이 무연산 삽입을 통해 데이터 충돌을 방지할 수 있다.

| | $t_0$ | $t_1$ | $t_2$ | $t_3$ | $t_4$ | $t_5$ | $t_6$ | $t_7$ | $t_8$ | $t_9$ |
|---|---|---|---|---|---|---|---|---|---|---|
| I | 1 | 2 | 3 | N | 4 | 5 | 6 | 7 | | |
| A | | 1 | 2 | 3 | N | 4 | 5 | 6 | 7 | |
| E | | | 1 | 2 | 3 | N | 4 | 5 | 6 | 7 |

(3) 무연산(N) 삽입 : 1 2 N 3 N 4와 같이 무연산 삽입을 통해 충돌을 방지할 수 있다.

| | $t_0$ | $t_1$ | $t_2$ | $t_3$ | $t_4$ | $t_5$ | $t_6$ | $t_7$ |
|---|---|---|---|---|---|---|---|---|
| I | 1 | 2 | N | 3 | N | 4 | | |
| A | | 1 | 2 | N | 3 | N | 4 | |
| E | | | 1 | 2 | N | 3 | N | 4 |

**중등교사 임용시험 정보 · 컴퓨터 2020-B-11.**

다음은 명령어 파이프라인, 명령어, 메모리에 저장된 프로그램이다. 프로그램 실행 시 발생되는 헤저드 문제를 해결하고자 한다. 〈조건〉을 고려하여 물음에 답하시오.

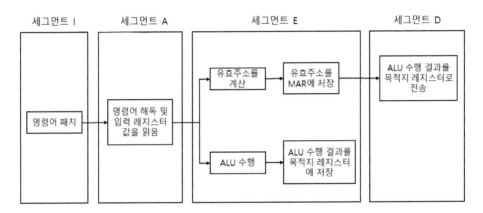

| 명령어 | 설명 |
|---|---|
| LOAD R[Y], M[X] | M[X]를 R[Y]로 전송 |
| DEC R[Y] | R[Y]에서 1을 뺀 후 R[Y]에 저장 |
| ADD R[Y1], R[Y2], R[Y3] | R[Y2]와 R[Y3]을 더한 후 R[Y1]에 저장 |
| - M[X] : 메모리 주소 X의 내용 | |
| - R[Y] : 레지스터 파일의 Y번째 레지스터의 내용 | |

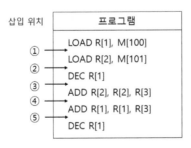

조건

- 각 명령어 세그먼트는 1클럭 사이클 동안 수행된다.
- 세그먼트 D는 LOAD 명령어인 경우에만 수행된다.
- 명령어와 데이터는 서로 다른 메모리 모듈에 저장되어 동시 접근이 가능하다.
- ALU 수행 결과와 전송된 메모리 내용은 목적지 레지스터에 값이 저장된 후, 다음 클럭 사이클부터 사용할 수 있다.
- 프로그램은 첫 줄부터 순차적으로 실행되며, 프로그램 실행에 필요한 데이터는 실행 전에 저장되

어 있다.
• 삽입되는 무연산의 수는 최소로 한다.

(1) 프로그램을 실행할 때 데이터가 저장된 메모리 모듈을 몇 번 접근하는가?

(2) 프로그램을 실행할 때 발생하는 해저드 한 가지를 쓰시오.

(3) 프로그램을 실행할 때 발생하는 해저드를 해결하기 위해 무연산을 삽입해야 하는 위치 2곳을 ①~⑤ 중에서 선택하시오.

---

**풀이** (1) 2번

메모리 접근 명령어는 'LOAD R[1] M[100]'과 'LOAD R[2] M[101]'이므로 2번 접근한다.

(2) 데이터 해저드

데이터 해저드는 이전 명령어의 결과가 목적지 레지스터에 저장되기 전에 다음 명령어가 해당 레지스터에 저장된 값을 사용하는 경우에 발생한다.

(3) ②, ⑤

| | $t_0$ | $t_1$ | $t_2$ | $t_3$ | | | |
|---|---|---|---|---|---|---|---|
| I | 1 | 2 | 3 | 4 | | | |
| A | | 1 | 2 | 3 | R1 읽기 | | |
| E | | | 1 | 2 | | | |
| D | | | | 1 | R1 쓰기 | | |

| | $t_0$ | $t_1$ | $t_2$ | $t_3$ | $t_4$ | $t_5$ | $t_6$ | $t_7$ |
|---|---|---|---|---|---|---|---|---|
| I | 1 | 2 | N | 3 | 4 | 5 | 6 | |
| A | | 1 | 2 | N | 3 | 4 | 5 | 6 | R1 읽기 |
| E | | | 1 | 2 | N | 3 | 4 | 5 | R1 쓰기 |
| D | | | | 1 | 2 | N | 3 | 4 | |

| | $t_0$ | $t_1$ | $t_2$ | $t_3$ | $t_4$ | $t_5$ | $t_6$ | $t_7$ | $t_8$ | $t_9$ | $t_{10}$ |
|---|---|---|---|---|---|---|---|---|---|---|---|
| I | 1 | 2 | N | 3 | 4 | 5 | N | 6 | | | |
| A | | 1 | 2 | N | 3 | 4 | 5 | N | 6 | | |
| E | | | 1 | 2 | N | 3 | 4 | 5 | N | 6 | |
| D | | | | 1 | 2 | N | 3 | 4 | 5 | N | 6 |

중등교사 임용시험 정보 · 컴퓨터 2005-21.

다음은 명령어 파이프라인의 단계 구성과 실행할 명령어 코드를 나타낸 것이다. 명령어 코드를 실행할 때 분기 문제로 인한 파이프라인 지연이 발생한다. 파이프라인에서 각 단계는 한 클럭 사이클을 사용한다. 물음에 답하시오.

| 단계 | 작업 내용 |
|---|---|
| 단계1 | • 명령어 패치 (fetch) |
| 단계2 | • 명령어 디코딩 (decoding)<br>• 레지스터의 데이터 패치 |
| 단계3 | • 연산 및 연산결과 저장 |

| 명령어 코드 | 명령어 기능 |
|---|---|
| 1 : LOAD  R5, 100 | R5 ← 100 |
| 2 : ADD   R1, R1, R3 | R1 ← R1+R3 |
| 3 : ADD   R2, R2, R3 | R2 ← R2+R3 |
| 4 : DEC   R5 | R5 ← R5-1 |
| 5 : IF (R5 ≠ 0) THEN GOTO 2 | |

(1) 다음 〈프로그램 1〉과 같이 명령어를 재배열하여 분기 문제를 해결하였다. 이때 발생되는 새로운 문제는 무엇인가?

| 〈프로그램 1〉 |
|---|
| 1: LOAD  R5, 100 |
| 4: DEC  R5 |
| 5: IF (R5 ≠ 0) THEN GOTO 4 |
| 2: ADD  R1, R1, R3 |
| 3: ADD  R2, R2, R3 |

(2) 다음과 같이 명령어 코드의 일부를 수정하고 4개의 명령어를 재배열하면, (1)에서 발생한 문제를 해결할 수 있다. 이를 위해 ①~④에 들어갈 명령어 코드의 문장번호를 순서대로 나열하시오. 단, 명령어의 위치가 바뀌어도 동일한 결과가 나올 때는 문장번호가 작은 것이 앞에 오도록 한다.

| 수정한 명령어 코드 | 재배열할 명령어 코드 |
|---|---|
| 1: LOAD R5, 99 | 2: ADD R1, R1, R3 |
| ① | 3: ADD R2, R2, R3 |
| ② | 4: DEC  R5 |
| ③ | 5: IF (R5 ≠ 0) THEN GOTO 2 |
| ④ | |
| 6: no-op | |
| 7: INC R5 | |

**풀이** (1) 데이터 의존성(데이터 해저드) 발생

다음 표의 1~9 클럭 사이클에서 데이터 의존성이 발생하는 것 : 3, 4, 8

| | 1 | 2 | 3 | 4 | 5 | 6 | 7 | 8 | 9 | | ← 클럭사이클 |
|---|---|---|---|---|---|---|---|---|---|---|---|
| 1 단계 | 1 | 4 | 5 | 2 | 3 | 4 | 5 | 2 | 3 | ... | |
| 2 단계 | | 1 | 4 | 5 | 2 | 3 | 4 | 5 | 2 | ... | |
| 3 단계 | | | 1 | 4 | 5 | 2 | 3 | 4 | 5 | ... | |

(2) ①의 문장번호 : 2    ②의 문장번호 : 5

③의 문장번호 : 3    ④의 문장번호 : 4

| | 1 | 2 | 3 | 4 | 5 | 6 | 7 | 8 | 9 | 10 | 11 | 12 | ... | | | | |
|---|---|---|---|---|---|---|---|---|---|---|---|---|---|---|---|---|---|
| 1 단계 | 1 | 2 | 5 | 3 | 4 | 2 | 5 | 3 | 4 | 2 | 5 | 3 | | | 4 | 6 | 7 |
| 2 단계 | | 1 | 2 | 5 | 3 | 4 | 2 | 5 | 3 | 4 | 2 | 5 | ... | 3 | 4 | 6 | 7 |
| 3 단계 | | | 1 | 2 | 5 | 3 | 4 | 2 | 5 | 3 | 4 | 2 | | 5 | 3 | 4 | 6 | 7 |

4, 5 명령어는 2단계나 3단계에서 같이 실행되면 안 된다. 또한, 5번 명령어는 분기해서 위쪽 단계 중 하나로 가야 한다. 분기가 실행되는 동안 낭비가 발생하지 않도록 5번 명령어 다음에 두 개의 명령어를 붙여야 한다.

CHAPTER 3

# 운영체제

## ※ 운영체제 과목의 평가 영역 및 평가 내용 요소

| 평가 영역 | 평가 내용 요소 |
|---|---|
| 운영체제 개요 | 운영체제의 목적, 기능, 역할 |
| | 하드웨어 이벤트와 하드웨어, 소프트웨어 간 상호작용 |
| | 운영체제의 발전 |
| | 커널과 시스템 호출 |
| 프로세스 관리 | 프로세스와 쓰레드 개념 |
| | 프로세스 상태와 제어 |
| | 동기화(임계영역 문제의 개념, 임계영역 문제 해결 알고리즘, 세마포의 개념, 고전적인 동기화 문제 알고리즘)-(모니터, 트랜잭션 제외) |
| | 교착상태(특징, 예방 방법, 회피 개념 및 알고리즘, 탐지 및 회복) |
| | 프로세스 스케줄링 |
| 기억장치 관리 | 기억장치 관리요건 |
| | 주기억장치 관리기법(단순 페이징과 단순 세그먼테이션) |
| | 가상 메모리의 작동원리 |
| | 가상 메모리 관리정책(반입/교체/적재집합관리/클리닝/부하제어 정책) |
| 파일 관리 | 파일과 파일시스템(파일의 속성, 디렉토리 계층구조, 파일 명명, 파일 연산) |
| | 파일의 구성과 접근(순차파일, 인덱스 파일, 인덱스 순차파일, 해시 파일) |
| | 보조 저장 공간 관리 및 파일할당 방법 |
| 입출력 관리 | 입출력 장치의 유형과 특성 |
| | 입출력 기능의 발전 |
| | 디스크 스케줄링 |

## 3.1 운영체제의 개요

다음 그림은 운영체제에서 시스템 호출(system call)의 처리 과정을 나타낸 것이다. 운영체제는 사용자의 응용프로그램 처리를 위해 이중 모드(dual-mode)로 동작한다. 물음에 답하시오.

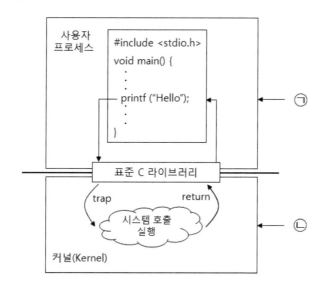

(1) 운영체제를 정의하시오.

(2) 사용자 프로세스가 실행되는 ㉠의 모드 이름은 무엇인가?

(3) 시스템 호출이 처리되는 ㉡의 모드 이름은 무엇인가?

(4) 위 그림으로 운영체제의 시스템 호출 처리를 설명하시오.

**풀이** (1) 컴퓨터 자원을 효율적으로 관리, 운영함으로써 사용자에게 최대의 편리성을 제공하고 자 하는 인간과 컴퓨터 사이의 인터페이스를 위한 시스템 소프트웨어이다.

(2) 사용자 모드

(3) 시스템(커널) 모드

(4) 표준 C 라이브러리는 운영체제를 위한 시스템 호출 인터페이스를 지원한다.
C 프로그램에서 printf() 문을 호출하면 C 라이브러리는 이 호출을 가로채고 이에 해당하는 운영체제의 필요한 시스템 호출을 부른다. 이어서 시스템 호출이 실행되고 C 라이브러리는 반환 값을 받아 이를 사용자 프로그램으로 넘겨준다.

### ※ 요약 : 운영체제의 유형

| 종류 | 특징 | 장·단점 |
|------|------|---------|
| 일괄처리 시스템 | 유사한 작업끼리 모아서 한꺼번에 처리 | • 자원관리와 스케줄링이 간단<br>• 반환시간이 늦고, CPU가 유휴상태로 되기 쉬움<br>• 프로그램 오류 수정이 어려움 |
| 온라인 (대화식) 시스템 | 사용자와 컴퓨터 시스템간의 통신, 명령에 속시 응답 | • 프로그램의 실험이 쉽고, 응답시간이 짧음<br>• 프로그램 건사와 개발의 유용성 제공<br>• CPU 유휴시간이 발생함 |
| 시분할 시스템 | 각 사용자에게 CPU 사용시간을 일정하게 할당하여 주어진 시간 동안 대화식 처리 기능을 하도록 개발된 시스템 | • 여러 사람이 공동으로 CPU를 사용함<br>• 다중프로그래밍이 가능함<br>• 기억장치에 다수의 프로그램을 동시에 유지하고 관리하는 문제가 있음<br>• 주기억장치 관리, CPU와 디스크 스케줄링이 필요함 |
| 다중 프로그래밍 시스템 | CPU가 1개 또는 여러 개의 프로그램을 동시에 메모리에 적재시켜 수행 | • CPU 이용률이 증가하고 처리율이 향상됨<br>• CPU 연산과 입출력의 중첩으로 이용률을 극대화함<br>• 스케줄링, 교착상태, 병행제어, 보호 문제를 해결해야 함 |
| 다중 처리 시스템 | 2개 이상의 CPU가 존재하고, 다중작업을 처리할 수 있음 | • 작업속도가 빠르고, 신뢰성 및 생산성이 향상됨<br>• CPU와 기억장치 공유 문제가 발생됨<br>• 자원에 대한 CPU 사이의 경쟁을 제어하는 문제가 있음<br>• 병행계산, 최적의 연결기법에 대한 고려가 필요함<br>• CPU 스케줄링 정책이 필요함 |
| 실시간 처리 시스템 | 처리시간이 제한되어 있고, 프로세스가 수행될 때마다 제한된 시간 안에 처리해야 함 | • 처리시간 단축되고, 처리비용이 절감됨<br>• 자료가 생성되면 즉시 입출력이 이루어짐<br>• 특정 상태의 재현이 불가능함<br>• 시스템 장애 발생 시 단순한 재실행이 불가능함<br>• 입출력 자료의 일시저장 및 대기가 필요함 |
| 분산처리 시스템 | 지역적으로 분산된 여러 개의 컴퓨터를 통신회선으로 연결, 작업과 자원을 분산시켜 처리함 | • 자원공유, 계산속도 증가, 신뢰성 향상, 통신 기능이 가능함<br>• 설계 및 구현이 어려움<br>• 시스템 고장 시 회복 처리가 어려움<br>• 보안이 취약할 수 있음 |

## 3.2 프로세스 관리

중등교사 임용시험 정보 · 컴퓨터 2019-A-4.

다음은 프로세스 A, B, C에 대한 스케줄링 상황과 상태 전이도를 나타낸 것이다. 시점 $t_1$부터 $t_2$까지 발생한 사건들과 수행된 프로세스들을 시간 순서로 보여준다. 시점 $t_1$에 프로세스 A와 B는 준비 상태에 있고, 프로세스 C는 블록 상태에 있다. 물음에 답하시오.

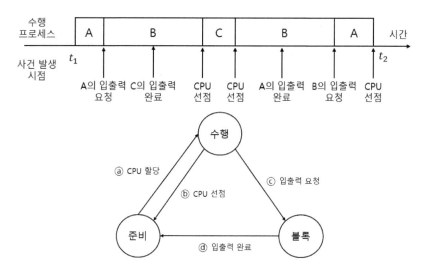

(1) 프로세스 C가 선점되는 시점에 프로세스 A, B의 상태는 무엇인가?

(2) 7개 사건을 기준으로 A, B, C 각각의 상태 전이(ⓐ ~ ⓓ)를 순서대로 나열하시오.

(3) 시점 $t_2$에 블록 상태에 있는 프로세스는 무엇인가?

---

**풀이** (1) A : 블록, B : 준비

(2) A : ⓒ ⓓ ⓐ ⓑ, B : ⓐ ⓑ ⓐ ⓒ, C : ⓓ ⓐ ⓑ

각 사건 발생 시점을 1~7이라는 숫자로 가정하였을 때, 각 프로세스의 상태 변화는 다음과 같다.

| | 1 | 2 | 3 | 4 | 5 | 6 | 7 |
|---|---|---|---|---|---|---|---|
| A | ⓒ | 블록 | 블록 | 블록 | ⓓ | ⓐ | ⓑ |
| B | ⓐ | 수행 | ⓑ | ⓐ | 수행 | ⓒ | 블록 |
| C | 블록 | ⓓ | ⓐ | ⓑ | 준비 | 준비 | 준비 |

(3) 프로세스 : B

준비 상태 : A B C B C A A

수행 상태 : A B C B A

블록 상태 : C A B

|   | CPU 할당 | CPU 선점 | 입출력 요청 | 입출력 완료 |
|---|---------|---------|-----------|-----------|
| A | O | O | O | O |
| B | O | O | O | X |
| C | O | O | X | O |

다음은 프로세스 A, B, C에 대한 CPU와 입출력 작업 시간을 나타낸 것이다. CPU 스케줄링을 위해 SPN(Shortest Process Next) 정책을 사용한다. 〈조건〉을 고려하여 물음에 답하시오.

```
        CPU      I/O   CPU
A  [     6     |  2  |  4  ]

        CPU          I/O         CPU
B  [  3  |        10        |    4    ]

       CPU    I/O  CPU
C  [    5    | 2 | 1 ]
```

조건
- SPN은 CPU 작업 시간이 가장 짧은 프로세스에 CPU를 할당하며, 비선점 형태로 동작한다.
- 작업 시간의 단위는 초이다.
- 프로세스 A, B, C는 각각 시점 0, 1, 1에 스케줄링 큐에 도착하였다.

(1) 가장 빨리 종료되는 프로세스와 가장 늦게 종료되는 프로세스는 각각 무엇인가?

(2) 프로세스 C가 CPU 할당을 대기하는 총 시간은 얼마인가?

(3) 프로세스 B의 반환시간을 구하시오.

(4) 3개 프로세스가 모두 종료될 때까지 CPU의 총 유휴시간(idle time)은 얼마인가?

(5) 스케줄링 결과를 간트 차트(Gantt chart) 형태로 나타내시오.

---

**풀이** (1) A, C

(2) 15초 (13 − 1 + 3 = 15)

(3) 22초 (23 − 1 = 22)

(4) 1초

(5)

---

중등교사 임용시험 정보 · 컴퓨터 2007-9.

라운드로빈(Round-Robin) 스케줄링 알고리즘에서 프로세스가 타임슬라이스(T-slice) 동안 수행된 후 CPU가 다른 프로세스로 할당될 때 문맥 교환(context switch)이 일어 난다. 이때 문맥 교환 시간(T-swap)만큼의 오버헤드가 발생한다. 이와 관련하여 물음 에 답하시오.

(1) N개 프로세스 각각이 적어도 T초마다 CPU를 할당받는다고 할 때 T-slice, T-swap, N을 이용하여 T를 정의하는 수식을 구하시오.

(2) 프로세스 수는 100개(N), 문맥 교환 시간은 0.01ms(T-swap), 그리고 각 프로세 스에 CPU가 1ms(T)마다 할당된다고 할 때 T-slice의 값을 구하시오.

(3) (2)에서 구해진 T-slice 값이 무엇을 의미하는지 설명하시오.

---

**풀이** (1)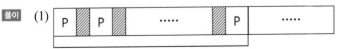

수식 : T = N×(T-slice + T-swap)

(2) T-slice의 값 : 0

$1ms = 100×(T\text{-}slice + 0.01ms)$

$1ms = 100×T\text{-}slice + 1ms$

$100×T\text{-}slice = 0$

$T\text{-}slice = 0$

(3) 문맥 교환에 모든 시간을 소비하고 시간 할당량은 0이 되어 어떤 프로세스도 실행할 수 없게 된다. 문맥 교환 시간으로 인해 CPU가 프로세스들의 실행시간을 보장하지 못한다.

---

**중등교사 임용시험 정보 · 컴퓨터 2009-1차-15.**

시스템에서 4개 프로세스의 상태가 다음과 같으며, 시간 단위는 밀리초(ms)이다. 물음에 답하시오.

| 프로세스 | 도착시간 | CPU 버스트 |
|---|---|---|
| A | 0 | 4 |
| B | 1 | 3 |
| C | 2 | 1 |
| D | 3 | 2 |

(1) SJF, HRRN, FCFS 알고리즘을 사용할 때 각각의 평균 대기시간을 구하시오.

(2) SJF와 HRRN 알고리즘을 기아현상과 연계하여 설명하시오.

---

**풀이** (1) • SJF 알고리즘 : 2.5ms

```
0     4   5    7          10
|  A  | C | D  |    B      |
```

• HRRN 알고리즘 : 2.75ms

```
0     4   5         8     10
|  A  | C |    B     |  D  |
```

• FCFS 알고리즘 : 3.25ms

| 0 | 4 | | 7 | 8 | 10 |
|---|---|---|---|---|---|
| A | B | | | C | D |

(2) SJF 알고리즘을 사용하면 CPU 버스트가 긴 프로세스는 기아현상이 발생할 수 있다. HRRN 알고리즘은 대기시간이 길수록 우선순위가 높아지므로 기아현상을 해결할 수 있다.

다음 표는 CPU 스케줄링을 위한 프로세스 정보를 나타낸 것이다. 우선순위는 숫자가 작은 것이 높은 것으로 가정하고 우선순위 알고리즘에 관한 아래 물음에 답하시오.

| 프로세스 | 도착시간 | CPU 버스트 | 우선순위 |
|---|---|---|---|
| $P_1$ | 4 | 10 | 5 |
| $P_2$ | 5 | 1 | 1 |
| $P_3$ | 0 | 3 | 4 |
| $P_4$ | 1 | 3 | 5 |
| $P_5$ | 2 | 5 | 2 |

(1) 비선점 우선순위 알고리즘을 적용하여 Gantt 차트를 나타내고 평균 대기시간을 구하시오. 단, 우선순위가 같은 경우 도착시간이 빠른 프로세스에 CPU를 할당한다.

(2) 선점 우선순위 알고리즘을 적용하여 Gantt 차트를 나타내고 평균 대기시간을 구하시오. 단, 선점된 프로세스는 큐의 마지막에 들어가고, 우선순위가 같은 프로세서들은 라운드로빈(time quantum = 2)으로 스케줄링 한다.

**풀이** (1)

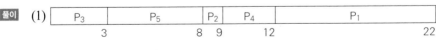

• $(8 + 3 + 0 + 8 + 1) / 5 = 4$

(2)

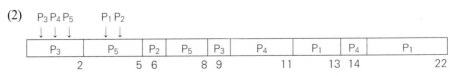

• $(8 + 0 + 6 + 10 + 1) / 5 = 5$

$P_1$, $P_2$, $P_3$, $P_4$, $P_5$ 순서로 대기큐에 들어온 프로세스에 대해 CPU 스케줄링 알고리즘을 적용하고자 한다. 라운드로빈 알고리즘에서 시간 할당량(time quantum)은 5이며, 우선순위의 값이 작을수록 우선순위가 높다.

| 프로세스 | CPU 요구시간 | 우선순위 |
|---|---|---|
| $P_1$ | 7 | 2 |
| $P_2$ | 2 | 3 |
| $P_3$ | 1 | 1 |
| $P_4$ | 4 | 3 |
| $P_5$ | 3 | 4 |

(1) 라운드 로빈(Round-Robin) 알고리즘과 비선점 우선순위(Priority) 알고리즘에 대한 평균 대기시간을 각각 구하시오.

(2) 라운드 로빈 알고리즘을 적용할 때, CPU 시간 할당량을 무한대로 설정할 경우 프로세스들의 평균 반환시간을 구하시오.

(3) 선점 우선순위 알고리즘을 적용할 경우 기아상태(starvation)가 나타날 수 있다. 이 문제의 해결 방안을 기술하시오.

---

**풀이** (1) ① 라운드 로빈 스케줄링

| $P_1$ | $P_2$ | $P_3$ | $P_4$ | $P_5$ | $P_1$ |
|---|---|---|---|---|---|
| 5 | 7 | 8 | 12 | 15 | 17 |

대기시간 : 반환시간 − CPU 요구시간 − 도착시간

$P_1$ = 17 - 7 - 0 = 10

$P_2$ = 7 - 2 - 0 = 5

$P_3$ = 8 - 1 - 0 = 7

$P_4$ = 12 - 4 - 0 = 8

$P_5$ = 15 - 3 - 0 = 12

• 평균 대기시간 = (10 + 5 + 7 + 8 + 12) / 5 = 8.4

② 비선점 우선순위 스케줄링

| P₃ | P₁ | P₂ | P₄ | P₅ |
|---|---|---|---|---|

1　　　　8　　10　　　14　　　17

$P_1 = 8 - 7 - 0 = 1$

$P_2 = 10 - 2 - 0 = 8$

$P_3 = 1 - 1 - 0 = 0$

$P_4 = 14) - 4 - 0 = 10$

$P_5 = 17 - 3 - 0 = 14$

- 평균 대기시간 = $(1 + 8 + 0 + 10 + 14) / 5 = 6.6$

(2) 라운드 로빈 스케줄링 알고리즘에서 CPU시간 할당량을 무한대로 설정할 경우 FCFS 와 동일하다.

| P₁ | P₂ | P₃ | P₄ | P₅ |
|---|---|---|---|---|

7　　　9　　10　　　14　　　17

$P_1 = 7$, $P_2 = 9$, $P_3 = 10$, $P_4 = 14$, $P_5 = 17$

- 평균 반환시간 = $(7 + 9 + 10 + 14 + 17) / 5 = 11.4$

(3) CPU 할당을 무한대기하는 기아상태(starvation)의 해결 방안으로 대기시간이 증가할 수록 프로세스의 우선순위를 높여주는 방법이 있다. 예를 들면, HRN 같은 스케줄링 방법이다.

다음은 프로세스의 상태를 나타낸 것이다. 실행시간은 현재까지 실행된 시간이며, 우선순위는 숫자가 큰 것이 높다. 예상 실행시간은 다음과 같은 식으로 구하며, 이 값이 가장 작은 프로세스가 다음에 실행된다.

예상 실행시간 : (20 / 우선순위)×실행시간

| 프로세스 | 실행시간 | 우선순위 | 예상 실행시간 |
|---|---|---|---|
| $P_1$ | 100 | 10 | 200 |
| $P_2$ | 200 | 10 | ㉠ |
| $P_3$ | 150 | 20 | ㉡ |
| $P_4$ | 200 | 20 | ㉢ |

(1) ㉠, ㉡, ㉢에 들어갈 예상 실행시간은 무엇인가?

(2) 다음에 실행될 프로세스는 무엇인가?

(3) 우선순위 값이 가장 큰 프로세스가 항상 다음에 실행되는지 판단하고, 그 이유를 기술하시오.

(4) 다음에 실행될 프로세스의 선택 기준을 설명하시오.

**풀이** (1) 400, 150, 200

$P_2 = (20 / 10)×200 = 400$

$P_3 = (20 / 20)×150 = 150$

$P_4 = (20 / 20)×200 = 200$

(2) $P_3$

(3) 아니다. 그 이유는 우선순위가 가장 큰 경우라도 현재까지 실행된 시간이 큰 경우에는 선택되지 않을 수도 있다. 아래의 두 프로세스 중에서 다음에 선택되는 프로세스는 우선순위가 낮은 $P_b$가 된다.

$P_a = (20 / 20)×1000 = 1000$, $P_b = (20 / 10)×100 = 200$

(4) 현재까지 실행된 시간인 실행시간이 같은 경우, 우선순위가 높은 프로세스가 먼저 실행된다. 그러나 프로세스의 우선순위가 낮더라도 실행시간이 상대적으로 매우 짧은 경우에는 이 프로세스가 다음에 실행될 프로세서로 선택될 수 있다. 즉 다음에 실행될 프로세스의 선택 기준은 우선순위와 함께 실행시간을 고려하였다.

다음은 CPU 스케줄링을 위한 다단계 피드백 큐의 구조와 각 프로세스의 CPU 요구 시간을 나타낸 것이다. $Q_1$, $Q_2$에서 프로세스의 CPU 할당시간은 각각 2, 4이고, Round-Robin 알고리즘의 time quantum은 8이다. 프로세스 $P_1$, $P_2$, $P_3$, $P_4$가 시각 0에 모두 도착하였다고 가정하고 물음에 답하시오.

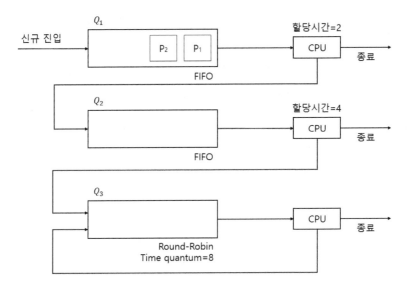

| 프로세스 | CPU 요구 시간 |
|---|---|
| $P_1$ | 15 |
| $P_2$ | 6 |
| $P_3$ | 5 |
| $P_4$ | 8 |

(1) 프로세스 $P_2$의 최초 시작 시각과 최종 종료 시각은 무엇인가?

(2) $Q_3$에서 종료되는 프로세스 2개를 종료되는 순서대로 쓰시오.

(3) 평균 대기시간을 구하시오.

**풀이**

| | 0 | 1 | 2 | 3 | 4 | 5 | 6 | 7 | 8 | 9 | 10 | 11 | 12 | 13 | 14 | 15 | 16 |
|---|---|---|---|---|---|---|---|---|---|---|---|---|---|---|---|---|---|
| $Q_1$ | $P_1$ | | $P_2$ | | $P_3$ | | $P_4$ | | | | | | | | | | |
| $Q_2$ | | | | | | | | | | | $P_1$ | | | | $P_2$ | | |
| $Q_3$ | | | | | | | | | | | | | | | | | |

| | 16 | 17 | 18 | 19 | 20 | 21 | 22 | 23 | 24 | 25 | 27 | 27 | 28 | 29 | 30 | 31 | 32 | 33 | 34 |
|---|---|---|---|---|---|---|---|---|---|---|---|---|---|---|---|---|---|---|---|
| $Q_1$ | | | | | | | | | | | | | | | | | | | |
| $Q_2$ | | $P_3$ | | | | $P_4$ | | | | | | | | | | | | | |
| $Q_3$ | | | | | | | | | | | | | $P_1$ | | | | $P_4$ | $P_1$ | |

(1) 최초 : 2, 최종 : 16

(2) $P_4$, $P_1$

(3) 17

$$P_1 = (8 - 2) + (23 - 12) + (33 - 31) = 19$$

$$P_2 = (2 - 0) + (12 - 4) = 10$$

$$P_3 = (4 - 0) + (16 - 6) = 14$$

$$P_4 = (6 - 0) + (19 - 8) + (31 - 23) = 25$$

• 평균 대기시간 : $(19 + 10 + 14 + 25) / 4 = 17$

다음 프로세스들이 다단계 피드백 큐(MFQ) 스케줄링으로 실행된다. 〈조건〉을 고려하여 물음에 답하시오.

| 프로세스 | 도착시간 | 실행시간 |
|---|---|---|
| $P_1$ | 0 | 5 |
| $P_2$ | 2 | 3 |
| $P_3$ | 4 | 5 |
| $P_4$ | 5 | 4 |
| $P_5$ | 7 | 3 |

조건

• 대기큐의 번호는 i는 0부터 시작되고, 최상위 대기큐의 번호는 0이다.
• 대기큐 i에 대한 시간 할당량은 $2^i$이다.
• 새로 생성되는 프로세스는 최상위 대기큐에 들어온다.
• 프로세스가 수행 중에 더 높은 우선순위의 프로세스가 들어올 경우, 현재 남아있는 시간 할당량을 모두 사용하고 CPU를 반환한다.
• 시스템에 1개의 프로세스만 존재할 경우 시간 할당량을 모두 사용한 후 하위단계의 대기큐로 이동한다.

(1) 각 프로세스가 대기하였던 큐의 수를 구하시오.

(2) 다음 〈조건〉이 추가되어 프로세스가 실행될 때 각 프로세스의 대기시간과 반환시간을 구하시오. 단, 각 프로세스에 주어진 실행시간의 1단위는 10ms이다.

조건
- 최상위 대기큐를 제외한 각 대기큐는 프로세스들의 대기시간에 대한 임계치로 $2^{2i}$를 갖는다.
- 프로세스의 대기시간이 임계치보다 크면 그 프로세스는 상위단계의 큐로 이동한다.
- 대기큐에서 프로세스가 CPU를 할당받을 순서가 되더라도 그 시점에서 대기시간이 임계치보다 크면 상위단계 큐로 이동한다.

(3) 위 〈조건〉이 충족되어 상위 큐로 이동한 프로세스를 쓰고, 하위단계 큐에서의 대기시간을 쓰시오.

---

**풀이** (1)

| | 0 | 1 | 2 | 3 | 4 | 5 | 6 | 7 | 8 | 9 | 10 | 11 | 12 | 13 | 14 | 15 | 16 | 17 | 18 | 19 |
|---|---|---|---|---|---|---|---|---|---|---|---|---|---|---|---|---|---|---|---|---|
| $Q_1$ | $P_1$ | | | | $P_2$ | $P_3$ | $P_4$ | | $P_5$ | | | | | | | | | | | |
| $Q_2$ | | | $P_1$ | | | | $P_2$ | | | $P_3$ | | $P_4$ | | $P_5$ | | | | | | |
| $Q_3$ | | | | | | | | | | | | | | | | $P_1$ | | $P_3$ | | $P_4$ |

| 프로세스 | $P_1$ | $P_2$ | $P_3$ | $P_4$ | $P_5$ |
|---|---|---|---|---|---|
| 대기큐의 수 | 3 | 2 | 3 | 3 | 2 |

(2)

| | 0 | 1 | 2 | 3 | 4 | 5 | 6 | 7 | 8 | 9 | 10 | 11 | 12 | 13 | 14 | 15 | 16 | 17 | 18 | 19 |
|---|---|---|---|---|---|---|---|---|---|---|---|---|---|---|---|---|---|---|---|---|
| $Q_1$ | $P_1$ | | | $P_2$ | $P_3$ | $P_4$ | | | $P_5$ | | | $P_4$ | | | | | | | | |
| $Q_2$ | | | $P_1$ | | | | | $P_2$ | | | $P_3$ | | | $P_5$ | | $P_4$ | | | | |
| $Q_3$ | | | | | | | | | | | | | | | | | $P_1$ | | $P_3$ | |

| 프로세스 | $P_1$ | $P_2$ | $P_3$ | $P_4$ | $P_5$ |
|---|---|---|---|---|---|
| 대기시간(ms) | 130 | 30 | 110 | 70 | 40 |
| 반환시간(ms) | 180 | 60 | 160 | 110 | 70 |

(3) $P_4$, 50ms

다음 프로세스 상태에서 다단계 피드백 큐(MFQ : Multilevel Feedback Queue) 기법을 이용하여 CPU 스케줄링을 하고자 한다. 〈조건〉을 고려하여 물음에 답하시오.

| 프로세스 | 도착시간 | CPU 요구시간($\mu s$) |
|:---:|:---:|:---:|
| $P_1$ | 0 | 16 |
| $P_2$ | 4 | 10 |
| $P_3$ | 8 | 10 |
| $P_4$ | 15 | 14 |

조건
- 3단계 큐($Q_0$, $Q_1$, $Q_2$)를 사용하며, 모든 프로세스는 $Q_0$에 들어온다.
- CPU 사용 권한은 $Q_0$가 가장 높고, 이어서 $Q_1$, $Q_2$ 순서로 높다.
- $Q_0$, $Q_1$, $Q_2$의 CPU 시간 할당량은 각각 4, 8, 16이며, 큐 내에서 비선점으로 동작한다.
- $Q_1$과 $Q_2$에 있는 프로세스가 각 대기시간이 15와 30으로 되면 해당 프로세스는 한 단계 높은 큐로 이동한다.

(1) $P_4$가 $Q_1$으로 이동하는 시각은 언제인가?

(2) 시각 21에서 $Q_1$에 저장된 프로세스 무엇인가?

(3) 상위 큐로 이동하는 모든 프로세스의 이동 시각과 상위 큐를 쓰시오.

(4) 각 프로세스가 종료되는 시각을 쓰시오.

(5) 각 프로세스가 종료되는 큐를 쓰시오.

---

**풀이**  (1) $24\mu s$

(2) $P_2$, $P_3$

(3) ① $P_2$, $23\mu s$, $Q_0$, ② $P_3$, $27\mu s$, $Q_0$

(4) $P_1$ : 48, $P_2$ : 44, $P_3$ : 42, $P_4$ : 50

(5) $P_1$ : $Q_2$, $P_2$ : $Q_1$, $P_3$ : $Q_1$, $P_4$ : $Q_2$

|  | 4 | 8 | 12 | 20 | 24 | 28 | 32 | 40 | 42 | 44 | 48 | 50 |
|---|---|---|---|---|---|---|---|---|---|---|---|---|
| $P_1$ | $Q_0$ 4 |  | | $Q_1$ 8 | | | | | | | $Q_2$ 4 | |
| $P_2$ | | $Q_0$ 4 | | | $Q_0$ 4 | | | | $Q_1$ 2 | | | |
| $P_3$ | | | $Q_0$ 4 | | | $Q_0$ 4 | | | | $Q_1$ 2 | | |
| $P_4$ | | | | | $Q_0$ 4 | | $Q_2$ 8 | | | $Q_1$ 2 | | $Q_2$ 2 |

다음 표는 시점 $t_0$에서 병행 수행되고 있는 프로세스들의 상태이다. 첫 번째 표는 준비큐에서 CPU 할당을 기다리는 프로세스이고, 두 번째 표는 대기큐에서 디스크 입출력 완료를 기다리는 프로세스이다. 〈조건〉을 고려하여 물음에 답하시오.

| 프로세스 | CPU 버스트 |
|---|---|
| A | 500 |
| B | 400 |
| C | 600 |

| 프로세스 | I/O 요청 트랙 | 다음 CPU 버스트 |
|---|---|---|
| D | 380 | 400 |
| E | 310 | 900 |
| F | 340 | 400 |
| G | 180 | 800 |
| H | 350 | 100 |

조건

- CPU 스케줄링 알고리즘은 SJF(Shortest Job First)를 사용한다.
- 디스크 스케줄링 알고리즘은 SSTF(Shortest Seek Time First)를 사용한다.
- $t_0$에서 SJF 알고리즘에 따라 B가 선택되어 실행된다.
- $t_0$에서 H의 입출력 요청을 서비스 중이며, 이것은 시점 50에 끝난다.
- 디스크 입출력 시간은 '탐색시간 × 2 + 회전지연시간 + 전송시간'이다. 여기서 탐색시간은 헤드의 트랙 간 이동 거리이며, 회전지연시간과 전송시간은 각각 150, 50이다.

(1) 대기큐 프로세스를 입출력이 완료되는 순서대로 나열하시오.

(2) CPU를 할당받는 순서대로 A ~ H 프로세스를 나열하시오.

풀이 (1) H, F, E, D, G

프로세스 H의 입출력이 끝난 후 대기큐에 있는 각 프로세스의 입출력 시간과 입출력 종료 시각은 다음과 같다.

| | H | F | E | D | G |
|---|---|---|---|---|---|
| 탐색시간 | | 10 (350−340) | 30 (340−310) | 70 (380−310) | 200 (380−180) |
| I/O 시간 | − | 220 (10×2+200) | 260 (30×2+200) | 340 (70×2+200) | 600 (200×2+200) |
| I/O 종료 시각 | 50 | 270 (50+220) | 530 (270+260) | 870 (530+340) | 1470 (870+600) |

(2) B, H, F, D, A, C, G, E

| 할당된 프로세스 | B | H | F | D | A | C | G | E |
|---|---|---|---|---|---|---|---|---|
| CPU 버스트 | 400 | 100 | 400 | 400 | 500 | 600 | 800 | 900 |
| 시작 시각 | 0 | 400(0 +400) | 500(400 +100) | 900(400 +500) | 1300(900 +400) | 1800 (1300+ 500) | 2400 (1800 +600) | 3200 (2400 +800) |
| 할당 가능 프로세스 | – | A, C, F, H | A, C, F | A, C, D, E | A, C, E | C, E, G | E, G | E |

---

## 중등교사 임용시험 정보 · 컴퓨터 2008-9.

 다음은 우선순위 기반 선점형 운영체제에서 태스크의 동작을 보여주는 그림과 설명이다.
물음에 답하시오.

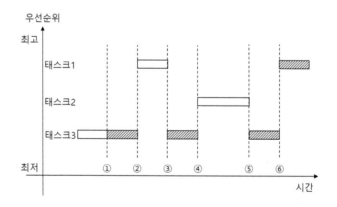

조건

- 실선으로 표현된 부분은 해당 태스크가 실행 중임을 의미한다.
- 빗금 친 부분은 해당 태스크가 세마포를 획득하여 사용 중임을 의미한다.
- 태스크1은 ②에서 태스크3을 선점하며, ③에서 세마포를 획득하려고 한다.
- 태스크2는 ④에서 태스크3을 선점한다.
- 태스크3은 ①에서 세마포를 획득하며, ⑤에서 작업을 재개한다. 그리고 ⑥에서 세마포를 반환한다.

(1) 그림이 어떤 현상을 나타낸 것인지 해당 용어를 쓰시오.

(2) (1)의 현상이 나타난 구간은 어디인가?

(3) 그림에서 발생하는 현상의 해결 방법은 무엇인가?

---

**풀이** (1) 우선순위 역전 현상

우선순위가 높은 작업이 우선순위가 낮은 작업에서 사용 중인 임계영역을 대기하게 된 경우에는 우선순위가 낮은 작업의 실행이 끝난 후에 그 작업이 처리된다. 그런데 이 사이에 우선순위가 중간인 작업이 들어오면 우선순위가 가장 높은 작업이 비록 우선 순위가 높다고 해도 중간 우선순위의 작업보다 늦게 처리되는 현상이 발생한다.

(2) ④~⑤

(3) ① 우선순위 상속

공유자원을 사용하고 있는 우선순위가 낮은 작업이 그 공유자원을 기다리고 있는 우선순위가 높은 작업의 우선순위를 상속받도록 하는 것이다. 이것은 우선순위 변경을 의미하는 것으로 높은 우선순위 작업이 해당 공유자원을 기다리기 시작할 때 처리된다. 우선순위가 낮은 작업의 우선순위가 임시로 높게 변경된 경우 이 작업이 사용하고 있던 공유자원이 풀리는 순간에 원래의 우선순위로 복원되어야 한다.

② 우선순위 올림

우선순위는 모든 작업과 시스템 내의 각 자원에 할당된다. 자원에 할당된 우선순위도 변하게 되는데, 그 자원을 사용하기 위해 대기 중인 작업들의 우선순위 중 가장 높은 우선순위보다 한 단계 더 높은 것으로 설정된다. 우선순위 올림 스케줄러는 어떤 작업이 공유자원을 사용하기 시작할 때 작업의 우선순위를 그 자원에 할당되어 있던 우선순위로 바꾼다. 이 경우에 자원을 사용하게 된 작업은 그 자원을 대기 중인 다른 작업들보다 우선순위가 높아지므로 더 높은 우선순위 작업으로 인해 중단되는 일이 없게 된다. 우선순위 올림을 받은 작업이 그 자원을 모두 사용하게 되면 원래의 우선순위로 복원된다.

다음 표는 프로세스 상태 전이 모델에 따른 현재 시스템의 프로세스별 상태이다. 〈조건〉을 고려하여 물음에 답하시오.

■ 준비 큐에 저장된 프로세스

| PID | 생성 시각 | 잔여 실행 시간 | |
| --- | --- | --- | --- |
| | | 입출력 버스트 | CPU 버스트 |
| P7 | t0+80 | 0 | 15 |
| P4 | t0+35 | 0 | 45 |
| P3 | t0+20 | 0 | 30 |
| P2 | t0+5 | 0 | 50 |

■ 대기 큐에 저장된 프로세스

| PID | 생성 시각 | 잔여 실행 시간 | |
| --- | --- | --- | --- |
| | | 입출력 버스트 | CPU 버스트 |
| P9 | t0+90 | 15 | 25 |
| P6 | t0+50 | 30 | 10 |

■ 실행 중인 프로세스

| PID | 생성 시각 | 잔여 실행 시간 | |
| --- | --- | --- | --- |
| | | 입출력 버스트 | CPU 버스트 |
| P5 | t0+40 | 0 | 5 |

조건

• 프로세스 상태를 나타낸 위의 표에서 시간 단위는 ms이다.
• 선입 선처리(FCFS) 스케줄링을 위한 프로세스의 도착 기준 시각은 프로세스 생성시각으로 한다.
• 프로세스별 상태에 대한 시점은 현재 시점 t1으로, t1 = (t0 + 100)ms이고, t1 이후 추가로 생성된 프로세스는 없다.

(1) 선입 선처리 스케줄링 사용 시, (t1 + 10)ms 시점에 실행 중인 프로세스 ID(PID)는 무엇인가?

(2) 최단 작업 우선(SJF) 스케줄링 사용 시, (t1 + 10)ms 시점에 실행 중인 프로세스 ID는 무엇인가? 이때 해당 프로세스의 종료 시각은 t0 시점 기준으로 무엇인가?

(3) 최단 작업 우선 스케줄링 사용 시, (t1 + 25)ms 시점에 실행 중인 프로세스 ID는 무엇인가?

 풀이

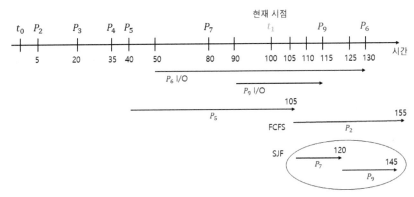

(1) P2

현재 시점 t1(t0 + 100)에서 CPU 작업 중인 P5는 t0 + 105에서 실행이 완료된다. 이 시점에서 P6와 P9은 입출력을 수행하고 있다. 이들을 제외한 프로세스 중에서 생성시각이 가장 빠른 것은 P2이다. 따라서 P2가 CPU를 할당받고 t0 + 155까지 실행된다.

(2) P7, t0 + 120

시점 t0 + 105에서 P5 실행이 완료되었을 때 P6와 P9은 입출력을 수행하고 있다. 이것을 제외하고 작업 시간이 가장 짧은 프로세스는 P7이다. 따라서 P7이 CPU를 할당받고 t0 + 120까지 실행된다.

(3) P9

시점 t0 + 120에서 P7이 종료되었을 때 P9은 입출력이 종료되었고 P6는 입출력을 수행하고 있다. 입출력을 수행 중인 P6와 이미 종료된 P7을 제외한 프로세스 중에서 작업 시간이 가장 빠른 것은 P9이다. 따라서 P9이 CPU를 할당받고 t0 + 145까지 실행된다.

## ※ 요약 : CPU 스케줄링 알고리즘

| 알고리즘 | 할당 방법 | 장·단점 |
|---|---|---|
| 우선순위<br>(비선점) | • 각 프로세스에 우선순위를 부여하여 우선순위가 높은 순서대로 처리함 | • 일괄처리 시스템에서 많이 이용<br>• 정적/동적 우선순위 |
| 기한부<br>(비선점) | • 프로세스가 주어진 시간, 기한 내에 끝나도록 계획함 | • 마감 시간 계산에 따른 오버헤드와 복잡성이 있음 |
| FIFO<br>(FCFS)<br>(비선점) | • 프로세스들이 준비큐에 도착한 순서대로 CPU를 할당받음<br>• 프로세스가 CPU를 차지하여 완료될 때까지 수행됨 | • 간단하고 공평함. 대화식에 부적합함<br>• 작업 완료 시간 예측이 용이함<br>• 짧은 작업이 긴 작업을 기다리는 불합리함이 있음 |
| RR(Round Robin)<br>(선점) | • 프로세스는 일정한 CPU 시간을 할당받아 처리함<br>• 할당시간 초과 시 다른 프로세스에 CPU를 넘기고 준비큐의 가장 뒤로 보내짐 | • 시분할 방식에 적합함<br>• CPU 할당시간이 매우 크면 FIFO 방식과 같아짐<br>• CPU 할당시간이 매우 짧으면 문맥교환으로 인한 오버헤드가 커짐 |
| SJF<br>(Shortest Job First)<br>(비선점) | • 준비큐의 프로세스 중 가장 짧은 수행시간을 가진 것부터 먼저 수행함 | • CPU 사용시간이 짧은 작업에 유리함<br>• 대기시간이 가장 적게 걸림<br>• CPU 사용시간이 긴 작업에 불리함<br>• 프로세스의 수행시간을 알기 어려움 |
| SRT<br>(Short Remaining Time)<br>(선점) | • SJF에 선점을 도입한 변형 기법<br>• 준비큐에 새로 도착하는 프로세스들까지 포함하여 가장 짧은 시간이 소요되는 프로세스를 먼저 수행함 | • 시분할 시스템에 유용함<br>• CPU 할당시간이 매우 긴 작업은 SJF보다 대기시간이 큼<br>• 선점으로 인한 오버헤드 증가함 |
| HRN<br>(Highest Response Ratio Next)<br>(비선점) | • SJF의 약점인 긴 작업과 짧은 작업간의 지나친 불평등 보완함<br>• SRT의 긴 작업이 많은 시간이 걸리는 점을 보완함<br>• 우선순위에 따라 CPU를 할당함 | • 짧은 작업이나 대기시간이 긴 작업의 우선순위가 높음<br><br>$우선순위 = \dfrac{수행시간 + 대기시간}{수행시간(서비스 \ 받을 \ 시간)}$ |
| MLQ<br>(MultiLevel Queue)<br>(선점) | • 작업을 다수의 그룹으로 나누어 여러 개의 큐를 사용함<br>• 각각의 큐는 독자적 알고리즘에 따라 CPU에 할당함 | • 상위 단계 큐의 우선순위가 높음. 상위 단계가 없을 때 하위단계 큐의 작업이 수행 가능함<br>• 각 큐 사이에 작업 이동이 불가능함 |
| MFQ<br>(Multilevel Freeback Queue)<br>(선점) | • 프로세스의 특성(CPU, I/O)에 따른 서로 다른 CPU 할당시간을 부여함<br>• 하나의 준비큐와 여러 개의 피드백 큐를 거쳐 작업을 처리함 | • CPU와 입출력장치의 효율을 높일 수 있음<br>• 하위단계의 큐로 갈수록 우선순위는 낮아지고 할당시간은 커짐 |

다음은 작업이 병행 실행될 때 발생할 수 있는 경쟁 상황(race condition)을 의사코드로 나타낸 것이다. 정수 count는 작업 A와 작업 B가 공유하며, 공유 변수 count의 초깃값은 0이다. 병행 작업 A, B에 의해 공유되는 데이터의 값은 실행 순서에 따라 달라질 수 있다고 가정하고 물음에 답하시오.

```
작업 A {
 int a ; /*지역 변수*/
 for (3회 반복) {
     a = count ;
     a = a * 2 ;
     count = a ;
 }
}
```

```
작업 B {
 int b ; /*지역 변수*/
 for (3회 반복) {
     b = count ;
     b = b + 1 ;
     count = b ;
 }
}
```

(1) 작업 A와 작업 B가 병행 실행될 때, 공유 변수 count가 가질 수 있는 가장 큰 값과 가장 작은 값은 무엇인가?

(2) 위에서 구한 각 값에 대하여, 명령들이 어떤 순서로 실행될 때 그 값을 가지게 되는지 설명하시오.

---

**풀이** (1) 24, 0

(2) • 가장 큰 값 : 작업 B의 수행이 모두 종료되면 count는 3이다. 이후 작업 A가 수행된다면 count의 값은 24이다.

• 가장 작은 값 : 작업 A가 먼저 수행되어 for 문의 3번째 반복에서 마지막 문장인 'count = a;'를 수행하기 직전에 작업 B가 모든 작업을 수행한다. 이후 작업 A의 마지막 문장을 수행한다면 지역변수인 a는 0을 유지하기 때문에 count의 최종 값은 0이다. 작업 A의 문장 수행 위치나 반복 횟수를 다르게 하여 결과가 0이 되는 경우는 다양하게 설명할 수 있다. 작업 A에서 count의 초깃값 0을 설정한 후 그 값을 유지한 상태에서 작업 B를 완료하고 작업 A의 나머지 부분을 수행하면 된다.

다음은 병행 수행되는 프로세스 P₁, P₂와 이들이 공유하는 변수를 나타낸 것이다. 세마포(semaphore) 변수에 대한 연산을 고려하여 물음에 답하시오.

```
int share = 0, delta = 0 ;
semaphore s1 = 0, s2 = 0, mutex = 1 ;
```

세마포 변수 s에 대한 wait(s), signal(s) 연산은 다음과 같다.

- wait(s) : s가 1이면 0으로 변경한 후 리턴하고, s가 0이면 프로세스는 s의 큐에 블록된다.
- signal(s) : s의 큐에 블록된 프로세스가 있으면 그중 첫 번째 프로세스를 깨운 (wakeup) 후 리턴하고, 블록된 프로세스가 없으면 s를 1로 변경하고 리턴한다.

| P₁ | P₂ |
|---|---|
| wait(mutex) ;<br>delta = delta + 1 ;<br>signal(mutex);<br><br>signal(s1) ;  ㉠<br>wait(s2) ;<br><br>wait(mutex) ;<br>share = share + delta ;<br>signal(mutex) ; | wait(mutex) ;<br>delta = delta + 1 ;<br>signal(mutex) ;<br><br>wait(s1) ;  ㉡<br>signal(s2) ;<br><br>wait(mutex) ;<br>share = share + delta ;<br>signal(mutex) ; |

(1) P₁이 ㉠의 wait를 수행할 때 P₂가 수행을 시작하는 경우 블록되는 프로세스는 무엇인가? 이때 블록되는 프로세스는 어떤 세마포의 대기큐로 들어가는가?

(2) P₁, P₂가 병행 수행될 때 share의 최종 값은 무엇인가?

(3) ㉠과 ㉡ 코드를 제거한 후 P₁, P₂를 병행 수행할 때 share의 최종 값을 모두 쓰시오.

---

**풀이**  (1) P₁, s2

세마포 변수 s1 또는 s2에 대해 signal 연산이 수행되지 않은 상태에서 wait 연산을 수행하면 wait 연산을 수행한 프로세스는 해당 세마포 큐에 블록된다.

(2) 4

다양한 순서의 병행수행이 가능하며, 아래 2가지 예로 결과를 확인할 수 있다.

① P₂가 ㉡의 wait를 수행할 때 P₁이 수행을 시작하는 경우

$P_2$에서 delta는 1이며, $P_2$가 블록된다. $P_1$이 수행되면서 delta는 2가 된다. $P_1$이 signal 연산을 수행하면서 $P_2$를 wakeup 시킨다. 이어서 $P_1$, $P_2$가 share = share + delta 연산을 1번씩 실행하므로 0 + 2, 2 + 2 연산이 되어 share 값은 4가 된다.

② $P_1$이 ㉠의 wait를 수행할 때 $P_2$가 수행을 시작하는 경우

delta는 1이며, $P_1$이 블록된다. $P_2$가 수행되면서 delta는 2가 된다. $P_2$가 signal 연산을 수행하면서 $P_1$을 wakeup 시킨다. 이어서 수행 순서에 상관없이 $P_1$, $P_2$가 share = share + delta 연산을 1번씩 실행하므로 0 + 2, 2 + 2 연산이 되어 share 값은 4가 된다.

(3) 3, 4

$P_1$이 delta와 share 값을 바꾼 상태에서 $P_2$가 delta와 share 값을 바꾸면 share는 3이 된다. $P_1$과 $P_2$가 delta 값을 바꾼 상태에서 share 값을 바꾸면 share는 4가 된다.

---

읽기/쓰기(Reader/Writer)를 수행하는 프로세스들 사이의 동기화를 위해 다음 세마포(semaphore)를 사용한다. 물음에 답하시오.

```
semaphore mutex, w_smp ;
mutex = w_smp = 1 ;
int read_cnt = 0 ;
```

■ Reader 프로세스

```
do {
    wait(mutex) ;
    read_cnt = read_cnt + 1 ;
    if (read_cnt == 1) wait(w_smp) ;  ← ㉮
    signal(mutex) ;
```

//읽기를 수행한다.

```
    wait(mutex) ;
    read_cnt = read_cnt - 1 ;
```

■ Writer 프로세스

```
do {
            ㉠            ;

    //쓰기를 수행한다.

            ㉡            ;

} while (true) ;
```

```
    if (read_cnt == 0) signal(w_smp) ;
    signal(mutex) ;
} while(true) ;
```

(1) 문장 ㉮에서 조건이 충족된 경우 wait(w_smp) 연산 수행 전후의 w_smp 값은 무엇인가?

(2) 쓰기 프로세스의 ㉠, ㉡에 들어갈 세마포 연산은 무엇인가?

(3) wait(w_smp)의 역할을 설명하시오.

(4) 이와 같은 프로세스들의 구조에서 발생할 수 있는 문제점을 기술하시오.

---

**풀이** (1) wait(w_smp) 수행 전 : 1, wait(w_smp) 수행 후 : 0

(2) ㉠ : wait(w_smp), ㉡ : signal(w_smp)

(3) 읽기 또는 쓰기 프로세스가 임계영역에 있을 때 다른 쓰기 프로세스가 대기하도록 하여 동기화가 이루어지도록 한다.

(4) 읽기 프로세스가 많으면 쓰기 프로세스가 기아상태에 빠질 수 있다.

---

### 중등교사 임용시험 정보 · 컴퓨터 2021-A-4.

다음은 운영체제가 제공하는 시스템 호출 기능과 임계영역 문제를 해결하기 위해 C 언어로 작성한 상호배제 프리미티브(primitive)이다. 〈조건〉을 고려하여 물음에 답하시오.

```
void enterCS(char *pathname) {
    while (create(pathname) == ____㉠____) ;
}

void exitCS(char *pathname) {
    ____㉡____ ;
}
```

조건

• enterCS()와 exitCS()는 파일 생성/삭제 기능의 두 시스템 호출을 사용해 정의된다.

- enterCS()와 exitCS()는 다음과 같이 한계대기 조건을 충족하지 못하지만 상호배제와 진행 조건은 충족한다.

```
enterCS("file1") ; /* 임계영역 이전 코드 */
    임계영역
exitCS("file1") ; /* 임계영역 이후 코드 */
```

- 'int create(char *pathname);'는 파일경로명이 pathname인 파일을 생성하고 성공했을 경우 0을 리턴 한다. 여러 프로세스가 동시 create()를 호출하는 경우 한 프로세스만 파일 생성에 성공한다. 파일경로명이 pathname인 파일이 존재할 경우 −1을 리턴 한다.
- 'void remove(char *pathname);'는 파일경로명이 pathname인 파일을 삭제한다.

(1) ㉠에 들어갈 내용은 무엇인가?

(2) ㉡에 들어갈 내용은 무엇인가?

---

**풀이** (1) −1

파일이 이미 존재할 경우 −1을 리턴 하는데, 임계영역에 들어가기 전에 다른 프로세스가 이미 임계영역에 있다면 while() 문장에서 block이 되어야 하므로 −1이 되어야 한다.

(2) remove(pathname)

임계영역에서 빠져나올 때 생성한 파일을 제거해야 한다.

중등교사 임용시험 정보 · 컴퓨터 2010-1차-15.

다음은 읽기-쓰기 문제(readers-writers problem)에서 읽기 프로세스 알고리즘을 C 언어 유형으로 나타낸 것이다. 알고리즘에서는 세마포 제어 함수(wait(), signal()), 세마포(mutex, wrt), 변수(readcount)를 사용한다. 물음에 답하시오.

```
typedef struct {
    int value ;
    struct process *list ;
} Semaphore ;
Semaphore mutex = {1} ;
Semaphore wrt = {1} ;
int readcount = 0 ;
```

```
void reader() {
 while(1) {
   ...
   wait(mutex) ;
   readcount++ ;
   if (readcount == 1) wait(wrt) ;  ← ㉠
   _____㉮_____ ;
   ........
   _____㉯_____ ;
   readcount-- ;
   if (readcount == 0) signal(wrt) ;  ← ㉡
   signal(mutex) ;
  }
}
```

(1) ㉮, ㉯에 들어갈 세마포 제어 함수는 무엇인가?

(2) 문장 ㉠의 wait(wrt) 함수와 문장 ㉡의 signal(wrt) 함수를 수행하는 읽기 프로세스는 각각 어떤 것인가?

(3) 쓰기 프로세스 알고리즘을 C 언어 유형으로 작성하시오.

---

**풀이** (1) ㉮ : signal(mutex), ㉯ : wait(mutex)

(2) wait(wrt) 함수는 읽기 임계영역을 처음 들어가는 프로세스만 실행하며, signal(wrt) 함수는 읽기 임계영역을 마지막으로 빠져나오는 프로세스만 실행한다.

(3)
```
void writer() {
  while(1) {
    ...
    wait(wrt) ;
    ........
    signal(wrt) ;
  }
}
```

## 3.3 교착상태(Deadlock)

시스템에서 프로세스 $P_1$, $P_2$와 자원유형 $R_1$(3개), $R_2$(2개)인 현재 상태가 다음과 같다. 물음에 답하시오.

① A는 자원할당 행렬이며, $A_{ij}$는 자원 $R_j$의 단위 자원들 중 프로세스 $P_i$에게 할당된 단위 자원의 수이다.

② B는 자원요구 행렬이며, $B_{ij}$는 프로세스 $P_i$가 자원 $R_j$에 대해 요구하고 있는 단위 자원의 수이다.

$$A = \begin{bmatrix} 2 & 1 \\ 1 & 1 \end{bmatrix} \qquad B = \begin{bmatrix} 0 & 1 \\ 1 & 1 \end{bmatrix} \qquad 1 \le i \le 2,\ 1 \le j \le 2$$

(1) 위의 상태에 맞는 자원할당 그래프를 그리시오.

(2) (1)에서 그린 자원할당 그래프에서, 현재 상태가 교착상태(deadlock)인지 여부를 판별하시오.

(3) 현재 상태가 교착상태이면 교착상태로부터 회복하는 방법을 쓰고, 교착상태가 아니면 그 이유를 설명하시오.

 (1)

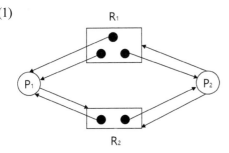

(2) 교착상태 발생

자원할당 그래프에 사이클이 존재하고 여분의 자원이 없다. 그리고 시간이 경과되어도 종료되는 프로세스가 없으므로 교착상태가 발생하였다.

(3) 교착상태에서 회복하는 방법은 프로세스 종료와 자원 선점이 있다. 프로세스를 종료시킬 때는 교착상태의 프로세스 모두를 종료시키거나 교착상태가 제거될 때까지 한

프로세스씩 종료시키는 방법이 있다. 후자의 경우에는 종료시킬 희생자 프로세스를 선택하는 기준이 있어야 한다. 교착상태를 회복시키는 두 번째 방법인 자원 선점에서는 희생자 선택, 롤백(rollback), 기아상태 등의 문제를 고려해야 한다. 주어진 문제에서는 이러한 조건이 없으므로 간단히 프로세스($P_1$, $P_2$)를 종료시키거나 프로세스가 소유한 자원($R_1$, $R_2$)을 선점하면 교착상태 회복이 가능하다.

다음은 시스템 상태를 나타낸 자원할당 그래프와 교착상태 탐지 알고리즘을 나타낸 것이다. 〈조건〉을 고려하여 물음에 답하시오.

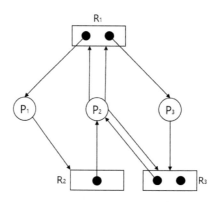

- Available : 각 유형에 사용 가능한 자원이 몇 개인지를 나타내는 길이가 m인 벡터
- Allocation : 각 프로세스에 할당된 각 유형의 자원 수를 나타내는 n×m 배열
- Request : 각 프로세스의 현재 요구량을 나타내는 n×m 배열임. Request [i, j] = k인 것은 $P_i$가 $R_j$ 유형의 자원을 k개 요구하는 것임

단계 1: Work와 Finish는 각각 길이가 m, n인 벡터이며, 다음과 같이 초기화함
    ① Work = Available
    ② 모든 i(1≤i≤n)에 대해 $Allocation_i$ ≠ 0이면 Finish[i] = false로 하고, 그렇지 않으면 Finish[i] = true로 설정함

단계 2: 아래 두 조건을 만족하는 인덱스 i를 찾음. 조건을 만족하는 i가 없으면 단계 4로 이동함
    ① _____ ㉠ _____
    ② _____ ㉡ _____

단계 3: ① Work = Work + $Allocation_i$
    ② Finish[i] = true
    ③ 단계 2로 이동함

단계 4: 만약 i(1≤i≤n)에 대해 Finish[i] == false가 존재하면 시스템은 교착상태임

조건

- 현재 시스템에는 3개 프로세스($P_1$, $P_2$, $P_3$)와 3가지 유형의 자원($R_1$, $R_2$, $R_3$)이 존재한다.
- 자원유형 $R_1$, $R_2$, $R_3$에는 각각 2개, 1개, 2개의 자원이 있다.
- 사각형 안의 점의 수는 자원 개수를 나타낸다.
- 간선 $P_i \rightarrow R_j$는 프로세스 $P_i$가 $R_j$ 자원을 1개 요구하는 것을 나타낸다.
- 간선 $R_j \rightarrow P_i$는 $R_j$ 자원 1개가 프로세스 $P_i$에 할당된 것을 나타낸다.

(1) 현재 상태에서 추가로 사용 가능한 자원의 수는 각각 몇 개인가?

(2) 교착상태 유무를 판단하시오.

(3) 교착상태 탐지와 회피의 차이점을 설명하시오.

(4) 자원할당 그래프를 참조하여 교착상태 알고리즘의 Available, Allocation, Requst 를 구하시오.

(5) 교착상태 탐지 알고리즘의 ㉠, ㉡에 들어갈 내용은 무엇인가?

(6) 교착상태 탐지 알고리즘은 교착상태에 들어간 프로세스를 확인할 수 있다. 그 방법을 설명하시오.

---

**풀이** (1) 현재 상태에서 추가로 사용 가능한 자원의 수는 $R_1$, $R_2$, $R_3$가 각각 0, 0, 1개이다.

(2) 하나의 자원유형에 인스턴스가 2개 이상일 경우 그래프에 사이클이 존재하면 현재 상태가 교착상태일 수도 있고 아닐 수도 있다. 주어진 그래프의 경우 사이클이 존재하며, 교착상태가 발생하였다. 그 이유는 현재 사용 가능한 자원 $R_3$를 $P_3$에 할당할 수 있다. 시간이 지나면 $P_3$가 종료되며, $P_3$에 할당된 자원 $R_1$과 $R_3$를 회수하여 $P_2$에 할당한다. $P_3$가 종료되었으나 그래프에 $P_1 \rightarrow R_2 \rightarrow P_2 \rightarrow R_1 \rightarrow P_1$의 사이클이 존재하며, $R_1$과 $R_2$의 가용자원이 없으므로 교착상태가 발생한 것을 알 수 있다. 이때 교착상태에 빠진 프로세스는 $P_1$과 $P_2$이다.

(3) 교착상태 발견은 회피와 달리 교착상태 발생을 허용하므로 최대 자원요구량을 무시한다. 교착상태가 발생하면 이를 해결하기 위해 자원 선점과 롤백을 수행한다. 교착상태 발견은 현재 시점에 시스템에 교착상태에 들어간 프로세스가 있는가를 검사하며 이후의 상태에 대해서는 고려하지 않는 기법이다.

(4) $Available = \begin{bmatrix} 0 & 0 & 1 \end{bmatrix}$, $Allocation = \begin{bmatrix} 1 & 0 & 0 \\ 0 & 1 & 1 \\ 1 & 0 & 0 \end{bmatrix}$, $Request = \begin{bmatrix} 0 & 1 & 0 \\ 2 & 0 & 1 \\ 0 & 0 & 1 \end{bmatrix}$

(5) ㉠ : Finish[i] == false

　㉡ : Request$_i$ ≤ Work

(6) 교착상태 탐지 알고리즘에서 Finish[i] == false인 프로세스인 P$_i$는 교착상태에 늘어간 것이다.

---

**중등교사 임용시험 정보·컴퓨터 2016-B-4.**

다음 표는 시스템의 현재 상태를 나타낸 것이며, 은행원 알고리즘을 적용하고자 한다. 물음에 답하시오.

| | 할당량(Allocation) | | | 최대 요구량(Max) | | |
|---|---|---|---|---|---|---|
| | A | B | C | A | B | C |
| P$_1$ | 0 | 1 | 1 | 1 | 2 | 2 |
| P$_2$ | 1 | 0 | 1 | 1 | 0 | 3 |
| P$_3$ | 0 | 2 | 0 | 1 | 5 | 0 |
| P$_4$ | 0 | 1 | 0 | 2 | 1 | 1 |
| P$_5$ | 0 | 1 | 0 | 1 | 6 | 0 |

(1) 각 프로세스가 수행 완료를 위해 필요한 각 자원의 추가 요구량을 구하시오.

(2) 자원 (A, B, C)의 잔여량(Available)이 (1, 1, 1)일 때 안전상태인지 여부를 판단하시오. 그리고 안전상태라면 모든 작업이 완료될 수 있는 안전순서를 구하시오. 그렇지 않다면 상태가 불안전한 이유를 기술하시오.

---

**풀이** (1) Need = Max - Available

| 추가 요구량(Need) | | |
|---|---|---|
| A | B | C |
| 1 | 1 | 1 |
| 0 | 0 | 2 |
| 1 | 3 | 0 |
| 2 | 0 | 1 |
| 1 | 5 | 0 |

(2) 안전상태이다.

안전순서 : $P_1 P_2 P_4 P_3 P_5$

work : 111($P_1$ 수용) → 122($P_2$ 수용) → 223($P_4$ 수용) → 233($P_3$ 수용) → 253($P_5$ 수용)

→ 263

은행원 알고리즘(Banker's algorithm)을 이용하여 교착상태를 회피하려고 한다. 시스템에 4개 프로세스와 4가지 유형의 자원이 있다. 각 프로세스의 현재 자원 할당량과 최대 요구량이 다음과 같으며, 시스템에서 각 자원의 최대 사용 가능량은 ($R_0$, $R_1$, $R_2$, $R_3$)가 (16, 5, 2, 8)이다. 물음에 답하시오.

| 프로세스 | 할당량 | | | | 최대 요구량 | | | |
|---|---|---|---|---|---|---|---|---|
| | $R_0$ | $R_1$ | $R_2$ | $R_3$ | $R_0$ | $R_1$ | $R_2$ | $R_3$ |
| $P_0$ | 4 | 0 | 0 | 1 | 4 | 4 | 2 | 1 |
| $P_1$ | 1 | 2 | 1 | 0 | 4 | 3 | 1 | 1 |
| $P_2$ | 1 | 1 | 0 | 2 | 13 | 5 | 2 | 7 |
| $P_3$ | 3 | 1 | 1 | 0 | 6 | 1 | 1 | 1 |

(1) 주어진 상태가 안전상태인지 판단하고 그 근거를 제시하시오.

(2) 주어진 상태에서 $P_0$가 $R_1$을 1개 더 요청했을 때 허용해도 되는지 판단하고 그 근거를 제시하시오.

(3) 주어진 상태에서 $P_2$가 $R_0$를 4개 더 요청했을 때 허용해도 되는지 판단하고 그 근거를 제시하시오.

(4) 주어진 상태에서 $P_1$이 $R_3$를 2개 더 요청했을 때 허용해도 되는지 판단하고 그 근거를 제시하시오.

풀이 (1) 안전상태

안전순서인 ($P_1$→$P_3$→$P_0$→$P_2$)가 존재하므로 시스템은 안전상태이다.

| 프로세스 | 할당량 | | | | 필요량 | | | | 잔여량 | | | |
|---|---|---|---|---|---|---|---|---|---|---|---|---|
| | $R_0$ | $R_1$ | $R_2$ | $R_3$ | $R_0$ | $R_1$ | $R_2$ | $R_3$ | $R_0$ | $R_1$ | $R_2$ | $R_3$ |
| $P_0$ | 4 | 0 | 0 | 1 | 0 | 4 | 2 | 0 | 7 | 1 | 0 | 5 |
| $P_1$ | 1 | 2 | 1 | 0 | 3 | 1 | 0 | 1 | 8 | 3 | 1 | 5 |
| $P_2$ | 1 | 1 | 0 | 2 | 12 | 4 | 2 | 5 | 11 | 4 | 2 | 5 |
| $P_3$ | 3 | 1 | 1 | 0 | 3 | 0 | 0 | 1 | 15 | 4 | 2 | 6 |
| | | | | | | | | | 16 | 5 | 2 | 8 |

(2) $P_0$의 자원요청 (0 1 0 0)에 대한 처리는 다음과 같다.

① 요청량 ≤ 필요량 조건 확인, (0 1 0 0) ≤ (0 4 2 0), 조건을 만족함

② 요청량 ≤ 잔여량 조건 확인, (0 1 0 0) ≤ (7 1 0 5), 조건을 만족함

$P_0$의 요청을 수용한 것으로 가정하면 자원할당 상태는 다음과 같다.

| 프로세스 | 할당량 | | | | 필요량 | | | | 잔여량 | | | |
|---|---|---|---|---|---|---|---|---|---|---|---|---|
| | $R_0$ | $R_1$ | $R_2$ | $R_3$ | $R_0$ | $R_1$ | $R_2$ | $R_3$ | $R_0$ | $R_1$ | $R_2$ | $R_3$ |
| $P_0$ | 4 | 1 | 0 | 1 | 0 | 3 | 2 | 0 | 7 | 0 | 0 | 5 |
| $P_1$ | 1 | 2 | 1 | 0 | 3 | 1 | 0 | 1 | | | | |
| $P_2$ | 1 | 1 | 0 | 2 | 12 | 4 | 2 | 5 | | | | |
| $P_3$ | 3 | 1 | 1 | 0 | 3 | 0 | 0 | 1 | | | | |

이 상태에서 안전 알고리즘을 수행한다. 종료되는 프로세스와 잔여량의 변화는 다음과 같다. 안전순서인 ($P_3 \to P_1 \to P_0 \to P_2$)가 존재하므로 시스템은 안전상태이며, $P_0$의 요청을 허용해도 된다.

| 7 0 0 5 | → | 10 1 1 5 | → | 11 3 2 5 | → | 15 4 2 6 | → | 16 5 2 8 |
|---|---|---|---|---|---|---|---|---|
| | | $P_3$ | | $P_1$ | | $P_0$ | | $P_2$ |

(3) $P_2$의 자원요청 (4 0 0 0)에 대한 처리는 다음과 같다.

① 요청량 ≤ 필요량 조건 확인, (4 0 0 0) ≤ (12 4 2 5), 조건을 만족함

② 요청량 ≤ 잔여량 조건 확인, (4 0 0 0) ≤ (7 1 0 5), 조건을 만족함

$P_2$의 요청을 수용한 것으로 가정하면 자원할당 상태는 다음과 같다.

| 프로세스 | 할당량 | | | | 필요량 | | | | 잔여량 | | | |
|---|---|---|---|---|---|---|---|---|---|---|---|---|
| | $R_0$ | $R_1$ | $R_2$ | $R_3$ | $R_0$ | $R_1$ | $R_2$ | $R_3$ | $R_0$ | $R_1$ | $R_2$ | $R_3$ |
| $P_0$ | 4 | 0 | 0 | 1 | 0 | 4 | 2 | 0 | 3 | 1 | 0 | 5 |
| $P_1$ | 1 | 2 | 1 | 0 | 3 | 1 | 0 | 1 | | | | |
| $P_2$ | 5 | 1 | 0 | 2 | 8 | 4 | 2 | 5 | | | | |
| $P_3$ | 3 | 1 | 1 | 0 | 3 | 0 | 0 | 1 | | | | |

이 상태에서 안전 알고리즘을 수행한다. 종료되는 프로세스와 잔여량의 변화는 다음과 같다. 안전순서인 ($P_3 \rightarrow P_1 \rightarrow P_0 \rightarrow P_2$)가 존재하므로 시스템은 안전상태이며, $P_2$의 요청을 허용해도 된다.

| 3 1 0 5 | → | 6 2 1 5 | → | 7 4 2 5 | → | 11 4 2 6 | → | 16 5 2 8 |
|---------|---|---------|---|---------|---|----------|---|----------|
| $P_3$ | | $P_1$ | | $P_0$ | | $P_2$ | | |

(4) $P_1$의 자원요청 (0 0 0 2)에 대한 처리는 다음과 같다.

　① 요청량 ≤ 필요량 조건 확인

　(0 0 0 2) > (3 1 0 1)이므로 조건을 만족하지 않고 오류가 발생한다. 따라서 $P_1$의 요청을 수용할 수 없다.

---

중등교사 임용시험 정보 · 컴퓨터 2021-A-9.

교착상태 회피를 위해 은행가 알고리즘(Banker's algorithm)을 사용한다고 가정하고, 시스템의 상태가 다음과 같을 때 물음에 답하시오.

| | 최대요구량<br>(Max) | 할당량<br>(Allocation) | 잔여량(Available)<br>2 0 0 2 1 |
|---|---|---|---|
| $P_1$ | 2 3 3 1 2 | 0 2 1 1 1 | |
| $P_2$ | 4 1 1 2 1 | 3 1 1 1 0 | |
| $P_3$ | 2 1 1 4 1 | 1 1 0 1 0 | |
| $P_4$ | 1 2 1 1 0 | 1 0 1 0 0 | |
| $P_5$ | 1 0 1 5 3 | 0 0 1 1 1 | |

(1) 안전순서열을 구하시오.

(2) 프로세스에 의한 자원의 할당과 반환 요청이 다음 순서로 처리될 때 가장 먼저 자원을 할당받는 프로세스는 무엇인가? 단, 요청이 거절된 프로세스는 블록 상태가 되며, 자원이 반환되면 즉시 블록된 프로세스의 요청이 허용될 수 있는지 블록된 순서대로 확인한다.

　① $P_1$이 자원 (1 0 0 0 1)의 할당을 요청함

② $P_3$이 자원 (0 0 0 2 0)의 할당을 요청함

③ $P_5$가 자원 (0 0 1 1 0)의 반환을 요청함

④ $P_4$가 자원 (0 1 0 1 0)의 할당을 요청함

---

**풀이** (1) 안전순서열 : $P_2$, $P_3$, $P_4$, $P_1$, $P_5$

| | Allocation | Need | Available<br>2 0 0 2 1 | 종료 프로세스 |
|---|---|---|---|---|
| $P_1$ | 0 2 1 1 1 | 2 1 2 0 1 | 5 1 1 3 1 | $P_2$ |
| $P_2$ | 3 1 1 1 0 | 1 0 0 1 1 | 6 2 1 4 1 | $P_3$ |
| $P_3$ | 1 1 0 1 0 | 1 0 1 3 1 | 7 2 2 4 1 | $P_4$ |
| $P_4$ | 1 0 1 0 0 | 0 2 0 1 0 | 7 4 3 5 2 | $P_1$ |
| $P_5$ | 0 0 1 1 1 | 1 0 0 4 2 | 7 4 4 6 3 | $P_5$ |

(2) 가장 먼저 자원을 할당받는 프로세스 : $P_3$

① $P_1$ 요청 (1 0 0 0 1)을 수용하는 경우 아래와 같이 상태가 바뀌며, $P_1$~$P_5$의 모든 프로세스에 대해 Need를 충족할 수 없다.

| | Allocation | Need | Available<br>1 0 0 2 0 | 종료 프로세스 |
|---|---|---|---|---|
| $P_1$ | 1 2 1 1 2 | 1 1 2 0 0 | | |
| $P_2$ | 3 1 1 1 0 | 1 0 0 1 1 | | |
| $P_3$ | 1 1 0 1 0 | 1 0 1 3 1 | | |
| $P_4$ | 1 0 1 0 0 | 0 2 0 1 0 | | |
| $P_5$ | 0 0 1 1 1 | 1 0 0 4 2 | | |

② $P_3$ 요청 (0 0 0 2 0)을 수용하는 경우 아래와 같이 상태가 바뀌며, $P_1$~$P_5$의 모든 프로세스에 대해 Need를 충족할 수 없다.

| | Allocation | Need | Available<br>2 0 0 0 1 | 종료 프로세스 |
|---|---|---|---|---|
| $P_1$ | 0 2 1 1 1 | 2 1 2 0 1 | | |
| $P_2$ | 3 1 1 1 0 | 1 0 0 1 1 | | |
| $P_3$ | 1 1 0 3 0 | 1 0 1 1 1 | | |
| $P_4$ | 1 0 1 0 0 | 0 2 0 1 0 | | |
| $P_5$ | 0 0 1 1 1 | 1 0 0 4 2 | | |

③ P5가 (0 0 1 1 0)을 반환하는 경우, 아래와 같이 시스템의 상태가 변경된다. P5의 Need는 변함이 없다. 이것은 초기 Request (1 0 1 5 3)에서 (0 0 1 1 0)가 사용되고 반환되었으므로 Request가 (1 0 0 4 3)으로 변경되었다고 할 수 있다. 따라서 Need는 (1 0 0 4 3)-(0 0 0 0 1) = (1 0 0 4 2)가 되어 변함이 없다. 이 상태에서 프로세스들의 요청을 수용할 수 있는지 확인한다.

| | Allocation | Need | Available<br>2 0 1 3 1 | 종료 프로세스 |
|---|---|---|---|---|
| P1 | 0 2 1 1 1 | 2 1 2 0 1 | | |
| P2 | 3 1 1 1 0 | 1 0 0 1 1 | | |
| P3 | 1 1 0 1 0 | 1 0 1 3 1 | | |
| P4 | 1 0 1 0 0 | 0 2 0 1 0 | | |
| P5 | 0 0 0 0 1 | 1 0 0 4 2 | | |

④ P5가 자원을 반환하였으므로 블록된 프로세스 P1과 P3의 요청이 수용될 수 있는지 순서대로 확인한다. 위의 ③ 상태에서 P1 요청 (1 0 0 0 1)을 수용하는 경우 아래와 같이 상태가 바뀌며, P1~P5의 모든 프로세스에 대해 Need를 충족할 수 없다.

| | Allocation | Need | Available<br>1 0 1 3 0 | 종료 프로세스 |
|---|---|---|---|---|
| P1 | 1 2 1 1 2 | 1 1 2 0 0 | | |
| P2 | 3 1 1 1 0 | 1 0 0 1 1 | | |
| P3 | 1 1 0 1 0 | 1 0 1 3 1 | | |
| P4 | 1 0 1 0 0 | 0 2 0 1 0 | | |
| P5 | 0 0 0 0 1 | 1 0 0 4 2 | | |

⑤ 위의 ③ 상태에서 P3 요청 (0 0 0 2 0)을 수용하는 경우 아래와 같이 상태가 바뀌며, 안전순서열이 존재하므로 수용할 수 있다.

| | Allocation | Need | Available | 종료 프로세스 |
|---|---|---|---|---|
| | | | 2 0 1 1 1 | |
| P1 | 0 2 1 1 1 | 2 1 2 0 1 | 5 1 2 2 1 | P2 |
| P2 | 3 1 1 1 0 | 1 0 0 1 1 | 6 2 2 5 1 | P3 |
| P3 | 1 1 0 3 0 | 1 0 1 1 1 | 7 2 3 5 1 | P4 |
| P4 | 1 0 1 0 0 | 0 2 0 1 0 | 7 2 3 5 2 | P5 |
| P5 | 0 0 0 0 1 | 1 0 0 4 2 | 7 4 4 6 3 | P1 |

다음은 딕스트라(Dijkstra)의 식사하는 철학자(Dining Philosophers) 문제에서 철학자 i(0≤i≤4)에 대한 프로세스 구조를 정의한 것이다. 여기서 교착상태 문제를 해결하기 위하여 동시에 4명의 철학자만이 테이블에 앉도록 하고자 한다. 이를 위하여 새로운 세마포(semaphore) 변수를 선언하고 프로세스 구조를 변경해야 한다. 물음에 답하시오.

| 문장번호 | 프로세스 구조 |
|---|---|
| - | `semaphore chopstick[5] = {1, 1, 1, 1, 1} ;` |
| - | `philosopher(int i) {` |
| - | `  while (TRUE) {` |
| ① | `    think( ) ;` |
| ② | `    P(chopstick[i]) ;` |
| ③ | `    P(chopstick[(i+1) % 5]) ;` |
| ④ | `    eat( ) ;` |
| ⑤ | `    V(chopstick[(i+1) % 5]) ;` |
| ⑥ | `    V(chopstick[i]) ;` |
| - | `  }` |
| - | `}` |

(1) 위 프로세스 구조에서 어떤 경우에 교착상태가 발생하는지 문장번호와 함께 설명하시오.

(2) 새로 선언할 세마포 변수의 초깃값은 무엇인가?

(3) 세마포의 P와 V의 연산이 각각 어느 문장 다음에 들어가야 하는지 문장번호를 쓰시오.

(4) 위의 프로세스 구조에서 발생되는 교착상태를 예방(prevention)하기 위하여 순환대기(circular wait) 조건이 성립되지 않도록 하고자 한다. 이를 위하여 다섯 번째 철학자(i=4)의 프로세스 구조를 수정한다고 가정하였을 때, 이 철학자의 프로세스 구조에 맞도록 ②번과 ③번 문장을 수정하시오. 단, 수정된 문장에는 i와 %를 사용하지 않는다.

**풀이** (1) 5명의 철학자가 식사하기 위해 동시에 문장 ②를 수행하는 경우에 모든 철학자는 한 개의 젓가락을 잡았지만 다른 젓가락을 잡을 수 없다. 이러한 상태는 시간이 지나도 변화가 없으므로 교착상태가 발생한다.

(2) 초깃값 : 4

(3) P(wait) 연산 : ①, V(signal) 연산 : ⑥

(4) ②번 문장 : P(chopstick[0]) ;

⠀⠀③번 문장 : P(chopstick[4]) ;

# 3.4 주기억장치 관리

**중등교사 임용시험 정보 · 컴퓨터 2018-B-4.**

다음은 페이징 기법의 가상메모리 시스템에서 프로세스 A의 페이지 테이블과 주기억장치의 페이지 적재 상황이다. 〈조건〉을 고려하여 물음에 답하시오.

- **페이지 테이블**

- **주기억장치**

| 페이지 | 존재 비트 | 프레임 번호 |
|:---:|:---:|:---:|
| 0 | 0 | |
| 1 | 0 | |
| 2 | 0 | |
| 3 | 1 | 7 |
| 4 | 1 | 2 |
| 5 | 0 | |
| 6 | 0 | |
| 7 | 0 | |
| … | …… | |

| 프레임 | |
|:---:|:---:|
| 0 | |
| 1 | |
| 2 | $P_4$ |
| 3 | |
| 4 | |
| 5 | |
| 6 | |
| 7 | P3 |
| …… | |

조건

- 페이지와 프레임의 크기는 1KB이고, 페이지 번호와 프레임 번호는 0부터 시작한다.
- i번째 페이지는 $P_i$로 표시한다.
- 존재 비트는 페이지가 주기억장치에 존재할 경우 1, 존재하지 않는 경우 0이다.
- 페이지 폴트(fault) 발생 시 4번 프레임, 3번 프레임을 순서대로 사용한다.

(1) 가상주소 5156을 참조할 때 페이지 폴트 발생 여부를 판단하시오.

(2) 가상주소 4096을 참조할 때 페이지 폴트 발생 여부를 판단하시오.

(3) 가상주소 5156에 대한 물리 주소를 구하시오.

(4) 가상주소 4096에 대한 물리 주소를 구하시오.

---

**풀이** (1) 페이지 폴트 발생함

논리주소 5156은 페이지 5번, 변위가 36인 곳에 저장이 되어있다. 이때 페이지가 주기억장치에 존재하지 않으므로(존재 비트가 0) 페이지 폴트가 발생하였다.

(2) 페이지 폴트 발생하지 않음

논리주소 4096은 페이지 3번, 변위가 0인 곳에 저장되어있다. 이때 존재비트가 1이므로 주기억장치에 존재하므로 페이지 폴트가 발생하지 않는다.

(3) 4132

5156 = 1024×5 + 36 (6번째 페이지에 있음) 폴트 발생

4번(5번째) 프레임에 반입 : 1024×4 + 36 = 4132

(4) 2048

4096 = 1024×4 (5번째 페이지의 시작 주소, 주소가 0부터 시작되므로 4095가 4번째 페이지의 끝임)

페이지 테이블에서 5번째 페이지(페이지 번호 4)는 2번 프레임에 있음

따라서 2번 프레임의 시작 주소가 되므로 2048임

---

다음 그림은 페이징과 세그먼테이션 기법을 혼합하여 사용하는 가상메모리에서 가상주소, 세그먼트 테이블 항목, 페이지 테이블 항목의 구조를 나타낸 것이다. 〈조건〉을 고려하여 물음에 답하시오.

■ 가상주소

| 세그먼트 번호 | 페이지 번호 | 변위(offset) |
| --- | --- | --- |

■ 세그먼트 테이블 항목(entry)

| 제어비트 | 페이지 테이블 시작주소 |
| --- | --- |

■ 페이지 테이블 항목(entry)

| 제어비트 | 프레임 번호 |
|---|---|

조건

- 가상주소의 길이는 24비트이다.
- 가상주소는 세그먼트 번호, 페이지 번호, 변위가 각각 4, 8, 12비트로 구성된다.
- 시스템의 주기억장치의 크기는 $2^{18}$바이트이다.
- 가상주소는 '0000 0000 0010 0000 1111 1010'이며, 실제주소는 12538로 변환된다.
- 세그먼트 사상표의 시작주소는 3000이며, 페이지 사상표의 시작주소는 각각 5000, 5300, 5600, 5900 등이다.

(1) 최대 페이지 테이블의 개수와 프레임의 개수를 구하시오.

(2) 최대 페이지 개수를 구하시오.

(3) 제어 비트의 종류를 나열하시오.

(4) 가상주소를 물리주소로 변환하는 과정을 그림으로 나타내시오.

---

**풀이** (1) 페이지 테이블의 개수 : 세그먼트 개수 = $2^4$개

프레임의 개수 : 주기억장치 크기($2^{18}$) / 페이지 크기($2^{12}$) = $2^6$개

(2) 최대 페이지 개수 : 세그먼트 개수($2^4$)×페이지 개수($2^8$) = $2^{12}$개

(3) 제어 비트의 종류에는 유효/무효, 판독, 기록, 수행, 첨가 등이 있다.

(4)

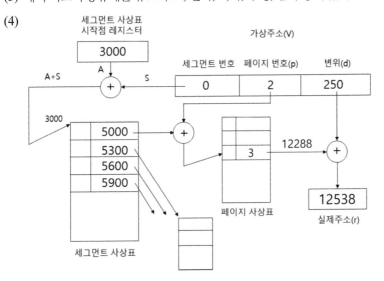

중등교사 임용시험 정보 · 컴퓨터 2020-B-8.

다음은 현재 메모리 상태와 향후 페이지 참조 순서이다. $a_i$와 $b_i$는 각각 $P_1$와 $P_2$의 페이지이고, 참조 시점이 클수록 최근 참조된 페이지이다. 페이지 교체를 위해 LRU(Least Recently Used) 알고리즘을 사용할 때 물음에 답하시오.

■ 주기억장치 상태

| 프레임 번호 | 적재된 페이지 | 참조 시점 |
|:---:|:---:|:---:|
| 1 | $a_2$ | 1 |
| 2 | $a_3$ | 2 |
| 3 | $b_2$ | 3 |
| 4 | $b_3$ | 4 |
| 5 | $b_5$ | 5 |

■ 향후 페이지 참조 순서

| 참조 시점<br>프로세스 | 6 | 7 | 8 | 9 | 10 | 11 | 12 | 13 |
|:---:|:---:|:---:|:---:|:---:|:---:|:---:|:---:|:---:|
| $P_1$ | $a_5$ | | $a_2$ | $a_3$ | $a_5$ | | | $a_2$ |
| $P_2$ | | $b_2$ | | | | $b_3$ | $b_2$ | |

(1) 참조 시점 6에서 $P_1$이 페이지 $a_5$를 참조할 때 페이지 교체가 이루어진다. 이때 $a_5$와 교체되는 페이지를 쓰고, 그 이유를 기술하시오.

(2) 전역교체 정책을 사용할 때 $P_1$과 $P_2$의 참조에서 각각의 페이지 폴트 횟수와 참조 시점을 구하시오.

(3) 지역교체 정책을 사용할 때 $P_1$과 $P_2$의 참조에서 각각의 페이지 폴트 횟수와 참조 시점을 구하시오.

---

**풀이** (1) $a_2$, LRU 알고리즘을 사용하므로 참조 시점 6에서 프레임에 적재된 5개 페이지 중에서 가장 오래전에 참조된 $a_2$가 교체된다.

(2) $P_1$ : 3회, 참조 시점 : 6, 8, 9

　　$P_2$ : 1회, 참조 시점 : 11

| 프레임 번호 | 적재된 페이지 | | | 참조 시점 | | |
|:---:|:---:|:---:|:---:|:---:|:---:|:---:|
| 1 | $a_2$ | $\rightarrow$ | $a_5$ | 1 | $\rightarrow$ | 6 10 |
| 2 | $a_3$ | $\rightarrow$ | $a_2$ | 2 | $\rightarrow$ | 8 13 |
| 3 | $b_2$ | | | 3 | $\rightarrow$ | 7 12 |
| 4 | $b_3$ | $\rightarrow$ | $a_3$ | 4 | $\rightarrow$ | 9 |
| 5 | $b_5$ | $\rightarrow$ | $b_3$ | 5 | $\rightarrow$ | 11 |

(3) $P_1$ : 5회, 참조 시점 : 6, 8, 9, 10, 13

$P_2$ : 0회

| 프레임 번호 | 적재된 페이지 | | | 참조 시점 | | |
|:---:|:---:|:---:|:---:|:---:|:---:|:---:|
| 1 | $a_2$ | $\rightarrow$ | $a_5\ a_3\ a_2$ | 1 | $\rightarrow$ | 6 9 13 |
| 2 | $a_3$ | $\rightarrow$ | $a_2\ a_5$ | 2 | $\rightarrow$ | 8 10 |
| 3 | $b_2$ | | | 3 | $\rightarrow$ | 7 12 |
| 4 | $b_3$ | | | 4 | | 11 |
| 5 | $b_5$ | | | 5 | | |

중등교사 임용시험 정보 · 컴퓨터 2016-A-14.

페이지 참조 열이 다음과 같을 때 〈조건〉을 고려하여 다음 물음에 답하시오.

페이지 참조 열 : 212, 36, 48, 256, 128, 365, 24, 400

조건

- 주소는 0부터 시작한다.
- 페이지의 크기는 100이며, 페이지 번호는 0부터 시작한다.
- 프로세스에는 3개의 프레임이 할당되며, 초기 페이지 프레임은 모두 비어 있다.
- 페이지 교체는 LRU(Least Recently Used) 알고리즘을 사용한다.

(1) 페이지 참조 열에서 페이지 부재가 일어나는 주소를 순서대로 나열하시오.

(2) 페이지 프레임에 최종적으로 남아 있는 페이지 번호를 모두 나열하시오.

**풀이** (1) 212, 36, 128, 365, 24, 400

(2) 0 3 4

페이지의 크기가 100이므로 각 페이지 참조 열에서 100으로 나눈 몫을 구하여 페이지 참조 열을 구하면 2, 0, 0, 2, 1, 3, 0, 4가 된다. LRU 알고리즘은 페이지마다 마지막 사용 시간을 유지하여 가장 오랫동안 사용되지 않은 페이지를 교체한다.

| 페이지<br>프레임 | 212(2) | 36(0) | 48(0) | 256(2) | 128(1) | 365(3) | 24(0) | 400(4) |
|---|---|---|---|---|---|---|---|---|
| 1 | 2 | 2 | 2 | 2 | 2 | 2 | 0 | 0 |
| 2 | | 0 | 0 | 0 | 0 | 3 | 3 | 3 |
| 3 | | | | | 1 | 1 | 1 | 4 |
| F | F | F | F | – | – | F | F | F | F |

 다음은 페이징 기법과 세그먼테이션 기법에서 논리 주소의 구성과 그에 대한 설명이다. 물음에 답하시오.

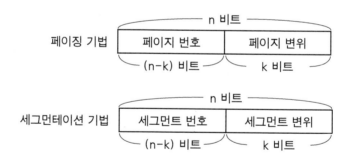

① 페이징 기법을 적용할 때, 모든 페이지는 각각 $2^k$개의 워드로 구성된다.

② 세그먼테이션 기법을 적용할 때, 모든 세그먼트는 각각 $2^k$개의 워드로 구성된다.

③ 페이징 기법을 적용하여 프로그램을 실행할 때, 페이지 번호 오류의 발생 여부를 검사할 필요가 없다.

④ 세그먼테이션 기법을 적용하여 프로그램을 실행할 때, 세그먼트 번호 오류의 발생 여부를 검사할 필요가 없다.

⑤ 페이징 기법을 사용하는 가상기억장치에서 페이지의 크기가 커지면, 페이지 테이블의 크기와 내부 단편의 크기가 커진다.

⑥ 페이징 기법을 사용하는 가상기억장치에서 페이지의 크기가 커지면, 디스크 입출력 효율과 참조 지역성 효율이 높아진다. 단, 디스크 입출력 효율과 참조 지역성 효율은 다음과 같다.

$$\left(\text{디스크 입출력 효율} = \frac{\text{입출력 데이터의 양}}{\text{입출력 시간}}\right), \left(\text{참조 지역성 효율} = \frac{\text{참조 지역성의 크기}}{\text{페이지 크기}}\right)$$

(1) 위의 ①~⑥에서 옳은 것을 모두 나열하시오.

(2) 위의 ①~⑥에서 잘못된 것을 나열하고 판단 근거를 설명하시오.

---

**풀이**  (1) ①

동일한 크기의 페이지를 사용하는 페이징 기법에서 n비트 논리주소 중 페이지 변위가 k비트이므로, 한 페이지의 크기는 $(0 \sim 2^k - 1)$ 범위에 속한다. 따라서 모든 페이지는 $2^k$개의 워드로 구성된다.

(2) ②, ③, ④, ⑤, ⑥

② 세그먼테이션 기법에서 각각의 세그먼트는 필요에 따라 다른 길이를 가질 수 있다. 세그먼트의 변위가 k비트이지만, 이는 최대 크기가 $2^k$까지 허용한다는 의미이므로 모든 세그먼트가 $2^k$개의 워드로 구성되지는 않는다.

③ 페이징 기법에서 페이지 테이블도 페이지 단위로 적재된다. 이때 시스템은 실제 주소 공간보다 적은 부분의 가상공간을 사용할 수 있으므로 페이지가 논리 주소공간에 해당하는지를 검사할 필요가 있다. 이는 페이지 테이블의 각 항목에 있는 존재비트로 처리가 가능하다. 존재비트가 무효로 설정된 메모리에 올라와 있지 않은 페이지를 접근하면 페이지 트랩이 발생된다.

④ 세그먼테이션 기법에서 세그먼트 번호는 세그먼트 테이블에 대한 색인으로 사용된다. 세그먼트 테이블은 기준과 한계 레지스터의 쌍으로 구성된 배열이기 때문에 이 값의 범위를 벗어나는지 검사해야 한다. 세그먼트 번호가 해당 작업이 가질 수 있는 최대 세그먼트의 개수(STLR)보다 크면 세그먼트 번호 오류로 되어 인터럽트가 발생된다.

⑤ 페이지가 커질수록 페이지 테이블의 크기는 줄어드나 내부단편화의 크기는 커진다. 즉, 페이지 크기 k가 커짐에 따라 페이지 번호를 나타내는 (n-k) 비트는 줄어들기 때문에 필요한 페이지 수가 감소되어 페이지 테이블의 크기는 작아진다. 반면에 평균적인 내부단편화의 크기는 페이지 크기의 절반가량이 낭비되기 때문에 페이지 크기가 커지면 내부단편화도 비례해서 커진다.

⑥ 페이징 기법에서 페이지 크기가 커지면 한 번에 입출력하는 양이 많아서 효율적이다. 페이지가 커지면 디스크 입출력 효율은 높아지나 참조 지역성 효율은 낮아진다. 참조 지역성 효율 측면에서 참조 지역성의 크기가 일정할 때 페이지의 크기가 커지면 효율성의 값이 적어지므로 참조 지역성의 효율은 낮아진다.

다음 프로그램은 페이징 기법을 사용한 시스템에서 페이지 부재를 알아보기 위한 것이다. 〈조건〉을 고려하여 물음에 답하시오.

■ 프로그램 1

```
main() {
    int i, j, a[20][20], b[20][20] ;
    for (i = 0 ; i < 20 ; i++)
        for(j = 0 ; j < 20 ; j++) {
            a[j][i] = 0 ;
            b[i][j] = a[j][i] + 1 ; }
}
```

■ 프로그램 2

```
main() {
    int i, j, a[20][20], b[20][20] ;
            ①
            ②          {
    a[j][i] = 0 ;
            ③           ; }
}
```

조건

• 시스템의 주소는 워드 단위로 지정되고, 1개의 정수는 1개의 워드에 저장된다.
• 페이지 크기는 100워드이고, 페이지 교체기법은 LRU(Least Recently Used) 기법을 사용한다.
• 프로그램 코드는 0번 페이지에 모두 저장되고, 정수형 2차원 배열 a[20][20]과 b[20][20]은 각각 가상주소 100번지와 500번지부터 저장된다.
• 배열은 행 우선으로 처리된다.
• 프로그램에서 2차원 배열을 제외한 나머지 변수는 0번 페이지에 저장된다.
• 프로세스에 3개의 페이지 프레임이 할당된다.

(1) 프로그램 1이 수행될 때 발생하는 총 페이지 부재 수를 구하시오.

(2) 프로그램 1이 수행될 때 3번째 발생하는 페이지 부재에서 주기억장치로 적재되는 페이지는 배열의 어떤 부분인가? 적재 페이지에 포함된 배열의 시작 원소와 마지막

원소를 인덱스로 나타내시오. 단, 프로그램 코드가 처음으로 주기억장치에 적재될 때는 페이지 부재 횟수로 계산하지 않는다.

(3) 프로그램 1이 수행될 때 페이지 부재율이 감소되도록 프로그램 2의 형태로 코드를 수정하고자 한다. ①, ②, ③에 들어갈 내용을 쓰시오. 단, 두 프로그램에서 반복문 의 수행 횟수와 수행 결과는 동일하게 한다.

---

**풀이** (1) 페이지 부재 수의 합 : 84

- a[][] : 4×20 = 80회, b[][] : 4회

(2) 적재 페이지에 포함된 배열의 인덱스 : a[5][0] ~ a[9][19]

- 페이지 부재가 발생하는 배열 원소 : a[0][0], b[0][0], a[5][0] ....

(3) ① : for (j = 0 ; j < 20 ; j++)

② : for (i = 0 ; i < 20 ;  i ++)

③ : b[j][i] = a[j][i] + 1 ; 또는 b[j][i] = 1 ;

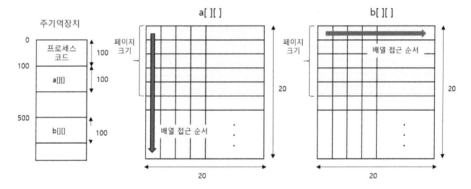

---

TLB(Translation Look-aside Buffer)를 사용하는 요구 페이징의 가상메모리 시스템 에서 유효 메모리 접근시간을 알아보고자 한다. TLB와 주기억장치 접근시간이 각각 $1\mu s$, $100\mu s$이고, 디스크 접근과 전송을 위해 평균 10ms 시간이 소요된다. 물음에 답하시오.

(1) 연관 메모리(associative memory)로 구성된 TLB를 사용할 때 가상주소가 실주소 로 변환되는 과정을 그림으로 나타내시오.

(2) (1)의 그림을 사용하여 주소변환 과정을 설명하시오.

(3) TLB 적중률(hit ratio)과 유효 메모리 접근시간과의 관계를 설명하시오. 단, 페이지 부재 처리를 위한 디스크 접근시간은 고려하지 않는다.

(4) 메모리 접근에서 TLB 적중과 실패가 각각 90%, 10%이다. TLB 실패 중 20%가 페이지 부재를 일으키며, 이때 교체될 페이지의 30%가 변경된 페이지(dirty page) 이다. 유효 메모리 접근시간을 구하시오.

---

**풀이** (1)

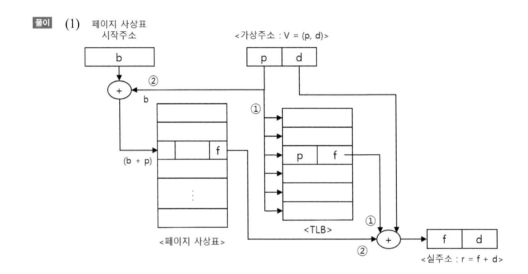

(2) TLB 내의 각 항목은 키(key)와 값(value)의 두 부분으로 구성된다. 키에는 페이지 번호가 저장되며, 값에는 해당 페이지가 들어있는 프레임 번호를 저장하고 있다. CPU에서 가상주소가 발생하면 가상주소의 페이지 번호(p)와 TLB의 모든 키를 동시에 비교한다. p와 같은 키가 발견되면 해당 항목에 저장된 값인 프레임 번호로 읽어온다. 이 프레임 번호와 가상주소의 변위(d)를 더하면 실주소가 된다. 만약 페이지 번호가 TLB에 없으면 주기억장치에 저장된 페이지 사상표에 접근하여 실주소를 구하게 된다.

(3) 페이지 번호가 TLB에 있어서 적중(hit)하면 TLB에 저장된 프레임 번호와 가상주소의 변위로 실주소를 구할 수 있으며, 실주소로 주기억장치에 접근한다. 페이지 번호가 TLB에 없어서 실패(miss)하면 주기억장치에 저장된 페이지 사상표에서 프레임 번호를 읽어오고, 가상주소의 변위와 더하여 실주소를 구한 후 주기억장치에 접근한다. 따라서 TBL에서 적중한 경우에는 TLB와 주기억장치를 각각 한 번씩 접근하며, 실패한 경우에는 한 번의 TLB 접근과 두 번의 주기억장치 접근이 이루어진다. 이것은 페이지 부재 처리를 위한 디스크 접근시간은 고려하지 않는 경우이며, 이때 유효 메모리 접근시간은 아래와 같이 나타낼 수 있다.

- 유효 메모리 접근시간 = 적중률×(TLB 접근시간 + 주기억장치 접근시간) +

  (1 - 적중률)×(TLB 접근시간 + 주기억장치 접근시간×2)

(4) 페이지 부재 처리를 위해서는 디스크 접근이 필요하며, 이때 변경된 페이지를 디스크에 쓰는 시간과 부재가 발생한 페이지를 디스크에서 읽어오는 시간이 소요된다. 따라서 유효 메모리 접근시간을 구하기 위해서는 다음 내용을 단계별로 고려해야 한다.

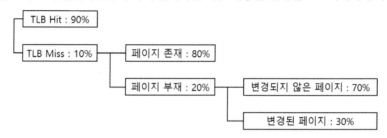

- 유효 메모리 접근시간

  $= 0.9×(1 + 100) + 0.1×[0.8×(1 + 100 + 100) + 0.2×\{0.7×(1 + 100 + 10000 + 100) +$

  $0.3×(1 + 100 + 10000 + 10000 + 100)\}]$

  $= 0.9×101 + 0.1×\{160.8 + 0.2×(7140 + 6006)\}$

  $= 0.9×101 + 0.1×(160.8 + 2629.2)$

  $= 369.9\mu s$

중등교사 임용시험 정보 · 컴퓨터 2023-B-10

다음 그림은 TLB(Translation Look-aside Buffer)를 사용하는 시스템에서 논리 주소를 물리 주소로 변환하는 과정을 나타낸 것이다. 〈조건〉을 고려하여 물음에 답하시오.

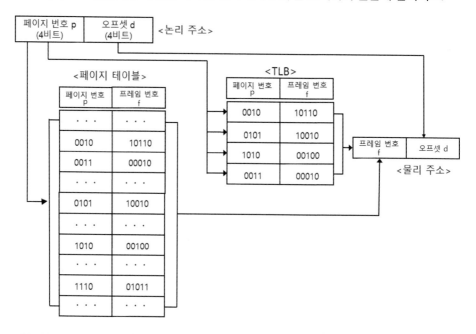

조건

• TLB에 접근하여 페이지 번호에 대한 프레임 번호를 확인(적중 혹은 부재)하는 경우 20ns의 시간이 소요된다.
• 페이지 테이블은 주기억장치에 존재하며, 주기억장치로부터 데이터를 읽는 경우 100ns의 시간이 소요된다.

(1) 논리 주소 10101101에 대한 물리 주소를 구하시오.

(2) 논리 주소 00100011과 11100100을 통해 주기억장치에 저장된 데이터를 읽는 경우 각각에 대한 소요 시간을 구하시오.

(3) 다음 설명의 ㉠에 들어갈 용어는 무엇인가?

TLB를 사용하는 주소변환 전략의 핵심은 ㉠ 개념에 있다. 이는 프로세스가 편중된 패턴으로 주기억장치를 참조하는 경향을 의미한다. ㉠ 은/는 시간적(temporal) 측면과 공간적(spatial) 측면에서 나타난다.

**풀이** (1) 001001101

논리 주소 10101101에서 페이지 번호인 1010을 TLB에서 찾는다. 그리고 이에 대응되는 프레임 번호가 00100인 것을 알 수 있다. 따라서 물리 주소는 이것에 변위를 더하면 된다.

(2) 120ns, 220ns

논리 주소 00100011은 TLB에 접근 후 주기억장치에 접근하므로 20 + 100 = 120ns이다. 논리 주소 11100100은 TLB 접근에서 페이지 부재가 발생한다. 이 경우에는 주기억장치에 저장된 페이지 테이블에 접근하여 프레임 번호를 확인해야 한다. 이것으로 물리 주소를 구한 후 주기억장치에 접근한다. 따라서 20 + 100 + 100 = 220ns이다.

(3) 구역성(지역성, locality)

## 중등교사 임용시험 정보 · 컴퓨터 2004-9.

페이지의 크기가 1K 바이트이고, 주기억장치 용량이 0.5M 바이트인 시스템이 있다. 다음 표는 이 시스템에서 9000바이트 크기의 프로세스가 실행될 때 페이지 테이블을 나타낸 것이다. 〈조건〉을 고려하여 물음에 답하시오.

| 페이지 번호 | 0 | 1 | 2 | 3 | 4 | 5 | ⋯ |
|---|---|---|---|---|---|---|---|
| 존재 비트 | 1 | 0 | 1 | 0 | 1 | 1 | ⋯ |
| 프레임 번호 | 22 | | 6 | | ㉠ | 15 | ⋯ |

조건
- 첫 번째 페이지 프레임(0번 프레임)은 주기억장치의 절대주소 0번지부터 시작된다.
- 페이지 번호는 0부터 시작된다.
- 존재 비트는 주기억장치에 해당 페이지가 적재되어 있는지를 표시한다. 적재된 경우는 1, 적재되지 않은 경우는 0이다.

(1) 프로세스의 페이지 개수와 주기억장치의 프레임 개수는 각각 몇 개인가?

(2) 프로세스의 논리주소 2407번지에 대한 실주소(물리주소)를 구하시오.

(3) 논리주소가 4355번지이고 실주소가 8451번지일 때 ㉠의 내용을 쓰시오.

(4) 내부단편화의 크기를 구하시오.

---

**풀이** (1) 페이지 개수 : 9개, 9000 / 1K = 8.789

프레임 개수 : 512개, 512K / 1K = 512

(2) 실주소 : 6503

페이지 번호 : 2407/1024 = 2.35 (2번 페이지)

프레임 번호 : 6번

변위 : 2407 − 1024×2 = 359

실주소 : 1024×6 + 359 = 6503

(3) 8

페이지 번호 : 4355 / 1024 = 4.25 (4번 페이지)

프레임 번호 : 8451 / 1024 = 8.xxx (8번 프레임)

(4) 내부단편화의 크기는 프로세스의 마지막 페이지에서 코드가 없는 부분이 된다. 따라서 216B(1024×9 − 9000)가 된다.

다음은 현재 시각 $t_0$에서 프로세스 $P_1$의 페이지 적재 현황과 이후 $P_1$이 참조하는 페이지 참조 열을 나타낸 것이다. 〈조건〉을 고려하여 물음에 답하시오.

■ 프로세스 적재 현황

| 페이지 번호 | 1 | 2 | 3 | 4 | 5 | 6 | 7 | 8 | 9 |
|---|---|---|---|---|---|---|---|---|---|
| 참조 비트 | 1 | 0 | 0 | − | 1 | 0 | 0 | − | 0 |

■ 페이지 참조열

2 3 8 2 3 6 2 4 9 6 2 5 7 4

조건

• $P_1$은 $t_0$ 직전 페이지 참조에서 페이지 부재가 발생하였다.

• $P_1$은 $t_0$ 이후 페이지 참조 열에 따라 수행된다.

• 페이지 부재 관리를 위해 다음과 같은 정책을 사용한다.

　- 프로세스가 페이지를 참조하면 시간은 1씩 증가하며, 해당 페이지의 참조 비트는 1이 된다.

　- 페이지 부재 발생 시 직전 페이지 부재 시점에서 현재까지 경과 시간이 3 이상이면 참조 비트가 0인 페이지는 모두 회수하고, 참조 비트가 1인 페이지는 참조 비트를 0으로 설정한다.

(1) $t_0$ 이후 $P_1$에서 페이지를 회수하게 하는 페이지 번호와 이로 인해 회수되는 페이지 번호를 모두 나열하시오.

(2) $P_1$이 페이지 참조 열에 따라 수행될 때 페이지 부재가 발생되는 페이지를 순서대로 나열하시오.

(3) $P_1$이 참조열의 모든 페이지를 참조한 후 각 페이지의 참조 비트 상태를 쓰시오.

---

**풀이** (1)

| 회수하게 하는 페이지 | 4 | 7 |
|---|---|---|
| 회수되는 페이지 | 7, 9 | 1, 3, 8 |

(2) 8, 4, 9, 7

(3)

| 페이지 | 1 | 2 | 3 | 4 | 5 | 6 | 7 | 8 | 9 |
|---|---|---|---|---|---|---|---|---|---|
| 참조 비트 | – | 0 | – | 1 | 0 | 0 | 1 | – | 0 |

페이지 참조열의 각 페이지를 참조할 때 페이지 참조 비트의 변화와 페이지 부재 발생 유무는 다음과 같다.

| 참조열 \ 페이지 | 1 | 2 | 3 | 4 | 5 | 6 | 7 | 8 | 9 |
|---|---|---|---|---|---|---|---|---|---|
| – | 1 | 0 | 0 | – | 1 | 0 | 0 | – | 0 |
| 2 | 1 | 1 | 1 | – | 1 | 0 | 0 | – | 0 |
| 3 | 1 | 1 | 1 | – | 1 | 0 | 0 | – | 0 |
| 8(페이지 부재) | 1 | 1 | 1 | – | 1 | 0 | 0 | 1 | 0 |
| 2 | 1 | 1 | 1 | – | 1 | 0 | 0 | 1 | 0 |
| 3 | 1 | 1 | 1 | – | 1 | 0 | 0 | 1 | 0 |
| 6 | 1 | 1 | 1 | – | 1 | 1 | 0 | 1 | 0 |
| 2 | 1 | 1 | 1 | – | 1 | 1 | 0 | 1 | 0 |
| 4(페이지 부재) | 0 | 0 | 0 | 1 | 0 | 0 | 회수 | 0 | 회수 |
| 9(페이지 부재) | 0 | 0 | 0 | 1 | 0 | 0 | – | 0 | 1 |
| 6 | 0 | 0 | 0 | 1 | 0 | 1 | – | 0 | 1 |
| 2 | 0 | 1 | 0 | 1 | 0 | 1 | – | 0 | 1 |
| 5 | 0 | 1 | 0 | 1 | 1 | 1 | – | 0 | 1 |
| 7(페이지 부재) | 회수 | 0 | 회수 | 0 | 0 | 0 | 1 | 회수 | 0 |
| 4 | – | 0 | – | 1 | 0 | 0 | 1 | – | 0 |

디스크에 저장된 프로그램 P가 프로세스 P로 변환되어 실행된다. 다음 그림은 프로세스가 연속 기억장치 할당과 가상메모리 시스템에서 실행될 때 각각 기억장치에 적재된 상태를 나타낸 것이다. 〈조건〉을 고려하여 물음에 답하시오.

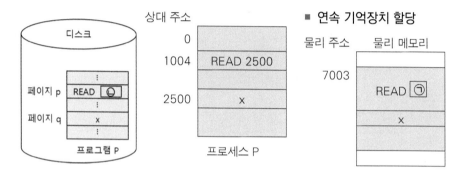

■ 가상 메모리 시스템

페이지 테이블

| 페이지 번호 | 유효 비트 | 프레임 번호 | | 프레임 번호 | 물리 메모리 |
|---|---|---|---|---|---|
| | | | | | |
| 1 | 1 | 6 | | 2 | |
| 2 | 1 | 5 | | | ⋮ |
| | | ⋮ | | 5 | |
| 7 | 1 | 2 | | 6 | |
| | | ⋮ | | | ⋮ |
| 10 | 1 | 9 | | 9 | |
| | | ⋮ | | | ⋮ |

조건

- 워드는 4바이트이고, 주소와 번호는 10진수이다.
- 프로그램의 크기는 128K바이트이다.
- 명령어 'READ 2500'은 2500번지의 값을 레지스터로 읽어 들인다.
- 연속 기억장치 할당에서 프로세스는 7003번지부터 연속적으로 적재되어 있다.
- ㉠에는 실제로 읽을 값이 저장된 곳의 물리 주소가 들어간다.
- 가상메모리에서 가상주소의 오프셋은 10비트이다.
- 가상메모리에서 4개 페이지(1, 2, 7, 10)만 물리 메모리에 적재되어 있다.
- 페이지 번호와 프레임의 번호는 0부터 시작된다.

(1) 연속 기억장치 할당에서 'READ ㉠' 명령어가 저장된 곳의 물리주소는 무엇인가?

(2) ㉠, ㉡의 값을 구하시오.

(3) x가 포함된 페이지의 번호와 x가 저장된 물리 메모리의 주소를 구하시오.

(4) 가상메모리 시스템에서 물리주소 9339에 해당하는 논리주소를 구하시오.

(5) 페이지 테이블의 항목 수와 논리주소에서 페이지 필드의 비트 수를 구하시오.

---

**풀이** (1) 8007

상대주소 주소 0에서 시작하는 프로세스 P에서 이 명령어의 주소는 1004이다. 이 프로세스가 물리주소 7003부터 연속으로 저장되어 있다. 따라서 이 명령어의 물리주소는 7003 + 1004 = 8007이 된다.

(2) ㉠ : 9503, ㉡ : 2500

㉠ 재배치 작업은 기준 레지스터에 들어있는 값은 주소가 메모리로 보내질 때마다 그 모든 주소에 더해진다. 따라서 2500 + 7003 = 9503이 된다.

㉡ 디스크 안에 프로세스 P가 있으므로 주소 ㉡은 프로세스 내에서의 상대주소가 된다. 위의 프로세스 P 그림에서 ㉡의 주소가 2500인 것을 확인할 수 있다. 따라서 ㉡은 2500이 된다.

(3) 2, 5572

오프셋이 10비트이므로 페이지 크기는 1024이다. x의 주소 2500은 (1024×2 + 452)이므로 페이지 번호는 2이고 오프셋은 452인 것을 알 수 있다. 페이지 테이블에서 2번 페이지가 5번 프레임에 적재된 것을 확인할 수 있다. 따라서 물리주소는 1024×5 + 452 = 5572이다.

(4) 10363

물리주소 9339는 (1024×9 + 123)이므로 프레임 번호는 9이고 오프셋은 123이다. 9번 프레임에 있는 페이지가 10번인 것을 페이지 테이블에서 알 수 있다. 따라서 논리주소는 1024×10 + 123 = 10363이다.

(5) 페이지 테이블의 항목 수 : 페이지 수와 같으므로 128K / 1K = 128개

페이지 필드의 비트 수 : 페이지 수가 128개($2^7$)이므로 7비트가 됨

요구 페이징(demand paging) 기법을 사용하는 시스템에서 현재 페이지 테이블과 TLB (Translation Look-aside Buffers)의 내용이 아래와 같다. 현재 상태에서 명령어를 순서대로 수행하면 가상주소 8198과 물리주소 12287이 발생한다. 〈조건〉을 고려하여 물음에 답하시오.

■ 페이지 테이블

| 페이지 번호 | 0 | 1 | 2 | 3 | 4 | 5 | 6 | 7 | 8 | ⋯ |
|---|---|---|---|---|---|---|---|---|---|---|
| 프레임 번호 | 010 | 100 | 110 | | | 011 | | 101 | | ⋯ |
| 존재비트 | 1 | 1 | 1 | 0 | 0 | 1 | 0 | 1 | 0 | ⋯ |

■ TLB

| 페이지 번호 | 프레임 번호 |
|---|---|
| 0000 | 010 |
| 0010 | 110 |
| 0101 | 011 |
| 0111 | 101 |

■ 명령어

| 명령어 번호 | 명령어 |
|---|---|
| ① | MOV $R_0$, 8198 |
| ② | MOV $R_1$, 1010 |
| ③ | MOV $R_2$, 4196 |
| ④ | MOV $R_3$, 28672 |

조건
- 가상기억장치는 64KB, 주기억장치는 32KB, 페이지 크기는 4KB이다.
- 주기억장치 접근시간은 10$\mu$s이며, TLB 접근시간은 200ns이다.
- 페이지 테이블은 연관메모리로 구성된 TLB와 주기억장치에 저장되며, 주기억장치에서 페이지 테이블의 시작주소는 0이다.
- 명령어 'MOV $R_x$, Y'는 주기억장치 주소 Y의 내용을 레지스터 $R_x$로 전송하는 것이다.

(1) 가상주소 8198에 대한 물리주소를 구하시오.

(2) 물리주소 12287에 대한 가상주소를 구하시오.

(3) 위 표의 명령어들을 수행할 때 TLB 접근 시 적중(hit)한 경우의 명령어 번호를 모두 나열하시오.

(4) 위 표의 명령어들을 수행을 기준으로 실제 기억장치 접근시간(effective memory access time)을 구하시오.

**풀이**　(1) 물리주소 : 24582

가상주소 8198 → (p, d) = (2, 6) → (f, d) = (6, 6) → 물리주소 24582

(2) 가상주소 : 4095

가상주소 4095 ← (p, d) = (0, 4095) ← (f, d) = (2, 4095) ← 물리주소 12287

(3) 적중한 명령어 번호 : ①, ②, ④

|  | 가상주소 | 페이지 | 프레임 | 적중/실패 |
|---|---|---|---|---|
| ① | 8198 | 2 | 110 | hit |
| ② | 9010 | 0 | 010 | hit |
| ③ | 4196 | 1 |  | miss |
| ④ | 2867 | 7 | 101 | hit |

(4) 실제 기억장치 접근시간 : 12700ns

(10200ns×3 + 20200ns) / 4회 = 12700ns

## 중등교사 임용시험 정보 · 컴퓨터 2021-B-10.

다음 표는 페이지 기반의 가상메모리 시스템에서 프로세스 P가 참조한 페이지들을 참조 순서대로 나열한 것이다. 〈조건〉을 고려하여 물음에 답하시오.

| 참조 순서 | ① | ② | ③ | ④ | ⑤ | ⑥ | ⑦ | ⑧ | ⑨ | ⑩ | ⑪ | ⑫ | ⑬ |
|---|---|---|---|---|---|---|---|---|---|---|---|---|---|
| 페이지 | 3 | 1 | 0 | 6 | 4 | 1 | 3 | 6 | 0 | 8 | 6 | 0 | 4 |

조건
- 가상주소는 24비트이며, 페이지 번호와 오프셋이 각각 14, 10비트이다.
- 운영체제는 요구 페이징, 고정 할당(페이지 프레임 4개), 지역 교체 알고리즘을 적용한다.
- 페이지 교체는 클록 알고리즘(이차 기회 알고리즘)을 적용한다.
- 페이지 번호와 페이지 프레임 번호는 0부터 시작한다.
- 참조 순서 ⑤의 참조가 이루어지기 직전에 프로세스 P의 페이지 3, 1, 0, 6은 각각 프레임 5, 2, 9, 7에 적재되어 있다.

(1) ⑤부터 ⑬까지의 페이지 참조 과정에서 발생하는 페이지 부재의 총 횟수를 구하시오.

(2) ⑫의 페이지 참조 직전 시점에 4개의 페이지 프레임에 적재된 페이지들의 번호를 모두 쓰시오.

(3) ⑥에서 참조되는 가상주소가 1324번지일 때 실제로 참조하게 되는 물리 주소는 무엇인가?

(4) ⑧의 참조가 이루어지기 직전 시점의 가상주소를 물리 주소로 변환했을 때 물리주소 5200번지로 변환되는 가상주소는 무엇인가?

---

**풀이**

| 참조 순서 | ① | ② | ③ | ④ | ⑤ | ⑥ | ⑦ | ⑧ | ⑨ | ⑩ | ⑪ | ⑫ | ⑬ |
|---|---|---|---|---|---|---|---|---|---|---|---|---|---|
| 페이지 | 3 | 1 | 0 | 6 | 4 | 1 | 3 | 6 | 0 | 8 | 6 | 0 | 4 |

• 페이지 참조에 따른 페이지와 참조 비트의 변화 (P: 참조 비트 포인터)

| 프레임 | 페이지 | 참조 | P |
|---|---|---|---|
| 5 | 3 | 1 0 | x |
| 2 | 1 | 1 0 | |
| 9 | 0 | 1 0 | |
| 7 | 6 | 1 0 | |

→

| 페이지 | 참조 | P |
|---|---|---|
| 4 | 1 | |
| 1 | 1 0 | x |
| 3 | 1 | x |
| 6 | 1 0 | x ▼ |

| 프레임 | 페이지 | 참조 | P |
|---|---|---|---|
| 5 | 4 | 0 | x |
| 2 | 0 | 1 | x |
| 9 | 3 | 0 | x |
| 7 | 8 | 1 | x ▼ |

→

| 페이지 | 참조 | P |
|---|---|---|
| 6 | 1 | x |
| 0 | 1 | x ▼ |
| 3 | 0 | |
| 8 | 1 | |

→

| 페이지 | 참조 | P |
|---|---|---|
| 6 | 1 | |
| 0 | 0 | |
| 4 | 1 | x |
| 8 | 1 | x ▼ |

(1) 페이지 부재 : 6번 (4 3 0 8 6 4)

(2) 12번 이전 페이지 나열 : 6 0 3 8

| 1 | 2 | 3 | 4 | 5 | 6 | 7 | 8 | 9 | 10 | 11 | 12 | 13 |
|---|---|---|---|---|---|---|---|---|---|---|---|---|
| 3 | 1 | 0 | 6 | 4 | 1 | 3 | 6 | 0 | 8 | 6 | 0 | 4 |

(3) 2348

6번 참조는 1번 페이지이고, 1번 페이지는 2번 프레임에 있음

가상주소 1324 = 1024 + 300

1번 페이지이며, 이것은 2번 프레임에 있음

따라서 물리주소는 2048 + 300 = 2348

(4) 4176

8번 참조 직전, 물리주소 5200 = 5120 + 80, 5번 프레임에 있음

5번 프레임에는 4번 페이지가 있음

1024×4 = 4096, 따라서 가상주소는 4096 + 80 = 4176

📑 참고　**참조 비트의 변화**

| 프레임 | 참조 비트 | 페이지 교체 | | | | | | |
|---|---|---|---|---|---|---|---|---|
| 5 | 1 0 1 0 1 | 3 | <u>4</u> | 4 | 4 | 4 | <u>6</u> | 6 |
| 2 | 1 0 1 0 1 0 | 1 | 1 | 1 | <u>0</u> | 0 | 0 | 0 |
| 9 | 1 0 1 0 1 | 0 | 0 | <u>3</u> | 3 | 3 | 3 | <u>4</u> |
| 7 | 1 0 1 0 1 | 6 | 6 | 6 | 6 | <u>8</u> | 8 | 8 |

시스템의 스레싱(thrashing)을 예방하기 위해 작업집합 모델을 적용하고자 한다. 〈조건〉을 고려하여 물음에 답하시오.

조건
- 작업집합 창(working set window)의 크기는 5이다.
- 페이지 크기는 5MB이고, 프레임 번호는 0부터 시작한다.
- 프로세스가 프레임 요청을 시작하는 시각은 0이다.
- 프로세스가 시간(t)에 따라 참조하는 페이지 번호는 아래와 같다.

| 프로세스＼t($\mu s$) | 0 | 1 | 2 | 3 | 4 | 5 | 6 | 7 | 8 | 9 | 10 | 11 | 12 |
|---|---|---|---|---|---|---|---|---|---|---|---|---|---|
| $P_1$ | 0 | 0 | 2 | 1 | 1 | 1 | 1 | 1 | 2 | 2 | 1 | 1 | 1 |
| $P_2$ | 5 | 5 | 6 | 5 | 5 | 6 | 5 | 4 | 5 | 6 | 6 | 6 | 7 |
| $P_3$ | 10 | 10 | 10 | 11 | 12 | 11 | 11 | 13 | 14 | 10 | 10 | 11 | 12 |
| $P_4$ | 16 | 16 | 16 | 15 | 15 | 15 | 17 | 15 | 16 | 17 | 18 | 19 | 16 |

(1) 메모리 용량이 60MB인 경우 t가 10일 때 스레싱이 발생하는지 판단하시오.

(2) t가 8일 때 $P_3$과 $P_4$의 작업집합을 구하시오.

(3) 메모리 용량이 55MB일 때 스레싱이 처음 발생하는 시점은 어디인가?

(4) 프로세스 $P_i$의 작업 집합을 $W_i(0 \leq i \leq n-1)$, 주기억장치의 프레임 수를 M이라고 할 때 스레싱이 발생하는 조건을 M과 $W_i$를 사용하여 식으로 나타내시오.

**풀이** (1) 60MB이면 페이지 12개를 수용할 수 있다. t가 10일 때 페이지 수가 13개이므로 스레싱이 발생한다.

(2) $P_3$ : {11, 12, 13, 14}, $P_4$ : {15, 16, 17}

(3) t = 8

(4) 스레싱이 발생하는 조건 : $\displaystyle\sum_{i=0}^{n-1} W_i > M$

| 프로세스 \ t | | 0 | 1 | 2 | 3 | 4 | 5 | 6 | 7 | 8 | 9 | 10 | 11 | 12 |
|---|---|---|---|---|---|---|---|---|---|---|---|---|---|---|
| $P_1$ | 페이지 | 0 | 0 | 2 | 1 | 1 | 1 | 1 | 1 | 2 | 2 | 1 | 1 | 1 |
| | 개수 | 1 | 1 | 2 | 3 | 3 | 3 | 2 | 1 | 2 | 2 | 2 | 2 | 2 |
| $P_2$ | 페이지 | 5 | 5 | 6 | 5 | 5 | 6 | 5 | 4 | 5 | 6 | 6 | 6 | 7 |
| | 개수 | 1 | 1 | 2 | 2 | 2 | 2 | 2 | 3 | 3 | 3 | 3 | 3 | 3 |
| $P_3$ | 페이지 | 10 | 10 | 10 | 11 | 12 | 11 | 11 | 13 | 14 | 10 | 10 | 11 | 12 |
| | 개수 | 1 | 1 | 1 | 2 | 3 | 3 | 3 | 3 | 4 | 4 | 4 | 4 | 4 |
| $P_4$ | 페이지 | 16 | 16 | 16 | 15 | 15 | 15 | 17 | 15 | 16 | 17 | 18 | 19 | 16 |
| | 개수 | 1 | 1 | 1 | 2 | 2 | 2 | 3 | 2 | 3 | 3 | 4 | 5 | 4 |
| | 합계 | 4 | 4 | 6 | 9 | 10 | 10 | 10 | 9 | 12 | 12 | 13 | 14 | 13 |

## ※ 요약 : 페이지 교체 알고리즘

| 알고리즘 | 교체 방법 | 장·단점 |
|---|---|---|
| 무작위 페이지 교체 | • 교체할 페이지를 무작위로 선택 | • 오버헤드가 적음<br>• 최악의 경우 바로 뒤에 호출될 페이지도 교체 가능함 |
| FIFO (선입선출) | • 주기억장치에 적재된 순서대로 가장 먼저 들어온 페이지를 교체함 | • 이해하기 쉽고 설계가 간단함<br>• FIFO 모순 발생(오래 있었던 페이지는 자주 참조될 가능성이 있음) |
| 최적 교체 (OPT) | • Belady의 MIM 교체기법<br>• 현 페이지가 참조된 시점에서 그 이후로 가장 오랫동안 사용되지 않을 페이지를 교체함 | • FIFO 모순을 방지하고, 최소의 페이지 부재율을 가짐<br>• 이론상 최적의 알고리즘이지만 필요한 페이지를 사전에 파악할 수 없어서 실제 구현이 불가능함 |
| SCR (Second Chance Replacement) | • 페이지마다 참조비트를 두고 참조비트가 1이면 0으로 하고 한 번 더 기회를 줌<br>• 참조비트가 1이면 계속 주기억장치 내에 머물게 됨 | • FIFO의 단점인 지역성을 무시하는 것을 해결함<br>• FIFO의 변형으로 FIFO 단점을 방지함 |
| LRU (Least Recently Used) | • 스택 알고리즘이며, 경험적인 국부성을 이용<br>• 가장 오랫동안 사용되지 않은 페이지를 선택하여 교체함· | • 각 페이지마다 카운터를 두어 시간을 기록함<br>• 시간 기록에 따른 오버헤드 발생<br>• 실제 구현이 복잡 |
| LFU (Least Frequently Used) | • 사용 빈도가 가장 낮은 페이지를 교체함<br>• 호출되어 참조된 횟수가 가장 적은 페이지를 교체함 | • 가장 최근에 주기억장치로 들어온 페이지가 계속 참조될 가능성을 고려하지 않으므로 국부성 문제가 발생할 수 있음 |
| NUR (Not Used Recently) | • Clock 알고리즘<br>• 두 개의 비트인 참조 비트와 변형 비트를 사용하며, 두 비트가 0인 페이지부터 교체함 | • LRU의 시간 오버헤드 문제를 해결함<br>• 참조되고 있는 페이지의 참조 비트가 0으로 세트되는 순간 선택되는 경우 현재 실행중인 페이지도 교체됨 |
| 워킹세트 (Working Set) | • 실행중인 프로세스가 일정 시간 동안 참조하는 페이지들의 집합<br>• 워킹세트에 속하지 않는 페이지를 교체함 | • 스래싱을 방지함<br>• 기억장치를 참조하면 페이지 집합을 고쳐야 함 |
| 페이지 부재빈도 (PFF) | • 현재 페이지 부재와 바로 전 부재 사이의 시간이 지금까지의 최대 시간보다 크면 그 사이에 호출되지 않은 페이지들을 제거함 | • 스래싱을 방지함<br>• 프로세스 변화에 따른 유동적인 페이지 교체가 가능함 |

## 3.5 입출력 관리

큐에 있는 디스크 요청이 (315, 20, 64, 430, 128, 256, 94, 420)이다. 디스크는 번호가 0부터 499까지인 500개의 트랙을 갖는다. 현재 트랙 275번을 처리하고 있으며, 바로 전 260번의 요청을 처리하였다. 물음에 답하시오.

(1) C-LOOK 알고리즘의 디스크 헤드 이동을 그림으로 나타내시오.

(2) SSTF 알고리즘의 디스크 헤드 이동을 그림으로 나타내시오.

(3) 위 두 가지 알고리즘을 기아(starvation) 상태 발생과 연계하여 설명하시오.

 (1)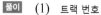

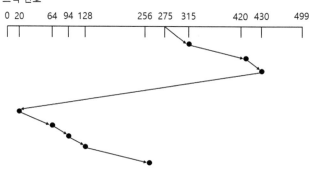

(2) 트랙 번호

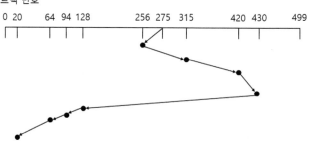

(3) C-LOOK 알고리즘은 트랙의 맨 양 끝을 이동하지 않으며 왼쪽에서 오른쪽 방향으로만 트랙의 요청을 처리한다. SSTF 알고리즘은 현재 상황에서 가장 거리가 가까운 트랙의 요청부터 처리한다. 따라서 SSTF 알고리즘은 디스크 요청이 계속 들어오는 경우 트랙의 양 끝단에 대한 접근 기회가 줄어들어 기아현상이 발생할 가능성이 크다.

디스크 스케줄링 기법에 따른 헤드 이동을 확인하고자 한다. 〈조건〉을 고려하여 물음에 답하시오.

조건

- 100개의 트랙을 가진 디스크이며, 트랙번호는 0에서 99까지이다.
- 현재 트랙 위치는 30이며, 트랙 99로 이동하고 있다.
- 입출력 요청이 있는 트랙은 (80, 45, 20, 10, 60, 35, 40)이다.

(1) FCFS 기법에 대한 헤드 이동을 그림으로 나타내시오.

(2) SSTF 기법에 대한 헤드 이동을 그림으로 나타내시오.

(3) SCAN 기법에 대한 헤드 이동을 그림으로 나타내시오.

(4) SCAN 기법에서 헤드 이동을 줄이는 방법을 (3)의 그림으로 설명하시오.

**풀이** (1) FCFS

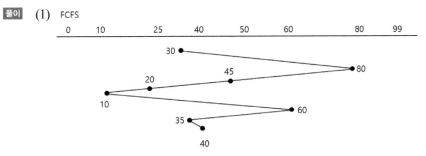

(2) SSTF

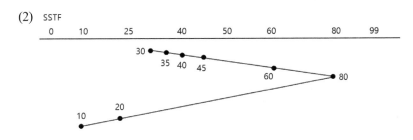

(3) SCAN

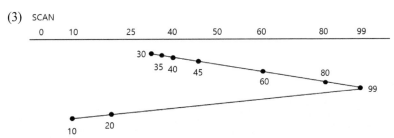

(4) 헤드 이동 방향으로 더 이상의 트랙 요청이 없으면 양쪽 트랙의 끝까지 이동하지 않고 반대 방향으로 이동한다. 위 (3)의 그림에서 80번 트랙 처리 후에 헤드 이동 방향인 트랙 99까지 입출력 요청 트랙이 없다. 이 경우에 80번 트랙에서 99번으로 가지 않고 바로 20번 트랙으로 이동하면 헤드 이동 거리를 줄일 수 있다.

디스크 스케줄링 알고리즘에 대한 헤드의 이동 순서를 알아보고자 한다. 〈조건〉을 고려하여 물음에 답하시오.

조건
- 디스크의 트랙은 0번부터 199번까지 200개이다.
- 헤드의 현재 위치는 트랙 100번이고, 바로 전에 105번 트랙 요구를 처리하였다.
- 디스크 대기 큐에는 트랙 (110, 20, 80, 150, 140, 190)에 대한 요청이 있다.
- 150번 트랙 요청을 처리하는 동안에 새로운 트랙 (120, 130, 170)의 요청이 들어온다.
- 동일 조건에서 처리 대상의 트랙이 2개인 경우 헤드 진행 방향의 트랙을 먼저 처리한다.

(1) SSTF 기법을 사용할 때 요청 트랙을 처리되는 순서대로 나열하시오.

(2) SCAN 기법을 사용할 때 요청 트랙을 처리되는 순서대로 나열하시오.

(3) C-LOOK 기법을 사용할 때 요청 트랙을 처리되는 순서대로 나열하시오.

풀이 (1) 100-110-140-150-170-190-130-120-80-20

(2) 100-80-20-0-110-140-150-170-190-199-130-120

(3) 100-80-20-190-150-140-110-170-130-120

디스크 스케줄링 알고리즘에 대한 헤더의 이동을 알아보고자 한다. 〈조건〉을 고려하여 물음에 답하시오.

조건
① 디스크의 트랙은 0번부터 199번까지 200개이다.
② 헤드의 현재 위치는 70번이고, 직전에 65번 트랙 요청을 처리하였다.

③ 디스크 요청은 (55, 120, 10, 85, 80, 70, 30, 150, 170) 트랙이다.

④ 회전 지연시간은 평균 회전 지연시간인 10ms를 적용한다.

⑤ 탐색시간은 '(30 + 0.1 × d )ms'(d 는 헤드의 이동거리)이다.

⑥ 디스크 요청 처리시간에서 전송 시간은 제외한다.

⑦ 디스크 헤드의 이동은 다음과 같이 그림으로 나타낸다.

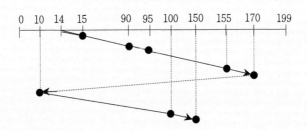

(1) SSTF 알고리즘을 적용할 때 헤드의 이동을 그림으로 나타내시오.

(2) LOOK 알고리즘을 적용할 때 헤드의 이동을 그림으로 나타내시오.

(3) C-LOOK 알고리즘을 적용할 때 헤드의 이동을 그림으로 나타내시오.

(4) SSTF, LOOK, C-LOOK 알고리즘 각각에 대한 디스크 요청 처리시간을 구하시오.

(5) SSTF, LOOK, C-LOOK 알고리즘 중에서 특정 트랙에 대해 다음 특성을 갖는 알
고리즘을 선택하고 그 이유를 기술하시오.

① 기아상태가 발생할 수 있는 알고리즘

② 모든 트랙에 대해 공평하게 접근하는 알고리즘

③ 디스크 요청이 가까이에 있는 특정 트랙들에 집중될 때 적합한 알고리즘

---

**풀이**   (1)   트랙 번호

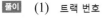

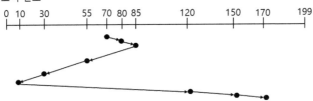

(2)   트랙 번호

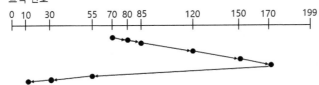

(3) 트랙 번호

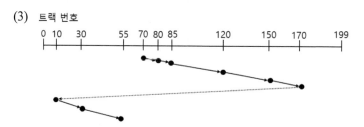

(4) ① SSTF : 90 + (30 + 0.1×250) = 145ms

    • 헤드 이동 거리 : 15 + 75 + 160 = 250

    • 회전지연시간 : 10×9회 = 90ms

  ② LOOK : 90 + (30 + 0.1×260) = 146ms

    • 헤드 이동 거리 : 100 + 160 = 260

    • 회전지연시간 : 10×9회 = 90ms

  ③ C-LOOK : 90 + (30 + 0.1×305) = 150.5ms

    • 헤드 이동 거리 : 100 + 160 + 45 = 305

    • 회전지연시간 : 10×9회 = 90ms

(5) ① SSTF : 많은 디스크 요청이 트랙의 중앙 부분에 집중되는 경우에 트랙의 가장 바깥이나 가장 안쪽 부분의 요청은 기아상태에 빠질 수 있다.

  ② LOOK, C-LOOK : LOOK은 트랙의 안쪽과 바깥쪽 양방향으로 순차적으로 이동하면서 요청을 처리하고, C-LOOK은 트랙의 한쪽 방향의 이동에서만 순차적으로 요청을 처리한다. 두 알고리즘은 헤더 이동 방향으로 요청이 없으면 트랙의 끝까지 이동하지 않고 반대 방향으로 이동한다. 따라서 이들은 모든 트랙에 대해 공평하게 접근하는 알고리즘이다. C-LOOK은 일반적으로 먼저 요청한 작업을 먼저 처리하지만 LOOK은 그렇지 않다. 따라서 요청한 작업의 처리 시점 측면에서 C-LOOK이 LOOK보다 공평한 알고리즘이다.

  ③ SSTF : SSTF는 현재 헤더 위치에서 가장 가까운 트랙 요청을 처리한다. 따라서 요청이 가까이에 있는 특정 트랙들에 집중될 때 적합하다.

## ※ 요약 : 디스크 스케줄링 알고리즘

| 알고리즘 | 방법 | 장·단점 |
|---|---|---|
| FCFS | • 대기큐의 재배열 없이 들어온 순서대로 처리하여 공평성을 보장함 | • 응답시간이 길게 됨<br>• 일반적으로 효율이 낮음 |
| SSTF<br>(Shortest Seek Time First) | • 탐색 거리가 가장 짧은 요청이 먼저 처리됨. 탐색시간의 최적화를 구현함<br>• 처리 도중에 들어온 요청도 함께 처리함 | • FCFS보다 처리량과 평균 응답시간을 개선함<br>• 디스크 요청의 기아현상 발생<br>• 응답시간의 편차가 큼 |
| SCAN | • 트랙의 양방향으로 이동하면서 처리함<br>• 현재 진행 방향의 끝까지 이동한 후 반대 방향으로 진행함<br>• 헤드 진행 도중 새로 도착한 요청도 함께 처리함 | • SSTF에서 발생한 응답시간에 대한 차별대우와 편차를 개선함<br>• 불공정한 대기시간이 발생함<br>• 안쪽과 바깥쪽 트랙간의 차별대우가 발생함 |
| C-SCAN<br>(Circular -SCAN) | • 헤드가 한 방향으로 끝까지 이동하면서 요청을 처리하며, 반대 방향의 끝까지 요청을 처리하지 않고 이동함<br>• 진행 도중 새로 도착한 요청은 다음 헤드 이동에서 처리함 | • SCAN의 불공평한 대기시간을 해결하기 위함<br>• 회전시간 최적화<br>• 오버헤드가 많은 경우에 효과적임 |
| N-STEP SCAN | • SCAN과 동일하게 동작하며, 현재 큐에 대기중인 요청만 처리함<br>• 현재 큐의 요청을 처리하는 동안 들어오는 요청은 함께 처리하지 않고 다른 큐에 모아서 다음에 처리함 | • SCAN의 불공평한 대기시간을 해결하여 지연과 무한연기를 해결함<br>• SSTF나 SCAN에 비해 응답시간의 편차가 적음 |
| LOOK,<br>C-LOOK | • LOOK, C-LOOK은 각각 SCAN, C-SCAN의 성능을 개선한 것임<br>• 헤드가 트랙의 양쪽 끝 트랙까지 이동하지 않고 진행 방향 상 마지막 요청 트랙까지만 이동함 | • C-LOOK은 현재 진행 방향 상 더 이상 요청이 없으면 원래의 시작 방향으로 돌아가서 그때 처음 나타나는 요청 트랙부터 처리함 |
| 에션바흐<br>(eschebach) | • 헤드는 C-SCAN처럼 움직이나 모든 트랙은 그 트랙의 요청에 상관없이 전체 트랙이 한 바퀴 회전할 동안에 처리됨 | • 회전시간 최적화를 처음 시도함 |
| SLTF/<br>섹터큐잉 | • 도착 순서에 관계없이 대기 큐에 정렬된 순서대로 가장 가까운 섹터부터 처리함<br>• 고정 헤드 디스크 장치에서 주로 사용함 | • 회전시간 최적화를 구현함 |

## 3.6 파일 관리

프로세스 실행 중에 어떤 파일의 논리 블록 4(네 번째 논리 블록)에 접근하고자 한다. 〈조건〉을 고려하여 물음에 답하시오.

조건
- 파일 포인터는 현재 논리 블록 10에 저장되어 있다.
- 파일시스템의 논리 블록 크기와 물리 블록 크기는 1024바이트이다.
- 각 파일에 대한 디렉토리 정보는 항상 메인 메모리에 존재한다.
- 디렉토리 정보에 등록된 모든 파일은 외부 단편화가 발생하지 않는다.
- 색인 할당 기법의 경우 각 파일은 한 개의 색인 블록을 사용하고, 고정 크기 블록을 지원한다.
- 연결 할당 기법의 경우 여러 블록을 하나로 묶는 클러스터 단위 할당을 지원하지 않으며, 물리 블록 간의 연결 정보는 시작 블록에서 마지막 블록으로의 단방향 연결 리스트를 사용한다.

(1) 파일의 메모리 할당을 위해 연속(continuous) 할당, 연결(linked) 할당, 색인(indexed) 기법을 사용한다. 세 가지 할당 기법 각각에 대한 최소 디스크 접근 횟수를 구하시오.

(2) (1)에서 구한 각 기법의 디스크 접근 횟수에 대한 근거를 설명하시오.

풀이 (1) 연속 할당 : 1회, 연결 할당 : 4회, 색인 할당 : 2회

(2) ① 연속 할당 : 연속된 블록 집단의 시작 블록과 길이 정보를 가진 파일할당 테이블을 가지고 있다. 따라서 메인 메모리에 저장된 파일할당 테이블을 검색하여 4번째 논리 블록을 접근하므로 디스크 접근 횟수는 한 번이다.

② 연결 할당 : 각각 비어 있는 블록이 단방향 연결리스트 형태로 연결되어 있어, 4번째 논리 블록에 접근하려면 4번의 디스크 접근이 필요하다.

③ 색인 할당 : 각 파일은 한 개의 고정된 크기의 색인 블록을 사용한다. 따라서 디스크에 있는 색인블록을 접근하여 4번째 논리 블록의 위치를 알아낸 후 해당 블록을 접근하므로 두 번의 디스크 접근이 필요하다.

다음은 디스크에 파일을 저장하기 위한 파일 할당 방법이다. 5MB 크기의 파일을 저장하는 경우를 가정하고 〈조건〉을 고려하여 물음에 답하시오.

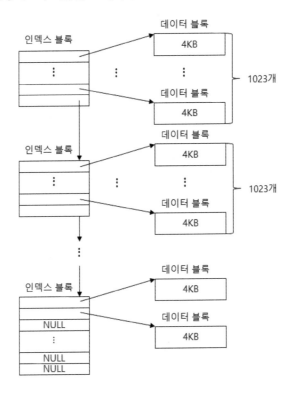

조건

- 디스크 공간을 고정 크기 블록인 4KB로 나누어 파일을 저장한다.
- 인덱스 블록에는 데이터 블록의 블록주소를 저장하고, 데이터 블록에는 실제 데이터를 저장한다.
- 블록주소의 크기는 4B이다.
- NULL은 가리키는 블록이 없음을 의미하고, 실제로 인덱스 블록에 저장되는 것은 아니다.
- 모든 파일은 1개 이상의 인덱스 블록을 가진다.
- 각 인덱스 블록은 1개의 파일에 관한 블록 주소만 저장한다.

(1) 1개의 인덱스 블록과 연결된 데이터 블록의 최대 크기는 얼마인가?

(2) 파일 저장에 필요한 데이터 블록의 수를 구하시오.

(3) 파일 저장에 필요한 인덱스 블록의 수를 구하시오.

(4) 파일 저장에 필요한 전체 블록의 용량을 구하시오.

---

**풀이** (1) 4MB, 4KB×1023개 = 4MB

(2) 1280개

데이터 블록의 수 = 파일의 크기 / 데이터 블록의 크기

$$= 5MB / 4KB = 5×2^8 = 1280개$$

(3) 2개

1개의 인덱스 블록에 저장 가능한 데이터 블록의 주소 수는 1023개이므로 1280개의 데이터 블록을 갖는 파일 저장을 위해서는 2개의 인덱스 블록이 필요함

(4) 5128KB

데이터 블록의 수×4KB + 인덱스 블록의 수×4KB

= 1280×4KB + 2×4KB = 5128KB

---

## 중등교사 임용시험 정보 · 컴퓨터 2023-A-4

다음 그림은 하드디스크의 블록별 사용 상태와 이 정보를 주기억장치에 비트맵(비트 벡터)으로 표현한 것이다. 〈조건〉을 고려하여 물음에 답하시오.

■ 저장장치(2GB)

□가용블록
□할당블록

■ 주기억장치

| 0 | 1 | 1 | 0 | 0 | 1 | … | 0: 가용 블록 |
| 0 | 0 | 1 | 0 | 0 | 0 | … | 1: 할당 블록 |
| 0 | 0 | 0 | 1 | 0 | 0 | … | |

비트맵(비트 벡터)

**조건**

• 저장장치 크기는 2GB, 한 블록의 크기는 8KB이다.

• 파일 시스템은 저장장치에 새로운 데이터를 저장할 수 있도록 가용 블록(free block)에 대한 정보를 유지한다.

• 비트맵은 개별 블록에 대한 사용 유무를 비트로 표현하거나, 여러 블록들을 클러스터링(clustering)하여 하나의 비트로 표현할 수 있다.

(1) 디스크의 가용 블록 추적을 위해 필요한 비트맵 크기를 구하시오.

(2) 비트맵이 하나의 블록에 저장되도록 블록 클러스터링을 수행할 때, 하나의 비트로 표현 가능한 최소 블록 개수는 무엇인가?

---

**풀이** (1) $2GB / 8KB = 2 \times 2^{20}KB / 8KB = 2^{18}$비트

블록의 사용 여부는 블록당 비트맵 1비트로 표현할 수 있으므로 블록의 개수와 비트맵의 크기는 같다. 블록의 개수는 저장장치의 크기를 블록의 크기로 나누면 되고, 이것은 비트맵의 크기와 같다.

(2) $2^{18}$비트 $/ (2^{13} \times 8)$비트 $= 4$비트

(1)에서 구한 비트맵의 크기인 $2^{18}$비트가 8KB에 저장되어야 한다.

## ※ 요약 : 디스크 공간 할당 기법

<table>
<tr><th colspan="4">할당 기법</th><th>설명</th></tr>
<tr><td colspan="4">연속 할당</td><td>• 파일들이 디스크 내에 연속적으로 인접된 물리적 공간에 할당된다.<br>• 디렉토리 : (파일명, 첫 번째 블록주소, 크기)</td></tr>
<tr><td rowspan="4">불연속할당</td><td rowspan="2">연결할당</td><td>섹터단위 할당</td><td>섹터지향 할당</td><td>• 파일에 속한 여러 섹터를 연결 리스트로 연결함. 각 섹터 사이의 연결을 위해 포인터를 가짐(섹터 단위로 할당 후 연결)<br>• 디렉토리 : (파일명, 시작주소 및 마지막 주소의 포인터)</td></tr>
<tr><td rowspan="3">블록단위 할당</td><td>블록체인 기법</td><td>• 여러 개의 섹터로 구성된 블록 단위로 할당한 후 리스트로 연결한다.<br>• 디렉토리 : (파일명, 시작주소에 대한 포인터)</td></tr>
<tr><td rowspan="2">색인할당</td><td>색인블록 체인기법</td><td>• 파일마다 하나의 색인 블록을 두고 파일의 블록들이 산재해 있는 주소에 대한 포인터를 모아둠. 해당 블록에 대한 직접 접근이 가능하다.<br>• 디렉토리 : (파일명, 색인 블록 주소 포인터)</td></tr>
<tr><td>블록지향 파일사상 기법</td><td>• 하나의 파일 사상 표는 디스크 상의 모든 블록에 대한 포인터를 포함한다. 사용자 디렉토리는 각 파일의 파일 사상 표에서의 첫 번째 항목을 가리키며 파일 사상 표는 다음 블록의 번호를 가짐<br>• 파일 내의 모든 블록은 파일 사상표 내의 항목으로 지정되며, 마지막 항목(블록)은 NULL로 표시한다.</td></tr>
</table>

<table>
<tr><th>기법</th><th>장점</th><th>단점</th></tr>
<tr><td>연속 할당</td><td>• 논리적 블록들이 물리적으로 인접되어 액세스가 빠름<br>• 파일 디렉토리가 단순함</td><td>• 단편화가 발생됨. 알맞은 공간이 없으면 파일을 생성하지 못함.<br>• 주기적인 압축이 필요함<br>• 파일 크기가 변하면 구현이 어려움</td></tr>
<tr><td>섹터지향 할당</td><td rowspan="2">• 단편화 현상이 없으므로 압축이 필요 없음<br>• 삽입 및 삭제 시 포인터만 수정하면 되므로 간단함</td><td rowspan="2">• 탐색시간이 많이 소요됨<br>• 포인터에 의해 기억공간을 낭비함<br>• 연결 리스트 유지를 위한 추가적인 시간이 필요함</td></tr>
<tr><td>블록체인</td></tr>
<tr><td>색인블록 체인</td><td>• 탐색이 색인블록 자체에서 일어나므로 빠름<br>• 탐색시간을 줄이기 위해 색인블록을 주기억장치에 유지함</td><td>• 삽입 시 색인블록을 다시 구성해야 함<br>• 추가 삽입을 위한 여유 색인블록으로 인해 기억공간을 낭비함<br>• 빈 공간을 모두 사용한 뒤 재구성이 필요함</td></tr>
<tr><td>블록지향 파일사상</td><td>• 디스크의 물리적 인접성을 파일 사상표에 그대로 반영하여 검색이 빠름<br>• 블록 번호를 이용하여 삽입 및 삭제가 간단함<br>• 새 블록 할당 시 파일의 인접한 빈 블록을 찾는 것이 용이함</td><td></td></tr>
</table>

## ※ 요약 : 디스크 공간 관리

| 방법 | 특징 |
|---|---|
| 비트 벡터<br>(bit vector)/<br>비트맵(bit map) | ① 블록이 비어 있는 경우 그 비트를 0으로 하고 블록이 할당되어 있다면 비트는 1이 됨<br>② 간편한 디스크 내의 연속적인 n개 가용블록을 찾을 때 효과적임<br>③ 비트 벡터가 디스크에 기록되는 경우 비효율적임 – 주기억장치 내에 기록 |
| 연결 리스트<br>(linked list) | ① 모든 가용 공간 블록들을 포인터로 함께 연결시킴<br>② 리스트 탐색 시 모든 리스트를 탐색해야 하므로 비효율적임<br>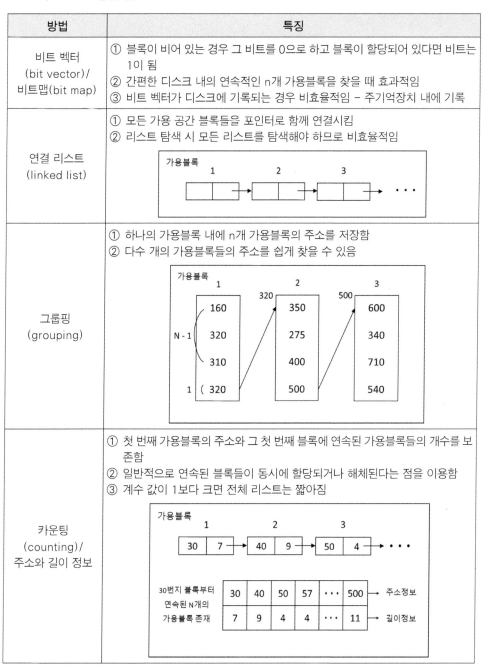 |
| 그룹핑<br>(grouping) | ① 하나의 가용블록 내에 n개 가용블록의 주소를 저장함<br>② 다수 개의 가용블록들의 주소를 쉽게 찾을 수 있음 |
| 카운팅<br>(counting)/<br>주소와 길이 정보 | ① 첫 번째 가용블록의 주소와 그 첫 번째 블록에 연속된 가용블록들의 개수를 보존함<br>② 일반적으로 연속된 블록들이 동시에 할당되거나 해체된다는 점을 이용함<br>③ 계수 값이 1보다 크면 전체 리스트는 짧아짐 |

C H A P T E R **4**

# 네트워크

## ※ 네트워크 과목의 평가 영역 및 평가 내용 요소

| 평가 영역 | 평가 내용 요소 |
|---|---|
| 네트워크 개요 | 네트워크모델 |
| | 전송방식과 전송률 |
| | 부호화 |
| | 네트워크 토폴로지 |
| | 전송매체 |
| | 다중화 방식 |
| 통신 기술 | 데이터링크계층 프로토콜 |
| | 다중접근 방식 |
| | 유무선 LAN |
| | 에러의 검출과 정정 |
| 네트워크 프로토콜 | 네트워크계층 프로토콜 |
| | 인터네트워킹 기술 |
| | 라우팅 기법(유니캐스트 라우팅) |
| | 전달계층 프로토콜(TCP/UDP) |
| | 응용계층 프로토콜 |
| 네트워크보안 | 네트워크 보안 개념 |
| | 대칭키, 비대칭키 암호화 |
| | 디지털 서명, 인증 |

# 4.1 물리 계층

다음 그림은 HFC(Hybrid Fiber-Coaxial) 네트워크에서 사용하는 동축케이블의 대역폭을 나타낸 것이다. 〈조건〉을 고려하여 물음에 답하시오.

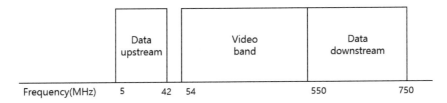

조건

- 상향 데이터 전송시 직교 위상천이 변조(QPSK: Quadrature Phase Shift Keying) 기술을 사용한다.
- 하향 데이터 전송시 64-QAM(Quadrature Amplitude Modulation) 기술을 사용하며, 각 보오(baud)의 1비트는 전방오류 정정을 위해 사용한다.

(1) 최대 채널의 개수를 구하시오.

(2) 한 개의 채널당 이론적인 상향(upstream) 데이터 전송 속도를 구하시오.

(3) 한 개의 채널당 이론적인 하향(downstream) 데이터 전송 속도를 구하시오.

---

**풀이** (1) 최대 채널의 개수 : 121개

550 − 54 = 496, 496 / 6 = 82

750 − 550 = 200, 200 / 6 = 33

42 − 5 = 37, 37 / 6 = 6

82 + 33 + 6 = 121

(2) 12Mbps

HFC 네트워크는 채널당 6MHz가 할당되고, QPSK는 각 신호 요소당 2비트를 전송한다. 따라서 상향 데이터 전송 속도는 6MHz×2 = 12Mbps

(3) 30Mbps

64-QAM은 신호당 6비트를 전송하며, 조건에서 오류 정정을 위해 이중 1비트를 사용한다. 따라서 하향 데이터 전송 속도는 6MHz×5비트 = 30Mbps

동기 TDM 방식으로 디지털 데이터를 8개의 입력링크에서 1개의 출력링크로 다중화하고자 한다. 〈조건〉을 고려하여 물음에 답하시오.

조건
- 각 입력링크는 매초 200개의 유니코드 문자(32비트)를 전송한다.
- 끼워 넣기는 하나의 문자 단위로 수행된다.
- 동기비트는 00, 01, 11, 10의 순서로 변한다.

(1) 개별 프레임의 비트 수를 구하시오.

(2) 입력링크의 데이터 전송률을 구하시오.

(3) 출력링크의 전송률을 구하시오.

---

**풀이** (1) 슬롯 크기 : 유니코드 문자 32bit

프레임 크기 : 8×32bit + 2bit(동기비트) = 258bit

(2) 입력링크의 전송률 : 51.6Kbps / 8(입력링크 개수) = 6.4Kbps

(3) 출력링크의 전송률 : 258bit×200 = 51600bps = 51.6Kbps

---

**중등교사 임용시험 정보 · 컴퓨터 2011-1차-30**

발신지 노드에서 목적지 노드까지 하나의 메시지를 전송한다. 〈조건〉에 따라 물음에 답하시오.

조건
- 메시지 크기는 5,000비트이다.
- 각 노드 사이의 링크 대역폭은 100Mbps이며, 링크의 전파지연 시간은 10$\mu$s이다.
- 각 스위치는 저장 후 전송방식을 사용하지만, 메시지를 수신하는 즉시 재송신 한다.
- 발신지 노드, 목적지 노드, 스위치에서 메시지 처리 시간은 0이다.

(1) 한 개의 스위치를 통과하는 경우 종단 간 지연시간을 구하시오.

(2) 세 개의 스위치를 통과하는 경우 종단 간 지연시간을 구하시오.

**풀이** 지연시간 = 전송시간 + 전파 지연시간 + 처리 지연시간 + 큐잉 지연시간

= 전송시간 + 전파 지연시간 (메시지 처리시간이 0인 경우)

(1) $120\mu s$

스위치 1개를 통과하므로 전송시간은 5000 / 100M = $50\mu s$이다. 지연시간은 $50\mu s$ +
$10\mu s$ = $60\mu s$에서 스위치의 양쪽으로 전송이 필요하다. 따라서 종단 간 지연시간은 60
$\mu s$×2 = $120\mu s$가 된다.

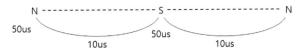

(2) $240\mu s$

스위치가 3개이므로 $60\mu s$×4 = $240\mu s$가 된다. 종단 간 지연시간은 지연시간에 (스위치
개수 + 1)의 값을 곱하여 구할 수 있다.

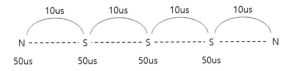

중등교사 임용시험 정보 · 컴퓨터 2009-1차-33.

다음은 시프트 레지스터와 XOR 연산을 이용한 CRC 코드 부호화기를 설계한 후 이를
시뮬레이션 하였다. 〈조건〉을 고려하여 물음에 답하시오.

조건

• 데이터 워드는 1101이고, 생성 다항식이 $x^2$ + 1이다.
• $r_i$는 레지스터 내에 $i$번째 위치의 비트를 나타낸다.
• n과 k는 각각 코드 워드와 데이터 워드의 비트 수이다.
• i는 0에서 (n-k-1)까지의 정수이다.
• XOR 연산 $\oplus_i$의 입력은 $r_{i-1}$과 $d_i$가 사용된다. $d_i$는 생성 다항식에서 $x^i$항의 계수에 따라
$r_{n-k-1}$이거나 0이다. 단, $\oplus_0$의 입력은 확장입력의 왼쪽 첫 비트와 $d_0$이다.

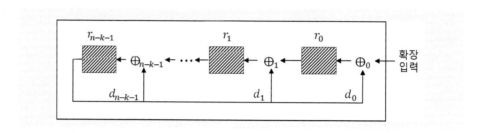

(1) 초기 확장입력의 첫 두 비트(11)가 레지스터에 저장되어 있고, 나머지 비트들이 차례로 하나씩 입력된다. 입력된 비트마다 변하는 레지스터 값을 순서대로 나열하시오.

(2) CRC 부호화 과정을 설명하시오.

---

**풀이**  (1) $11 \rightarrow 10 \rightarrow 01 \rightarrow 10$

CRC 부호화   1 1 : 0100     (최초)

1 1 : 100     ①

1 0 : 00      ②

0 1 : 0       ③

remainder = 1 0     ④

(2)

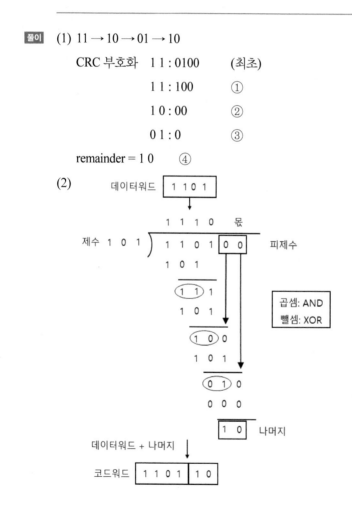

오류 검출을 위해 순환 중복 검사(CRC : Cyclic Redundancy Code)를 이용하는 프레임이 있다. 〈조건〉을 고려하여 물음에 답하시오.

조건

- CRC 생성 다항식은 '$x^3 + x^2 + 1$'이다.
- 송신 단은 데이터와 FCS 필드로 구성된 8비트의 프레임을 수신 단으로 전송한다.
- 프레임을 비트열로 표시하며, 데이터와 FCS 필드는 각각 왼쪽, 오른쪽에 위치한다.
- 프레임에서 왼쪽 첫 번째 비트가 MSB(Most Significant Bit)이다.

(1) 오류가 검출되지 않는 경우 수신 프레임에 포함된 데이터 필드의 길이는 얼마인가?

(2) 비트열이 10101111인 프레임이 수신되었다. 프레임의 오류 검출 여부를 판단하고, 오류가 검출되지 않았으면 데이터 필드의 내용을 쓰시오.

(3) 비트열이 10100111인 프레임이 수신되었다. 프레임의 오류 검출 여부를 판단하고, 오류가 검출되지 않았으면 데이터 필드의 내용을 쓰시오.

---

풀이 (1) 5비트

8비트 길이의 프레임 중 CRC 생성 다항식이 4자리일 때 나머지는 3자리가 된다. 따라서 CRC는 3비트이고, 데이터 필드의 길이는 5비트이다.

(2) 오류 없음

10101111÷1101의 나머지가 0이므로 오류가 없다. 이때 몫은 11011이며, 데이터인 10101을 수용한다.

(3) 오류 발생

10100111÷1101의 나머지가 101로 0이 아니므로 오류가 발생하였다.

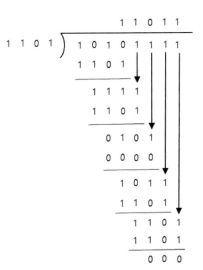

■ 부호화 과정의 예제

① 데이터 워드에 (divisor 비트 수 − 1)인 (n − k) 개의 0을 추가

② 연장된 데이터를 2진 나눗셈 과정(XOR)으로 나눔. 나머지가 CRC임

③ (n − k) 비트의 CRC는 데이터 단위의 끝에 대치됨

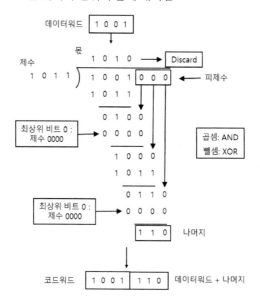

■ 복호화 과정의 예제

① 수신기는 전체 데이터를 제수로 나눔

② 나머지가 0이면 오류 없음. 0이 아니면 오류 발생

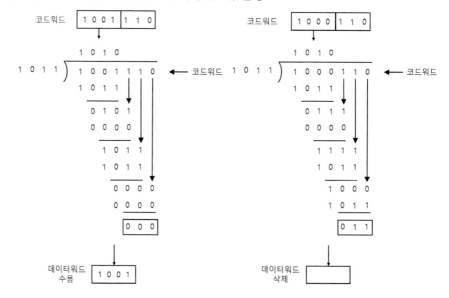

## 4.2 데이터 링크 계층

중등교사 임용시험 정보 · 컴퓨터 2007-21.

 다음 프로그램은 데이터링크에서 프레임을 전송하기 위한 것이다. 프레임을 전송할 때 프로그램 실행 결과에 따라 첫 번째 전송에는 k[0], 두 번째 전송에는 k[1]의 개수만큼 프레임을 보낸다. 〈조건〉을 고려하여 물음에 답하시오.

```c
#include <stdio.h>

void allot(int range) ;
void main(void) {
    int range = 4 ;
    allot(range) ;
}

void allot(int range) {
    int i, j, a = 0, k[10] ;
    for (i = 2 ; i <= range ; i++) {
        j = 2 ;
        while (i % j) j++ ;
        if (i == j) k[a] = i ;
        a++ ;
    }
}
```

조건
- 두 번째 전송에는 k[1]에 기억된 프레임 개수를 모두 전송한다.
- 각 전송마다 첫 번째 프레임에서 오류가 발생한다.
- 첫 번째 프레임을 제외한 모든 프레임은 오류 없이 전송된다.
- 한 프레임의 전송시간과 재전송 시간은 각각 1ms, 0.5ms이다.
- NAK 신호의 전송시간과 SRPT ARQ에서 탐색 시간은 무시한다.

(1) 프로그램 실행이 종료되었을 때 배열 k[]에 저장되는 새로운 값을 순서대로 나열하시오.

(2) Go-back-n ARQ로 오류제어를 하는 경우, 두 번째 전송할 때 전송시간과 재전송 시간을 구하시오.

(3) 선택적 반복(selective repeat, SRPT) ARQ로 오류제어를 하는 경우, 두 번째 전송할 때 전송시간과 재전송 시간을 구하시오.

---

**풀이** (1) 2, 3, 4

(2) Go-back-n ARQ

- 전송시간 : 3(1 + 1 + 1)×1ms = 3ms
- 재전송 시간 : 3×0.5ms = 1.5ms

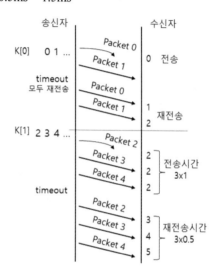

(3) SRPT ARQ

- 전송시간 : 3(1 + 1 + 1)×1ms = 3ms
- 재전송 시간 : 1×0.5ms = 0.5ms

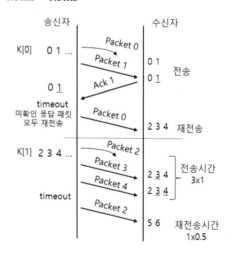

데이터 링크는 두 시스템 사이의 신뢰성 있는 데이터 전송을 위해 설정되는 논리적 연결
이다. 다음 표는 데이터 링크의 흐름제어와 오류제어를 위한 프로토콜에 관한 것이다. 물
음에 답하시오.

| | 응답 | 송신창 | 수신창 |
|---|---|---|---|
| stop-and-wait | ACK | – | – |
| stop-and-wait ARQ | ACK | – | – |
| Go-Back-n ARQ | ACK | $2^m - 1$ | 1 |
| Selective Repeat ARQ | ㉠ | $2^{m-1}$ | ㉡ |

(1) Go-Back-N ARQ에서 프레임들은 0부터 임의의 수까지 순차번호가 기록된다. 프
   레임의 순차번호를 나타내기 위한 최소 비트수가 m이고 윈도우 크기가 k라고 할
   때, m과 k의 관계를 식으로 나타내시오.

(2) (1)에서 윈도우의 크기가 50인 경우에 프레임의 순차번호를 나타내기 위해 필요한
   최소 비트 수를 구하시오.

(3) 윈도우 크기가 m일 때 주어진 표에서 ㉠, ㉡에 적합한 내용은 무엇인가?

**풀이** (1) $k \leq 2^m - 1$

(2) 6비트

   $k \leq 2^m - 1$

   $50 \leq 2^m - 1$

   $50 \leq 2^6 - 1 = 64 - 1 = 63$

(3) ㉠ : ACK or NAK, ㉡ : $2^{m-1}$

다음은 정지-대기(stop-and-wait) 흐름제어 프로토콜의 사용에 대한 패킷의 전송 과
정과 송·수신측 버퍼를 나타낸 그림이다. 〈조건〉을 고려하여 물음에 답하시오.

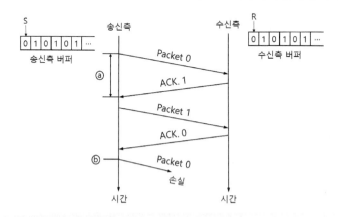

조건

- S는 수신측으로부터 확인응답을 받지 못한 패킷의 순서번호를 가리킨다.
- R는 수신측에서 수신하고자 하는 다음 패킷의 순서번호를 가리킨다.
- S와 R이 가리키는 곳의 초깃값은 0이다.
- 링크의 비트 길이(BL)는 송신측과 수신측 사이의 링크가 비트열로 완전히 채워졌을 때 링크 상에
  존재하는 비트의 개수이다.

(1) 송신측이 시점 ⓑ에서 전송한 패킷이 전송 도중 손실된 경우 S와 R가 가리키는 패
킷의 순서번호를 각각 쓰시오.

(2) 송·수신측 간의 링크 대역폭이 1Mbps이고, 1비트가 송신측에서 수신측으로 가는
데 필요한 시간이 1ms일 경우 BL은 얼마인가?

(3) 전송되는 패킷의 길이가 1,000비트일 경우 그림에서 구간 ⓐ의 링크 이용률을 구하
시오. 단, ACK 패킷의 길이와 수신측에서의 패킷 처리 시간은 무시한다.

---

**풀이** (1) S = 0, R = 0

송신 측에서 패킷 0을 전송하는 중인데 ACK1을 받지 못했으므로 S는 0이다. 수신 측
에서는 이전에 ACK0을 보냈으므로 현재 0인 상태인데 아직 ACK1을 받지 못했으므
로 R은 0이다.

(2) 1000bit, $(1 \times 10^6) \times (1 \times 10^{-3}) = 10^3 = 1000bit$

(3) 50%, 2ms×1Mbps = 2000bit, 1000bit / 2000bit = 1 / 2 = 50%

## ※ 요약 : 오류 검출과 정정

| 방법 | 설명 |
|---|---|
| 패리티 검사<br>(parity check) | • 수평 패리티 검사(LRC), 수직 패리티 검사(VRC), 수직/수평 패리티 검사 |
| 순환 중복 검사<br>(CRC) | • 송신 : k 비트의 메시지에 n개의 FCS 비트 생성한 후 (k+n) 세트를 전송함<br>• 수신 : (k+n) % 정해진 숫자가 0이면 에러가 없음 |
| 블록합 검사<br>(Block sum check) | • 송신측 : 프레임의 끝에 블록 합 문자를 추가하여 전송<br>• 수신측 : 수신된 프레임의 문자들에 대해서 블록 합을 계산하여 송신측에서 전송한 블록 합 문자를 비교하여 오류를 확인함. 이때 두 값이 같으면 오류가 없음 |
| 검사합<br>(Check sum) | • 데이터를 받아들이는 측에서는 하나씩 받아들여 합산한 다음 이를 최종적으로 들어온 검사 합계와 비교하여 착오가 있는지를 점검함 |

## ※ 요약 : 흐름 제어

| 방법 | 설명 |
|---|---|
| 정지 대기<br>(stop-and-wait)<br>ARQ | • 송신측은 각 프레임을 보내고 수신측에서 확인 응답(ACK)이 왔을 때 다음 프레임을 보내는 방법<br>• 구현이 쉽지만 응답이 올 때까지 기다려야 하므로 전송 효율이 저하됨 |
| 슬라이딩 윈도우 | • n개 프레임의 송신 또는 수신할 수 있는 크기(윈도우)를 명시적으로 통보하여 흐름 제어를 함<br>• RR3 : 2번까지 잘 받았으며, 3번 받을 준비가 되었음<br>• RNR4 : 3번까지 잘 받았으나 4번은 수신할 준비가 되지 않음. 이후 받을 준비가 되면 RR4 메시지를 보냄<br>• 피기백 : 끼워 보내기 – 데이터 프레임 + 확인응답 |

## ※ 요약 : 에러 제어

| 방법 | 설명 |
|---|---|
| 정지-대기<br>(Stop-and-Wait)<br>ARQ | • 송신측은 한 개의 프레임을 전송하고 나서 수신측으로부터 ACK가 올 때까지 기다림<br>  - ACK(긍정적 응답), NAK(부정적 응답)<br>  - 프레임 손상 : 프레임을 버림, ACK가 타이머의 정해진 시간 내에 오지 않으므로 같은 프레임을 재전송함<br>  - ACK 손상 : ACK를 인식하지 못하므로 같은 프레임을 재전송<br>• 장단점 : 단순하나 비효율적(너무 많은 응답, 대기 시간) |
| 연속적 ARQ<br>(슬라이딩 윈도우<br>방식) | • Go-back-N ARQ<br>• Selective-reject ARQ |
| 적응적 ARQ | • 채널의 효율을 최대로 하기 위해서 블록의 길이를 채널의 상태에 따라 동적으로 변경하는 방식 |

다음 그림은 4개의 랜(LAN1~LAN4)이 3개의 브리지(B1~B3)로 연결된 네트워크를 나타낸 것이다. 〈조건〉을 고려하여 물음에 답하시오.

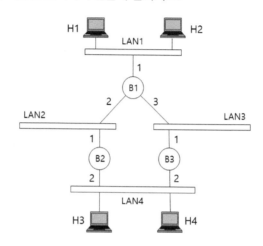

조건

- 프레임의 홉(hop) 수는 제한이 없다.
- 브리지 형태는 투명 브리지이며, 각 브리지는 출력 포트를 갖는다.
- 각 브리지 테이블은 〈목적지 호스트의 물리 주소, 출력 포트〉 필드로 구성되며, 초기에는 비어있다.
- 각 브리지 테이블의 내용은 프레임의 송수신에 의한 학습 과정을 통해 자동으로 획득된다.

(1) 다음 ①~④ 중에서 루프 문제가 발생하는 경우를 모두 선택하시오.

　　① H1이 H3로 프레임을 보낸 경우

　　② B3의 2번 포트를 논리적으로 차단(blocking)한 경우

　　③ B2에 고장이 발생한 경우

　　④ 새로운 브리지 B4를 LAN1과 LAN2 사이에 추가한 경우

(2) H3가 H2로 프레임을 보내는 경우 B2에서 발생되는 문제를 기술하시오.

---

**풀이**　(1) ①, ④

(2) 〈H3의 물리주소, 2〉 정보가 B2의 브리지 테이블에 추가되지만 루프로 인해 정보가 계속 변하는 문제가 발생된다.

다음은 노드 A, B, C, D로 구성된 버스 구조의 LAN이다. 〈조건〉을 고려하여 물음에 답하시오.

> 조건
>
> - 다중접근을 위해서 각 노드는 비지속(nonpersistent) CSMA 프로토콜을 사용한다.
> - 프레임 크기는 고정 길이이고, 단위 프레임 전송시간은 20이다.
> - A-B, B-C, C-D 사이의 전파 지연시간은 그림과 같이 각각 1, 2, 2이다.

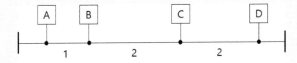

> - 시점 t가 0과 30에서 LAN의 채널은 사용 가능한 상태이다.

(1) 시점 t = 0에 A가 1개의 프레임을 전송하기 시작하고 C가 그것을 수신할 때, 수신이 완료될 때까지의 소요시간은 얼마인가?

(2) 시점 t = 30에 C가 A로 1개의 프레임을 전송하기 시작하고, 시점 t = 33에 D가 B로 1개의 프레임 전송을 시도한다. 이 경우 C가 전송한 프레임이 성공적으로 수신 완료되는지를 판별하고 D의 동작을 기술하시오.

---

**풀이** (1) 소요시간 : 1 + 2 + 20 = 23

소요시간은 A에서 B까지의 전파 지연시간, B에서 C까지의 전파 지연시간, 프레임 전송시간을 더하면 된다.

(2) C가 전송한 프레임은 수신 완료 가능함

D는 시각 33에서 회선이 busy 상태인 것을 감지하고 임의시간을 대기한 후 다시 회선 감지를 반복한다.

다음 ㉮~㉭는 IEEE 802.11 CSMA/CA 프로토콜의 송신측 동작을 순서대로 나열한 것이다. 물음에 답하시오.

㉮ 채널이 사용되지 않음을 감지하였다.
㉯ _____
㉰ _____
㉭ ACK 수신을 기다린다.

(1) ㉯에 들어갈 내용은 무엇인가?

(2) ㉰에 들어갈 내용인 ㉠ ~ ㉣을 프로토콜 동작에 맞게 순서대로 나열하시오.
  ㉠ RTS(Request to Send)를 전송한다.
  ㉡ 데이터 프레임을 전송한다.
  ㉢ SIFS(Short InterFrame Space) 시간 동안 기다린다.
  ㉣ CTS(Clear to Send) 수신을 기다린다.

───────────

**풀이** (1) DIFS(Distributed InterFrame Space) 시간 동안 기다린다.
(2) ㉠ ㉣ ㉢ ㉡

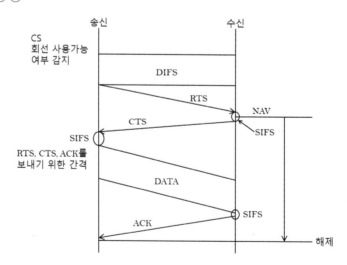

CSMA/CA(Carrier Sense Multiple Access/Collision Avoidance) 프로토콜에 대한 물음에 답하시오.

(1) CSMA/CA 프로토콜을 설명하시오.

(2) DIFS(Distributed InterFrame Space), SIFS(Short InterFrame Space), RTS(Request to Send), CTS(Clear to Send), ACK, DATA를 사용하여 데이터 송수신 과정을 설명하시오.

**풀이** (1) CSMA/CA는 IEEE 802.11 표준 프로토콜이며, Wi-Fi와 같은 무선 LAN 환경에서 데이터 전송을 위해 사용하는 프로토콜이다. 무선 환경에서는 CSMA/CD와 달리 충돌 감지가 어려우므로 최대한 충돌을 피하는 쪽으로 동작한다.

(2) 다음 그림은 CSMA/CA에서의 데이터 송수신 과정을 나타낸 것이며, 이에 대한 설명은 아래와 같다.

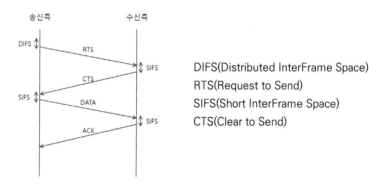

① 송신측에서는 채널이 idle 상태인지 확인한다.

② 만약 idle 상태이면 DIFS(Interframe space) 시간 동안 대기한다. 이것은 다른 Station이 이미 매체를 사용하고 있는 경우를 고려한 것이다.

③ DIFS 동안 대기한 후에도 idle 상태라면 RTS를 전송한다. RTS를 받은 수신측에서는 SIFS 동안 대기한 후 CTS를 전송한다.

④ 송신측에서는 CTS를 수신하고, SIFS 시간만큼 대기한 후 채널이 idle 상태라면 데이터를 전송한다.

⑤ 데이터를 받은 수신측에서는 SIFS 동안 대기한 후 CTS를 전송한다. 수신측에서 ACK를 받으면 전송이 성공적으로 이루어진 것으로 판단하고 종료한다. 송신측은 ACK를 기다리는 동안 타이머를 사용하며, 타이머가 종료될 때까지 ACK 메시지가 수신되지 않으면 이전 상태에서 재전송을 시도한다.

## 4.3 네트워크 계층

IPv4 주소 체계를 갖는 네트워크 환경에서, 18.14.74.0/24로 시작하는 1개의 IP주소 블록을 사용하여 그룹별로 서브넷을 구성하고자 한다. 그룹은 A, B, C가 있으며, 각각 100개, 50개, 20개의 IP주소를 요구한다. 물음에 답하시오.

(1) 그룹 A에 할당된 IP주소는 몇 개인가?

(2) 그룹 B에 할당된 첫 번째 IP주소를 CIDR 표기법으로 나타내시오.

(3) 그룹 B에 할당된 마지막 IP주소를 CIDR 표기법으로 나타내시오.

(4) 그룹 C에 할당된 IP주소 범위를 CIDR 표기법으로 나타내시오.

(5) IPv4 주소 체계에서 IP주소 고갈 문제의 해결 방안 1가지를 기술하시오.

**풀이** (1) 128

그룹 A, B, C가 각각 100개, 50개, 20개의 IP주소를 요구하므로 각각에 대해 128개, 64개, 32개의 IP주소를 할당해야 한다.

(2) 18.14.74.128/26

(3) 18.14.74.191/26

(4) 18.14.74.192/27 ~ 18.14.74.223/27

(5) IPv4 주소 체계에서 IP주소 고갈 문제의 해결 방안에는 IPv6와 DHCP 등이 있다.

| 그룹 | 주소((18.14.74.) | | | | | | | | 주소 범위 | IP주소 개수 |
|---|---|---|---|---|---|---|---|---|---|---|
| | 7 | 6 | 5 | 4 | 3 | 2 | 1 | 0 | | |
| A | 0 | x | x | x | x | x | x | x | 18.14.74.0/25 ~ 18.14.74.127/25 | 128 |
| B | 1 | 0 | x | x | x | x | x | x | 18.14.74.128/26 ~ 18.14.74.191/26 | 64 |
| C | 1 | 1 | 0 | x | x | x | x | x | 18.14.74.192/27 ~ 18.14.74.223/27 | 32 |

참고

인터넷 프로토콜인 IPv6와 IPv4를 비교하여 설명하시오.

- IPv4는 32비트 주소공간을 사용하고, IPv6는 128비트 주소공간을 사용한다. 그러므로 IPv6는 주소공간이 ($2^{128} - 2^{32}$)개 증가하였다.
- IPv6는 IPv4보다 라우팅을 고속으로 처리할 수 있도록 데이터그램 헤더 형식을 단순화하였다.
- 서비스 유형 필드는 IPv4에서 사용하는 필드이고, IPv6에서는 우선순위 필드와 흐름표지 필드를 사용한다.
- IPv6에서 단편화는 발신지 호스트에서만 수행될 수 있으나, IPv4에서는 단편화가 패킷이 전파되는 경로 상의 모든 라우터에서 수행될 수 있다.
- IPv6는 데이터그램 헤더에 인증을 위한 확장헤더를 사용하여 데이터그램의 무결성을 제공하도록 설계되었으나, IPv4의 데이터그램 헤더에서는 제공되지 않는다.

중등교사 임용시험 정보 · 컴퓨터 2005-14.

인터넷에서 IPv4 데이터그램(datagram)이 전송될 때 분할과 재결합이 이루어진다. 〈조건〉에 따라 데이터그램의 분할에 관한 물음에 답하시오.

조건
- IPv4 데이터그램의 헤더 길이는 20바이트이며, 옵션 필드는 없다.
- 전송할 IP 패킷의 데이터 필드의 길이는 700바이트이다.
- 네트워크 계층의 최대 전송 단위(MTU : Maximum Transmission Unit)는 200바이트이다.
- 패킷은 MTU 범위 안에서 가능한 최대로 크게 분할한다.

(1) 분할된 패킷의 개수를 구하시오. 그리고 각 패킷에 포함된 데이터들이 전체 데이터에서 몇 번째 바이트인지 구분하시오.

(2) 마지막 데이터그램에 대해 패킷의 전체 길이(바이트), Flags 필드의 3비트 내용, 프레그먼트 옵셋을 각각 구하시오.

(3) 데이터그램의 헤더 길이가 20바이트이고 옵션 필드가 없다고 가정할 때, 한 개 데이터그램의 최대 분할 개수를 구하시오.

**풀이** (1) 4개, 0 ~ 175, 176 ~ 351, 352 ~ 527, 528 ~ 699

- 패킷의 구성
  - 데이터 필드 길이 : 200 - 20 = 180B
  - 분할된 데이터그램의 최대 크기 : 180 − 4 = 176B (180 = 8×22 + 4)
  - 전송할 전체 데이터의 분할 : 700B = 176B×3 + 172

| 20 | 0          175 |
|-----|----------------|
| 헤더 | 데이터(176B) |

| 20 | 176          351 |
|-----|------------------|
| 헤더 | 데이터(176B) |

| 20 | 352          527 |
|-----|------------------|
| 헤더 | 데이터(176B) |

| 20 | 528          699 |
|-----|------------------|
| 헤더 | 데이터(172B) | |

(2) • 마지막 패킷의 전체 길이 : 172 + 20 = 192B

- Flags 필드의 3비트 내용 : 000
- 프레그먼트 옵셋 : 528 / 8 = 66
  - 전송할 총 데이터를 8바이트 단위로 분할
  - 4번째 패킷의 시작 부분이 몇 번째 분할인지 나타냄

(3) 최대 분할의 수 : (65535 − 20) / 8 = 8189.375 = 8190개

- 패킷 헤더에서 전체 패킷 길이(Total Packet Length) 필드는 16비트임
- 전체 길이($2^{16}$) / 단편화 옵셋($2^{13}$) = $2^3$이므로 전송할 데이터를 8바이트 단위로 분할함

| 0 | 4 | 8 | 15 16 | | 31 |
|---|---|---|-------|---|----|
| 버전 | 헤더 길이 | 서비스 유형 | | 전체 길이 | |
| 식별자 | | | 플래그 | 단편화 옵셋 | |
| 생존기간 | | 프로토콜 | | 헤더 검사 합 | |
| 송신자 주소 | | | | | |
| 수신자 주소 | | | | | |
| 옵션 (0~40바이트) | | | | | |
| 데이터 | | | | | |

다음은 사용자 시스템, 웹서버, DNS 서버를 포함한 k 도메인의 구성도이다. 〈조건〉을
고려하여 물음에 답하시오.

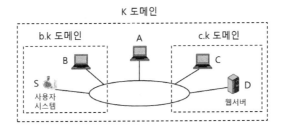

조건

- k 도메인의 모든 시스템은 DNS 서비스를 위한 캐싱 기법을 사용하지 않는다.
- 사용자 시스템(S)과 웹서버(D)의 네트워크 설정 정보는 다음과 같다.

| S | IP 주소 | DNS 서버 |
|---|---|---|
| | 210.10.70.187 | 210.10.70.3 |

| D | IP 주소 | DNS 서버 |
|---|---|---|
| | 220.20.10.140 | 220.20.10.4 |

- DNS 서버 A, B, C의 IP주소, 데이터베이스에 등록된 호스트의 도메인 이름과 IP주소는 다음과
같다.

| A | IP 주소 | 데이터베이스 | |
|---|---|---|---|
| | 169.20.30.2 | dns.b.k | 210.10.70.3 |
| | | dns.c.k | 220.20.10.4 |

| B | IP 주소 | 데이터베이스 | |
|---|---|---|---|
| | 210.10.70.3 | max.b.k | 210.10.70.190 |
| | | new.b.k | 220.20.10.211 |

| C | IP 주소 | 데이터베이스 | |
|---|---|---|---|
| | 220.20.10.4 | www.c.k | 220.20.10.140 |
| | | eng.c.k | 220.20.10.230 |

(1) S가 도메인 이름으로 D에 연결을 시도할 때, S가 처음으로 질의하는 DNS 서버를
쓰고 그 판단 근거를 기술하시오.

(2) D의 IP주소를 저장하고 있는 DNS 서버를 쓰고 그 판단 근거를 기술하시오.

풀이 (1) B, 사용자 시스템과 같은 도메인에 있는 DNS 서버를 먼저 질의한다.

(2) C, D가 속한 도메인의 DNS 서버인 C가 D의 IP주소를 저장하고 있다.

중등교사 임용시험 정보·컴퓨터 2011-1차-32.

다음 그림은 NAT(Network Address Translation) 기술을 사용하고 있는 네트워크를 나타낸다. NAT 라우터의 주소 변환 테이블은 IP주소 정보만을 가지고 있다고 가정하고 물음에 답하시오.

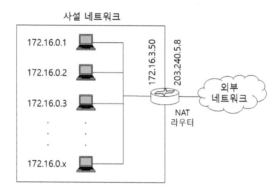

(1) 패킷이 사설 네트워크에서 외부 네트워크로 나갈 때 패킷의 출발지 주소는 무엇인가?

(2) NAT 라우터가 N개의 외부 IP주소를 갖는 주소 풀을 사용한다. 이때 사설 네트워크에서 외부 네트워크로 동시에 연결할 수 있는 호스트의 최대 수는?

(3) 사설 네트워크의 네트워크 아이디가 172.16.0.0인 경우 사설 네트워크에서 사용할 수 있는 사설 IP주소의 최대 수는?

---

**풀이** (1) 203.240.5.8

외부 네트워크와의 통신은 사설 네트워크에 있는 호스트에 의해서만 개시될 수 있다. 패킷이 외부 네트워크와 사설 네트워크 간에 이동할 때 NAT 라우터는 주소를 변환한다. 패킷이 외부 네트워크로 나갈 때 NAT 라우터는 패킷의 출발지 주소를 NAT 라우터의 외부 IP주소로 변경한다.

(2) 사설 네트워크 내의 최대 N대 호스트가 외부 네트워크의 호스트로 동시에 연결할 수 있다.

(3) $(2^{20} - 2)$개

사설 네트워크에서 사용할 수 있는 IP주소의 범위는 172.16.0.0 ~ 172.31.255.255가 된다. 여기서 31.255.255가 20비트이므로 최대 $2^{20}$개의 사설 IP주소를 사용할 수 있으나 네트워크 주소(172.16.0.0)와 브로드캐스팅 주소(172.31.255.255)를 제외하면 최대 $(2^{20} - 2)$개의 사설 IP주소를 사용할 수 있다. 이 주소 체계는 B Class에 해당한다.

다음은 네트워크 주소 변환(NAT : Network Address Translation) 기능을 사용하여 사설 네트워크와 외부 네트워크를 연결하는 구성도이다. 〈조건〉을 고려하여 물음에 답하시오.

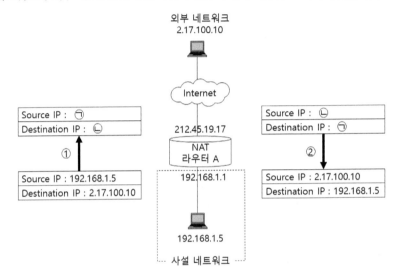

**조건**

- 사설 IP주소 192.168.1.5를 사용하는 호스트가 공인 IP주소 2.17.100.10을 사용하는 호스트에 접근한다고 가정한다.
- A의 사설과 외부 네트워크 인터페이스의 IP주소는 각각 192.168.1.1과 212.45.19.17이다.
- A는 사설 네트워크에서 전달된 패킷의 IP주소를 공인 IP주소로 변환하고, 그 역방향의 변환도 수행한다. 그림에서 ①과 ②는 각각의 변환 과정을 나타낸 것이다.
- A는 NAT 서비스를 수행하기 위해 IP주소 풀을 가지고 있고, A의 주소 풀에는 212.45. 19.17만 존재한다.

(1) ㉠, ㉡에 해당하는 IP주소를 구하시오.

(2) 그림에서 ①, ②의 IP주소 변환 방법을 각각 설명하시오.

---

**풀이** (1) ㉠ : 212.45.19.17, ㉡ : 2.17.100.10

(2) ① Source IP는 사설 IP주소에서 공인 IP주소로 변경된다. Destination IP는 변경 없이 그대로 사용된다.

② Destination IP는 공인 IP주소에서 사설 IP주소로 변경된다. Source IP는 변경 없이 그대로 사용된다.

중등교사 임용시험 정보 · 컴퓨터 2010-1차-37.

어떤 회사가 인터넷 관리 기관으로부터 200.20.64.0/22로 시작하는 클래스 없는(class-less) IP주소 블록을 부여받았다. 다음과 같이 24개의 서브넷이 필요하여 가변 길이 서브넷을 구성하고자 한다. 부여받은 주소 블록을 첫 번째 그룹부터 시작하여 낮은 주소부터 차례로 할당한다. 물음에 답하시오.

- 첫 번째 그룹은 각각 64개의 주소를 가지는 2개의 서브넷
- 두 번째 그룹은 각각 32개의 주소를 가지는 2개의 서브넷
- 세 번째 그룹은 각각 16개의 주소를 가지는 4개의 서브넷
- 네 번째 그룹은 각각 4개의 주소를 가지는 16개의 서브넷

(1) 첫 번째 그룹의 서브넷 마스크와 첫 번째 서브넷의 마지막 주소를 구하시오.

(2) 세 번째 그룹의 두 번째 서브넷의 시작 주소와 마지막 주소를 구하시오.

(3) 부여받은 주소 블록에서 모든 서브넷의 주소를 할당한 후 여분의 주소 개수는 몇 개인가?

**풀이** (1) 서브넷 마스크 : 255.255.255.192, 마지막 주소 : 200.20.64.63/26

(2) 시작 주소 : 200.20.64.208/28, 마지막 주소 : 200.20.64.223/28

(3) 704개

$$1024 - (64 \times 2 + 32 \times 2 + 16 \times 4 + 4 \times 16) = 1024 - 320 = 704개$$

| 그룹 | 주소(200.20.) | | | | | | | | | | | | | | | | 주소 범위 |
|---|---|---|---|---|---|---|---|---|---|---|---|---|---|---|---|---|---|
| | 7 | 6 | 5 | 4 | 3 | 2 | 1 | 0 | 7 | 6 | 5 | 4 | 3 | 2 | 1 | 0 | |
| 1 | 0 | 1 | 0 | 0 | 0 | 0 | 0 | 0 | 0 | 0 | 0 | x | x | x | x | x | x | 200.20.64.0/26 ~ 200.20.64.63/26 |
| | 0 | 1 | 0 | 0 | 0 | 0 | 0 | 0 | 0 | 0 | 1 | x | x | x | x | x | x | 200.20.64.64/26 ~ 200.20.64.127/26 |
| 2 | 0 | 1 | 0 | 0 | 0 | 0 | 0 | 0 | 1 | 0 | 0 | x | x | x | x | x | 200.20.64.128/27 ~ 200.20.64.159/27 |
| | 0 | 1 | 0 | 0 | 0 | 0 | 0 | 0 | 1 | 0 | 1 | x | x | x | x | x | 200.20.64.160/27 ~ 200.20.64.191/27 |
| 3 | 0 | 1 | 0 | 0 | 0 | 0 | 0 | 0 | 1 | 1 | 0 | 0 | x | x | x | x | 200.20.64.192/28 ~ 200.20.64.207/28 |
| | 0 | 1 | 0 | 0 | 0 | 0 | 0 | 0 | 1 | 1 | 0 | 1 | x | x | x | x | 200.20.64.208/28 ~ 200.20.64.223/28 |
| | 0 | 1 | 0 | 0 | 0 | 0 | 0 | 0 | 1 | 1 | 1 | 0 | x | x | x | x | 200.20.64.224/28 ~ 200.20.64.239/28 |
| | 0 | 1 | 0 | 0 | 0 | 0 | 0 | 0 | 1 | 1 | 1 | 1 | x | x | x | x | 200.20.64.240/28 ~ 200.20.64.255/28 |
| 4 | 0 | 1 | 0 | 0 | 0 | 0 | 0 | 1 | 0 | 0 | 0 | 0 | 0 | 0 | x | x | 200.20.65.0/30 ~ 200.20.65.3/30 |
| | 0 | 1 | 0 | 0 | 0 | 0 | 0 | 1 | 0 | 0 | 0 | 0 | 0 | 1 | x | x | 200.20.65.4/30 ~ 200.20.65.7/30 |
| | 0 | 1 | 0 | 0 | 0 | 0 | 0 | 1 | 0 | 0 | ...... | | | | | | |
| | 0 | 1 | 0 | 0 | 0 | 0 | 0 | 1 | 0 | 0 | 1 | 1 | 1 | 1 | x | x | 200.20.65.60/30 ~ 200.20.65.63/30 |

중등교사 임용시험 정보 · 컴퓨터 2022-A-3

 다음 IPv4 라우팅 테이블을 참조하여 인터페이스(interface)에 대한 물음에 답하시오. 단, 주소와 마스크는 CIDR(Classless Inter-Domain Routing) 표기법을 따른다.

| 마스크 | 네트워크 주소 | 다음 홉(hop) | 인터페이스 |
|---|---|---|---|
| /24 | 201.80.44.0 | – | a1 |
| /23 | 201.80.2.0 | – | b2 |
| /16 | 201.80.0.0 | – | c3 |
| /16 | 140.17.0.0 | – | d4 |
| /16 | 140.27.0.0 | – | e5 |
| default | default | 201.80.44.3 | a1 |

(1) 목적지 주소가 140.17.7.7인 패킷의 인터페이스는 무엇인가?

(2) 목적지 주소가 201.80.1.3인 패킷의 인터페이스는 무엇인가?

---

**풀이** 패킷의 인터페이스는 네트워크 수소 범위에 해당하는 인터페이스를 찾으면 된다. 이를 위해 목적지 주소를 해당 마스크(mask)로 마스킹한 후 그 결과가 목적지 주소의 네트워크 주소와 일치하는지 확인한다.

(1) 목적지 주소가 140.17.7.7인 경우

```
  10001100.00010001.00000111.00000111
& 11111111.11111111.11111111.00000000 /24
  10001100.00010001.00000111.00000000 (140.17.7.0)

  10001100.00010001.00000111.00000111
& 11111111.11111111.11111110.00000000 /23
  10001100.00010001.00000110.00000000 (140.17.6.0)

  10001100.00010001.00000111.00000111
& 11111111.11111111.00000000.00000000 /16
  10001100.00010001.00000000.00000000 (140.17.0.0) ← d4
```

(2) 목적지 주소가 201.80.1.3 : c3

```
  11000011.01010000.00000001.00000011
& 11111111.11111111.11111111.00000000 /24
  11000011.01010000.00000001.00000000 (201.80.1.0)

  11000011.01010000.00000001.00000011
& 11111111.11111111.11111110.00000000 /23
  11000011.01010000.00000000.00000000 (201.80.0.0)

  11000011.01010000.00000001.00000011
& 11111111.11111111.00000000.00000000 /16
  11000011.01010000.00000000.00000000 (201.80.0.0) ← c3
```

서브넷 마스크는 네트워크 ID 부분은 1, 호스트 ID 부분은 0으로 이루어진 32비트 이진수 문자열이다. 서브넷 마스크는 10진수와 CDIR의 두 가지 표기법을 사용할 수 있다. 예를 들면, IP주소가 192.168.0.1이고 서브넷 마스크가 255.255.255.0인 경우 아래와 같이 표기할 수 있다.

- 10진수 표기법 : 192.168.0.1/255.255.255.0
- CDIR 표기법 : 192.168.0.1/24 (왼쪽부터 나열된 1의 수가 24개임)

---

다음 그림은 서로 다른 종류의 네트워크인 $N_1$과 $N_2$가 포함된 네트워크 구성도이다. 최초 발신지에서 최종 목적지까지 데이터 T의 전송 중에 IPv4 단편화가 〈조건〉에 따라 수행된다. 물음에 답하시오.

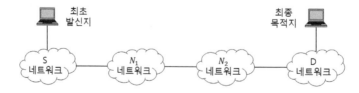

조건

- 최초 발신지의 데이터 T는 100,000바이트 크기이며, S, $N_1$, $N_2$, D 네트워크의 순서(S → $N_1$ → $N_2$ → D)로 통과하여 최종 목적지까지 오류 없이 전송된다.
- 최초 발신지에서 데이터 T는 2,000바이트 크기의 패킷으로 구성되며, 처음 패킷에 부여되는 식별자는 2,560이다.
- 패킷 헤더의 크기는 20바이트이다.
- $N_1$과 $N_2$ 네트워크의 MTU는 각각 1,000바이트와 240바이트이다.
- S와 D 네트워크의 MTU는 4,000바이트이다.

(1) 최종 목적지에 도착한 패킷의 총수는 몇 개인가?

(2) 최종 목적지에 도착한 패킷 중 패킷 헤더의 플래그 필드에서 MF(More Fragments) 비트가 0인 패킷은 몇 개인가?

---

**풀이** 다음 그림은 패킷이 네트워크를 통과할 때 MTU에 의해 분할되는 과정 일부를 나타낸 것이다.

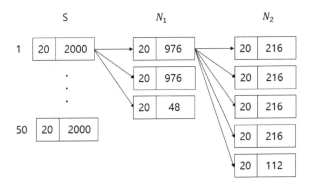

- $N_1$에서 패킷의 데이터는 1000 − 20 = 980B, 크기가 8B의 배수가 되어야 하므로 976B이다.
- $N_2$에서 패킷의 데이터는 240 − 20 = 220B, 크기가 8B의 배수가 되어야 하므로 216B이다.

(1) 50×11 = 550개

S에 있는 2000B 데이터 크기의 1개 패킷은 $N_1$에서 976B 데이터 크기의 2개 패킷과 48B 데이터 크기의 1개 패킷으로 분할된다. $N_1$에 있는 976B 데이터 크기의 1개 패킷은 $N_2$에서 216B 데이터 크기의 4개 패킷과 112B 데이터 크기의 1개 패킷으로 분할된다. 따라서 출발지 S의 2000B 데이터 패킷 1개가 목적지 D에 도착할 때는 11개(5 + 5 + 1) 패킷이 된다. 출발지 S에는 50개 패킷이 있으므로 최종 목적지에 도착하는 패킷의 총수는 50×11 = 550개가 된다.

(2) 50개

패킷이 전송되는 과정에서 MF 비트가 0인 패킷은 $N_1$의 패킷 중에서 데이터 크기가 48인 패킷이다. 이러한 패킷은 출발지 S에 있는 50개 패킷 각각에 1개씩 만들어진다. 따라서 최종 목적지에 도착하는 MF 비트가 0인 패킷은 50개가 된다.

---

**참고**

패킷 헤더의 크기를 고려하지 않는 경우 패킷의 총수는 500개, MF 비트가 0인 패킷은 100개이다.

| (S → N1) (N1 → N2) (N3 → D) |
| --- |

| 2000 | 2000 | 2000 | ... | 2000 | | 1000 | 1000 | 1000 | 1000 | ... | 1000 |
| --- | --- | --- | --- | --- | --- | --- | --- | --- | --- | --- | --- |
| 1 | 2 | 3 | | 50 | | 1-1 | 1-2 | 2-1 | 2-2 | | 50-2 |

- 1000바이트짜리 패킷이 240 MTU 때문에 5조각으로 나누어진다.
  → 50×2×5 = 500개
  T : 100,000 Byte, S : 2,000×50
  N1 : (1000×2)×50, N2 : (240 + 240 + 240 + 240 + 40)×2×50
- 마지막 분할이 100개의 패킷을 각각 5개씩 나누기 때문에 MF가 0인 패킷은 100개이다.

---

다음 표는 라우터 A가 라우터 B로부터 RIP 광고를 수신하기 직전의 라우팅 테이블과 B로부터 수신한 RIP 광고 정보를 나타낸 것이다. RIP(Routing Information Protocol) 프로토콜을 사용하여 라우터 A의 갱신된 라우팅 테이블을 작성하고자 한다. 물음에 답하시오.

| 목적지<br>서브넷 | 다음<br>라우터 | 목적지까지의<br>홉(hop)수 |
| --- | --- | --- |
| w | B | 2 |
| y | D | 4 |
| z | E | 5 |
| x | 없음 | 1 |

| 목적지<br>서브넷 | 다음<br>라우터 | 목적지까지의<br>홉(hop)수 |
| --- | --- | --- |
| z | C | 2 |
| w | 없음 | 1 |
| x | 없음 | 1 |

(1) 수신된 RIP 광고 정보를 사용하여 다음 라우터를 B로 설정한 테이블을 작성하시오.

(2) 라우터 A의 갱신된 라우팅 테이블을 작성하시오.

---

**풀이** (1) A는 라우터 B로부터 수신한 RIP 광고의 정보를 사용하여 다음 라우터를 B로 설정한 후 목적지까지의 홉 수를 1씩 증가시킨다.

| 목적지 서브넷 | 다음 라우터 | 목적지까지의 홉(hop) 수 |
|---|---|---|
| z | B | 3 |
| w | B | 2 |
| x | B | 2 |

(2) B로부터 받은 RIP 광고 정보를 반영한 후 라우터 A의 갱신된 라우팅 테이블은 다음과 같다.

| 목적지 서브넷 | 다음 라우터 | 목적지까지의 홉(hop) 수 |
|---|---|---|
| w | B | 2 |
| y | D | 4 |
| z | B | 3 |
| x | 없음 | 1 |

중등교사 임용시험 정보 · 컴퓨터 2016-A-5.

다음은 네트워크에 존재하는 라우터 R1과 R2의 라우팅 테이블이다. 〈조건〉을 고려하여 물음에 답하시오.

- R1 라우팅 테이블

| 목적지 서브넷 주소/마스크 | 출력 인터페이스 |
|---|---|
| ㉠ | m1 |
| ㉡ | m1 |
| 224.240.0.0/16 | m1 |
| default | m0 |

- R2 라우팅 테이블

| 목적지 서브넷 주소/마스크 | 출력 인터페이스 |
|---|---|
| 224.249.0.0/17 | m2 |
| 224.249.128.0/17 | m3 |
| 224.253.0.0/16 | m4 |
| 224.240.0.0/16 | m5 |
| default | m1 |

조건

• 라우터 R1, R2와 출력 인터페이스 m0~m5에 해당하는 링크의 구성은 다음과 같다.

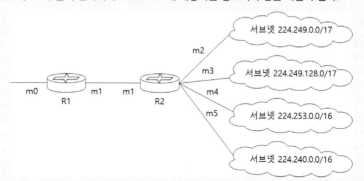

• R1은 R2의 오른쪽 서브넷(subnet)으로 가는 패킷을 m1으로 전달하고, 그 이외의 패킷을 m0로 전달한다.
• 주소 표기는 IPv4에서 CIDR(Classless Inter-Domain Routing) 표기법을 따른다.

(1) ㉠, ㉡에 해당하는 내용은 무엇인가?

(2) 224.249.0.0/17과 224.249.128.0/17에서 각각 세 번째에 있는 0과 128을 이진수로 나타내시오.

(3) 224.249.0.0/17과 224.249.128.0/17을 동일한 마스크를 사용하여 표현하시오.

---

**풀이**  (1) ㉠ : 224.249.0.0/16,  ㉡ : 224.253.0.0/16

(2) 0 : 0000 0000, 128 : 1000 0000

(3) 224.249.0.0/16

다음 그림은 4개의 네트워크(N1 ~ N4)를 2개의 라우터(R1, R2)로 연결한 상태를 나타낸 것이다. 네트워크와 라우터를 연결하는 링크 위의 값은 비용(cost)이다. 링크의 비용은 라우터에서 네트워크로 패킷을 전송하는 경우에만 적용된다.

각 라우터에서 라우팅 테이블을 구성하기 위해 OSPF(Open Shortest Path First) 라우팅 프로토콜을 사용한다. 물음에 답하시오.

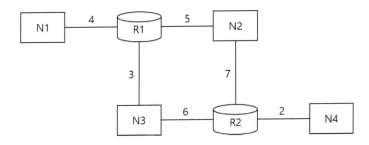

■ R1 라우팅 테이블

| 목적지<br>네트워크 | 다음<br>라우터 | 비용 |
|---|---|---|
| N1 | – | 4 |
| N2 | – | 5 |
| N3 | – | 3 |
| N4 | R2 | ㉠ |

■ R2 라우팅 테이블

| 목적지<br>네트워크 | 다음<br>라우터 | 비용 |
|---|---|---|
| N1 | R1 | ㉡ |
| N2 | – | 7 |
| N3 | – | 6 |
| N4 | – | 2 |

(1) OSPF(Open Shortest Path First) 라우팅 프로토콜을 정의하시오.

(2) 라우팅 테이블의 ㉠, ㉡에 해당하는 값을 순서대로 쓰시오.

(3) 링크상태 라우팅(OSPF)에서 라우팅 테이블 생성 과정을 설명하시오.

---

**풀이** (1) 최단 경로 우선(OSPF) 프로토콜은 링크상태 라우팅에 기반을 둔 도메인 내의 라우팅 프로토콜이다. OSPF에서는 모든 라우터가 동일한 네트워크 토폴로지 데이터베이스를 기반으로 경로를 계산한다. 링크상태 라우팅 기법에서는 딕스트라(Dijkstra) 알고리즘을 사용하여 최적 경로를 계산하고 라우팅 테이블을 구성한다.

(2) ㉠ : 5 (R1 → N3) + (R2 → N4) = 3 + 2 = 5

㉡ : 10 (R2 → N3) + (R1 → N1) = 6 + 4 = 10

(3) 다음과 같이 4개 단계를 통해 라우팅 테이블을 구성할 수 있다. 첫째, 링크 상태 패킷 (Link State Packet)을 생성한다. LSP는 라우터가 이웃에 대한 정보를 네트워크로 보내기 위한 패킷이다. 둘째, 네트워크상의 모든 라우터로 LSP를 플러딩(flooding)한다. 셋째, 딕스트라(Dijkstra) 알고리즘을 사용하여 각 노드에 대한 최단경로 트리를 만든다. 넷째, 최단경로 트리를 사용하여 라우팅 테이블을 구성한다.

다음 그림은 A~F까지 6개의 라우터로 구성된 네트워크 도메인을 나타낸 것이다. 링크 상태(link state) 라우팅 알고리즘을 사용하여 라우팅 테이블을 구성하고자 한다. 〈조건〉을 고려하여 물음에 답하시오.

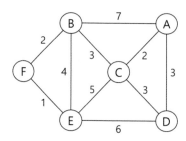

조건

- 각 링크상의 숫자는 전송비용을 나타내며, 양방향이 동일하다.
- 라우팅 테이블은 라우터, 비용, '다음 라우터' 필드로 구성되며, 각각 목적지 라우터, 목적지까지의 최소 경로비용, 최초 경유 라우터를 나타낸다.
- 인접 라우터로 직접 전달이 가능하면 '다음 라우터' 필드는 '-'로 표시한다.

(1) 라우터 A, B의 라우팅 테이블 구성을 위한 각각의 최소비용 트리를 그리시오.

(2) 라우터 A, B의 라우팅 테이블을 구성하시오.

(3) 라우터 D, E의 라우팅 테이블 구성을 위한 각각의 최소비용 트리를 그리시오.

(4) 라우터 D, E의 라우팅 테이블을 구성하시오.

(1)

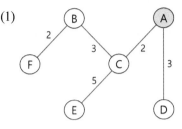 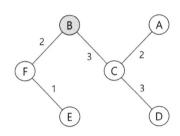

(2) • 라우터 A의 라우팅 테이블

| 라우터 | 비용 | 다음 라우터 |
|--------|------|-------------|
| A | 0 | - |
| B | 5 | C |
| C | 2 | - |
| D | 3 | - |
| E | 7 | C |
| F | 7 | C |

• 라우터 B의 라우팅 테이블

| 라우터 | 비용 | 다음 라우터 |
|--------|------|-------------|
| A | 5 | C |
| B | 0 | - |
| C | 3 | - |
| D | 6 | C |
| E | 3 | F |
| F | 2 | - |

(3)

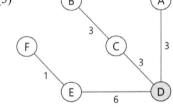 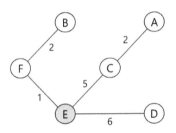

(4) • 라우터 D의 라우팅 테이블

| 라우터 | 비용 | 다음 라우터 |
|--------|------|-------------|
| A | 3 | - |
| B | 6 | C |
| C | 3 | - |
| D | 0 | - |
| E | 6 | - |
| F | 7 | E |

• 라우터 E의 라우팅 테이블

| 라우터 | 비용 | 다음 라우터 |
|--------|------|-------------|
| A | 7 | C |
| B | 3 | F |
| C | 5 | - |
| D | 6 | - |
| E | 0 | - |
| F | 1 | - |

아래와 같은 네트워크 도메인에서 각 라우터는 링크상태(link state) 라우팅 기법을 사용한다. 각 링크 상의 숫자는 전송비용을 나타내며 양방향의 전송비용은 동일하다. 물음에 답하시오.

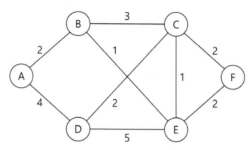

(1) 라우터 B에 대한 라우팅 테이블 구성을 위한 최소비용 트리의 생성 과정을 설명하시오.

(2) 라우터 B, C의 라우팅 테이블을 작성하시오.

(3) 라우터 A, D의 라우팅 테이블을 작성하시오.

---

**풀이** (1) 주어진 그림의 라우터 B에서 최소비용으로 라우터 C나 F로 가기 위해서는 E를 통과해야 하므로 다음 라우터는 E가 된다. 그리고 최소비용으로 라우터 D로 가기 위해서는 E와 C를 순서대로 통과해야 하므로 다음 라우터는 E가 된다. 이것을 그림으로 나타내면 최소비용 트리의 생성 과정은 다음과 같다.

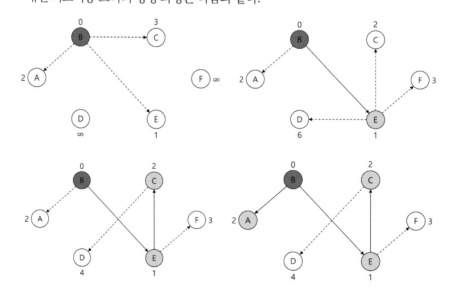

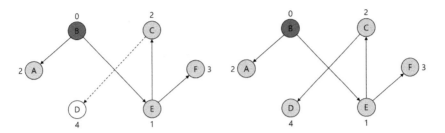

(2) 라우팅 테이블은 라우터, 비용, 다음 라우터로 구성되며 각각 목적지 라우터, 목적지까지의 최소 경로비용, 최초로 경유할 라우터를 나타낸다.

· B의 라우팅 테이블

| 라우터 | 비용 | 다음 라우터 |
|--------|------|-------------|
| A | 2 | – |
| B | 0 | – |
| C | 2 | E |
| D | 4 | E |
| E | 1 | – |
| F | 3 | E |

· C의 라우팅 테이블

| 라우터 | 비용 | 다음 라우터 |
|--------|------|-------------|
| A | 4 | E |
| B | 2 | E |
| C | 0 | – |
| D | 2 | – |
| E | 1 | – |
| F | 2 | – |

(3) · A의 라우팅 테이블

| 라우터 | 비용 | 다음라우터 |
|--------|------|------------|
| A | 0 | – |
| B | 2 | – |
| C | 4 | B |
| D | 4 | – |
| E | 3 | B |
| F | 5 | B |

· D의 라우팅 테이블

| 라우터 | 비용 | 다음라우터 |
|--------|------|------------|
| A | 4 | – |
| B | 4 | – |
| C | 2 | – |
| D | 0 | – |
| E | 3 | C |
| F | 4 | C |

다음 표는 거리 벡터 프로토콜인 RIP(Routing Information Protocol)를 사용하는 라우터의 현재 라우팅 테이블과 이웃 라우터 'C'로부터 받은 라우팅 정보이다. 물음에 답하시오.

■ 기존 라우팅 테이블

| Network ID | Cost | Next hop |
|---|---|---|
| Net1 | 8 | A |
| Net2 | 2 | C |
| Net6 | 6 | A |
| Net7 | 5 | D |
| Net8 | 3 | E |

■ C에서 받은 테이블

| Network ID | Cost |
|---|---|
| Net2 | 6 |
| Net3 | 8 |
| Net6 | 4 |
| Net7 | 4 |
| Net8 | 3 |

(1) 갱신된 라우팅 테이블을 작성하시오.

(2) 라우팅 테이블의 갱신(update) 과정을 설명하시오.

(3) 라우팅 프로토콜인 RIP와 OSPF의 특징을 비교하시오.

──────────

**풀이** (1) • C에서 받은 테이블

| Network ID | Cost |
|---|---|
| Net2 | 6 |
| Net3 | 8 |
| Net6 | 4 |
| Net7 | 4 |
| Net8 | 3 |

⇒

• Cost를 1 증가시킨 테이블

| Network ID | Cost | Next hop |
|---|---|---|
| Net2 | 7 | C |
| Net3 | 9 | C |
| Net6 | 5 | C |
| Net7 | 5 | C |
| Net8 | 4 | C |

• 기존 라우팅 테이블

| Network ID | Cost | Next hop |
|---|---|---|
| Net1 | 8 | A |
| Net2 | 2 | C |
| Net6 | 6 | A |
| Net7 | 5 | D |
| Net8 | 3 | E |

⇒

• 갱신된 라우팅 테이블

| Network ID | Cost | Next hop |
|---|---|---|
| Net1 | 8 | A |
| Net2 | 7 | C |
| Net3 | 9 | C |
| Net6 | 5 | C |
| Net7 | 5 | D |
| Net8 | 3 | E |

(2) RIP(Routing Information Protocol)는 거리 벡터(distance vector) 프로토콜이며, 가장 짧은 경로의 스패닝 트리를 찾기 위해 경로상의 홉 수를 기준으로 Bellman-Ford 알고리즘을 사용한다.

위의 표에서 기존 라우팅 테이블을 ⓐ, C에서 받은 라우팅 테이블을 ⓑ, C에서 받은 라우팅 테이블에 cost를 1씩 더한 테이블을 ⓒ라고 하자. 이 3개의 테이블을 사용하여 아래와 같은 기준으로 새로운 라우팅 테이블을 만든다.

- 테이블 ⓐ에 항목이 없으면 테이블 ⓒ의 항목을 사용한다. (Net3)
- 테이블 ⓑ에 항목이 없으면 테이블 ⓐ의 항목을 사용한다. (Net1)
- 테이블 ⓐ에서 next hop이 라우터 'C'인 경우는 테이블 ⓒ의 항목을 사용한다. (Net2)
- next hop이 라우터 'C'가 아닌 경우는 테이블 ⓐ와 ⓒ에서 cost가 작은 것을 사용한다. (Net6, Net7, Net8)

(3)

|  | RIP | OSPF |
|---|---|---|
| 라우팅 방식 | 거리 벡터 라우팅 | 링크 상태 라우팅 |
| 적용 영역 | 도메인 내(Intradomain) | 도메인 내(Intradomain) |
| 정보 범위 | 전체 네트워크 | 인접 라우터 |
| 전송 대상 | 인접 라우터 | 모든 라우터 |
| 공유 주기 | 일정 주기 | 정보 변경 시 |
| 전송 비용 | 홉(hop) 수 | 트래픽, 링크 상태 등 |

다음 그림은 건물의 네트워크 구성도와 라우팅 테이블(R1, R2, R3)을 나타낸 것이다. 〈조건〉을 고려하여 물음에 답하시오.

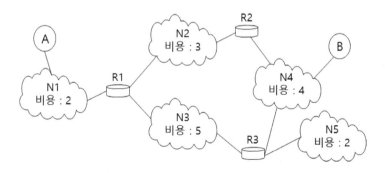

■ R1의 라우팅 테이블    ■ R2의 라우팅 테이블    ■ R3의 라우팅 테이블

| 목적지<br>네트워크 | 다음<br>라우터 | 비용<br>(cost) |
|---|---|---|
| N1 | - | 2 |
| N2 | - | 3 |
| N3 | - | 5 |
| N4 | R2 | 7 |
| N5 | R3 | 7 |

| 목적지<br>네트워크 | 다음<br>라우터 | 비용<br>(cost) |
|---|---|---|
| N1 | R1 | 5 |
| N2 | - | 3 |
| N3 | R1 | 8 |
| N4 | - | 4 |
| N5 | R3 | 6 |

| 목적지<br>네트워크 | 다음<br>라우터 | 비용<br>(cost) |
|---|---|---|
| N1 | R1 | 7 |
| N2 | R2 | 7 |
| N3 | - | 5 |
| N4 | - | 4 |
| N5 | - | 2 |

조건

- 그림에서 A, B는 호스트, R1~R3는 라우터, N1~N5는 네트워크이다.
- 네트워크에 표시된 비용은 네트워크에 연결된 두 노드 간의 메시지 전송 비용이다.
- 호스트의 디폴트 라우터는 호스트에서 다른 네트워크로 메시지를 보낼 때마다 처음 거쳐야 할 라우터이다.

(1) 호스트 A에서 B로 메시지를 보낼 때 통과하는 라우터를 순서대로 쓰시오.

(2) 호스트 B의 디폴트 라우터로 R2와 R3 중 어느 것을 사용하는 것이 비용을 최소화할 수 있는가? 그 이유를 기술하시오.

(3) R3가 N4에 연결되지 않았다고 가정할 경우 R3의 라우팅 테이블에서 N4에 대한 다음 라우터와 비용을 구하시오.

---

**풀이** (1) R1, R2

R1의 라우팅 테이블에서 목적지 네트워크 N4의 다음 라우터는 R2이다.

(2) R3, 그 이유는 라우팅 테이블에서 각 네트워크의 비용 합이 R3가 더 적기 때문이다.
- R2의 라우팅 테이블 비용의 합 : 26
- R3의 라우팅 테이블 비용의 합 : 25

(3) R1, 12

N4에서 R3로 가는 경로 : N4→R2→N2→R1→N3→R3, 비용 : 4 + 3 + 5 = 12

## ※ 요약 : 네트워크 계층

| 구성 | 설명 |
|---|---|
| IP | • 신뢰성 없는 비연결성 데이터그램 프로토콜<br>• 사용 프로토콜 : ICMP(오류제어), IGMP(멀티테스킹), ARP(물리주소인 MAC 확인), RARP(논리주소 확인) |
| IP주소<br>지정 | (아래 표 참조)<br>• 특수 IP주소 : 네트워크, 브로드캐스팅, 전체/특정 호스트, 루프백<br>• 서브넷팅 : 주소에서 호스트 ID 부분을 서브넷 ID와 호스트 ID로 나누어 사용<br>• 마스킹 : IP주소에서 네트워크/서브 네트워크 주소를 추출<br>  – IP주소(224.240.3.1), 마스크(225.225.0.0) : 네트워크 주소는 244.240.0.0<br>  – IP주소(224.240.3.1), 마스크(225.225.255.0) : 서브넷 주소는 244.240.3.0 |
| IP<br>데이터그<br>램 | (아래 IP 데이터그램 구조 참조)<br>• 기본 헤더(20바이트), 옵션(0~40바이트), 전체 길이(20~65535바이트)<br>• 헤더 길이 : 헤더의 전체 길이를 4바이트 단위로 표시, 옵션 필드가 없으면 5, 옵션 필드가 최대 길이면 이 필드 값은 15가 됨<br>• 전체 길이 : 헤더와 데이터를 포함한 IP 데이터그램의 전체 길이를 바이트 단위로 나타냄<br>• 프로토콜 : IP 계층의 서비스를 사용하는 상위 계층 프로토콜을 나타냄<br>  – ICMP(1), IGMP(2), TCP(3), 17(UDP), 89(OSPF) |

**IP주소 지정 – 분류표**

| 분류 | 주소 | | | | 마스크 | CIDR |
|---|---|---|---|---|---|---|
| Class A | 1xxxxxxx<br>0~127 | | | | 255.0.0.0 | /8 |
| Class B | 10xxxxxx<br>129~191 | | | | 255.255.0.0 | /16 |
| Class C | 110xxxxx<br>192~223 | | | | 255.255.255.0 | /24 |
| Class D | 1110xxxx<br>224~239 | | | | | |
| Class E | 1111xxxx<br>240~255 | | | | | |

**IP 데이터그램 구조**

```
0        4        8              15 16                          31
| 버전 | 헤더 길이 |  서비스 유형  |          전체 길이          |
|        식별자          |  플래그  |       단편화 옵셋        |
|  생존기간  |   프로토콜   |        헤더 검사 합         |
|                   송신자 주소                   |
|                   수신자 주소                   |
|                옵션 (0~40바이트)                |
|                     데이터                     |
```

| 구성 | 설명 |
|---|---|
| 단편화 | • 최대 전송 길이(MTU)에 따라 프레임을 분리<br> – 식별자 : 데이터그램 구분을 위한 것으로 한 프레임의 단편들은 동일한 값<br> – 플래그 : 3비트(1: 사용하지 않음, 2: 단편화 가능/불가능(0/1), 3: 마지막 단편 유무<br>   (0, 1은 각각 끝, 끝이 아님)<br> – 오프셋 : 데이터그램 내에서 데이터의 off을 8바이트 단위로 나타냄<br>• 예제 : 데이터의 크기가 4000바이트<br>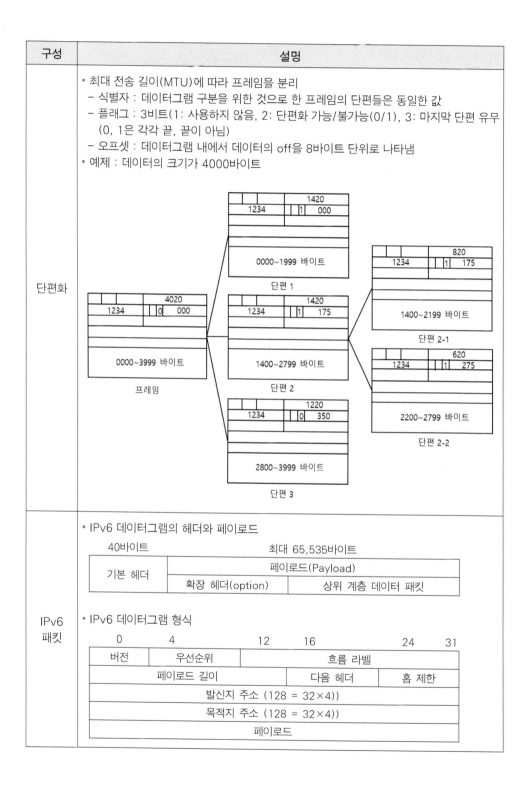 |
| IPv6 패킷 | • IPv6 데이터그램의 헤더와 페이로드<br><br>  40바이트              최대 65,535바이트<br><br>| 기본 헤더 | 페이로드(Payload) |  |<br>|          | 확장 헤더(option) | 상위 계층 데이터 패킷 |<br><br>• IPv6 데이터그램 형식<br><br>| 0 | 4 | 12 | 16 | 24 | 31 |<br>| 버전 | 우선순위 | 흐름 라벨 |  |  |  |<br>| 페이로드 길이 |  |  | 다음 헤더 |  | 홉 제한 |<br>| 발신지 주소 (128 = 32×4)) |  |  |  |  |  |<br>| 목적지 주소 (128 = 32×4)) |  |  |  |  |  |<br>| 페이로드 |  |  |  |  |  | |

## 4.4 전송 계층

다음 그림은 TCP(Transmission Control Protocol) 세그먼트의 전송 과정을 나타낸 것이다. 〈조건〉을 고려하여 물음에 답하시오.

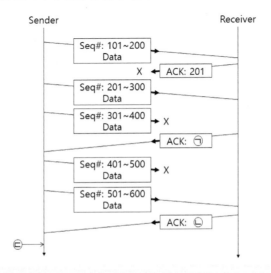

**조건**

- Seq#은 세그먼트에 포함된 데이터의 순서번호를 나타낸다.
- X는 세그먼트가 손실된 것을 나타낸다.
- MSS(Maximum Segment Size)는 100바이트이다.
- TCP의 흐름 제어와 Selective ACK는 고려하지 않는다.

(1) ㉠과 ㉡에 들어갈 내용은 각각 무엇인가?

(2) 시점 ㉢에서 time out이 발생할 때 전송되는 세그먼트가 무엇인지 쓰고, 그 이유를 서술하시오.

**풀이** (1) ㉠ : 301, ㉡ : 301

- ㉠의 수신자 ACK는 누적된 ACK의 다음 값을 전송한다. 그러므로 Seq#인 201~300을 받은 후 ACK가 전송되므로 301이 된다.
- ㉡의 수신자 ACK는 Seq#인 501~600을 받았으나 이전 301번부터 데이터를 받지 못했으므로 301을 요청한다.

(2) Seq# 301~400

　　타임아웃이 발생하면 수신자는 순서번호에 어긋나게 온 패킷은 받지 않고 ACK가 요
청하는 순서 번호부터 재전송해야 한다.

**중등교사 임용시험 정보 · 컴퓨터 2021-B-8.**

다음 그림은 TCP 혼잡 제어(congestion control)가 적용된 단말 시스템에서 혼잡 윈도
우(congestion window) 크기를 나타낸 것이다. 그림은 한 개의 파일을 전송하는 중
일부 구간만 나타낸 것이다. 〈조건〉을 고려하여 물음에 답하시오.

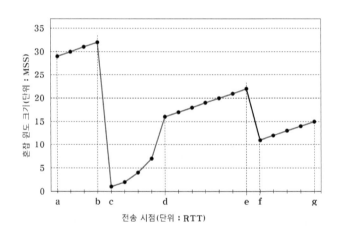

**조건**

- 느린 시작(slow start) 상태에서 임계치에 도달하면 혼잡회피 상태가 된다.
- 느린 시작의 임계치는 상황에 따라 변경된다.
- 혼잡회피 상태에서 3번의 중복 ACK가 수신되면 혼잡 윈도우 크기를 절반으로 줄인다.
- TCP 타임아웃이 발생하면 혼잡 윈도우 크기를 1로 변경하고 느린 시작 상태가 된다.

(1) 느린 시작 상태인 전송 구간을 쓰고, 그 이유를 기술하시오.

(2) TCP 타임아웃이 발생한 전송 시점은?

(3) 혼잡회피 상태인 구간을 모두 나열하시오.

(4) 혼잡회피 상태에서 3개의 중복 ACK가 수신된 시점은?

(5) 느린 시작 외에 TCP 혼잡제어 기법을 3가지 나열하시오.

---

**풀이** (1) c ~ d

TCP 타임아웃이 발생되면 혼잡 윈도우 크기가 1이 되고 느린 시작이 시작된다. 그림에서 전송 시점 c부터 느린 시작 구간이 시작되며, 임계치 까지 지수 형태로 증가하게 되므로 d가 구간의 끝이다.

(2) b

시점 b에서 c까지 혼잡 윈도우의 크기가 1로 변경되었으므로 타임아웃이 발생한 시점은 b이다. 시점 b에서 타임아웃 발생하여 혼잡 윈도우 크기는 1이 되고, 임계치는 32/2 = 16이 된다.

(3) a ~ b, d ~ e, f ~ g

f ~ g 구간이 혼잡회피 구간인 이유는 다음과 같다. 3번의 중복 ACK를 받으면 빠른 회복이 시작되며, 임계치는 윈도우 크기의 절반으로 바뀌고 이 값이 윈도우 크기가 된다. 이때 계속 중복된 ACK가 도착하면 윈도우 크기가 지수 증가하고 새로운 ACK가 도착하면 혼잡회피 상태가 된다. 주어진 그림의 시점 e에서 중복된 ACK가 도착하여 임계치는 22/2 = 11이고, 혼잡 윈도우 크기도 11이 된 것이다. 이후 윈도우 크기가 가산 증가 형태로 변하게 된다. 따라서 f ~ g 구간도 혼잡회피 구간인 것을 알 수 있다.

(4) e

혼잡회피 상태에서 혼잡 윈도우 크기가 절반으로 줄어든 곳은 시점 e에서 f까지이다. 따라서 3개의 중복 ACK를 받은 시점은 e이다.

(5) 합 증가/곱 감소(AIMD), 혼잡 회피(congestion avoidance), 빠른 회복(fast recovery)

---

📑 **참고**

TCP는 신뢰성 보장을 위해 흐름 제어(flow control), 혼잡 제어(congestion control), 오류 제어(error control)를 한다.

흐름 제어는 수신측과 송신측의 데이터처리 속도 차이를 해결하기 위한 기법이다. 송신측의 전송량이 수신측의 처리량보다 많으면 문제가 발생되므로 송신측의 패킷 전송량을 제어해야 한다. 흐름제어 기법에는 정지-대기(stop-and-wait), 슬라이딩 윈도우(sliding window) 등이 있다.

혼잡 제어는 송신측과 네트워크의 데이터 처리 속도 차이를 해결하기 위한 기법이다. 송신된 패킷이 네트워크상의 라우터가 처리할 수 있는 양을 초과하면 데이터가 손실될 수 있으므로 송신측의 전송량을 제어해야 한다. 혼잡제어 기법에는 합 증가/곱 감소(AIMD : Additive Increase/Multiplicative Decrease), 슬

참고

로우 스타트(slow start), 혼잡 회피(congestion avoidance), 빠른 회복(fast recovery) 등이 있다.
오류 제어는 오류 검출과 재전송을 포함하며, ARQ(Automatic Repeat Request) 기법을 사용하여 프레임이 손상되었거나 손실되었을 경우 재전송을 통해 오류를 복구한다. 오류제어 방식에는 정지-대기 ARQ, Go-Back-N ARQ, SR(Selective-Reject) ARQ 등이 있다.

---

**중등교사 임용시험 정보 · 컴퓨터 2023-B-2**

 다음은 클라이언트 A가 서버 B에게 TCP 연결 요청을 시작하면서 주고받은 TCP 세그먼트를 순서 없이 나열한 것이다. 〈조건〉을 고려하여 물음에 답하시오.

ⓐ

| … (상략) … | |
|---|---|
| 순서 번호 | … |
| 확인 응답 번호 | ㉠ |
| 제어필드 SYN | 0 |
| 제어필드 ACK | 1 |
| … (하략) … | |

ⓑ

| … (상략) … | |
|---|---|
| 순서 번호 | … |
| 확인 응답 번호 | … |
| 제어필드 SYN | 1 |
| 제어필드 ACK | 0 |
| … (하략) … | |

ⓒ

| … (상략) … | |
|---|---|
| 순서 번호 | … |
| 확인 응답 번호 | … |
| 제어필드 SYN | 1 |
| 제어필드 ACK | 1 |
| … (하략) … | |

조건

- TCP 헤더는 순서 번호, 확인 응답 번호, 제어필드 등으로 구성된다.
- 제어필드에는 순서 번호 동기화를 위한 SYN, 확인 응답 번호의 유효 여부를 나타내는 ACK 등이 있다.
- 클라이언트 A의 ISN(Initial Sequence Number)은 3000이고, 서버 B의 ISN은 4000이다.

(1) 세그먼트 ⓐ, ⓑ, ⓒ를 올바른 순서대로 나열하시오.

(2) ㉠에 들어갈 내용은 무엇인가?

---

**풀이** (1) ⓑ, ⓒ, ⓐ

TCP 연결 요청을 위해서는 먼저 A에서 B로 SYN을 보내고, B에서 A로 SYN과 SYN

에 대한 ACK를 보낸다. 그 후 A가 SYN에 대한 ACK를 보낸다.

(2) 4001

   확인 응답 번호는 클라이언트 B의 ISN 순서 번호에 1을 더한 4001이다.

중등교사 임용시험 정보 · 컴퓨터 2019-A-12.

다음은 TCP(Transmission Control Protocol)에서 호스트 A와 B 사이에 세그먼트 송
수신 과정을 나타낸 것이다. 〈조건〉을 고려하여 물음에 답하시오.

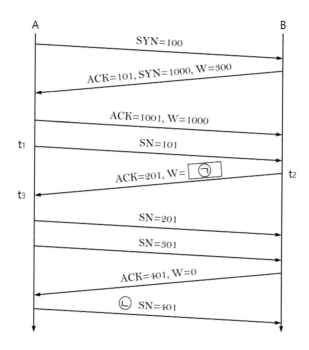

조건

- SYN과 ACK 다음에 나오는 숫자는 각각 TCP 헤더에 있는 순서번호와 응답번호이다.
- SN은 전송할 데이터를 포함한 세그먼트이며, SN 다음에 나오는 숫자는 TCP 헤더에 있는 순서번
  호이다.
- W는 수신 윈도우 크기로 바이트(byte) 단위이다.
- 송신 윈도우 크기는 혼잡 윈도우 크기와 W에 따라 결정된다.
- 시점 $t_1$부터 A가 전송하는 세그먼트는 100바이트이다.

(1) 시점 $t_2$에서 ㉠에 들어갈 B의 수신 윈도우 크기 W는 무엇인가?

(2) 시점 $t_3$에서 A가 계산한 혼잡 윈도우 크기가 300바이트라고 가정할 때 A의 송신 윈도우 크기는 무엇인가?

(3) ㉡의 세그먼트 전송이 가능한지 여부를 쓰고, 그 이유를 기술하시오.

---

**풀이** (1) 200

W = 300에서 SN = 101, 크기가 100바이트인 세그먼트 하나를 받았으므로 수신 윈도우 크기는 200이 된다.

(2) 200

송신 윈도우 = min(cwnd, rwnd)

(3) 불가능하다. 그 이유는 수신측 윈도우 크기 W가 0(zero)이어서 수신측 윈도우가 폐쇄되었기 때문이다.

다음 그림은 호스트 A와 B 사이의 세그먼트 송수신 과정을 윈도우와 함께 아래 기호들을 사용하여 단계별로 나타낸 것이다.

- Sf(first outstanding byte) : 아직 처리되지 않은 바이트의 첫 번째 바이트
- Sn(next byte to send) : 다음으로 보낼 바이트
- Rn(next byte expected to be received) : 다음으로 수신되길 기대하는 바이트
- 윈도우 크기 : min(cwnd, rwnd)

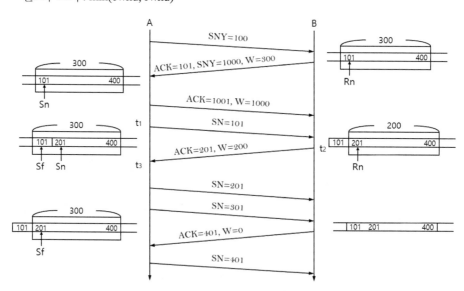

다음 그림은 TCP에서 연결 설정과 종료 과정에서 주고받는 세그먼트를 나타낸 것이다. SYN와 ACK 다음에 나오는 숫자는 각각 TCP 헤더에 있는 순서번호와 응답번호를 나타낸다. ACK 세그먼트는 순서번호를 소모하지 않으며, 데이터는 나누지 않고 하나의 데이터 세그먼트로 전송된다. 물음에 답하시오.

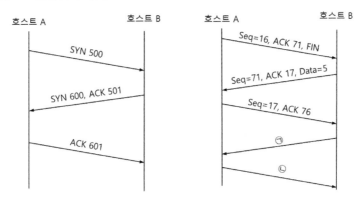

(1) TCP 연결을 설정한 직후 A가 B로 10바이트의 데이터를 전송할 때, 해당 데이터 세그먼트의 TCP 헤더에 있는 순서번호는 무엇인가?

(2) (1)의 데이터 세그먼트를 수신한 B가 A에게 ACK를 전송할 때, ACK 세그먼트의 TCP 헤더에 있는 응답번호는 무엇인가?

(3) (1)의 데이터 세그먼트가 전송 도중에 손실된 경우 A에서 수행하는 동작을 기술하시오.

(4) 연결 종료 과정을 나타낸 두 번째 그림에서 ㉠, ㉡에 들어갈 내용은 무엇인가?

---

**풀이** (1) 501

B에서 501을 받았으므로 다음에 전송할 순서는 501이다. 따라서 순서번호는 501이 된다. ACK 601을 보냈지만 순서번호를 소비하지 않는다.

(2) 511

501을 보낼 순서인데 전송할 데이터가 10바이트이므로 501부터 510까지 보낸다. 따라서 응답번호는 511이 된다.

(3) TIMEOUT 후에 RESTART

RTO 타이머를 가동시킨 후 타이머가 완료되면 재전송한다.

(4) ㉠ : Seq=76, ACK 17, FIN, ㉡ : Seq=17, ACK 77

## ※ 요약 : 전송 계층

| 구성 | 설명 |
|---|---|
| UDP | • 흐름제어와 오류제어가 없는 신뢰성 없는 비연결 지향의 프로토콜<br>• 사용자 데이터그램<br><br>**UDP 의사 헤더 ⇒**<br>발신지 IP 주소(32)<br>목적지 IP 주소(32)<br>All 0's \| 프로토콜(8) \| UDP 전체 길이(16)<br>**UDP 헤더 ⇒**<br>발신지 포트 번호(16) \| 목적지 포트 번호(16)<br>UDP 전체 길이(16) \| UDP 체크섬(16)<br>**데이터 ⇒**<br>데이터<br>Pad byte 0 |
| TCP | • 신뢰성 있는 연결지향(connection-oriented)의 데이터 전송 프로토콜<br>• TCP PDU(세그먼트)<br><br>0    3    9        15 23                    31<br>발신지 포트 번호 \| 목적지 포트 번호<br>순서 번호(sequence number)<br>응답 번호(Acknowledgement number)<br>헤더 길이(4) \| 예약(6) \| URG ACK PSH RST SYN FIN \| 윈도우(Window)<br>체크섬(Checksum) \| 긴급 포인터(Urgent pointer)<br>옵션 + 패딩<br><br>• 20바이트 헤더, 0~40바이트 옵션 + 페딩<br>• 제어 플래그<br>  - URG: 긴급 데이터를 전송하기 위해 사용<br>  - ACK: 응답 번호 필드가 유효한지를 나타냄. 첫 번째 세그먼트를 제외한 모든 세그먼트에서 1로 지정<br>  - PSH: 세그먼트에 포함된 데이터를 상위 계층에 즉시 전달하도록 지시<br>  - RST: 연결의 재설정이나 유효하지 않은 세그먼트에 대한 응답<br>  - SYN: 순서번호의 동기화와 가상회선 연결을 설정하는 과정에서 사용<br>  - FIN: 연결을 종료하겠다는 의사를 상대방에게 알릴 때 사용<br>• TCP 연결<br>  - 연결 설정 : 3-way Handshaking<br>  - 연결 해제 : 4-way Handshaking, 3-way Handshaking<br>• 흐름 제어, 오류 제어, 혼잡제어<br>  - 슬라이딩 윈도우, 수신자 윈도우, 송신자 윈도우<br>  - 검사합, 확인 응답, 시간 종료, 재전송<br>  - 느린 시작, 혼잡 회피, 혼잡 검출 |

## 4.5 응용 계층

다음 그림은 웹 브라우저를 이용하여 웹 서버인 www.student.org에 접근하는 과정과
웹 서버에 저장된 파일을 나타낸 것이다. 물음에 답하시오.

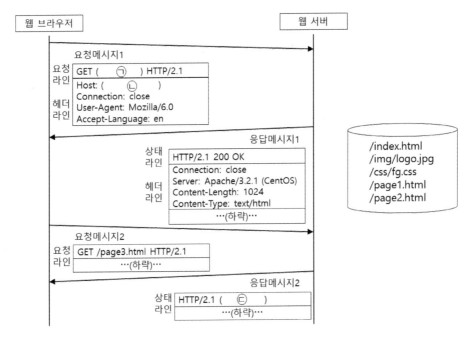

(1) 요청메시지1에서 http://www.student.org/page2.html을 요구할 때, ㉠과 ㉡
에 해당하는 내용은 무엇인가?

(2) 요청메시지2에 대한 응답메시지2의 ㉢에 들어갈 내용을 쓰고, 그 이유를 기술하시오.

(3) 요청 메시지에서 접근 권한이 없는 파일을 요청하는 경우에 HTTP 응답 메시지의
상태 라인에 나타나는 상태는 무엇인가?

---

풀이 (1) ㉠ : /page2.html, ㉡ : www.student.org

(2) 404 Not Found, 그 이유는 접근할 파일인 page3.html이 웹 서버에 저장되어 있지 않기
때문이다.

(3) 401 Unauthorized

한 단말기 내에서 두 개의 웹 브라우저가 실행되고 있다. 웹 브라우저의 주소창에 'http://www.teacher.org/page.html?name=kildong&job=teacher'를 입력하여 동일한 문서를 수신하였다. 다음은 각각의 웹 브라우저가 서버로 보낸 HTTP 요청 메시지이다. 단, 서버로의 연결은 프록시 서버를 경유하지 않는 것으로 가정한다. 물음에 답하시오.

| 요청라인 | ( ㉠ )/page.html HTTP/2.1 |
|---|---|
| 헤더라인 | Host: ( ㉡ )<br>User-Agent: Mozilla/6.0<br>Accept: *.*<br>Keep-Alive: 500<br>Connection: keep-alive |

(1) ㉠에 들어갈 HTTP 요청 메서드는 무엇인가?

(2) ㉡에 들어갈 내용은 무엇인가?

(3) 메시지의 요청라인에서 이미지 파일을 요청(/usr/bin/image1)하고, 수신 가능한 이미지 파일의 형식이 gif, jpeg인 경우 헤더라인에서 변경될 부분을 쓰시오.

(4) 클라이언트가 동일한 서버 IP주소를 사용하는지, 서버의 포트 주소가 미리 알려져 있어야 하는지의 유무를 각각 판단하시오.

---

**풀이** (1) GET

(2) www.teacher.org

(3) Accept: *.* => Accept: image/gif, Accept: image/jpeg

(4) 클라이언트는 동일한 서버 IP주소를 사용한다. 서버의 포트 주소는 미리 알려져 있어야 한다. 서버는 영속적 연결 방식을 지원하므로 응답을 전송한 후 연결을 잠시 열어놓은 상태로 유지할 수 있다.

중등교사 임용시험 정보 · 컴퓨터 2016-A-2.

다음은 공개키 암호화 알고리즘을 이용하여 A가 B에게 문서를 보내는 과정을 나타낸 것이다. 물음에 답하시오.

- A가 보낸 문서는 부호화 과정과 ( ㉠ ) 과정을 거쳐 B에게 전달된다.
  - A는 공개키로 원문서를 부호화하여 전송한다.
  - B는 ( ㉡ )키를 이용하여 전달받은 문서를 원문서로 변환하여 읽는다.
- 공개키는 원문서를 부호화하기 위해 사용되고 원칙적으로 누구에게나 공개된다.

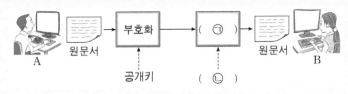

(1) 괄호 안의 ㉠, ㉡에 해당하는 용어를 순서대로 나열하시오.

(2) 정보 보안의 목표 3가지를 나열하고 설명하시오.

---

**풀이** (1) ㉠ : 복호화, ㉡ : 개인키

(2) 정보 보안의 목표는 기밀성, 가용성, 무결성이다.

① 기밀성 : 기밀성을 보장하기 위해서는 접근 통제나 암호화 등의 정보보안 기술을 통해 인가받은 사용자만이 정보에 접근할 수 있도록 해야 한다. 이렇게 되면 원하지 않는 정보의 공개를 막을 수 있다.

② 가용성 : 가용성을 보장하기 위해서는 사용자가 시스템을 이용하려고 할 때 방해받지 않도록 해야 한다. 이렇게 되면 인가받은 사용자는 언제라도 시스템을 사용할 수 있다.

③ 무결성 : 무결성을 보장하기 위해서는 비인가자에 의한 정보의 변경, 삭제, 생성 등으로부터 시스템을 보호해야 한다. 이렇게 되면 정보의 내용이 비인가자에 의해 훼손되지 않고, 정확성, 완전성, 일관성을 유지할 수 있다.

참고　**네트워크 보안 서비스**

- 메시지 기밀성 : 전송된 메시지는 의도한 수신자만 알아야 한다.
- 메시지 무결성 : 송신한 데이터가 정확히 수신자에게 도착해야 한다. 즉, 전송 중에 데이터가 변하지 않아야 한다.
- 메시지 인증 : 수신자는 반드시 송신자의 신원을 확신할 수 있어야 하며, 침입자가 메시지를 보내지 않았다는 것을 확인해야 한다.
- 부인방지 : 송신자가 실제로 송신한 송신 메시지를 부인할 수 없어야 한다.
- 개체인증 : 개체 또는 사용자는 시스템 자원에 접근하기 전에 먼저 검증된다.

CHAPTER 5

데이터베이스

## ※ 데이터베이스 과목의 평가 영역 및 평가 내용 요소

| 평가 영역 | 평가 내용 요소 |
|---|---|
| 데이터베이스 시스템 개요 | DB, DBMS, 데이터베이스 시스템의 정의 및 특성 |
| | 데이터베이스 시스템 요구사항 |
| 관계형 데이터베이스 | 관계형 데이터 모델의 개념과 구조 |
| | 관계형 데이터 연산 |
| | 키와 무결성 제약조건 |
| 데이터베이스 설계 | 데이터베이스 설계 개요 및 설계과정 |
| | 개체-관계 모델 (Entity-Relationship) |
| | 개체-관계 모델에서 관계형 스키마로의 변환 |
| | 정규화 |
| 데이터베이스 질의처리 | 데이터베이스 언어 개념 |
| | 관계형 데이터 모델 중심 SQL |
| | 뷰와 트리거 |
| 트랜잭션 관리 | 트랜잭션의 개념과 스케줄링 |
| | 트랜잭션의 동시성 제어 기법 |
| | 트랜잭션의 회복 기법 |

## 5.1 데이터베이스 개요

다음의 관계형 질의를 포함하는 데이터베이스 응용 프로그램을 컴파일하여 실행하고자 한다. 릴레이션 스키마는 student(<u>no</u>, name, address, score, dno), department (<u>dno</u>, dname, dmanager)이다. 여기서 밑줄은 기본키를 의미하며, student.dno는 department.dno를 외래키로 참조한다. 물음에 답하시오.

```
SELECT *
FROM student s, department d
WHERE s.dno > 200 and s.dno = d.dno
```

(1) 데이터베이스 관리 시스템(DBMS)의 주요 구성요소를 그림으로 나타내시오.

(2) 위 질의의 처리 과정을 DBMS 주요 구성요소를 사용하여 설명하시오.

**풀이** (1) 데이터베이스 관리 시스템(DBMS)은 사용자와 데이터베이스 사이에 위치하여 데이터 베이스를 관리하고 사용자의 요구에 따라 데이터베이스에 대한 연산을 수행해서 정보 를 생성해 주는 소프트웨어이다. DBMS의 주요 구성요소를 도식화하면 아래와 같다.

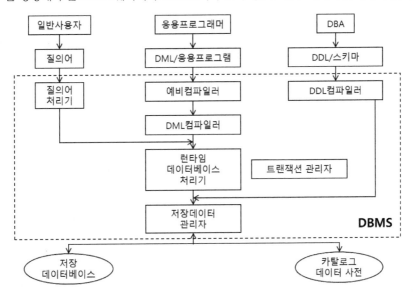

(2) 주어진 DML 명령어를 예비 컴파일러를 통해 추출하고 그 자리에 프로시저 호출로 대체시킨다. 이 추출된 DML 명령어는 DML, 컴파일러로 넘겨져 목직코드로 변환시켜 런타임 데이터베이스 처리기를 통해 데이터베이스를 접근할 수 있도록 한다. 이때 저장 데이터 관리자는 디스크에 있는 데이터베이스나 카탈로그 접근을 관리한다.

위의 질의를 실행시킬 때, 질의 최적화 과정을 거쳐 효율적인 연산과정을 거쳐야 한다. 가장 효율적인 질의처리 과정을 나타낸 질의 트리는 아래와 같다. 따라서 student 릴레이션에서 's.dno > 200'을 만족하는 투플을 골라서 결과 릴레이션을 얻는다. 이 릴레이션과 department 릴레이션의 동일 조인($\bowtie_{s.dno = d.dno}$) 연산을 수행하면 최종 결과 릴레이션을 얻게 된다.

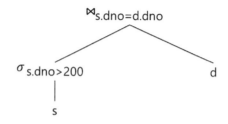

다음은 속성이 W, X, Y, Z로 구성된 릴레이션 R과 속성이 V, W, A, Y로 구성된 릴레이션 S를 나타낸 것이다. R과 S에 이름이 같은 속성은 두 릴레이션의 공통 속성이다. 물음에 답하시오.

〈R〉

| W | X | Y | Z |
|---|---|---|---|
| w1 | x1 | y2 | z1 |
| w2 | x1 | y3 | z4 |
| w3 | x2 | y3 | z2 |
| w4 | x3 | y2 | z1 |

〈S〉

| V | W | A | Y |
|---|---|---|---|
| v2 | w1 | a7 | y3 |
| v7 | w1 | a3 | y2 |
| v3 | w3 | a1 | y3 |
| v8 | w2 | a1 | y2 |

(1) 릴레이션 R과 S에 대해 자연조인(natural join) 연산을 수행한 후 결과 릴레이션의 차수와 카디널리티(cardinality)를 구하시오.

(2) 다음은 릴레이션 R과 S에 대해 관계대수 연산을 정의한 것이다. 연산 ①에서 생성되는 릴레이션과 연산 ②에서 생성되는 릴레이션의 차집합 연산(연산 ① – 연산 ②)을 수행한 후 릴레이션을 구하시오.

연산 ① : 릴레이션 S에서 속성 W와 Y에 대한 프로젝트(project)

연산 ② : 릴레이션 R에서 속성 W와 Y에 대한 프로젝트(project)

---

**풀이** (1) 차수(degree) : 6, 개수(카디널리티: cardinality) : 2

| W | Y | X | Z | V | A |
|---|---|---|---|---|---|
| w1 | y2 | x1 | z1 | v7 | a3 |
| w3 | y3 | x2 | z2 | v3 | a1 |

(2)

| W | Y |
|---|---|
| w1 | y3 |
| w1 | y2 |
| w3 | y3 |
| w2 | y2 |

| W | Y |
|---|---|
| w1 | y2 |
| w2 | y3 |
| w3 | y3 |
| w4 | y2 |

| W | Y |
|---|---|
| w1 | y3 |
| w2 | y2 |

# 5.2 데이터 모델링

다음은 은행 업무에 대한 E-R 다이어그램을 나타낸 것이다. 주어진 E-R 다이어그램은 엔터티(개체) 타입 및 약한 엔터티 타입, 관계 타입 및 식별 관계 타입, 카디널리티 비율(대응수), 애트리뷰트, 기본키 및 부분키 애트리뷰트를 표현하고 있다. 물음에 답하시오.

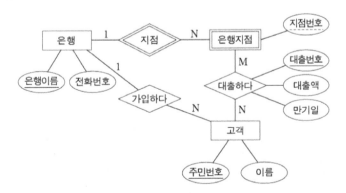

(1) E-R 다이어그램으로부터 유도되는 릴레이션의 개수는 몇 개인가?

(2) 은행지점 엔터티 타입으로부터 은행지점 릴레이션을 생성하였다. 이때 최소한의 속성 집합으로 구성된 은행지점 릴레이션의 기본키를 쓰고, 그 이유를 기술하시오.

(3) 은행과 고객 간의 '가입하다' 관계 타입의 차수는 무엇인가?

---

**풀이** (1) 4개

은행, 고객, 은행지점, 대출하다. (N : M 관계 타입은 릴레이션을 생성해야 함)

(2) {은행이름, 지점번호}

은행지점이 약한 개체이므로 강한 개체의 주키와 부분키가 함께 있어야 한다.

(3) 2

관계 타입의 차수(degree)는 관계 집합에 참가하는 개체타입의 수이다. '가입하다'의 릴레이션은 은행과 고객의 두 entity와 연결되어 있으므로 관계 타입의 차수는 2이다.

---

중등교사 임용시험 정보 · 컴퓨터 2022-B-8

다음 E-R 다이어그램을 릴레이션으로 변환하고자 한다. ⟨조건⟩을 고려하여 물음에 답하시오.

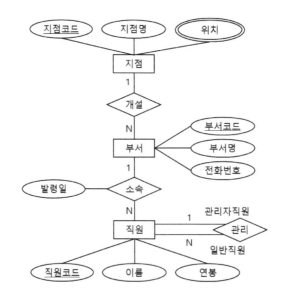

조건

- 불필요한 데이터 중복이 발생하지 않도록 최소의 릴레이션과 속성으로 변환한다.
- 정규화(normalization)는 고려하지 않는다
- 릴레이션의 형식은 다음과 같으며, PK와 FK는 각각 기본키와 외래키이다.

(1) 부서 개체(entity) 타입에서 변환되는 릴레이션의 차수는 무엇인가?

(2) 지점 개체 타입에서 변환되는 릴레이션을 작성하시오.

(3) 직원 개체 타입에서 변환되는 릴레이션을 작성하시오.

---

**풀이** (1) 4

부서(지점코드(FK), 부서코드(PK), 부서명, 전화번호) : 부서 릴레이션에는 지점정보
가 들어가야 하므로 외래키인 지점코드가 포함되어야 한다.

(2) 지점 | 지점코드(PK) | 지점명 　　지점 위치 | 지점코드(FK,PK) | 위치(PK)

지점 릴레이션은 지점코드, 지점명, 위치를 갖는다. 위치는 다중값 속성이므로 독립적
인 릴레이션을 만든다.

(3) 직원 | 직원코드(PK) | 이름 | 연봉 | 부서코드(FK) | 발령일 | 관리자직원(FK)

- 직원 릴레이션은 자기 자신과 관계를 맺고 있으므로 관리자직원이 외래키로 추가된다.
- 전체 릴레이션과 관계는 다음과 같다.

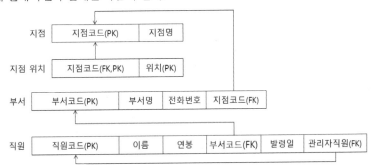

대학의 수강관리를 위한 데이터베이스 스키마를 설계하고자 한다. 다음 〈업무 분석서〉에 따라 개체–관계(entity-relationship) 다이어그램을 설계하고자 한다. 물음에 답하시오.

업무 분석서

① 대학에는 여러 개의 학과가 있다.
② 한 학과에는 여러 명의 교수가 있고, 한 교수는 한 학과에 소속된다.
③ 한 학과에는 여러 명의 학생이 있으며, 한 학생은 한 학과에 소속된다.
④ 한 학과에는 여러 개의 과목이 있으며, 한 과목은 한 학과에 의해 운영된다.
⑤ 한 과목은 매년 개설할 수 있으며, 여러 강좌로 개설될 수 있고, 한 강좌는 한 과목으로만 개설된다.
⑥ 한 강좌는 한 교수에 의해 진행되며, 한 교수는 한 학기에 하나 이상의 강좌를 강의할 수 있다.
⑦ 학생들은 한 학기에 여러 강좌를 수강 신청할 수 있고, 한 강좌는 여러 학생이 수강할 수 있다.

(1) 개체와 개체 간의 관계 차수를 구하고자 한다. ㉠교수–강좌, ㉡과목–강좌, ㉢과목–학과, ㉣학생–강좌 간의 관계 차수를 각각 구하시오.

(2) 개체–관계 다이어그램을 나타내시오.

---

**풀이** (1) ㉠ 1 : N, ㉡ 1 : N, ㉢ N : 1, ㉣ N : M

(2)

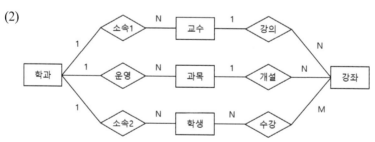

다음의 대학 〈업무기술서〉를 기반으로 데이터베이스를 구축하고자 한다. 이를 기준으로 데이터베이스 개념적 설계를 수행하여 E-R 다이어그램을 도출하였을 때, 도출되는 개체타입(entity type)은 '과목', '교수', '학과', '학생'이다. 설계된 E-R 다이어그램과 관련된 물음에 답하시오.

업무기술서
① 대학은 여러 과목을 개설하며, 각 과목은 과목코드, 과목명, 시간 수에 대한 정보가 있다.
② 각 과목은 전공 분야에 따라 여러 교수가 강의할 수 있다.
③ 강의는 정해진 시간과 장소에서 진행된다.
④ 교수는 교수번호와 교수명으로 관리된다.
⑤ 각 교수는 여러 과목을 강의할 수 있으며, 한 학과에만 소속된다.
⑥ 각 학과에는 여러 교수가 소속될 수 있다.
⑦ 학과는 학과코드, 학과명으로 관리된다.
⑧ 학생들은 여러 과목을 수강할 수 있고, 동시에 성적과 학점이 관리된다.
⑨ 학생 정보에는 학번, 이름, 전화번호가 있다.

(1) 교수, 과목, 강의, 학과 개체타입 간의 관계를 설명하시오.

(2) 교수 개체타입이 관계 스키마로 변환될 때 어떤 스키마로 변환될 수 있는지 설명하시오.

(3) 강의, 수강 관계타입이 관계 스키마로 변환될 때 어떤 스키마로 변환될 수 있는지 설명하시오.

풀이 (1) 교수와 과목 개체타입은 강의 관계 타입으로 다대다 관계를 가지고 있으며, 학과와 교수 개체타입은 일대다 관계를 갖는다.

(2) 교수 개체타입은 관계 스키마로 변환될 때 교수(교수번호, 교수명, 학과코드) 스키마로 변환될 수 있으며, 교수 릴레이션의 학과코드는 학과 릴레이션을 참조하는 외래키이다.

(3) 강의 관계타입은 관계 스키마로 변환될 때 강의(교수번호*, 과목코드*, 시간, 장소) 스키마로 변환될 수 있다. 수강 관계타입은 관계 스키마로 변환될 때 수강(학번*, 과목코드*, 성적, 학점) 스키마로 변환되며, 수강 릴레이션의 학번은 학생 릴레이션을 참조하고, 과목코드는 과목 릴레이션을 참조하는 외래키이다.

다음은 출판사, 도서, 서점 간의 도서 공급 업무에 대한 요구사항을 분석한 것이다. E-R 다이어그램을 작성한 후 릴레이션 스키마를 생성하고자 한다. 〈조건〉을 고려하여 물음에 답하시오.

요구 분석서

① 도서는 도서번호, 도서이름, 단가가 있으며, 도서번호는 유일한 성질을 갖는다.
② 서점은 서점번호, 서점이름이 있으며, 서점번호는 유일한 성질을 갖는다.
③ 출판사는 출판사번호, 출판사이름, 주소가 있으며, 주소는 출판사의 위치 정보를 구하기 위해 시, 구, 동별로 세분하여 나타낸다.
④ 출판사번호는 유일한 성질을 갖는다.
⑤ 한 출판사는 여러 종류의 도서를 출판할 수 있다.
⑥ 한 종류의 도서는 하나의 출판사에서 출판된다.
⑦ 한 종류의 도서는 여러 권씩 여러 곳의 서점에 공급될 수 있다.
⑧ 서점은 여러 종류의 도서를 공급받을 수 있다.

조건

• 릴레이션 스키마를 표현할 때 기본키는 밑줄로, 외래키는 위 첨자 *로 표시한다.
• 개체(Entity)와 속성 이름은 〈요구 분석서〉를 참조하고, 도서 개체와 서점 개체 사이의 관계 이름은 '공급', 도서 개체와 출판사 개체 사이의 관계 이름은 '출판'이라 한다.
• 출판사 개체의 주소 속성은 복합 속성이다.
• '공급' 관계는 수량이라는 속성을 갖는다.
• 개체 사이의 관계는 2진 관계 타입만 고려한다.

(1) E-R 다이어그램을 작성하시오.

(2) '공급'관계에 대한 릴레이션 스키마를 기본키와 외래키를 사용하여 나타내시오.

(3) E-R 다이어그램을 최소 개수의 릴레이션 스키마를 갖도록 변환하였을 때, 출판사, 도서, 서점 개체의 릴레이션 스키마를 기본키와 외래키를 표시하여 나타내시오.

**풀이** (1)

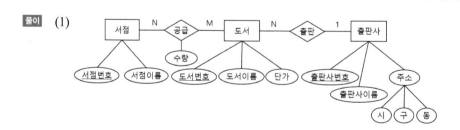

(2) 공급(**도서번호***, **서점번호***, 수량)

(3) 출판사의 위치 정보를 세분화한다고 하였으므로 속성에 포함하여 표시한다. 그리고 도서가 출판사를 결정하므로 도서에는 출판사번호를 외래키로 설정해야 한다.

　　출판사(**출판사번호**, 출판사이름, 시, 구, 동)

　　도서(**도서번호**, 도서이름, 단가, 출판사번호*)

　　서점(**서점번호**, 서점이름)

## 5.3 관계 데이터베이스 시스템

중등교사 임용시험 정보 · 컴퓨터 2007-8.

질의문을 관계 대수식으로 표현하기 위하여 실렉트(select) 연산은 $\sigma$, 프로젝트(project) 연산은 $\Pi$, 세미조인(semijoin) 연산은 $\ltimes$으로 표현한다. 아래에 제시된 릴레이션 R과 S를 사용한 연산을 수행한다. 물음에 답하시오.

〈R〉

| A | B | C |
|---|---|---|
| a1 | b1 | c1 |
| a2 | b1 | c1 |
| a3 | b1 | c2 |
| a4 | b2 | c2 |
| a5 | b2 | c3 |

〈S〉

| B | C | D |
|---|---|---|
| b1 | c1 | d1 |
| b1 | c1 | d2 |
| b2 | c2 | d3 |
| b2 | c3 | d4 |

(1) $R \ltimes S$ 연산의 결과를 구하시오.

(2) $\Pi_A(\sigma_{B='b1'}(R \ltimes S))$의 결과를 구하시오.

(3) $\sigma_{B='b1'}(R \ltimes S)$에 대한 최적화된 관계 대수식을 구하시오.

(1)

| A | B | C |
|---|---|---|
| a1 | b1 | c1 |
| a2 | b1 | c1 |
| a4 | b2 | c2 |
| a5 | b2 | c3 |

(2)

| A |
|---|
| a1 |
| a2 |

(3) $(\sigma_{B = 'b1'} R) \bowtie S$

다음 릴레이션에 투플(tuple)을 삽입하고자 한다. 직원 릴레이션의 부서번호는 부서 릴레이션의 부서번호를 참조하는 외래키이다. 직원 릴레이션과 부서 릴레이션은 키 제약조건, 엔티티 무결성 제약조건, 참조 무결성 제약조건을 만족한다. 물음에 답하시오.

직원(기본키: 직원번호)

| 직원번호 | 직원이름 | 부서번호 |
|---|---|---|
| 101 | 구범석 | 1 |
| 102 | 김동규 | 2 |
| 103 | 오정현 | 2 |
| 104 | 서정인 | 3 |

부서(기본키: 부서번호)

| 부서번호 | 부서명 | 내선번호 |
|---|---|---|
| 1 | 개발부 | 3737 |
| 2 | 미래부 | 1298 |
| 3 | 홍보부 | 4155 |

(1) 직원 릴레이션에 새로운 투플 ⟨105, '권순범', 4⟩를 삽입하면 연산이 거부된다. 그 이유를 기술하시오.

(2) 부서 릴레이션에 새로운 투플 ⟨NULL, '영업부', 4989⟩을 삽입하면 연산이 거부된다. 그 이유를 기술하시오.

**풀이** (1) 참조 무결성 제약조건 위배, 참조하는 부서 릴레이션에는 부서번호가 4인 투플이 없다.

(2) 개체(entity) 무결성 제약조건 위배, 기본키를 구성하는 모든 속성은 NULL 값을 가질 수 없다.

다음은 관계형 데이터베이스 스키마에 대해 5가지의 관계대수와 SQL문을 나타낸 것이다. 〈조건〉을 고려하여 물음에 답하시오.

① $\Pi_{학번}(\sigma_{과목명='컴퓨터개론'}(과목) \bowtie_N (\Pi_{과목번호}(\sigma_{중간고사>94}(수강))))$

   select 학번 from 과목 as B, 수강 as C

   where B.과목번호 = C.과목번호 and

       과목명='컴퓨터개론' and 중간고사 〉 94;

② $\Pi_{이름, 학과명}(\sigma_{학년 \neq 4}(학생))$

   select distinct 이름, 학과명 from 학생 where 학년 ≠ 4;

③ $\Pi_{이름, 과목번호, 중간고사}((\Pi_{학번}(\sigma_{학과명='컴퓨터교육'}(학생))) \bowtie_N 수강)$

   select distinct 이름, 과목번호, 중간고사 from 학생, 수강

   where 학생.학번 = 수강.학번 and 학과명 = '컴퓨터교육';

④ $_{학과명}F_{AVG(중간고사)}(\Pi_{학과명, 중간고사}(학생 \bowtie_N 수강))$

   select 학과명, AVG(중간고사) from 학생, 수강

   where 학생.학번 = 수강.학번 group by 학과명;

⑤ $\Pi_{이름, 학년}(학생 \bowtie_N (\Pi_{학번}(\sigma_{과목번호='C001' \wedge 중간고사>89}(수강))))$

   select distinct 이름, 학년 from 학생 as A, 수강 as C

   where A.학번 = 수강.학번 and C.과목번호 = 'C001' and 중간고사 〉 89;

조건

- 스키마는 다음과 같다. 스키마에서 밑줄은 기본키이며, 수강 릴레이션의 학번, 과목번호는 학생과 과목 릴레이션을 참조하는 외래키이다.
- 학생(<u>학번</u>, 이름, 학년, 학과명)
- 과목(<u>과목번호</u>, 과목명, 학점수)
- 수강(<u>학번</u>\*, <u>과목번호</u>\*, 중간고사)
- 선택(selection)은 $\sigma$, 프로젝트는 $\Pi$, 자연조인은 $\bowtie_N$, 집계함수는 F, 평균집계 함수는 AVG()이다.

(1) ①~⑤에서 관계대수와 SQL문의 실행 결과가 같은 것을 나열하시오.

(2) ①~⑤에서 관계대수와 SQL문의 실행 결과가 다른 것을 나열하고 그 이유를 설명하시오

**풀이**   (1) ②, ④, ⑤

   ②

- 관계대수 : 학생 릴레이션에서 4학년이 아닌 학생의 이름과 학과명을 구하여 결과 릴레이션을 만든다.

- SQL : 학생 릴레이션에서 4학년이 아닌 학생의 이름과 학과명을 구하여 결과 릴레이션을 만든다. 이때 관계대수의 프로젝트 연산은 집합개념으로 중복 투플을 자동으로 제거한다. 그러나 select문에서는 distinct를 사용하여 중복 투플을 제거해야 한다.

   ④

- 관계대수 : 학과명별로 그룹을 짓고 각 그룹의 중간고사 성적에 대한 평균을 구한다.

- SQL : 학과명별로 그룹을 짓고 각 그룹의 중간고사 성적에 대한 평균을 구한다.

   ⑤

- 관계대수 : 과목번호가 C001인 과목의 중간고사 성적이 89점 초과인 학생의 이름과 학년을 구한다.

- SQL : 과목번호가 C001인 과목의 중간고사 성적이 89점 초과인 학생의 이름과 학년을 구한다. 이때 select문에서는 중복 제거를 위해 distinct를 사용하였다.

   (2) ①, ③

   ①

- 관계대수 : 결과 릴레이션은 널(null) 릴레이션이다. 수강에서 '중간고사 > 94' 조건을 만족하는 투플을 골라 과목번호만 프로젝션하여 과목과 조인하므로 학번 투플은 존재하지 않으므로 결과는 널(null) 릴레이션이다.

- SQL : 과목명이 컴퓨터개론인 과목의 중간고사 점수가 94점보다 높은 학생의 학번을 구하는 질의문이다.

   ③

- 관계대수 : 학생 릴레이션에서 컴퓨터교육과 학생의 학번을 추출해서 수강 릴레이션과 조인한다. 이때 결과 릴레이션에서 이름 애트리뷰트를 구할 수 없으므로 널 값을 갖게 된다.

- SQL : 컴퓨터교육과 학생의 이름과 수강하는 과목번호, 중간고사 성적을 구하여 결과 릴레이션을 만든다. 이때 select문에서는 중복 제거를 위해 distinct를 사용하였다.

릴레이션 스키마 R(A, B, C, D, E, F)을 R1(A, C, E, F), R2(A, B), R3(B, D)로 분해
하였다. 이 분해가 함수종속 집합 F = {AC → EF, A → B, B → D}를 보존한다. 물음에
답하시오.

(1) 분해된 릴레이션 R1, R2, R3은 무손실 조인분해인지 판단하시오.

(2) 분해된 릴레이션의 최상위 정규형은 무엇인가?

**풀이** AC → EF가 존재하므로 후보키는 AC가 된다. 함수종속 집합 F에서 AC → D는 논리적으
로 함축되었다.

(1) 분해한 릴레이션 R1, R2, R3은 무손실 조인분해이다. R1, R2, R3의 합이 R이 된다.

R1 ∩ R2 → R1, R1 ∩ R2 → R2 : 무손실 분해

R2 ∩ R3 → R2, R2 ∩ R3 → R3 : 무손실 분해

(2) 릴레이션이 제3정규형 이면서 모든 결정자(AC, A, B)가 후보키가 되므로 BCNF를 만
족한다.

## ※ 요약 : 관계 대수(relational algebra)

| 항목 | 설명 |
|---|---|
| 정의 | • 질의를 어떻게 수행할 것인지를 명시하는 절차적 언어임<br>• SQL의 이론적 기초로 SQL을 최적화하기 위해 DBMS의 내부 언어로 사용됨 |
| 일반 집합 연산 | • 합집합(UNION, R∪S) : 릴레이션 R과 S의 합집합은 R 또는 S에 속하는 투플로 구성된 릴레이션<br>• 교집합(INTERSECTION, R∩S) : 릴레이션 R과 S의 교집합은 R과 S에 공통적인 투플로 구성된 릴레이션<br>• 차집합(DEFFERENCE, R−S) : 릴레이션 R과 S의 차집합은 R에는 있지만 S에는 없는 투플로 구성된 릴레이션<br>• 카티션 프로덕트(CARTESIAN PRODUCT, R×S) : 릴레이션 R과 S에 속한 각 투플을 모두 연결하여 만들어진 투플로 구성된 릴레이션 |
| 순수 관계 연산 | • 실렉트(SELECT, $\sigma$) : 주어진 릴레이션에서 조건식을 만족하는 투플을 선택하는 연산이며, 주어진 릴레이션의 수평 부분집합임<br>• 프로젝트(PROJECT, $\Pi$) : 주어진 릴레이션의 특정 애트리뷰트만을 선택하는 연산이며, 중복된 투플은 제거함. 주어진 릴레이션의 수직 부분집합임<br>• 디비젼(DIVISION, ÷) : 한 릴레이션의 모든 투플에 연관된 다른 릴레이션의 투플을 선택하는 연산임<br>• 조인(JOIN, ⋈) : 카티션 프로덕트 연산 결과 릴레이션에서 조건에 맞는 튜플의 집합을 구하기 위한 연산임<br>  − 세타 조인 : 조인의 조건으로 비교 연산자 $\theta(=, \neq, <, \leq, >, \geq)$로 표현될 수 있는 조인임<br>  − 동등 조인(R $\bowtie_{A=B}$ S) : 비교 연산자 $\theta$가 '='인 조인이며, 조건식이 명시됨. 애트리뷰트의 중복이 허용됨<br>  − 자연 조인(R $\bowtie_N$ S) : 동등 조인의 결과에서 중복된 애트리뷰트를 제거한 조인이며, 조건식이 생략됨<br>  − 세미 조인(R ⋉ S) : R, S의 자연 조인한 결과에 R의 애트리뷰트로 프로젝트한 조인임<br>  − 외부 조인(R $\bowtie^+$ S) : 한 릴레이션의 투플이 조인할 상대 릴레이션에 없는 경우 상대를 널 투플로 포함시키는 조인임<br>  − 외부 합집합(R $\cup^+$ S) : 합병 불가능한 두 릴레이션을 차수를 확장하여 합집합으로 구성함 |

# 5.4 정규화

다음 '운동' 릴레이션의 함수종속과 정규형에 관한 물음에 답하시오.

운동(기본키: 분류)

| 분류 | 종목 | 도구 | 명칭 |
|:---:|:---:|:---:|:---:|
| A | 테니스 | 신체 | 손 |
| B | 탁구 | 기구 | 라켓 |
| C | 테니스 | 기구 | 라켓 |
| D | 탁구 | 기구 | 네트 |
| E | 배구 | 기구 | 네트 |
| F | 배구 | 신체 | 손 |
| G | 배구 | 신체 | 손 |

(1) 존재하는 함수적 종속성 중 한 개를 쓰시오. 단, 자명한 함수적 종속성(도구 → 도구, {종목, 도구} → 종목 등)과 결정자에 기본키가 포함된 함수적 종속성(분류 → 명칭, {분류, 종목} → 도구 등)은 제외한다.

(2) 운동 릴레이션을 함수종속 다이어그램으로 나타내시오. 그리고 릴레이션이 만족하는 가장 높은 정규형이 무엇인지 판단하시오. 단, 정규화 과정에서 폐포(closure)와 규준 커버(canonical cover)는 고려하지 않는다.

**풀이** (1) 명칭 → 도구

애트리뷰트 x의 값에 대해 항상 애트리뷰트 y의 값이 오직 하나만 연관되어 있어야 y는 x에 대해 함수적 종속성을 가진다. '명칭'에 대해 '도구'가 손 → 신체, 라켓 → 기구, 네트 → 기구로 하나만 연관되어 있어 '도구'는 '명칭'에 대해 함수적 종속성을 갖는다.

(2) 2NF

운동 릴레이션에 속한 모든 도메인이 원자값(1NF)이고, 완전함수 종속(2NF)이고, 이행함수 종속이 존재하므로 2NF가 가장 높은 정규형이다.

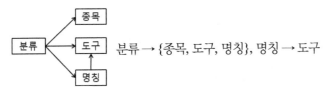

분류 → {종목, 도구, 명칭}, 명칭 → 도구

다음 릴레이션 R의 스키마를 단계별로 최대한 분해하여 정규화하려고 한다. 릴레이션 R
의 스키마는 R(A, B, C, D, E)이며, 함수종속 집합은 아래와 같다.

R(기본키: (A, B))

| A | B | C | D | E |
|---|---|---|---|---|
| a1 | b1 | c1 | d1 | e2 |
| a2 | b1 | c1 | d3 | e1 |
| a1 | b2 | c2 | d1 | e2 |
| a3 | b2 | c3 | d4 | e2 |
| a2 | b3 | c4 | d3 | e1 |
| a4 | b3 | c4 | d3 | e1 |

함수종속 집합 : AB → C, D → E, A → E, A → ㉠, C → ㉡

(1) 함수종속 집합에서 ㉠, ㉡에 들어갈 속성의 이름을 순서대로 나열하시오.

(2) 릴레이션 R을 함수종속 다이어그램으로 나타내시오.

(3) 릴레이션 R의 함수종속 집합을 이용하여 3NF와 BCNF로 분해하여 릴레이션 스키
마로 나타내시오. 단, 분해된 릴레이션의 이름은 R1, R2, …와 같이 표기한다.

풀이 (1) ㉠ : D, ㉡ : B

X → Y : X는 Y의 결정자, X에 의해 Y의 값이 유일하게 정해짐

A → B : 불가능, a1 - b1, a1 - b2

A → C : 불가능, a1 - c1, a1 - c2

A → D : 가능, a1 - d1, a2 - d3, a3 - d4, a4 - d3

(2) 1NF

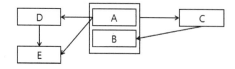

(3) 3NF : R1(A, B, C), R2(A, D), R3(D, E)

    BCNF : R11(A, C), R12(B, C), R2(A, D), R3(D, E)

  · 2NF : R1(A, B, C), R2(A, D, E)

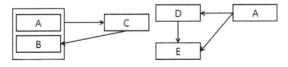

  · 3NF : R1(A, B, C), R2(A, D), R3(D, E)

  · BCNF : R11(A, C), R12(B, C), R2(A, D), R3(D, E)

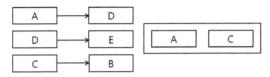

 다음은 업무 릴레이션과 이를 상위 정규형으로 분해하였을 때 생성되는 릴레이션의 다이어그램을 나타낸 것이다. 물음에 답하시오.

업무

| 사번 | 담당업무 | 부서명 |
|------|----------|--------|
| 10 | A 100 | 기획부 |
| 20 | E 200 | 자재부 |
| 30 | D 300 | 운송부 |
| 40 | B 400 | 기획부 |
| 50 | A 100 | 기획부 |

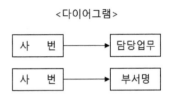

<다이어그램>

(1) 위와 같이 정규화하였을 때 발생하는 문제점은 무엇인가?

(2) (1)에서 발생하는 문제점이 해결되도록 정규화하였을 때 생성되는 릴레이션의 다이어그램을 그리시오.

---

**풀이** (1) 담당업무에서 부서명으로의 함수적 종속성(담당업무 → 부서명)이 상실된다.

(2)

---

중등교사 임용시험 정보·컴퓨터 2023-A-10

다음은 학사관리 시스템에 대한 요구 기능을 분석하여 도출한 요구사항 정의서와 이를 토대로 작성한 E-R 다이어그램의 일부분이다. 〈조건〉을 고려하여 물음에 답하시오.

| 시스템명 | | 학사관리 |
|---|---|---|
| 유형 | 요구 ID | 주요 내용 |
| 학과 설립 | | 생략 |
| 학생 등록 | | 생략 |
| 동아리<br>가입 | CR-01 | • 학생이 가입비를 납부하고 동아리에 가입할 수 있는 기능이 구현되어야 함<br>• 동아리에 대해 동아리명, 가입비를 관리해야 함<br>• 동아리는 동아리명으로 구분될 수 있어야 함<br>• 한 명의 학생은 여러 개의 동아리에 가입할 수 있으며, 한 개의 동아리에는 여러 명의 학생이 가입할 수 있어야 함<br>• 동아리 가입 시 가입일을 관리해야 함 |
| 보호자<br>등록 | EA-01 | • 비상 시 학생의 보호자에게 연락할 수 있는 기능이 구현되어야 함<br>• 보호자에 대해 보호자이름, 연락처를 관리해야 함<br>• 보호자 정보는 학생에 종속되며 보호자 이름과 학생번호로 구분될 수 있어야 함<br>• 학생 정보 삭제 시 해당 학생에게 등록된 보호자 정보는 삭제되어야 함<br>• 한 명의 학생은 여러 명의 보호자를 등록할 수 있으며, 한 명의 보호자는 한 명의 학생에게만 보호자로 등록될 수 있음 |

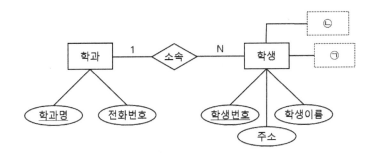

- E-R 다이어그램 작성 시, 요구사항 정의서에 기술된 내용을 만족하는 최소한의 개체와 관계 타입을 사용하며 속성, 키 속성, 약한 개체 타입, 사상수 등을 표현해야 한다.
- 개체 타입, 관계 타입, 속성의 명칭은 요구사항 정의서에서 사용된 용어를 사용한다.
- E-R 다이어그램을 관계형 모델의 릴레이션 스키마로 변환 시 불필요한 중복이 발생하지 않도록 최소한의 릴레이션과 속성만 사용하고 정규화는 고려하지 않는다.

(1) 요구 ID 'CR-01'을 고려하여 ㉠에 들어갈 E-R 다이어그램을 작성하시오.

(2) 요구 ID 'EA-01'을 고려하여 ㉡에 들어갈 E-R 다이어그램을 작성하시오.

(3) E-R 다이어그램을 릴레이션 스키마로 변환 시, 학생 개체 타입에서 변환되는 학생 릴레이션의 차수(degree)는 무엇인가?

---

**풀이** (1)

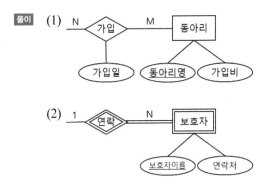

(2)

(3) 4개

학생의 속성은 학생번호, 학생이름, 주소, 학과명(외래키)으로 4개이다.

다음은 인터넷 서점의 〈주문서〉와 이것을 릴레이션 스키마로 변환한 것을 나타낸 것이다. 〈조건〉을 고려하여 물음에 답하시오.

---

### 〈주문서〉

- 주문번호: 2301
- 고객번호: 1004
- 고객이름: 김효진
- 고객주소: 서울시 강남구 △△로 123
- 주문일자: 2023년 11월 11일

| 도서번호 | 도서명 | 수량 | 단가 |
|---|---|---|---|
| 231 | 자료구조 | 2 | 18,000 |
| 234 | 정보과학 | 2 | 20,000 |
| 439 | 데이터베이스 | 1 | 25,000 |

---

고객 (<u>고객번호</u>, 고객이름, 고객주소)
도서 (<u>도서번호</u>, 도서명, 단가)
R1 (　　　　㉠　　　　)
R2 (　　　　㉡　　　　)

> **조건**
> - 한 개의 주문번호로 여러 종류의 도서를 각각 여러 권을 주문할 수 있다.
> - 고객은 하루에도 여러 번 도서를 주문할 수 있다.
> - 주문서의 주문번호, 고객번호, 도서번호는 유일한(unique) 성질을 갖는다.
> - 같은 이름의 고객이 있을 수 있고, 같은 도서명의 책이 있을 수 있다.

(1) R1과 R2가 BCNF(Boyce-Codd Normal Form) 정규형을 만족하도록 ㉠, ㉡에 들어갈 내용을 쓰시오. 단, 릴레이션 스키마의 속성명은 〈주문서〉에 제시된 것을 사용하고, 릴레이션 스키마의 기본키는 밑줄로 표시한다.

(2) 도서, 주문, 고객을 사용하여 E-R 다이어그램을 작성하시오.

**풀이** (1) ㉠ : **주문번호**, 고객번호*, 주문일자, ㉡ : **주문번호**\*, **도서번호**\*, 수량

(2)

---

다음은 관계형 릴레이션 스키마와 이에 대한 함수종속 집합이다. 물음에 답하시오.

- 릴레이션 : R(A, B, C, D, E, F)
- 함수종속 집합 : A → C, B → D, B → F, BC → A, D → E
- 기본키 : (B, C)

(1) 릴레이션 R를 정규화 절차에 따라 분해하고 함수종속 다이어그램으로 나타내시오.

(2) 보이스–코드 정규형으로 분해한 릴레이션이 무손실 조인 분해임을 증명하시오.

---

**풀이** (1)

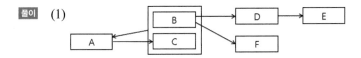

<단계1> 릴레이션 R을 2차 정규형으로 분해한다.

2NF : R1(A, B, C), R2(B, D, E, F)

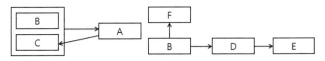

<단계2> 2차 정규형을 3차 정규형으로 분해한다.

3NF : R1(A, B, C), R21(B, D, F), R22(D, E)

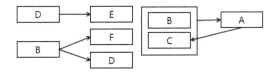

<단계3> 3차 정규형을 보이스-코드 정규형으로 분해한다.

BCNF : R11(A, B), R12(A, C), R21(B, D, F), R22(D, E)

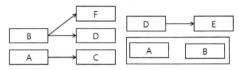

(2) R11 ∩ R12 = {A}

R11 ∩ R12 → R11 = {A} → {A, B}를 만족한다.

R11 ∩ R12 → R12 = {A} → {A, C}를 만족한다. 따라서 무손실 분해이다.

---

## 중등교사 임용시험 정보 · 컴퓨터 2011-1차-23.

릴레이션 스키마 R(A, B, C, D, E, F, G, H, I, J)이 함수종속 집합 F = AB → CDEFG, A → DEF, B → CHI, I → J를 보존한다. 이에 관한 물음에 답하시오.

(1) 분해된 릴레이션 R1(A, B, G), R2(A, D, E, F), R3(B, C, H, I, J)는 몇 정규형인가?

(2) 분해된 릴레이션 R1(A, B, G), R2(A, D, E, F), R3(B, C, H, I), R4(I, J)는 몇 정규형인가?

(3) 분해된 릴레이션 R1(A, B, G), R2(A, D, E, F), R3(B, C, H, I), R4(I, J)는 무손실 조인 분해인지 판단하시오.

---

**풀이**

(1) 2정규형

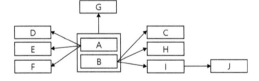

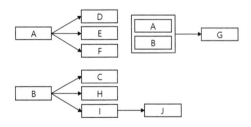

(2) 3정규형

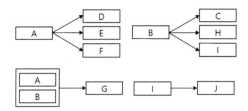

(3) 무손실 조인 분해이다.

    R3 ∩ R4 = I → {B, C, H, I}를 만족한다.

    R3 ∩ R4 = I → {I, J}를 만족한다.

중등교사 임용시험 정보 · 컴퓨터 2021-B-2.

관계형 데이터베이스의 스키마를 정규화하려고 한다. 〈조건〉을 고려하여 물음에 답하시오.

(1) 릴레이션 R이 만족하는 최대 정규형을 쓰시오.

(2) 보이스–코드 정규형(BCNF)을 만족하도록 릴레이션 R을 분해하시오.

(3) BCNF로 정규화하였을 때 릴레이션의 개수를 구하시오.

조건

- 릴레이션 R의 스키마는 R(A, B, C, D, E, F, G)이다.
- 릴레이션 R의 후보키는 (A, C)로 1개이다.
- 릴레이션 R의 스키마에 포함된 함수종속은 다음과 같다.
  {AC → E, A → B, A → F, B → D, D → G, B → F, E → C}

 (1) 1NF

    릴레이션 R의 후보키가 A, C이고 A가 B와 F를 결정하는 부분 함수종속이 성립하므로 1NF이다.

(2) R(A, B, C, D, E, F, G)

    후보키 : (A, C)

    함수종속 집합 : {AC → E, A → B, A → F, B → D, D → G, B → F, E → C}

- 1NF

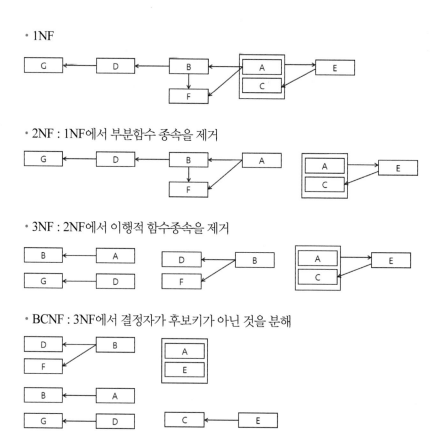

- 2NF : 1NF에서 부분함수 종속을 제거

- 3NF : 2NF에서 이행적 함수종속을 제거

- BCNF : 3NF에서 결정자가 후보키가 아닌 것을 분해

(3) 5개

---

다음은 병원 업무를 위한 〈진료〉 릴레이션이다. 담당 의사는 한 과에만 소속되어 있고, 환자는 여러 과에서 진료 받을 수 있으며, 각 과에서는 담당 의사 한 명에게서만 진료를 받는다. 단, 기본키는 (환자 번호, 진료과)이다.

〈진료〉

|   | 환자 번호 | 진료과 | 담당 의사 |
|---|---|---|---|
| ① | 1112 | 정형외과 | 정상우 |
| ② | 1113 | 정형외과 | 정상우 |
| ③ | 1114 | 정형외과 | 조영민 |
| ④ | 1114 | 내과 | 김수희 |
| ⑤ | 1115 | 소아과 | 김민수 |
| ⑥ | 1115 | 정형외과 | 정상우 |

(1) 〈진료〉 릴레이션에 대하여 후보키를 모두 쓰시오.

(2) 〈진료〉 릴레이션이 만족하는 가장 높은 정규형을 무엇인가?

(3) 수정 이상이 발생할 수 있는 관련 투플의 번호를 나열하시오.

(4) 삭제 이상이 발생할 수 있는 관련 투플의 번호를 나열하시오.

(5) 〈진료〉 릴레이션을 상위 릴레이션으로 분해하였을 때 생성되는 릴레이션을 나타내시오.

(6) (5)에서 생성된 각 릴레이션별로 기본키와 외래키를 쓰시오. 키가 없으면 '없음'으로 쓰시오.

---

**풀이** (1) (환자번호, 진료과), (환자번호, 담당의사)

(2) 제3정규형

(3) ①, ②, ⑥

(4) ③, ④, ⑤

(5) 〈R1〉

| 환자번호 | 담당의사 |
|---|---|
| 1112 | 정상우 |
| 1113 | 정상우 |
| 1114 | 조영민 |
| 1114 | 김수희 |
| 1115 | 김민수 |
| 1115 | 정상우 |

〈R2〉

| 담당의사 | 진료과 |
|---|---|
| 김수희 | 내과 |
| 정상우 | 정형외과 |
| 조영민 | 정형외과 |
| 김민수 | 소아과 |

(6) R1 - 기본키 : (환자번호, 담당의사), 외래키 : 담당의사

R2 - 기본키 : 담당의사, 외래키 : 없음

다음 사원 릴레이션을 정규화하고자 한다. 〈조건〉을 고려하여 물음에 답하시오.

〈사원〉

| 번호 | 이름 | 부서 | P 번호 | P 담당자 | 전화번호 |
|---|---|---|---|---|---|
| 7 | 이태영 | 생산 | MZ11 | 오정현 | 1234 |
| 7 | 이태영 | 생산 | MZ10 | 김해진 | 1234 |
| 3 | 권오성 | 영업 | MZ11 | 오정현 | 5678 |
| 3 | 권오성 | 영업 | MZ12 | 최성국 | 5678 |
| 3 | 권오성 | 영업 | MZ10 | 김해진 | 5678 |
| 5 | 서준영 | 생산 | MZ12 | 최성국 | 1234 |
| 5 | 서준영 | 생산 | MZ13 | 서윤희 | 1234 |
| 1 | 이채은 | 개발 | MZ11 | 최수희 | 5678 |
| 1 | 이채은 | 개발 | MZ13 | 서윤희 | 5678 |
| 9 | 서준영 | 영업 | MZ10 | 김해진 | 5678 |

조건

- 사원은 한 부서에 소속되어 있고 부서와 상관없이 여러 프로젝트의 수행에 참여한다.
- 한 프로젝트에는 여러 명의 담당자가 존재하며, 한 명의 담당자는 하나의 프로젝트만을 담당할 수 있다.
- 사원 릴레이션의 기본키는 (번호, P 번호)이다.

(1) 정규화 과정을 함수종속 다이어그램으로 나타내시오.

(2) 최상위 정규형은 무엇인가?

(3) 최상위 정규형의 릴레이션 개수는 몇 개인가?

---

**풀이** (1) ① 1NF

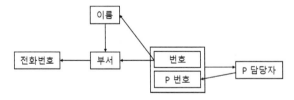

② 2NF

③ 3NF

④ BCNF

(2) BCNF

(3) 5개

## ※ 요약 : 정규형의 종류

| 종류 | 특징 |
|---|---|
| 1 정규형<br>(1NF) | • 어떤 릴레이션 R에 속한 모든 도메인이 원자 값만으로 되어 있는 릴레이션<br>• 비정규화를 정규화 시키기 위한 것임<br>• 기본키에 대해서 부분 함수종속으로 인한 이상 발생 |
| 2 정규형<br>(2NF) | • 어떤 릴레이션 R이 1NF이고, 릴레이션의 기본키가 아닌 속성들이 기본키에 완전 함수종속인 릴레이션<br>• 1NF의 단점인 부분 함수종속을 제거하기 위함<br>• 이행적 함수종속은 여전히 존재 |
| 3 정규형<br>(3NF) | • 어떤 릴레이션 R이 2NF이고, 기본키가 아닌 모든 속성들이 기본키에 대하여 이행적 함수종속성의 관계가 없는 릴레이션<br>• 2NF의 단점인 이행적 함수종속을 제거하기 위함<br>• 결정자가 후보키가 아닌 것으로 인한 이상 발생 |
| BCNF<br>(보이스-코드 정규형) | • 릴레이션 R의 모든 결정자가 후보키이면 릴레이션 R은 BCNF에 속함<br>• 3NF의 일반성이 부족한 것을 보충하기 위함<br>• 다치종속, 조인종속으로 인한 이상 발생 가능성이 있음 |

## 5.5 SQL(Structured Query Language)

다음은 2개의 릴레이션과 이것을 사용하여 왼쪽 외부조인을 하는 SQL문이다. 릴레이션은 도메인 제약조건, 참조 무결성 제약조건, 키 제약조건을 만족한다. 물음에 답하시오.

Dept(기본키: Dept_no)

| Dept_no | Dept_name | Location |
|---------|-----------|----------|
| 111 | 생산부 | A-1 |
| 222 | 개발부 | A-2 |
| 333 | 영업부 | B-1 |
| 444 | 마케팅부 | B-2 |

Employee(기본키: Emp_id, 외래키: Dept_no)

| Emp_id | Emp_name | Address | Tel_no | Dept_no |
|--------|----------|---------|--------|---------|
| 1801 | 강감찬 | 대구 | 789-1501 | 111 |
| 1802 | 이순신 | 부산 | 421-2206 | 222 |
| 1803 | 여동효 | 서울 | 352-8787 | 333 |
| 1804 | 원대한 | 경북 | 123-4567 | 333 |
| 1805 | 전유진 | 광주 | 622-6712 | 222 |

```
SELECT *
FROM Dept AS d
LEFT OUTER JOIN Employee AS e
ON d.Dept_no = e.Dept_no;
```

(1) SQL문을 수행하였을 때 결과 릴레이션의 속성과 투플은 각각 몇 개인가?

(2) Employee에서 투플 〈1804, 원대한, 경북, 123-4567, 333〉의 Emp_id 속성 값을 1801로 갱신하면 수행이 거부된다. 그 이유가 되는 제약조건은 무엇인가?

(3) Dept에서 투플 〈333, 영업부, B-1〉을 삭제하면 수행이 거부된다. 그 이유가 되는 제약조건은 무엇인가?

**풀이** (1) 8, 6

3개 + 5개 = 8개, 5개 + 1개(444 투플) = 6개

외부조인에서 ON을 사용한 것은 동등조인이므로 d.Dept_no = e.Dept_no의 결과에서 중복된 속성을 제거하지 않는다. Using을 사용한 자연조인에서는 중복된 속성을 제거한다. SQL문에서 외부조인의 경우 'OUTER JOIN' 앞에 LEFT, RIGHT, FULL이 사용된다.

| Dept_no | Dept_name | Location | Emp_id | Emp_name | Address | Tel_no | Dept_no |
|---------|-----------|----------|--------|----------|---------|----------|---------|
| 111 | 생산부 | A-1 | 1801 | 강감찬 | 대구 | 789-1501 | 111 |
| 222 | 개발부 | A-2 | 1802 | 이순신 | 부산 | 421-2206 | 222 |
| 222 | 개발부 | A-2 | 1805 | 전유진 | 광주 | 622-6712 | 222 |
| 333 | 영업부 | B-1 | 1803 | 여동효 | 서울 | 352-8787 | 333 |
| 333 | 영업부 | B-1 | 1804 | 원대한 | 경북 | 123-4567 | 333 |
| 444 | 마케팅부 | B-2 | NULL | NULL | NULL | NULL | NULL |

(2) 키 무결성 제약조건

Emp_id가 기본키로 지정되어있으므로 기본키를 1801로 갱신하는 경우 기본키의 값이 중복되어 키 무결성 제약조건에 위배된다.

(3) 참조 무결성 제약조건

Employee 릴레이션의 Dept_no가 외래키이다. Employee는 참조할 수 없는 외래키를 가질 수 없다.

---

**중등교사 임용시험 정보 · 컴퓨터 2017-B-3.**

다음 릴레이션은 각각 학생과 학과 정보를 나타낸 것이다. 릴레이션을 사용한 SQL문에 대한 물음에 답하시오.

STUDENT(기본키: s_number)

| s_number | s_name | score | d_number |
|----------|--------|-------|----------|
| 100 | 김수아 | 80 | 2 |
| 200 | 정상우 | 70 | 1 |
| 300 | 이민구 | 80 | 1 |
| 400 | 박정현 | 85 | 2 |
| 500 | 신지수 | 90 | 2 |

DEPARTMENT(기본키: d_number)

| d_number | d_name | telephone |
|----------|--------|-----------|
| 1 | 국어교육 | 8816 |
| 2 | 컴퓨터교육 | 8231 |
| 3 | 수학교육 | 7766 |

(1) 다음 SQL문의 실행 결과는 무엇인가?

```
SELECT d_number, AVG(score), MAX(score)
FROM STUDENT
GROUP BY d_number
ORDER BY AVG(score) DESC;
```

(2) 다음 SQL문의 실행 결과는 무엇인가?

```
SELECT S.s_name, D.d_name, S.score
FROM STUDENT AS S, DEPARTMENT AS D
WHERE score > (SELECT AVG(score)
    FROM STUDENT
    WHERE d_number = S.d_number) AND S.d_number=D.d_number;
```

---

풀이 (1) <2 85.0 90>, <1 75.0 80>

| d_number | AVG(score) | MAX(score) |
|---|---|---|
| 2 | 85.0 | 90 |
| 1 | 75.0 | 80 |

(2) <이민구, 국어교육, 80>

　　<신지수, 컴퓨터교육, 90>

상관부속질의이므로 순서가 일치해야 한다. SQL 실행 시 릴레이션에서 위의 투플부터 조건을 적용한다.

| d_number | d_name | s_name | score | avg(score) | score>avg(score) |
|---|---|---|---|---|---|
| 2 | 컴퓨터교육 | 김수아 | 80 | 85.0 | F |
| 1 | 국어교육 | 정상우 | 70 | 75.0 | F |
| 1 | 국어교육 | 이민구 | 80 | 75.0 | T |
| 2 | 컴퓨터교육 | 박정현 | 85 | 85.0 | F |
| 2 | 컴퓨터교육 | 신지수 | 90 | 85.0 | T |

다음은 도서 대여점에서 사용할 수 있는 관계 데이터베이스의 스키마와 스키마에 대한 특정 질의문을 SQL로 표현한 것이다. 물음에 답하시오.

■ 스키마

고객(<u>고객번호</u>, 고객이름, 주소, 전화번호)
도서(<u>도서번호</u>, 제목, 장르)
예약(<u>고객번호</u>, <u>도서번호</u>, 예약날짜)

■ SQL 질의문

```
SELECT 고객이름
FROM 고객, 예약
WHERE 고객.고객번호 = 예약.고객번호 AND 예약.도서번호 = 'B114';
```

(1) 제시한 질의문의 질의 결과와 같도록 관계대수식을 구하시오.

(2) 투플 관계 해석식을 완성하시오 단, 각 릴레이션에 대한 투플 변수는 고객을 m, 도서를 b, 예약을 r로 부여한다.

풀이 (1) $\Pi_{고객이름}(\sigma_{도서번호='B114'}$ (고객 $\bowtie_N$ 예약))

(2) {m.고객이름 | 고객(m) $\wedge$ ($\exists$r)(예약(r) $\wedge$ m.고객번호 = r.고객번호
$\wedge$ r.도서번호 = 'B114')}

다음은 기업체 릴레이션과 휴대폰 릴레이션을 나타낸 것이다. 휴대폰 릴레이션의 기업체 코드는 기업체 릴레이션의 기업체코드를 참조하는 외래키이다. 물음에 답하시오.

기업체 릴레이션(기본키: 기업체코드)

| 기업체코드 | 기업체명 | 국가명 |
|---|---|---|
| KO | 삼성전자 | 한국 |
| AM | 애플 | 미국 |
| CH | 화웨이 | 중국 |
| JA | 소니 | 일본 |

휴대폰 릴레이션(기본키: 휴대폰코드, 외래키: 기업체코드)

| 휴대폰코드 | 모델명 | 판매년도 | 평점 | 기업체코드 |
|---|---|---|---|---|
| K1-01 | 갤럭시 Z 플립3 | 2022 | 4 | KO |
| K2-02 | 갤럭시 S22 | 2023 | 5 | KO |
| A1-09 | 아이폰13 P20 | 2022 | 5 | AM |
| A2-01 | 아이폰 SE3 | 2021 | 3 | AM |
| C1-05 | 메이트 XS | 2020 | 4 | CH |

(1) 휴대폰 릴레이션을 생성하는 다음 SQL문에서 평점 속성에 1~5의 정수만 저장되도록 할 때 ㉠, ㉡에 들어갈 내용은 무엇인가?

```
CREATE TABLE 휴대폰 (
    휴대폰코드 CHAR(5) NOT NULL,
    모델명 VARCHAR(100) NOT NULL,
    판매년도 CHAR(4) NOT NULL,
    평점 _____㉠_____ ,
    기업체코드 CHAR(2) NOT NULL, PRIMARY KEY(휴대폰코드),
    _____㉡_____ ) ;
```

(2) 모델명에 '갤럭시'가 포함된 휴대폰에 대해 모델명, 휴대폰코드, 평점이 출력되도록 SQL문을 작성하시오.

(3) 기업체별 휴대폰의 평균 평점이 4.0 이상인 기업체에 대해 다음과 같이 출력되도록 SQL문을 작성하시오.

| 기업체명 | 평균평점 |
|---|---|
| 삼성전자 | 4.5 |
| 애플 | 4.0 |
| 화웨이 | 4.0 |

---

**풀이** (1) ㉠ INT NOT NULL CHECK(평점 >= 1 AND 평점 <= 5)

컬럼의 값을 어떠한 특정 범위로 제한할 때는 제약조건 중 CHECK 조건을 사용한다.

㉡ FOREIGN KEY(기업체코드) REFERENCES 기업체(기업체코드)

(2) SELECT 모델명, 휴대폰코드, 평점

FROM 휴대폰

WHERE 모델명 LIKE '%갤럭시%' ;

문자열 내에서 검색은 LIKE를 사용한다. 앞, 뒤로 어떤 문구가 들어가도 '갤럭시'가 포함된 단어들을 모두 검색해야 하므로 %갤럭시 %를 사용한다.

(3) SELECT A.기업체명, AVG(평점) AS 평균평점

　　FROM 기업체 AS A, 휴대폰 AS B

　　WHERE A.기업체코드 = B.기업체코드

　　　GROUP BY 기업체명 HAVING AVG(평점) >= 4.0;

집계 합수인 AVG를 이용하여 평점의 평균값을 평균평점으로 재명명한다. 기업체명, 평균평점이 출력되도록 기업체 릴레이션과 휴대폰 릴레이션을 JOIN 연산한다. 그리고 GROUP BY를 사용하여 기업체 별로 묶어준다. 그 후 각 그룹의 평균평점이 4.0 이상 되도록 HAVING을 사용하여 각 그룹의 구성 요건을 명세 한다.

다음은 고객의 정보를 저장하는 고객 릴레이션과 고객의 DVD 대여 정보를 저장하는 대여 릴레이션이다. 우수고객 릴레이션은 고객과 대여 릴레이션에 대하여 조인 질의문을 수행한 결과로 생성된 릴레이션이다. 〈조건〉을 고려하여 물음에 답하시오.

〈고객〉

| 고객번호 | 이름 | 구분 | 성별 | 전화번호 |
|---|---|---|---|---|
| 1 | 고영성 | 일반 | 남 | 320-1122 |
| 2 | 강수연 | 대학생 | 여 | 320-1124 |
| 3 | 권예원 | 일반 | 여 | 321-1129 |
| 4 | 김동준 | 중고생 | 남 | 320-1123 |
| 5 | 김민석 | 대학생 | 남 | 323-1125 |
| 6 | 오하영 | 대학생 | 여 | 325-1121 |

〈대여〉

| 고객번호 | DVD번호 | 대여횟수 |
|---|---|---|
| 1 | D101 | 6 |
| 1 | D104 | 5 |
| 2 | D101 | 1 |
| 2 | D102 | 2 |
| 2 | D104 | 4 |
| 3 | D102 | 4 |
| 3 | D104 | 9 |
| 4 | D101 | 6 |
| 4 | D102 | 8 |
| 5 | D104 | 7 |

〈우수고객〉

| 이름 | 전화번호 |
|---|---|
| 고영성 | 320-1122 |
| 권예원 | 321-1129 |
| 김민석 | 323-1125 |

조건

- 한 고객은 같은 DVD를 동시에 대여할 수 없다.
- 한 고객에 대한 특정 DVD 대여횟수는 누적되어 유지된다.
- where 절의 조건식은 AND 연산자를 한 번만 사용하고, 조인 질의문 작성은 join predicate 'NATURAL JOIN'을 사용한다.

(1) '우수고객 릴레이션'이 만들어질 수 있도록 연산자 IN을 사용한 부속 질의문을 SQL로 작성하시오.

(2) '우수고객 릴레이션'이 만들어질 수 있도록 조인을 이용한 질의문을 SQL로 작성하시오.

(3) (2)에서 작성한 조인 질의문을 비교 횟수가 적은 가장 효율적인 관계 대수식으로 표현하시오.

---

**풀이** (1) SELECT 이름, 전화번호

FROM 고객

WHERE 고객번호 IN (SELECT 고객번호

FROM 대여

WHERE DVD번호 = 'D104' AND 대여횟수 >= 5);

(2) SELECT 이름, 고객.전화번호

FROM 고객 NATURAL JOIN 대여

WHERE 대여.DVD번호 = 'D104' AND 대여.대여횟수 >= 5;

(3) 관계 대수식

$$\Pi_{\text{이름, 전화번호}}(\Pi_{\text{고객번호, 이름, 전화번호}}(\text{고객}) \bowtie_N \Pi_{\text{고객번호}}(\sigma_{\text{DVD번호 = 'D104' AND 대여횟수 >= 5}}(\text{대여})))$$

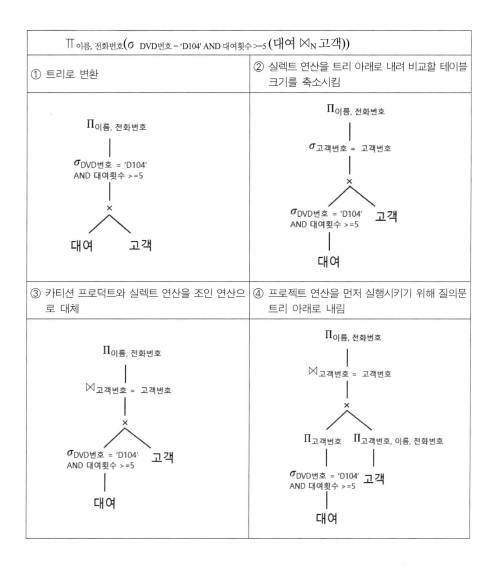

다음은 〈학생〉, 〈과목〉, 〈교수〉, 〈등록〉 릴레이션과 이와 관련하여 삽입, 삭제, 갱신 연산을 수행하는 SQL문을 나타낸 것이다. 물음에 답하시오.

학생(기본키: 학번)

| 학번 | 이름 | 전공 |
|------|------|------|
| 10 | 배소선 | 컴퓨터 |
| 11 | 강요셉 | 컴퓨터 |
| 12 | 백지현 | 컴퓨터 |
| 13 | 류태환 | 전자 |
| 14 | 이선영 | 전자 |

과목(기본키: 과목번호)

| 과목번호 | 과목명 | 학점 | 교수번호 |
|----------|--------|------|----------|
| C10 | 인공지능 | 3 | 101 |
| C20 | 운영체제 | 3 | 102 |
| M10 | 유체역학 | 3 | 103 |
| E10 | 회로이론 | 3 | 104 |
| E20 | 전자회로 | 3 | 104 |

교수(기본키: 교수번호)

| 교수번호 | 이름 | 학과 |
|----------|------|------|
| 101 | 서동주 | 컴퓨터 |
| 102 | 이철민 | 컴퓨터 |
| 103 | 고주연 | 기계 |
| 104 | 김성식 | 전자 |

등록(기본키: 학번, 과목번호)

| 학번 | 과목번호 | 성적 |
|------|----------|------|
| 10 | C10 | A |
| 11 | C20 | B |
| 12 | E10 | A |
| 13 | E20 | B |
| 14 | C20 | C |

```
① DELETE FROM 등록 ;
② UPDATE 교수 SET 교수번호 = 103 WHERE 이름 = '김성식';
③ CREATE VIEW 학생뷰 AS SELECT 이름, 전공 FROM 학생
      WHERE 전공 = '컴퓨터' WITH CHECK OPTION;
   INSERT INTO 학생뷰(이름, 전공) VALUES ('조현명', '과학') ;
④ CREATE VIEW 교수뷰 AS SELECT 교수번호, 이름 FROM 교수;
   INSERT INTO 교수뷰(교수번호, 이름) VALUES (105, '정영주') ;
⑤ CREATE VIEW 교수뷰 AS SELECT 교수번호, 이름
   FROM 교수, 과목 WHERE 교수.교수번호 = 과목.교수번호 ;
   INSERT INTO 교수뷰(과목번호, 이름) VALUES ('C30', '정강민') ;
```

(1) ①~⑤의 SQL문에서 정상 수행되는 것을 나열하시오.

(2) ①~⑤의 SQL문에서 정상 수행되지 않는 것을 나열하고 그 이유를 기술하시오.

**풀이** (1) ①, ④

(2) ②, ③, ⑤

② 기본키 103이 이미 릴레이션에 존재하므로 키 무결성 제약조건에 위배된다.

③ 뷰의 정의 조건인 전공 = '컴퓨터'를 위배하였으므로 실행이 거부된다. 즉 기본키 속성이 없는 학생뷰에 삽입시 기본키는 null이 되어 개체 무결성 제약조건에 위배된다.

⑤ 두 개 이상의 테이블에서 유도된 뷰이므로 변경 불가능하다.

---

**중등교사 임용시험 정보 · 컴퓨터 2020-B-2.**

---

다음은 관계형 데이터베이스에서 상점의 제품 테이블을 나타낸 것이다. 물음에 답하시오.

제품(기본키: 제품코드)

| 제품코드 | 이름 | 가격 | 회사코드 |
|---|---|---|---|
| 1001 | 생수 | 100 | 10 |
| 1002 | 파이 | 400 | 20 |
| 1003 | 사탕 | 100 | 10 |
| 1004 | 음료수 | 300 | 10 |
| 1005 | 과자 | 200 | 30 |
| 1006 | 연필 | 200 | 30 |
| 1007 | 치약 | 500 | 20 |
| 1008 | 가방 | 900 | 10 |

(1) 다음은 상점에 제품을 납품하는 회사별 제품의 평균가격이 300을 초과하는 회사의 회사코드와 평균가격을 검색하는 SQL문이다. ㉠에 들어갈 내용은 무엇인가?

```
SELECT 회사코드, AVG(가격) AS 평균가격
FROM 제품
GROUP BY 회사코드
HAVING      ㉠      ;
```

(2) (1)의 SQL문을 실행하였을 때 결과 투플(tuple)을 순서대로 나열하시오.

---

**풀이** (1) AVG(가격) > 300

회사코드가 같은 투플을 그룹화한 후 가격의 평균을 구한다.

(2) 2개

회사코드별로 그룹화한 후 평균가격이 300 이상인 투플만 출력한다.

| 회사코드 | 평균가격 |
|---|---|
| 10 | 350 |
| 20 | 450 |

다음 두 개의 릴레이션은 학사관리 데이터베이스를 위한 것이다. 물음에 답하시오.

학생(기본키: 학번)

| 학번 | 이름 | 전화번호 | 주소 |
|---|---|---|---|
| 2201 | 고주경 | 1001 | 전남 |
| 2202 | 정진석 | 1002 | 강원 |
| 2203 | 이태성 | 1003 | 서울 |
| 2204 | 이미나 | 1121 | 대전 |
| 2205 | 성지영 | 1122 | 대구 |

수강등록(기본키: 학번, 과목번호)

| 학번 | 과목번호 | 평점 | 중간성적 | 기말성적 |
|---|---|---|---|---|
| 2201 | 2003 | A | 93 | 88 |
| 2201 | 2005 | A | 95 | 92 |
| 2203 | 2003 | B | 90 | 88 |
| 2203 | 2005 | C | 82 | 75 |
| 2203 | 4022 | C | 75 | 76 |
| 2204 | 2003 | A | 95 | 93 |
| 2204 | 4022 | A | 89 | 95 |
| 2204 | 5335 | A | 91 | 92 |
| 2205 | 2003 | B | 84 | 85 |
| 2205 | 5335 | A | 85 | 95 |

(1) 다음 SQL문은 과목번호 5335를 수강신청하지 않은 학생의 학번과 이름을 검색하는 것이다. ㉠에 들어갈 내용은 무엇인가?

```
SELECT 학번, 이름
FROM 학생
WHERE 학번 (_____㉠_____)
    (SELECT 학번
     FROM 수강등록
     WHERE 과목번호 = 5335);
```

(2) 기말성적 평균이 90점 이상인 학생의 학번, 이름, 평균을 출력하는 SQL문을 작성하시오.

(3) 다음 SQL문은 모든 성적 합계의 평균이 90점 이상인 학생의 학번, 이름, 평균을 출력하는 것이다. ㉠에 들어갈 내용은 무엇인가?

```
SELECT 학번, 이름, (_____㉠_____) AS 평균
FROM 학생 AS S JOIN 수강등록 AS E ON S.학번 = E.학번
GROUP BY 학번
HAVING 평균 >= 90;
```

---

**풀이** (1) NOT IN

- 고주경, 정진석, 이태성을 포함하고 있는 투플이 출력됨
- 이미나, 성지영은 과목번호 5335를 수강하므로 제외함
- NOT IN과 NOT EXIST의 차이점은 SELECT, WHERE 부분의 형식과 내용이 다르다는 것이다.

(2) SELECT S.학번, 이름, AVG(기말성적) AS 평균

　　FROM 학생 AS S JOIN 수강등록 AS E ON S.학번 = E.학번

　　GROUP BY 학번

　　HAVING 평균 >= 90;

| 학번 | 이름 | 평균 |
|------|------|------|
| 2201 | 고주경 | 90.0 |
| 2204 | 이미나 | 93.3 |
| 2205 | 성지영 | 90.0 |

(3) (SUM(중간성적) + SUM(기말성적)) / (COUNT(학번) * 2)

| 학번 | 이름 | 평균 |
|---|---|---|
| 2201 | 고주경 | 92.0 |
| 2204 | 이미나 | 92.5 |

**중등교사 임용시험 정보·컴퓨터 2021-B-9.**

다음 릴레이션은 회사의 동호회 관리를 위한 것이며, SQL 문은 가입 릴레이션을 생성하기 위한 것이다. SQL문에서 'NO ACTION' 제약조건과 RESTRICT 제약조건은 동일하다. 물음에 답하시오.

가입(기본키: 사원번호, 동호회번호)

| 사원번호 | 동호회번호 | 가입연도 |
|---|---|---|
| 1 | D1 | 2018 |
| 2 | D2 | 2020 |
| 2 | D3 | 2020 |
| 3 | D1 | 2019 |
| 3 | D2 | 2020 |
| 4 | D1 | 2018 |
| 4 | D2 | 2019 |
| 4 | D3 | 2020 |
| 5 | D2 | 2019 |
| 5 | D3 | 2020 |
| 6 | D3 | 2020 |

사원(기본키: 사원번호)

| 사원번호 | 사원이름 | 나이 | 성별 |
|---|---|---|---|
| 1 | 정희련 | 25 | F |
| 2 | 허민 | 28 | M |
| 3 | 정강민 | 26 | M |
| 4 | 조현명 | 25 | F |
| 5 | 이재백 | 27 | M |
| 6 | 이태영 | 27 | M |

동호회(기본키: 동호회번호)

| 동호회번호 | 동호회이름 | 개설연도 |
|---|---|---|
| D1 | 합창단 | 2018 |
| D2 | 산악회 | 2019 |
| D3 | 골프 | 2020 |

```
CREATE TABLE 가입
  (사원번호 INT NOT NULL, 동호회번호 CHAR(3) NOT NULL,
   가입연도 INT, PRIMARY KEY(사원번호, 동호회번호),
   FOREIGN KEY(사원번호) REFERENCES 사원(사원번호)
      ON DELETE CASCADE
      ON UPDATE NO ACTION,
```

```
FOREIGN KEY(동호회번호) REFERENCES 동호회(동호회번호)
    ON DELETE CASCADE
    ON UPDATE NO ACTION);
```

(1) 다음 〈질의문〉에 대한 SQL 문의 ㉠에 들어갈 내용은 무엇인가?

■ 질의문

가장 먼저 개설된 동호회의 개설연도에 동호회에 가입한 사원의 사원번호를 검색하시오.

■ SQL문

```
SELECT DISTINCT 사원번호
FROM 가입
WHERE 가입연도 <= ___㉠___ (SELECT 개설연도 FROM 동호회);
```

(2) 아래 2개의 SQL 문을 순서대로 실행한 후의 결과 값은 무엇인가?

```
DELETE FROM 동호회 WHERE 동호회번호 = 'D2';
SELECT COUNT(*) FROM 가입;
```

(3) 아래 2개의 SQL 문을 순서대로 실행한 후의 결과 값을 쓰고, 그 결과가 나온 이유를 기술하시오.

```
UPDATE 동호회 SET 동호회번호 = 'D4'
    WHERE 동호회번호 = 'D3';
SELECT COUNT(*) FROM 가입 WHERE 동호회번호 = 'D4';
```

풀이 (1) ALL

(2) 7

동호회 번호의 삭제 제약조건이 CASCADE이므로 참조하는 투플도 함께 삭제된다. 따라서 가입 릴레이션에서 D2를 제외한 것이다.

(3) 0

가입 릴레이션 생성 시 동호회 번호에서 'ON UPDATE NO ACTION'으로 설정되었으므로 UPDATE 명령이 거절된다.

다음은 온라인 쇼핑몰 데이터베이스의 고객 테이블과 주문 테이블이다. 물음에 답하시오.

고객(기본키: 고객번호)

| 고객번호 | 이름 | 주소 | 전화번호 |
|---|---|---|---|
| 1 | 신수민 | 대구 | 790-2222 |
| 2 | 오정현 | 부산 | 320-3456 |
| 3 | 김효진 | 서울 | 564-2825 |
| 4 | 배소선 | 광주 | 480-5678 |
| 5 | 서정인 | 서울 | 792-9600 |
| 6 | 이채은 | 인천 | 340-4789 |
| 7 | 전유진 | 부산 | 320-8645 |
| 8 | 서준영 | 대구 | 764-3456 |

주문(기본키: 주문번호)

| 주문번호 | 주문날짜 | 주문금액 | 고객번호 |
|---|---|---|---|
| A1 | 2023-02-11 | 20000 | 1 |
| A2 | 2023-03-05 | 15000 | 3 |
| A3 | 2023-04-27 | 34000 | 2 |
| A4 | 2023-04-30 | 45000 | 5 |
| A5 | 2023-05-12 | 12000 | 1 |
| A6 | 2023-05-15 | 17000 | 4 |
| A7 | 2023-05-23 | 24000 | 6 |
| A8 | 2023-06-01 | 10000 | 3 |

(1) 다음 SQL문은 서울에 거주하는 고객번호별 주문금액의 합계를 검색하는 것이다. ㉠에 들어갈 내용을 쓰시오.

```
SELECT 고객번호, SUM(주문금액) AS 총주문금액
FROM 고객, 주문
┌──────────────────────────────────┐
│               ㉠                  │
└──────────────────────────────────┘
GROUP BY 고객번호 ;
```

(2) 지역별 주문금액의 합계가 많은 상위 2개 지역의 지역 이름과 주문금액의 합계를 검색하는 SQL문을 작성하시오.

(3) 고객번호별 주문금액의 합계가 많은 상위 3명의 고객번호, 이름, 주문금액의 합계를 검색하는 SQL문을 작성하시오.

---

**풀이** (1) WHERE 고객.고객번호 = 주문.고객번호 AND 고객.주소 = '서울'

FROM 절에서 콤마(,)로 조인하면 항상 WHERE 절에서 '고객.고객번호 = 주문.고객번호'와 같이 조건을 추가해야 한다.

(2) SELECT 주소, SUM(주문금액) AS 합계

FROM 고객, 주문

WHERE 고객.고객번호 = 주문.고객번호

GROUP BY 주소

LIMIT 2; (또는 ORDER BY 합계 DESC LIMIT 2;)

(3) SELECT 주문.고객번호, 이름, SUM(주문금액) AS 합계

    FROM 고객, 주문

    WHERE 고객.고객번호 = 주문.고객번호

    GROUP BY 주문.고객번호

    LIMIT 3; (또는 ORDER BY 합계 DESC LIMIT 3;)

---

**중등교사 임용시험 정보 · 컴퓨터 2016-A-8.**

다음은 회사 업무처리를 위한 사원과 부서 릴레이션이다. 이를 사용하여 뷰(view)를 생성하고자 한다. 물음에 답하시오.

사원(기본키: 사번)

| 사번 | 성명 | 주소 | 급여 | 부서번호 |
|---|---|---|---|---|
| 1 | 김동규 | 서울 | 45000 | 50 |
| 2 | 권순범 | 대구 | 55000 | 50 |
| 3 | 허민 | 광주 | 60000 | 10 |
| 4 | 권오성 | 인천 | 40000 | 40 |
| 5 | 구범석 | 부산 | 55000 | 10 |

부서(기본키: 부서번호)

| 부서번호 | 부서명 | 관리자사번 |
|---|---|---|
| 50 | 연구부 | 55 |
| 40 | 행정부 | 44 |
| 10 | 인사부 | 11 |

(1) 부서별 급여의 평균이 50000 이상인 부서의 부서번호, 부서명, 급여의 총액으로 구성된 뷰를 생성하고자 한다. 생성되는 뷰의 스키마는 SalaryView(사원.부서번호, 부서.부서명, 합계)이다. 다음 SQL문의 ㉠, ㉡에 들어갈 내용은 무엇인가?

```
CREATE VIEW SalaryView AS
    SELECT 사원.부서번호, 부서.부서명, ____㉠____
    FROM 사원, 부서
    WHERE 사원.부서번호 = 부서.부서번호
    GROUP BY 사원.부서번호, 부서.부서명
    HAVING ____㉡____ ;
```

(2) 부서별 급여의 평균이 많은 상위 2개 부서의 부서번호, 부서명, 평균급여, 인원수를 검색하는 SQL문을 작성하시오.

**풀이** (1) ㉠ : SUM(사원.급여) AS 합계, ㉡ : AVG(사원.급여) >= 50000

(2) SELECT 부서.부서번호, 부서명, AVG(급여), COUNT(사원.부서번호) AS 인원수

　　　FROM 사원, 부서

　　　WHERE 부서.부서번호 = 사원.부서번호

　　　GROUP BY 부서번호

　　　ORDER BY AVG(급여) DESC LIMIT 2

---

## 중등교사 임용시험 정보 · 컴퓨터 2023-B-7

다음은 POS 데이터베이스의 고객과 주문 릴레이션을 나타낸 것이다. 〈조건〉을 고려하여 물음에 답하시오.

고객 릴레이션(기본키: 고객ID)

| 고객ID | 고객이름 | 고객주소 |
|--------|----------|----------|
| 101 | 마동석 | 서울 |
| 102 | 김효주 | 서울 |
| 201 | 오하영 | 부산 |
| 201 | 김민석 | 광주 |

주문 릴레이션(기본키: 주문NO, 외래키: 고객ID)

| 주문NO | 주문일자 | 고객ID | 주문총액 |
|--------|------------|--------|----------|
| 1 | 2022-11-26 | 301 | 130000 |
| 2 | 2022-11-25 | 101 | 40000 |
| 3 | 2022-11-18 | 101 | 80000 |

조건

• 주어진 릴레이션은 도메인 제약조건, 참조 무결성 제약조건, 키 제약조건을 만족한다.

• 고객 릴레이션의 고객ID, 고객이름, 고객주소의 데이터 타입은 각각 INT, CHAR(10), VARCHAR(200)이다.

• 주문 릴레이션의 주문NO, 주문일자, 고객ID, 주문총액의 데이터 타입은 각각 INT, DATE, INT, INT이다.

(1) 다음 관계 대수식이 "고객주소가 서울인 고객의 고객이름을 출력하시오."의 의미가 되도록 빈칸 안의 ㉠, ㉡에 해당하는 내용을 쓰시오.

$$\underline{\qquad㉠\qquad}\ \text{고객이름}\ (\sigma_{\text{고객주소}=\text{‘서울’}}\ (\underline{\qquad㉡\qquad}))$$

(2) 다음 SQL문이 "주문 이력이 없는 고객의 고객ID와 고객이름을 출력하시오."라는
    의미가 되도록 빈칸 안의 ㉠에 해당하는 내용을 쓰시오.

```
SELECT A.고객ID, A.고객이름 FROM 고객 AS A
WHERE _____㉠_____ (SELECT * FROM 주문 AS B
                       WHERE B.고객ID = A.고객ID);
```

(3) 아래와 같이 뷰(view) 생성 후 INSERT문 실행 시 오류가 발생하였다. 그 이유를 기
    술하시오.

```
CREATE VIEW ORD_SUM AS
    SELECT 주문NO, 주문일자, 고객ID, SUM(주문총액) AS 주문총액합
    FROM 주문
    GROUP BY 주문NO, 주문일자, 고객ID ;

INSERT INTO ORD_SUM(주문NO, 주문일자, 고객ID, 주문총액합)
VALUES(4, '2022-11-26', 201, 40000) ;
```

---

**풀이** (1) ㉠ Π, ㉡ 고객

고객 릴레이션에서 고객이름을 선택하는 것이므로 프로젝트 연산을 수행해야 한다.

(2) NOT EXISTS

부속질의문이 존재하지 않는 튜플을 선택해야 하므로 NOT EXISTS를 사용해야 한다.

(3) GROUP BY나 집계함수를 사용할 경우 삽입 연산을 수행할 수 없다.

다음은 병원의 환자와 의사 릴레이션을 나타낸 것이며, SQL문은 이들을 이용하여 진료 릴레이션을 생성하는 것이다. 〈조건〉을 고려하여 물음에 답하시오.

환자(기본키: 환자번호)

| 환자번호 | 환자이름 | 나이 | 성별 |
|---|---|---|---|
| 2002 | 김효진 | 24 | F |
| 7733 | 류태환 | 26 | M |
| 1212 | 이재백 | 26 | M |
| 5454 | 배소선 | 25 | F |

의사(기본키: 의사번호)

| 의사번호 | 의사이름 | 진료과 |
|---|---|---|
| 1 | 성시경 | 내과 |
| 2 | 신진철 | 치과 |
| 3 | 박규성 | 치과 |
| 4 | 성채연 | 피부과 |

```
CREATE TABLE 진료
    (환자번호 INT _____㉠_____, 의사번호 INT _____㉠_____, 진료날짜 CHAR(6) _____㉠_____,
    PRIMARY KEY(_____㉢_____),
    _____㉡_____ (환자번호) REFERENCES 환자(환자번호)
        ON DELETE CASCADE
        ON UPDATE CASCADE,
    _____㉡_____ (의사번호) REFERENCES 의사(의사번호)
        ON DELETE CASCADE
        ON UPDATE CASCADE
    );
```

진료(기본키: (환자번호, 의사번호, 진료날짜))

| 환자번호 | 의사번호 | 진료날짜 |
|---|---|---|
| 1212 | 1 | 221015 |
| 1212 | 2 | 221015 |
| 1212 | 2 | 221018 |
| 2002 | 1 | 221016 |
| 2002 | 4 | 221020 |
| 5454 | 4 | 221016 |
| 7733 | 3 | 221019 |

- 프로젝션(projection)은 $\Pi$, 셀렉트(select)는 $\sigma$, 자연 조인(natural join)은 $\bowtie_N$으로 표기한다.
- 최적화된 관계대수식은 질의어를 처리하는 과정에서 만들어지는 연산의 중간 결과 크기를 최소화한 관계대수식이다.

(1) SQL문의 ㉠, ㉡에 들어갈 내용을 순서대로 쓰시오.

(2) SQL문의 ㉢에 들어갈 내용은 무엇인가?

(3) 질의어 "성시경 의사가 진료한 환자의 환자번호를 검색하시오."를 최적화된 관계대수식으로 나타내시오.

---

**풀이** (1) ㉠ : NOT NULL, ㉡ : FOREIGN KEY

㉠에 들어갈 수 있는 옵션이 NULL, NOT NULL, 디폴트값, unique, primary, check(조건식)이 있다. 이 중 모두 만족하는 옵션은 NOT NULL이다.

(2) 환자번호, 의사번호, 진료날짜

(3) $\Pi_{p\_id} ( \Pi_{D\_id}(\sigma_{D\_name = \text{'성시경'}}(\text{의사})) \bowtie_N (\Pi_{p\_id, D\_id}(\text{진료})))$

- 부분적 최적화된 것

  $\Pi_{p\_id} ((\sigma_{D\_name = \text{'성시경'}}(\text{의사})) \bowtie_N \text{진료})$

- 최적화되지 않은 것

  $\Pi_{p\_id} (\sigma_{D\_name = \text{'성시경'}}(\text{의사} \bowtie_N \text{진료}))$

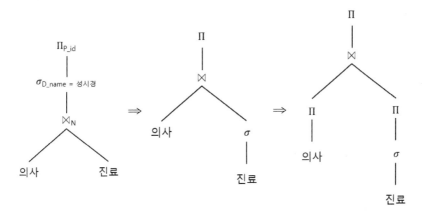

다음은 관계형 데이터베이스 스키마와 질의문인 '2010년 이후에 출생하고 과제명이 DB인 과제를 수행하는 사원의 이름을 검색하라'를 SQL문으로 표현한 것이다. 관계 대수식에서 카티션 곱, 실렉트(SELECT), 프로젝트, 자연조인 연산은 각각 $\times$, $\sigma$, $\Pi$, $\bowtie_N$ 로 표현한다. 물음에 답하시오.

■ 스키마

사원(<u>사원번호</u>, 이름, 생년월일, 성별, 주소)
과제(<u>과제번호</u>, 과제명, 장소)
소속(<u>사원번호</u>, <u>과제번호</u>, 시작날짜, 종료날짜)

■ SQL 질의문

```
SELECT 이름 FROM 사원 E, 소속 W, 과제 P
WHERE 과제명 = 'DB' AND P.과제번호 = W.과제번호
AND E.사원번호 = W.사원번호 AND 생년월일 > '12-31-2009';
```

(1) 다음은 주어진 SQL 질의문을 관계 대수식으로 표현한 것이다. 이에 해당하는 질의 트리를 구하시오.

$$\Pi_{이름} (\sigma_{P.과제번호 \,=\, W.과제번호\, AND\, W.사원번호\, =\, E.사원번호\, AND\, 과제명\, =\, 'DB'\, AND}$$
$$_{생년월일\, >\, '12-31-2009'} ((사원 \times 소속) \times 과제))$$

(2) 다음 관계 대수식은 (1)의 관계 대수식을 최적화하여 나타낸 것이다. 이에 해당하는 질의 트리를 나타내시오.

$$\Pi_{이름} (\Pi_{사원번호} (\Pi_{과제번호} (\sigma_{과제명\, =\, 'DB'} (과제)) \bowtie_N$$
$$(\Pi_{사원번호,\, 과제번호} (소속))) \bowtie_N$$
$$(\Pi_{사원번호,\, 이름} (\sigma_{생년월일\, >\, '12-31-2009'} (사원))))$$

풀이 (1)

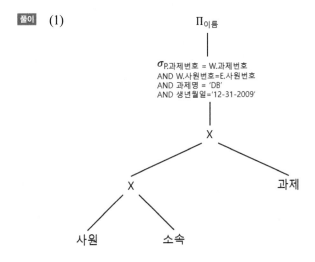

(2)

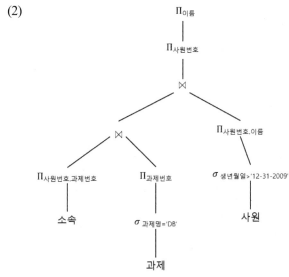

## ※ 요약 : SQL

### (1) SQL 데이터 정의문(DDL)

| 설명 |
| --- |
| ① 기본 테이블 생성<br><br>CREATE TABLE 기본테이블 (<br>　{열이름 데이터타입 [NOT NULL] [DEFAULT 값],}<br>　[PRIMARY KEY (열이름_리스트),]<br>　{[UNIQUE (열이름_리스트),]}<br>　{[FOREIGN KEY(열이름_리스트) REFERENCES 기본테이블[열이름_리스트]<br>　　[ON DELETE 옵션]<br>　　[ON UPDATE 옵션]],}<br>　[CHECK(조건식)]<br>);<br><br>• PRIMARY KEY : 기본키, 개체 무결성 제약조건<br>• UNIQUE : 대체키(보조키), 키 무결성 제약조건<br>• FOREIGN KEY : 외래키, 참조 무결성 제약조건 |
| ② 기본 테이블 제거<br><br>DROP TABLE 기본테이블_이름 {RESTRICT ¦ CASCADE};<br><br>• RESTRICT : 임의의 제약조건이나 뷰에서 참조되지 않는 테이블만 제거함<br>• CASCADE : 테이블과 테이블을 참조하는 모든 제약조건 및 뷰를 자동으로 제거함 |
| ③ 기본 테이블 변경<br><br>ALTER TABLE 테이블_이름 ADD 열_이름 데이터_타입;<br>ALTER TABLE Enrol ADD FINAL CHAR DEFAULT 'F';<br>ALTER TABLE Enrol DROP GRADE CASCADE;<br>ALTER TABLE Enrol RENAME TO New_Enrol<br><br>• 열(애트리뷰트) 추가/삭제, 열 정의의 변경, 테이블 제약조건의 추가/제거 |
| ④ 인덱스 생성과 삭제<br><br>CREATE INDEX 인덱스_이름 ON 기본테이블(열이름_리스트);<br>DROP INDEX 인덱스_이름 |
| ⑤ 도메인 생성, 수정, 삭제<br><br>CREATE DOMAIN 도메인_이름 데이터타입<br>　[묵시값_정의]<br>　[도메인_제약조건 정의리스트];<br>DROP DOMAIN 도메인_이름, 옵션; |

## (2) 데이터 검색

| 설명 |
|---|
| ① 형식<br><br>    SELECT [ALL ¦ DISTINCT] 열이름_리스트 [AS 이름]<br>    FROM 테이블_리스트<br>    [WHERE 조건]<br>    [GROUP BY 열_리스트<br>    [HAVING 조건]]<br>    [{UNION [ALL] ¦ INTERSECT ¦ EXCEPT} SELECT]<br>    [ORDER BY 열_리스트 [ASC ¦ DESC]];<br><br>• FROM : 모든 릴레이션에 카티션 프로덕트<br>• WHERE : 조건을 만족하지 못하는 투플을 제거<br>• GROUP BY : 남은 투플에 그룹핑 적용<br>• HAVING : 조건을 만족하지 못하는 그룹을 제거<br>• SELECT : 해당 리스트에서 연산식 수행, DISTINCT 존재 시 중복된 투플 제거<br>• UNION : 서브 질의문에서 UNION, INTERSECT, EXCEPT를 적용<br>• ORDER BY : 검색된 모든 투플을 정렬해서 출력 |
| ② 연산의 유형(WHERE, HAVING 절)<br>• 비교 연산 : =, 〈〉, 〈, 〈=, 〉, 〉=, LIKE<br>  – LIKE 연산('C%': C로 시작하는 스트링, 'S_ _': S로 시작하는 3문자 스트링, '%S_': 스트링 끝<br>    의 3번째 문자가 S인 스트링, '%S%': S가 포함된 스트링)<br>• 부울 연산 : AND, OR, NOT<br>• 집합 연산 : IN, NOT IN, ANY(SOME), ALL<br>• 집계 연산 : MAX, MIN, COUNT, SUM, AVG<br>• 부속 질의(WHERE 절) : SOME, ANY, ALL, IN, NOT IN |
| ③ ORDER BY<br>• ASC(오름차순), DESC(내림차순) 정렬<br>• 널 값은 오름차순에서는 끝, 내림차순에서는 가장 앞에 나타남 |
| ④ 조인(WHERE절, 부속질의)<br>• 비교 연산자 사용<br><br>    SELECT 학생.이름, 학생.학과, 등록.성적<br>    FROM 학생, 등록<br>    WHERE 학생.학번 = 등록.학번 AND 등록.과목코드 = 'C911';<br><br>• 한 개의 애트리뷰트로 이루어진 릴레이션이 반환되는 경우<br>  – 외부질의의 WHERE 절에서 IN, NOT IN, ANY(SOME), ALL을 사용함. IN은 한 애트리뷰트가<br>    값들의 집합에 속하는지 검사함. ANY, ALL은 한 애트리뷰트가 값들의 집합에 속하는 값들과 어<br>    떤 관계를 갖는지 검사함<br>• 여러 애트리뷰트들로 이루어진 릴레이션이 반환되는 경우<br>  – EXISTS 연산자를 사용하여 중첩 질의의 결과가 빈 릴레이션인지 검사하며, 빈 릴레이션이 아니<br>    면 참이고, 그렇지 않으면 거짓임 |

**(3) SQL 데이터 조작문(DML)**

| 설명 |
|---|
| ① 데이터 삽입<br><br>    `INSERT INTO 테이블_이름 [열이름_리스트]`<br>     `{VALUES (열값_리스트) ¦ SELECT 질의};`<br><br> • 한 번에 한 투플씩 삽입<br><br>    `INSERT INTO 테이블_이름(애트리뷰트1, ..., 애트리뷰트N)`<br>    `VALUES (값1, ..., 값n)`<br><br> • 한 번에 여러 개의 투플을 삽입<br><br>    `INSERT INTO 테이블_이름(애트리뷰트1, ..., 애트리뷰트N)`<br>    `SELECT ... FROM ... WHERE;` |
| ② 데이터 삭제<br><br>    `DELETE FROM 테이블_이름 [WHERE 조건];` |
| ③ 데이터 갱신<br><br>    `UPDATE 테이블_이름 SET {열이름 = 산술식} [WHERE 조건];` |

**(4) SQL 뷰**

| 설명 |
|---|
| ① 뷰의 생성과 제거<br><br>    `CREATE VIEW 뷰_이름[(열이름_리스트)]`<br>    `AS SELECT문`<br>    `[WITH CHECK OPTION];`<br><br> • WITH CHECK OPTION : UPDATE의 경우 뷰의 기본조건을 벗어나지 못하도록 DBMS가 거절함<br><br>    `DROP VIEW 뷰_이름 {RESTRICT ¦ CASCADE};` |

## 5.6 트랜잭션(Transaction)

중등교사 임용시험 정보 · 컴퓨터 2008-21.

다수 트랜잭션이 제약 없이 데이터베이스에 동시에 접근하면 문제가 발생할 수 있다. 다음 3가지 형태의 트랜잭션에 대해 동시성 제어를 하지 않고 수행하면 문제가 발생한다. 이와 관련된 물음에 답하시오.

| T1 | T2 | T1 | T2 | T1 | T2 |
|---|---|---|---|---|---|
| ....<br>read(x)<br>read(y)<br>x = x + y<br>write(x)<br><br>read(z)<br>rollback T1 | ....<br>x = x * 2<br>write(x)<br><br>.... | ....<br>read(x)<br>read(y)<br>x = x + y<br>write(x)<br><br>.... | ....<br>x = x + 2<br>write(x)<br><br>.... | ....<br>read(x)<br>x = x + 2<br>write(x)<br><br>read(y)<br>y = y * 2<br>write(y)<br>.... | ....<br>read(x)<br>x = x * 2<br>write(x)<br>read(y)<br>y = y + 2<br>write(y)<br>.... |

(1) 위의 트랜잭션 수행에서 발생하는 문제점은 각각 무엇인가?

(2) 문제점이 발생하는 이유를 기술하시오.

**풀이** (1) ① 연쇄 복귀 : T1이 롤백하면서 정상적으로 종료한 T2도 연쇄적으로 복귀하게 된다.

② 갱신 분실 : T1이 작업한 값이 write되기 전에 T2가 x의 값을 변경함으로써 잘못된 갱신이 일어난다.

③ 모순성 : T1이 작업하는 사이에 T2가 작업을 수행하면서 독립적으로 실행할 때와 다른 결과가 나타난다.

(2) 충돌된 데이터로 인해서 트랜잭션 사이에 간섭이 발생한다.

다음은 데이터베이스 관리 시스템에서 처리하는 3개 트랜잭션(T1, T2, T3)과 T1 트랜잭션이 시간에 따라 수행되는 과정을 나타낸 것이다. 〈조건〉을 고려하여 물음에 답하시오.

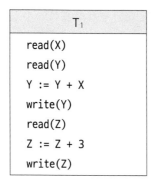

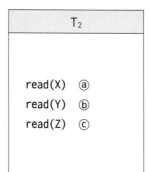

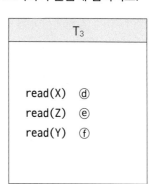

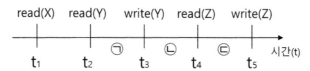

조건

- ㉠은 $t_2 \sim t_3$, ㉡은 $t_3 \sim t_4$, ㉢은 $t_4 \sim t_5$의 시간 구간이다.
- 임의의 트랜잭션 Ta와 Tb에 대한 스케줄이 직렬가능(serializable) 하다는 것은 두 트랜잭션의 동시처리 결과가 다음 중 한 가지와 일치한다는 것을 의미한다.
  - Ta가 먼저 시작/종료된 후 Tb가 시작/종료될 경우의 결과
  - Tb가 먼저 시작/종료된 후 Ta가 시작/종료될 경우의 결과

(1) T2가 T1과 동시 처리되면서 연산 ⓑ는 구간 ㉠, 연산 ⓒ는 구간 ㉢에서 수행될 때, T1과 T2에 대한 스케줄이 직렬가능한지 여부를 판단하시오.

(2) T2가 T1과 동시 처리되면서 연산 ⓑ는 구간 ㉡, 연산 ⓒ는 구간 ㉢에서 수행될 때, T1과 T2에 대한 스케줄이 직렬가능한지 여부를 판단하시오.

(3) T3이 T1과 동시 처리되면서 연산 ⓕ가 구간 ㉢에서 수행된다고 가정할 때, 연산 ⓓ와 ⓔ가 수행되는 구간에 따라 T1과 T3에 대한 직렬 가능한 스케줄의 존재 여부를 판단하고 그 이유를 기술하시오.

**풀이** (1) 직렬 가능하다. 선행그래프에 사이클 존재하지 않는다.

T2의 ⓑ와 ⓒ에 있는 변수 Y와 Z를 확인한다. read-read는 문제가 없다.

- Y : T1 read → T2 read
- Z : T1 read → T2 read

(2) 직렬 불가능하다. 선행그래프에 사이클 존재한다.

- Y : T1 write → T2 read
- Z : (T1 read) → T2 read → T1 write

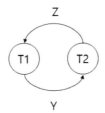

(3) 직렬 불가능하다, ⓔ가 ㉠, ㉡, ㉢ 어느 쪽에 수행되더라도 T1의 write(Z)가 마지막에 수행된다. 따라서 두 트랜잭션의 스케줄링에 대한 선행그래프에서 사이클이 형성되기 때문이다.

T1 : write(Y) → T3 : read(Y)

T3 : read(Z) → T1 : write(Z)

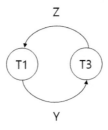

다음은 독립적인 3개의 트랜잭션 $T_1$, $T_2$, $T_3$의 연산을 나타낸 것이다. 〈조건〉을 고려하여 물음에 답하시오.

| $T_1$ | $T_2$ | $T_3$ |
|---|---|---|
| $r_1(x)$ <br> $w_1(x, 30)$ | $r_2(x)$ <br> $w_2(y, 60)$ <br> $r_2(z)$ <br> $w_2(z, 90)$ | $r_3(x)$ <br> $r_3(y)$ <br> $w_3(x, 40)$ |

조건

- 데이터 x, y, z의 초깃값은 각각 20, 50, 80이다.
- $r_i(a)$는 $T_i$가 데이터 a를 읽는 연산이며, $w_i(a, 10)$은 $T_i$가 데이터 a에 10을 쓰는 연산이다. $c_i$는 $T_i$가 완료한 것이다.
- 로그에서 〈$T_i$ start〉와 〈$T_i$ commit〉은 각각 $T_i$의 시작과 완료를 의미하며, 〈checkpoint〉는 검사점 기록 로그이다.
- 〈$T_i$, a, 10, 20〉은 $T_i$가 데이터 a의 값 10을 20으로 쓰기 연산한 것을 나타내는 로그이다. 회복 가능한 스케줄이란 어떤 $T_i$가 읽은 데이터 x에 대해, 읽기 연산 이전에 데이터 x에 쓰기 연산을 수행한 모든 트랜잭션이 완료되기 전까지는 $T_i$가 완료되지 않은 것이다.

(1) 트랜잭션 $T_1$과 $T_2$가 스케줄 s의 순서로 실행되었을 때, 스케줄 s의 회복 가능 여부를 판단하고 그 이유를 기술하시오. 단, 스케줄 s 이전에 실행한 트랜잭션들은 모두 종료되었다고 가정한다.

$$s : r_1(x)\ r_2(x)\ w_2(y, 60)\ r_2(z)\ w_1(x, 30)\ w_2(z, 90)\ c_2\ c_1$$

(2) 트랜잭션 $T_1$, $T_2$, $T_3$가 병행 실행되는 도중 시스템 장애가 발생하였으며, 다음과 같은 로그가 기록되었다. 이 로그를 사용할 때 x, y, z 각각의 값을 변화된 순서에 따라 나열하시오.

| 로그 레코드 |
|---|
| 〈$T_1$ start〉 〈$T_1$, x, 20, 30〉 〈$T_1$ commit〉 〈$T_2$ start〉 〈$T_2$, y, 50, 60〉 〈checkpoint〉 <br> 〈$T_3$ start〉 〈$T_3$, x, 30, 40〉 〈$T_2$, z, 80, 90〉 〈$T_3$ commit〉 〈시스템 장애 발생〉 |

(3) 위 로그를 사용하여 지연 갱신 기법에서 회복 작업을 진행할 때, undo와 redo가 필
요한 트랜잭션이 있으면 각각을 나열하시오.

---

**풀이** (1) 회복 가능한 스케줄이다. 그 이유는 서로 충돌되는 데이터가 없어서 스케줄 간에 간섭
이 없기 때문이다.

주어진 스케줄 s에서는 $T_2$가 x에 대해 읽기 연산을 수행한 후 $T_1$이 쓰기 연산을 수행하
였다. 여기서 $T_2$가 읽기 연산을 수행한 것 $T_1$이 쓰기 연산을 수행하기 전의 값이다. 따
라서 commit 순서와 상관없고 서로 충돌되는 데이터가 없으므로 회복 가능한 스케줄
이다. 이러한 경우는 훼손 데이터가 없고 연쇄복귀가 필요 없는 상황이다.

| T1 | T2 |
|---|---|
| r(x) | |
| | r(x) |
| | w(y, 60) |
| | r(z) |
| w(x, 30) | |
| | w(z, 90) |
| | commit |
| commit | |

(2) $x : 20 \rightarrow 30 \rightarrow 40, y : 50 \rightarrow 60, z : 80 \rightarrow 90$

(3) Redo : $T_3$, Undo : 없음

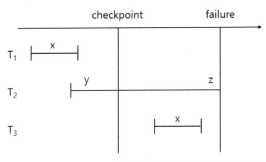

| 트랜잭션 | 지연 갱신 + checkpoint | 지연 갱신 | 즉시 갱신 + checkpoint | 즉시 갱신 |
|---|---|---|---|---|
| $T_1$ | – | Redo | – | Redo |
| $T_2$ | – | – | Undo | Undo |
| $T_3$ | Redo | Redo | Redo | Redo |

📑 참고

### ■ 회복 가능한 스케줄

회복 가능한 스케줄의 의미를 파악하기 위하여 아래 두 경우를 비교해본다. ①의 경우 회복이 가능하다. $T_2$에서 읽기 연산을 수행하기 전에 $T_1$이 쓰기 연산을 수행하였다. 이어서 쓰기 연산을 수행한 $T_1$이 먼저 완료되고 $T_2$가 완료되었으므로 회복 가능한 스케줄이다. ②의 경우 회복이 불가능하다. $T_2$에서 읽기 연산을 수행하기 전에 $T_1$이 쓰기 연산을 수행하였다. 이어서 $T_2$는 쓰기 연산을 수행한 $T_1$이 완료되기 전에 먼저 완료되었으므로 회복 불가능한 스케줄이다. 이러한 경우는 훼손 데이터가 있고 연쇄복귀가 필요한 상황이다.

|  | T1 | T2 |  |  | T1 | T2 |
|---|---|---|---|---|---|---|
| ① | w(x) | | | ② | w(x) | |
|  | | r(x) | | | | r(x) |
|  | commit | | | | | commit |
|  | | commit | | | commit | |

### ■ 지연 갱신 회복

- <$T_i$, Commit> 전의 장애이면 로그를 모두 버리고 무시함
- <$T_i$, Commit> 후의 장애이면 Redo($T_i$)를 실행하여 $T_i$에 의해 갱신된 모든 값을 로그 값(New value)으로 갱신
- 레코드 : <$T_i$, $X_i$, New value>

### ■ 즉시 갱신 회복

- 로그에 <$T_i$, Start> 레코드만 있고 <$T_i$, Commit> 레코드가 없으면 Undo($T_i$)를 실행하여 로그 변경 전 값으로 환원
- 로그에 <$T_i$, Start> 레코드와 <$T_i$, Commit> 레코드가 모두 다 있으면 Redo($T_i$)를 실행하여 로그 변경 후 값으로 환원
- 레코드 : <$T_i$, $X_i$, Old value, New value>

다음은 트랜잭션 $T_1$에 대한 로그이다. 〈조건〉을 고려하여 물음에 답하시오.

| 즉시 갱신 회복 기법 | 지연 갱신 회복 기법 |
|---|---|
| $\langle T_1,\ Start\rangle$ <br><br> ㉠ <br><br> $\langle T_1,\ Commit\rangle$ | $\langle T_1,\ Start\rangle$ <br><br> ㉡ <br><br> $\langle T_1,\ Commit\rangle$ |

조건

- 계좌 A의 초깃값은 5000이다.
- $T_1$은 계좌 A에서 1000을 출금시키는 트랜잭션이다.
- 로그를 이용한 회복 기법의 로그 유형은 다음과 같다. $T_i$는 트랜잭션 이름, $X_j$는 데이터 아이템, $V_1$는 변경 전의 값, $V_2$는 변경 후의 값이다.

| 즉시 갱신 회복 기법의 로그 | 지연 갱신 회복 기법의 로그 |
|---|---|
| $\langle T_i,\ Start\rangle$ <br> $\langle T_i,\ X_j,\ V_1,\ V_2\rangle$ <br> …… <br> $\langle T_i,\ Commit\rangle$ | $\langle T_i,\ Start\rangle$ <br> $\langle T_i,\ X_j,\ V_2\rangle$ <br> …… <br> $\langle T_i,\ Commit\rangle$ |

(1) ㉠에 들어갈 로그 레코드는 무엇인가?

(2) ㉡에 들어갈 로그 레코드는 무엇인가?

풀이 (1) $\langle T_1,\ A,\ 5000,\ 4000\rangle$

즉시 갱신 : 초깃값 저장, UNDO와 REDO 적용

(2) $\langle T_1,\ A,\ 4000\rangle$

지연 갱신 : REDO만 적용

중등교사 임용시험 정보 · 컴퓨터 2023-A-3.

다음은 DBMS의 시스템 실패 발생 후 검사점(checkpoint) 기반 회복에 사용할 로그이다. 〈조건〉을 고려하여 물음에 답하시오.

| 로그 레코드 |
|---|
| 〈T0, start〉, 〈T1, start〉, 〈T0, B, 0, 1500〉, 〈T1, A, 500, 1000〉, 〈T2, start〉, 〈checkpoint〉, 〈T0, B, 1500, 2100〉, 〈T2, D, 1700, 0〉, 〈T0, commit〉, 〈T1, C, 2000, 1500〉, 〈T2, D, 1700〉, 〈T2, abort〉, 〈checkpoint〉, 〈T3, start〉, 〈T1, A, 1000, 1200〉, 〈T3, E, 400, 300〉, 시스템 실패 발생 |

조건

• 즉시 갱신 기법을 사용한다.
• 〈Tn, X, V1, V2〉는 트랜잭션 Tn이 데이터 항목 X를 V1에서 V2로 변경하는 로그 레코드이다.
• 〈Tn, X, V〉는 트랜잭션 Tn이 데이터 항목 X를 V로 변경하는 로그 레코드이다.

(1) 회복을 위해 undo 작업이 필요한 트랜잭션 2가지를 쓰시오.

(2) 회복 후 데이터 항목 B의 값은 무엇인가?

**풀이** (1) T1, T3

즉시 갱신기법에서 시스템 장애가 발생했을 때 완료되지 않은 트랜잭션은 undo를 수행한다.

(2) 2100

B와 관련된 연산을 수행하는 트랜잭션은 T0이다. B의 연산과정은 0→1500→2100이다.

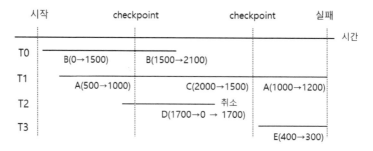

중등교사 임용시험 정보 · 컴퓨터 2010-1차-30.

데이터베이스 항목 A, B, C, D, E의 값을 읽고 갱신하는 5개 트랜잭션 T1, T2, T3, T4, T5의 실행 중에 다음의 로그 파일이 생성되었다.

조건

- DBMS가 로그를 이용하는 즉시 갱신(immediate update) 회복 기법을 사용한다.
- 로그 파일의 로그 순서번호 16을 마친 시점에서 시스템이 파손되었다.
- 복구 연산에는 REDO(재실행), UNDO(취소), NO-REDO(재실행 없음), NO-UNDO(취소 없음)가 있다.
- 로그 레코드는 [트랜잭션번호, 데이터항목, 이전 값, 새로운 값]이다.

| 순서번호 | 로그 레코드 | 순서번호 | 로그 레코드 |
|---|---|---|---|
| 1 | [T1, start] | 9 | checkpint(a2) |
| 2 | [T1, A, 20, 40] | 10 | [T5, start] |
| 3 | [T1, commit] | 11 | [T5, C, 10, 50] |
| 4 | [T3, start] | 12 | [T2, commit] |
| 5 | [T3, B, 90, 190] | 13 | [T4, start] |
| 6 | checkpoint(al) | 14 | [T4, D, 70, 130] |
| 7 | [T2, start] | 15 | [T5, commit] |
| 8 | [T2, A, 40, 80] | 16 | [T4, E, 130, 150] |

(1) 항목 A, C의 값은?

(2) 트랜잭션 T1이 수행하는 연산은?

(3) UNDO 연산을 수행하는 트랜잭션을 수행 순서대로 나열하시오.

(4) REDO 연산을 수행하는 트랜잭션을 수행 순서대로 나열하시오.

---

풀이 즉시 갱신은 복구를 위해 REDO(재실행), UNDO(취소), NO-REDO(재실행 없음), NO-UNDO(취소 없음)를 모두 사용하며, 다음과 같이 처리된다.

① 체크 포인터 이전에 종료된 트랜잭션은 복구를 위해 검사하지 않는다. 즉, NO-REDO/NO-UNDO 처리가 된다.

② UNDO와 REDO 리스트를 만든다.

③ 활동 중인 모든 트랜잭션과 <T, start>가 있는 모든 트랜잭션을 UNDO 리스트에 넣는다. 위 문제의 경우 UNDO 리스트는 (T4, T5, T2, T3)이 된다.

④ &lt;T, commit&gt;가 있는 모든 트랜잭션을 UNDO 리스트에서 REDO 리스트로 옮긴다. 위 문제의 경우 UNDO 리스트는 (T4, T3)이고, REDO 리스트는 (T2, T5) 된다.

(1) A : 80, C : 50

A, C는 각각 T2, T5에서 사용하며, T2와 T5는 REDO 연산을 수행한다. REDO 연산은 로그 내용을 사용하여 트랜잭션을 다시 수행하고 변경된 내용을 데이터베이스에 반영한다. 즉, 마지막 commit 된 값으로 되돌려진다.

(2) NO-UNDO/NO-REDO

체크 포인터 전에 commit 되었으므로 복구 작업이 필요하지 않다.

(3) T4, T3

UNDO 리스트에 있는 트랜잭션에 대해 후진 회복기법을 사용하여 UNDO 연산을 수행한다.

(4) T2, T5

REDO 리스트에 있는 트랜잭션에 대해 전진 회복기법을 사용하여 REDO 연산을 수행한다.

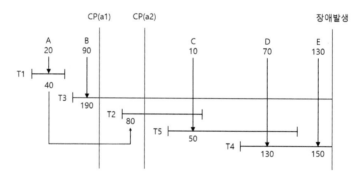

---

**중등교사 임용시험 정보 · 컴퓨터 2005-9.**

---

 검사시점(checkpoint) 기법을 적용하여 Redo와 Undo를 수행할 트랜잭션을 결정하고 회복(recovery)을 수행한다. 다음 표는 트랜잭션의 수행 시간을 나타낸 것이다. 〈조건〉을 고려하여 물음에 답하시오.

| 트랜잭션 | 시작 시각(시:분:초) | 종료 시각(시:분:초) |
|---|---|---|
| T1 | 11:30:20 | 11:30:40 |
| T2 | 11:30:10 | 11:30:20 |
| T3 | 11:30:40 | 11:30:45 |
| T4 | 11:30:45 | 종료되지 않음 |
| T5 | 11:30:20 | 종료되지 않음 |

조건

- 검사시점 시각은 11시 30분 30초이다.
- 검사시점 간격은 2분으로 설정하였다.
- 시스템의 장애가 발생한 시각은 11시 30분 50초이다.

(1) Redo 연산을 수행할 트랜잭션을 나열하시오.

(2) Undo 연산을 수행할 트랜잭션을 나열하시오.

(2) Redo 연산을 수행하는 각 트랜잭션의 시작 시각과 종료 시각은 무엇인가?

---

풀이 (1) T1, T3

(2) T4, T5

(3)

| 트랜잭션 | 시작 시각 | 종료 시각 |
|---|---|---|
| T1 | 11:30:30 | 11:30:40 |
| T3 | 11:30:40 | 11:30:45 |

## ※ 요약 : 트랜잭션 회복

| 종류 | 방법 |
|---|---|
| 로그(log) 이용 회복 | • 로그 레코드 형식 : 〈트랜잭션 id, 데이터 이름, 변경 전 값, 변경 후 값〉<br>• 로그 레코드의 유형<br><br>〈$T_i$, Start〉 : 트랜잭션 $T_i$가 실행이 시작됨<br>〈$T_i$, $T_j$, $V_1$, $V_2$〉 : 트랜잭션 $T_i$가 데이터 $T_j$의 값을 $V_1$에서 $V_2$로 변경함<br>〈$T_i$, Commit〉 트랜잭션 Ti의 실행이 완료됨 |
| 즉시 갱신 회복 | • 트랜잭션이 완료되지 않은 상태에서 모든 갱신을 직접 데이터베이스에 반영함<br>• 고장 발생 시 로그에 저장된 정보는 시스템의 상태를 이전의 일괄적인 상태로 복원하는 데 사용함<br>• 로그 레코드 형식 : 〈트랜잭션 id, 데이터 이름, 변경 전 값, 변경 후 값〉<br>• 회복 순서<br>  – 로그에 〈$T_i$, Start〉 레코드가 있고 〈$T_i$, Commit〉가 없으면 Undo를 수행함<br>  – 로그에 〈$T_i$, Start〉와 〈$T_i$, Commit〉가 모두 있으면 Redo를 수행함<br>  – 모든 Undo 연산을 수행한 후 Redo 연산을 수행함 |
| 지연 갱신 회복 | • 트랜잭션의 실행 동안에 모든 write 연산은 트랜잭션의 부분 완료 시까지 지연됨<br>• 모든 갱신은 로그에 기록되며 안정 기억장치에 유지<br>• 트랜잭션이 실행 완료 이후에 장애가 발생하면 Redo 연산을 수행함<br>• 트랜잭션이 실행 완료 이전에 장애가 발생하면 로그 정보를 무시함<br>• 로그 레코드 형식 : 〈트랜잭션 id, 데이터 이름, 변경 후 값〉<br>• 회복 순서<br>  – 로그에 〈$T_i$, Start〉와 〈$T_i$, Commit〉가 모두 있으면 Redo를 수행함<br>  – 다른 트랜잭션은 특별한 조치 없이 다시 시작함 |
| 검사 시점 회복 | • 트랜잭션을 수행하는 동안 로그를 기록 유지하면서 일정한 시간 간격으로 검사점 (checkpoint)을 만들어 놓음<br>• 회복 연산<br><br><br><br>  – Undo 리스트: $T_2$, $T_3$, $T_4$, $T_5$ (checkpoint에서 완료된 것 제외)<br>  – Redo 리스트: $T_2$, $T_4$ (failure에서 완료되지 않은 것)<br>    Undo에서 Redo와 중복된 것($T_2$, $T_4$) 삭제<br>    로그 역순으로 Undo 실행($T_5$, $T_3$)한 후 로그 순서로($T_2$, $T_4$) Redo 실행<br>    $T_2$는 checkpoint부터 실행하고, $T_3$는 처음부터 실행함 |

## ※ 요약 : 트랜잭션의 동시성(병행) 제어

| 종류 | 방법 |
|---|---|
| 트랜잭션<br>스케줄 | • 직렬 스케줄 : 한 번에 한 트랜잭션씩 순서대로 실행하는 것<br>• 비직렬 스케줄 : 여러 트랜잭션을 동시에 실행하는 것<br>• 직렬 가능 스케줄 : 비직렬 스케줄의 결과가 어떤 직렬 스케줄의 실행 결과와 같은 경우 |
| 직렬 가능성<br>검사 | • 직렬 가능성 검사 알고리즘<br>① 각 트랜잭션 $T_i$에 대해 선형 그래프에 레이블 $T_i$의 노드를 추가함<br>② $T_i$가 write(x)를 실행한 후 $T_j$가 read(x)를 실행하는 경우 선형 그래프에 간선 ($T_i \rightarrow T_j$)를 추가함<br>③ $T_i$가 read(x)를 실행한 후 $T_j$가 write(x)를 실행하는 경우 선형 그래프에 간선 ($T_i \rightarrow T_j$)를 추가함<br>④ $T_i$가 write(x)를 실행한 후 $T_j$가 write(x)를 실행하는 경우 선형 그래프에 간선 ($T_i \rightarrow T_j$)를 추가함<br>⑤ 선형 그래프에 사이클이 없으며 이 스케줄은 직렬 가능하며, 그렇지 않으면 직렬 불가능함 |
| 동시성 제어<br>기법 | • 무제어 동시 공용의 문제<br>갱신 분실(lost update), 모순성(inconsistency), 연쇄 복귀(cascading rollback)<br>• 직렬 가능성 이론<br>① 로킹 기법<br>　- lock/unlock 로킹 규약 : 최대 한 트랜잭션만 lock, 상호배제<br>　- lock-s(공용 로크)/lock-x(전용 로크) : 판독만 하는 트랜잭션의 병행접근 허용, 모든 트랜잭션에 대해 직렬성을 보장하는 것은 아님<br>　- 2단계 로킹 규약 : 확장 단계와 축소 단계, 모든 스케줄에 직렬 가능성을 보장함<br>　- 로킹 기법의 문제점 : 교착상태 발생<br>　- 교착상태 해결 방법 : 회피(wait-die 기법, wound-wait 기법), 탐지(대기 그래프)<br>② 타임 스탬프 기법<br>　- 타임 스탬프 순서 규약, 타임 스탬프 순서 기법의 문제점 : 연쇄 복귀<br>　- read/write 연산의 실행이 실패되고 복귀된 트랜잭션은 새로운 스탬프를 받아 재실행함<br>③ 낙관적 병행 제어 |

C H A P T E R **6**

# 프로그래밍

## ※ 프로그래밍 과목의 평가 영역 및 평가 내용 요소

| 평가 영역 | 평가 내용 요소 |
|---|---|
| C언어의 기본 | C프로그램의 기본구성 |
| | 자료형의 종류 |
| | 연산자의 종류와 우선순위 |
| | 제어문의 종류 |
| 배열과 구조체 활용 | 포인터와 배열 |
| | 문자열과 배열 |
| | 포인터와 구조체 |
| 함수 | 일반함수의 의미 |
| | 함수의 정의 및 호출 |
| | 재귀함수의 정의 |
| | 수명과 참조범위에 따른 변수 활용 |
| 라이브러리 활용 | 표준입출력 |
| | 텍스트 파일과 이진 파일의 입출력 |
| | 문자열 처리 |
| | 동적메모리 활용 |

## 6.1 C언어의 기본

다음은 C 언어로 작성된 프로그램이다. 물음에 답하시오.

```c
#include <stdio.h>

int recur(int n) {
    int s ;
    if (n <= 0) return 1 ;
    s = n + recur(n / 2) ;
    printf ("%d ", s) ;
    return s ;
}

int main(void) {
    recur(7) ;
    return 0 ;
}
```

(1) 프로그램의 실행 결과는 무엇인가?

---

**풀이** (1) 2 5 12

$S = 7 + recur(3) = 12$

$recur(3) = 3 + recur(1) = 5$

$recur(1) = 1 + recur(0) = 2$

$recur(0) = 1$

다음은 정적 변수를 이용하는 C 언어 프로그램이다. 물음에 답하시오.

```c
#include <stdio.h>

void sub(int n) {
    int j ;
    static int s = 0 ;
    for(j = 1 ; j <= n ; j++)
        s = s + j % 2 ;
    printf("%d ", s) ;
}
void main(void) {
    sub(5) ;
    sub(4) ;
}
```

(1) n이 5일 때 s, j의 최종 값은 무엇인가?

(2) n이 4일 때 s, j의 최종 값은 무엇인가?

---

**풀이** (1) $s : 3, j : 6$

$n = 5$

$s = 0 \rightarrow 1 \rightarrow 1 \rightarrow 2 \rightarrow 2 \rightarrow 3$

$j = 1 \rightarrow 2 \rightarrow 3 \rightarrow 4 \rightarrow 5 \rightarrow 6$

(2) $s : 5, j : 5$

$n = 4$

$s = 3 \rightarrow 4 \rightarrow 4 \rightarrow 5 \rightarrow 5$

$j = 1 \rightarrow 2 \rightarrow 3 \rightarrow 4 \rightarrow 5$

다음은 전역 변수와 지역 변수, 정적 변수를 이용하는 2개 파일로 구성된 C 프로그램이다. 이 프로그램의 실행 결과를 쓰시오.

| main.c | sub.c |
|---|---|
| <pre>#include <stdio.h>

int x = 1, y = 5 ;
void sub1(void) ;
extern void sub2(void) ;
extern void sub3(int) ;

void main(void) {
   int i ;
   sub1() ;
   for(i =0 ; i < 2 ; i++) sub2()
;
   sub3(y) ;
}

void sub1(void) {
   int x = 2 ;
   x++ ; y++ ;
   printf("%d ", x) ;  ← ㉠
}</pre> | <pre>#include <stdio.h>

extern int y ;

void sub2(void) {
   static int x = 3 ;
   x++ ; y++ ;
   printf("%d ", x) ;  ← ㉡
}

void sub3(int x) {
   if(x > 0) {
      sub3(x / 2) ;
      printf("%d ", x % 2) ;  ← ㉢
   }
}</pre> |

(1) 문장 ㉠에서 출력되는 내용은 무엇인가?

(2) 문장 ㉡에서 출력되는 내용은 무엇인가?

(3) 문장 ㉢에서 출력되는 내용은 무엇인가?

**풀이** (1) 3

(2) 4 5

(3) 1 0 0 0

main 함수에서 sub1 함수를 호출했을 때, sub1에서 x = 2인 값을 1 증가시켜 출력하므로 3이 출력된다.

sub1이 종료되고, for문에서 sub2를 두 번 호출하게 되는데, 첫 번째 호출에서 static x = 3이고, 이를 1 증가시켜 출력하므로 4가 된다. 이어서 두 번째 호출에서 x(=4)를 한 번 더 증가시켜 출력은 5가 된다.

마지막으로 sub3(5)를 수행하게 되는데, y는 sub1에서 한 번, sub2에서 두 번 증가되므로 매개변수로 8이 전달된다. sub3(8)에서 sub3(4), sub3(2), sub3(1), sub3(0) 순서로 호출되며, 이때 1, 2, 4, 8을 각각 2로 나눈 나머지를 출력하면 1 0 0 0이 출력된다.

등교사 임용시험 정보 · 컴퓨터 2011-1차-16.

다음은 주어진 문자열과 재귀함수를 이용하는 C 언어 프로그램이다. 물음에 답하시오.

```c
#include <stdio.h>
#include <string.h>

int p(int a) {
    if (a == 1) return 1 ;
    if (a == 2) return 2 ;
    return p(a - 1) + p(a - 2) ;
}
int digit(char a) {
    return a - '0';
}
void main() {
    char a[20] = "21345";
    int i, len, s = 0;
    len = strlen(a) ;
    for (i = 0 ; i < len ; i++) {
        s = s + p(len - i) * digit(a[i]) ;
    }
    printf("%d\n", s) ;   ← ㉠
}
```

(1) 1≤i≤5에 대한 p(i) 값을 각각 구하시오.

(2) 명령문 ㉠의 출력 결과는 무엇인가?

---

**풀이**　(1) 1, 2, 3, 5, 8

$p(1) = 1$

$p(2) = 2$

$p(3) = p(2) + p(1) = 2 + 1 = 3$

$p(4) = p(3) + p(2) = 3 + 2 = 5$

$p(5) = p(4) + p(3) = 5 + 3 = 8$

(2) 43

$s = 0 + (2 \times p(5)) + (1 \times p(4)) + (3 \times p(3)) + (4 \times p(2)) + (5 \times p(1))$

$= 0 + 16 + 5 + 9 + 8 + 5$

$= 43$

---

다음은 문자열을 처리하는 C 프로그램이다. 물음에 답하시오.

```c
#include <stdio.h>

int strchr(char *str, char ch) {
    int idx = 0 ;
    while (*str) {
        if (*str == ch)
            return idx ;
        str++ ;
        idx++ ;
    }
    return -1 ;
}
```

```
int rstrchr(char *str, char ch) {
    int idx ;
    for (idx = 0 ; str[idx] != '\0' ; idx++) ;
    for (idx-- ; idx >= 0 ; idx--)
        if (str[idx] == ch) return idx ;
    return -1 ;
}
void main(void) {
    char str[ ] = "language" ;
    printf("%d", strchr(str, 'g')) ;   ← ㉠
    printf("%d", rstrchr(str, 'g')) ;   ← ㉡
}
```

(1) 문장 ㉠의 출력 결과는 무엇인가?

(2) 문장 ㉡의 출력 결과는 무엇인가?

---

풀이   (1) 3

　　strchr(str, 'g')는 language에서 알파벳 g가 처음 나타나는 위치를 return 하는 함수

　　(2) 6

　　rstrschr(str, 'g')는 language에서 끝에 있는 알파벳 g가 처음 나타나는 위치를 return 하는 함수

중등교사 임용시험 정보·컴퓨터 2022-A-10.

다음 C 프로그램의 수행 결과에 관한 물음에 답하시오.

```
#include <stdio.h>
#include <stdlib.h>

int *fun1(int, int *) ;
int main(void) {
    int *tmp = NULL ;
```

```
    tmp = fun1(0, tmp) ;
    *tmp = *tmp + 20 ;
    tmp = fun1(1, tmp) ;
    free(tmp) ;
}

int *fun1(int tag, int *ptr) {
    int val = 0 ;   ← ㉠
    int sum = 0 ;
    if (tag == 0) {
        ptr = (int *)malloc(sizeof(int)) ;
        *ptr = 0 ;
    }
    val = val + 2 ;
    sum = sum + val ;
    printf("%d ", sum) ;   ← ㉡
    *ptr = *ptr + 10 ;
    sum = sum + *ptr ;
    printf("%d ", sum) ;   ← ㉢
    return ptr ;
}
```

(1) 문장 ㉡, ㉢에 의해 출력되는 값들을 순서대로 나열하시오.

(2) 문장 ㉠의 정수형 변수 val을 static으로 선언할 때 프로그램의 출력을 순서대로 나열하시오.

---

**풀이** (1) 2 12 2 42

| val | 0 | 2 | | | | | 2 | | | |
|---|---|---|---|---|---|---|---|---|---|---|
| sum | 0 | 2 | 출력 2 | 12 (10+2) | 출력 12 | | 2 | 출력 2 | 42 (40+2) | 출력 42 |
| *tmp | | | | | | 30 (10+20) | | | | |
| *ptr | 0 | | | 10 | | | | | 40 | |

(2) 2 12 4 44

변수를 static으로 선언하면 초기화가 한 번만 이루어지며 프로그램이 종료될 때까지 기억장치에서 소멸하지 않고 값이 계속 유지된다.

| val | 0 | 2 | | | | 4 | | | |
|---|---|---|---|---|---|---|---|---|---|
| sum | 0 | 2 | 출력<br>2 | 12<br>(10+2) | 출력<br>12 | | 4 | 출력<br>4 | 44<br>(40+4) | 출력<br>44 |
| *tmp | | | | | 30<br>(10+20) | | | | | |
| *ptr | 0 | | | 10 | | | | | 40 | |

다음 C 언어 프로그램에 대한 물음에 답하시오.

```c
#include <stdio.h>

int node[] = {3, 2, 6, 5, 1, 4, 0} ;

int f1_stat(int base) {
  static int fx_pos = 2 ;
  fx_pos = node[fx_pos] ;
  return (fx_pos + base) % 7 ;
}

int f2_stat(int base) {
  static int fx_value = 6 ;
  return (fx_value += base) % 7 ;
}

int main(void) {
  f2_stat(2) ;
  printf("%d ", f2_stat(f1_stat(5))) ;  ← ㉠
  printf("%d ", f1_stat(3)) ;  ← ㉡
  return 0 ;
}
```

(1) 문장 ㉠을 실행하였을 때 출력 결과는 무엇인가?

(2) 문장 ㉡을 실행하였을 때 출력 결과는 무엇인가?

**풀이**   (1) 5

      • f2_stat(2) = (6 + 2) % 7 = 1

      • f1_stat(5) = (6 + 5) % 7 = 4

      • f2_stat(f1_stat(5)) = f2_stat(4) = (1 + 4) % 7 = 5

  (2) 3

      - f1_stat(3) = (0 + 3) % 7 = 3

## 6.2 배열과 구조체

중등교사 임용시험 정보 · 컴퓨터 2019-A-2.

다음은 C 언어 유형의 알고리즘이다. 〈조건〉을 고려하여 물음에 답하시오.

```c
int partition(int left, int right) {
    int j, k = left, pivot_point = left ;
    for (j = left+1 ; j <= right ; j++)
        if (List[j] < List[pivot_point]) {
            k++ ;
            swap(List[j], List[k]) ;
        }
    pivot_point = k ;
    swap(List[left], List[pivot_point]) ;
    return pivot_point ;
}
```

조건
- 배열 List의 초깃값은 7, 1, 9, 5, 3, 8이다.
- 배열 List의 인덱스는 0부터 시작한다.
- swap(int a, int b)는 a와 b의 값을 교환하는 함수이다.

(1) partition(0, 5)의 수행이 완료되었을 때 반환되는 값은 무엇인가?

(2) partition(0, 5)의 수행이 완료되었을 때 List의 값은 무엇인가?

**풀이** (1) 반환되는 값 : 3, List[3] : 7

- Quick sort의 변형으로 partition(0, 5)을 수행함
- left = 0, right = 5, k = 0, pivot = 0
- j = 1 에서 5까지 반복

  j = 1, k++ ; swap(list[1], list[1]) ; // 7 1 9 5 3 8

  j = 2, 조건을 만족하지 않음

  j = 3, k++ ; swap(list[2], list[3]) ; // 7 1 <u>5</u> <u>9</u> 3 8

  j = 4, k++ ; swap(list[3], list[4]) ; // 7 1 5 <u>3</u> <u>9</u> 8

  j = 5, 조건을 만족하지 않음

- pivot = k ; // 3

  swap(list[0], list[3]) ; // 3 1 5 7 9 8

  return pivot ; // 3

(2) 3 1 5 7 9 8

---

다음은 특정 형태로 숫자를 출력하는 C 프로그램이다. 물음에 답하시오.

```c
#include <stdio.h>

int main(void) {
 int i, k, m, row, n = 0 ;
 printf("층수를 입력하세요:") ;
 scanf("%d", &row) ;
 for (i = 0 ; i < row ; k = 0, i++) {
㉠  for (k = 0 ; k < row - i - 1 ; k++)
      printf("*") ;
    for (m = 0 ; m < (2 * i) + 1 ; m++) {
      printf("%d", n) ;
      n++ ;
```

```
        if (n >= 10)
            n = 0 ;  ← ㉡
    }
㉢  for (k += m ; k < 2 * row - 1 ; k++)
        printf("*") ;
    printf("\n") ;
}
return 0 ;
}
```

(1) 프로그램 입력이 4인 경우 문장 ㉡이 실행되는 횟수를 구하시오.

(2) 프로그램 입력이 3인 경우 출력은 무엇인가?

(3) 프로그램 입력이 3인 경우 ㉠을 제거한 후 프로그램을 실행할 때 출력되는 결과는 무엇인가?

(4) 프로그램 입력이 3인 경우 ㉠과 ㉢을 모두 제거한 후 프로그램을 실행할 때 출력되는 결과는 무엇인가?

---

**풀이** (1) 1

문장 ㉡이 실행되는 조건은 n이 10보다 크거나 같으면 된다. 위의 for문에서 n은 0~15까지 변할 수 있다. 따라서 문장 ㉡이 수행되는 것은 1번이다. 프로그램 입력이 4인 출력은 다음과 같다.

```
***0***
**123**
*45678*
9012345
```

(2)
```
**0**
*123*
45678
```

(3)
```
0****
123**
45678
```

(4) 
```
0
123
45678
```

다음 프로그램의 배열 데이터를 조작하고 비교하는 기능을 구현한 것이다. 함수 copy AndSort(s, n, t)는 배열 s에 저장된 n개 정수의 오름차순 정렬 결과를 배열 t에 저장한다. 단, 함수 수행 과정에서 배열 s는 변경되지 않는다고 가정하고 물음에 답하시오.

```c
int compare(int a[ ], int b[ ], int n) {
   int i, sum, *p, *q ;
   if (n <= 0) return 0 ;
   p = malloc(n * sizeof(int)) ;
   q = malloc(n * sizeof(int)) ;
   copyAndSort(a, n, p) ;
   copyAndSort(b, n, q) ;
   for (diff = i = 0 ; i < n ; i++)
      if (p[i] != q[i]) {
         sum = p[i] + q[i] ;
         break ;
      }
   free(p), free(q) ;
   return sum ;
}

int uniques(int a[ ], int n) {
   int i, count = 0 ;
   if (n > 0) {
      int *p = malloc(n *sizeof(int)) ;
      copyAndSort(a, n, p) ;
      for (count++, i = 1 ; i < n ; i++)
         if (p[i-1] != p[i])
```

```
            count++ ;
        free(p) ;
    }
    return count ;
}

void main( ) {
    int a[ ] = {7, 3, 3, 8, 2, 7, 3, 3, 5, 2} ;
    int b[ ] = {3, 8, 2, 5, 7, 3} ;
    int c[ ] = {2, ⓐ, 7, 3, 7, 5, 3, ⓑ, 3, 8} ;
    printf("%d\n", compare(a, b, 6)) ;  ← ㉠
    printf("%d\n", uniques(a, 10)) ;  ← ㉡
    printf("%d\n", compare(a, c, 10)) ;  ← ㉢
}
```

(1) 문장 ㉠에서 출력되는 값은 무엇인가?

(2) 문장 ㉡에서 출력되는 값은 무엇인가?

(3) 문장 ㉢에서 0이 출력되도록 하는 경우 ⓐ, ⓑ에 들어갈 값은 각각 무엇인가?

---

**풀이** (1) 12

compare(a, b, 6)는 a와 b 문자열을 오름차순으로 정렬한 후 첫 번째 원소부터 비교하며, 서로 다른 값이 나오면 두 원소의 합을 구한다.

```
a[] = 2 3 3 7 5 8, b[] = 2 3 3 5 7 8
return sum = a[3] + b[3] = 12
```

(2) 5

uniques(a, 10)는 오름차순으로 정렬한 후 서로 다른 숫자가 몇 개가 있는지 return 하는 함수이다.

```
p[] = 2 2 3 3 3 3 5 7 7 8
문장 'if (p[i-1] != p[i]) count++'를 4번 수행함, count = 5
2 3 5 7 8, 총 5개
```

(2) 2 3 또는 3 2

compare(a, b, 10) 값이 0으로 출력되려면 a와 b의 모든 값이 같아야 한다. 오름차순이므로 a[]와 같이 b[]에 2가 2개, 3이 4개만 있으면 되므로 답이 2, 3 또는 3, 2 모두 가능하다.

다음 C 언어 프로그램에 대한 물음에 답하시오.

```c
#include <stdio.h>
#define cnt 5

struct city_info {
  char name[10] ;
  char city[10] ;
  int tempe ;
} city_item[] = {{"세종", "Sejeong", 31}, {"여수", "Yeosu", 35},
          {"전주", "Jeongju", 34}, {"제주", "Jeju", 32},
          {"보길도", "bogildo", 33}} ;

int main(void) {
  int i ;
  int sum = 0 ;
  char new_city[cnt + 1] ;
  city_info *pt ;

  for (i = 0 ; i < cnt ; i++) {
    _____㉮_____ ;
    sum += city_item[i].tempe ;
  }
  new_city[i] = '\0' ;
  pt = city_item ;
  for (i = 0 ; i < cnt ; i++) printf("%s ", (pt + i) -> name) ;  ← ㉠
  printf("\n") ;
  printf("%s", new_city) ;  ← ㉡
  printf("%3.1f", (float)sum / cnt) ;  ← ㉢
  return 0 ;
}
```

(1) 문장 ㉠의 for문이 실행되었을 때 출력 결과는 무엇인가?

(2) 문장 ㉡을 실행되었을 때 'Seoul'이 출력되도록 ㉮에 들어갈 내용을 쓰시오.

(3) 문장 ㉢을 실행되었을 때 출력 결과는 무엇인가?

(1) 세종, 여수, 전주, 제주, 보길도

(2) new_city[i] = city_item[i].city[i]

(3) 33.0

**중등교사 임용시험 정보 · 컴퓨터 2022-A-9.**

다음은 배열을 사용하여 문자열을 처리하는 C 프로그램이다. 물음에 답하시오.

```c
#include <stdio.h>
#include <string.h>

int palin(char *) ;
int main(void) {
    int i, numitem ;
    char *data[] = {"welcome", "good", "deed", "luck", "notebook",
        "level", "syntax", "civic", "reviver", "madam"} ;
    numitem = sizeof(data) / sizeof(char*) ;  ← ㉠
    for (i = 0 ; i < numitem ; i++)
        printf_____㉡_____ ;
    for (i = 0 ; i < numitem ; i++)
        if (palin(data[i])) printf("%s ", *(data + i)) ;  ← ㉢
}

int palin(char *word) {
    int pt = 0 ;
    int len = strlen(word) ;
    while(pt < (int)(len / 2)) {
        ┌─────────────────────┐
        │          ㉮          │
        └─────────────────────┘
    }
    return 1 ;
}
```

(1) 문장 ㉠이 실행된 직후 numitem의 값은 무엇인가?

(2) data[]를 통해 접근할 수 있는 내용을 모두 출력하도록 ⓛ에 들어갈 문장을 쓰시오.

(3) word의 단어가 회문(palindrome)인지 판단할 수 있도록 ㉮에 들어갈 코드를 작성하시오.

(4) 문장 ⓒ의 출력 결과를 쓰시오.

---

**풀이** (1) 10

문장 ⓛ은 배열에서 항목의 수를 계산하여 변수에 저장한다.

(2) ("%s \n", *(data + i))

(3)
```
if (word[pt] != word[len - pt - 1]) return 0 ;
pt++ ;
```

(4) deed level civic reviver madam

똑바로 읽어도 거꾸로 읽어도 같은 단어를 회문(palindrome)이라고 한다.

ⓒ에서는 입력된 10개의 단어에서 회문인 것들을 출력한다.

*data[]는 포인터 배열로 포인터 변수를 저장하는 배열이다. data[]의 구조는 다음과 같다.

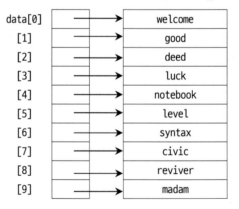

다음 C 프로그램에 대한 물음에 답하시오.

```c
#include <stdio.h>
#include <stdlib.h>

int a[] = {2, 4, 5, 1, 6, 3, 0} ;
int *rCount(int *a, int low, int high, int d) {
    int i ;
    int *p = malloc(d *sizeof(int)) ;
    for (i = 0 ; i < d ; i++) p[i] = 0 ;
    for (i = low ; i <= high ; i++) p[a[i] % d]++ ;
    return p ;
}

int linkCount(int s, int t) {
    int nlinks = 0 ;
    while (s != t) {
        s = a[s] ;
        nlinks++ ;
    }
    return nlinks ;
}

int fun0(int x) {
    static int id = 2 ;
    id = a[id] ;
    return id + x ;
}

int fun1(int x) {
    static int val = 3 ;
    return val += x ;
}

int main(void) {
```

```
    int b[] = {12, 19, 15, 26, 29, 21, 14, 32, 17, 22, 23} ;
    int *p = rCount(b, 2, 8, 3) ;
    printf("%d ", p[2]) ;  ← ㉠
    printf("%d ", linkCount(5, 6)) ;  ← ㉡
    fun1(5) ;
    printf("%d ", fun1(fun0(4))) ;  ← ㉢
    return 0 ;
}
```

(1) 문장 ㉠이 수행될 때 출력되는 값을 쓰고, 함수 rCount()의 리턴 주소에 저장된 값
들이 어떤 의미가 있는지 기술하시오.

(2) 문장 ㉡이 수행될 때 출력되는 값은 무엇인가?

(3) 문장 ㉢이 수행될 때 출력되는 값은 무엇인가?

---

**풀이** (1) 5, 함수 rCount()의 리턴 주소에 저장된 값들은 배열 b의 인덱스 2~8의 숫자를 3으로
나눈 나머지가 0, 1, 2인 숫자의 개수를 저장한 배열 p의 주소이다.

```
b = {12, 19, 15, 26, 29, 21, 14, 32, 17, 22, 23}
b mod 3 = {12, 19, 0, 2, 2, 0, 2, 2, 2, 22, 23}
p = {2, 0, 5}이므로 p[2]의 값은 5이다.
```

(2) 4

```
s : 5 → 3 → 1 → 4 → 6
a[s] : 3 → 1 → 4 → 6
nlinks : 0 → 1 → 2 → 3 → 4
```

linkcount(s, t) : a[s] == t 때까지 s = a[s]를 반복하고, 반복된 횟수를 구하면 5번이므
로 4이다.

(3) 17

```
fun1(5) = 8 = val, fun0(4) = 9, fun1(fun0(4) = fun1(9) = 9 + 8
```

## 6.3 함수 및 라이브러리

중등교사 임용시험 정보 · 컴퓨터 2016-A-11.

다음은 피보나치 수를 이용한 탐색 알고리즘이다. 〈조건〉을 고려하여 물음에 답하시오.

```
search(A, n, find) {
    k ← n ;
    i ← Fk ;
    while (k > 0) {
        print i ;
        if (A[i] = find) return i ;
        if (A[i] > find) {
            i ← i − Fk-2 ;
            k ← k − 1 ;
        } else {
            i ← i + Fk-2 ;
            k ← k − 2 ;
        }
    }
    return −1 ;  ← ㉠
}
```

조건

- 피보나치 함수

$$F_k = F_{k-1} + F_{k-2} \ (k \geq 3, \ F_1 = 1, \ F_2 = 1)$$

- 배열 A의 크기 : $F_{n+1} - 1$
- 배열 A의 초깃값 :

| | 1 | 2 | 3 | 4 | 5 | 6 | 7 | 8 | 9 | 10 | 11 | 12 |
|---|---|---|---|---|---|---|---|---|---|---|---|---|
| A | 5 | 18 | 21 | 33 | 43 | 48 | 59 | 61 | 64 | 72 | 84 | 91 |

(1) search(A, 6, 72)를 실행하였을 때 출력되는 값을 순서대로 쓰시오.

(2) 문장 ㉠은 어떤 경우에 수행되는지 그 의미를 기술하시오.

(1) 8 11 10

(a, 6, 72)일 때 k = 6, i = F₆(=8)이어서 8이 출력된다. 이후 조건문에서 A[8]이 61이므로 find(72)보다 작아 조건을 만족하지 않는다. 이어서 else에서 i ← 8 + F₄(=3) 이 들어가고 k = 4가 된다.

i 값인 11이 출력된 후 조건문에서 A[11]인 84가 find(=72)보다 크기 때문에 i ← 11 − F₂(=1)가 되고 k는 3이 된다. i(=10)가 출력된 후 조건문에서 A[10]인 72와 find(=72)가 같으므로 return i가 되어 프로그램이 종료된다.

(2) 탐색 실패인 경우에 실행됨

다음 프로그램의 함수 A와 B는 동일한 기능을 수행하는 알고리즘이다. 물음에 답하시오.

```
A(int a, int n) {
    int j, k = 1 ;
    for (j = 1 ; j <= n ; j++)
        k = k * a ;
    return k ;
}

B(int a, int n) {
    if (_____ㄱ_____)
        return 1 ;
    else if ((n mod 2) == 0)
        return B(a * a, n / 2) ;
    else return a * B(a * a, _____ㄴ_____) ;
}
```

(1) 함수의 기능을 설명하시오.

(2) B(3, 4)를 수행할 때 B( )의 전체 호출 횟수는?

(3) ㄱ, ㄴ에 들어갈 내용은 무엇인가?

풀이 (1) $a^n$을 구하는 프로그램이다.

(2) 4회, $B(3, 4) \rightarrow B(3^2, 2) \rightarrow B(3^4, 1) \rightarrow 3^4 \times B(3^8, 0) \rightarrow$ 반환

(3) ㉠ : n ＝ 0, ㉡ : n / 2 또는 (n - 1) / 2

중등교사 임용시험 정보 · 컴퓨터 2011-1차-13.

다음은 자기참조 구조체와 동적 메모리 할당 방법을 이용한 C 언어 프로그램이다. 물음에 답하시오.

```c
#include <stdio.h>
#include <stdlib.h>
#include <string.h>

struct node1 {
    int f ;
    struct node1 *link[2] ;
} ;
typedef struct node1 node ;

void set(node *h, int k, node *a, node *b) {
    h->f = k ; h->link[0] = a ; h->link[1] = b ;
}

node *init() {
    node *h[3] ;
    int i ;
    for (i = 0 ; i < 3 ; i++)
        h[i] = (node *) malloc(sizeof(node)) ;
    set(h[0], 11, h[0], h[1]) ;
    set(h[1], 12, h[2], h[1]) ;
    set(h[2], 13, h[2], h[0]) ;
    return h[0] ;
}
```

```
node *check (node *a, char b) {
    if (b == '1') return a->link[0] ;
    else return a->link[1] ;
}

void main() {
    node *h, *c ;
    int i ;
    char a[10] = "21121";
    h = init() ;
    c = h ;
    for (i = 0 ; i < strlen(a) ; i++) {
        c = check(c, a[i]) ;
        printf("%d\n", c->f) ;  ← ㉠
    }
}
```

(1) 명령문 ㉠이 두 번째, 다섯 번째 실행될 때의 출력 값은?

(2) 프로그래밍 실행되는 동안 변화되는 node와 h[]를 그림으로 나타내시오.

---

**풀이** (1) 13, 11

| i | 1 | 2 | 3 | 4 | 5 |
|------|----|----|----|----|----|
| 출력 | 12 | 13 | 13 | 11 | 11 |

(2)
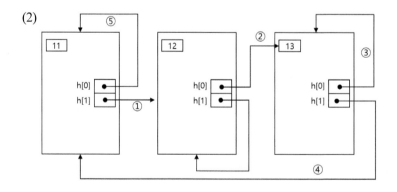

다음은 포인터와 구조체, 메모리 할당 기능을 사용하여 작성된 리스트 프로그램의 일부이다. 〈조건〉을 고려하여 물음에 답하시오.

```c
#include <stdio.h>

struct atype {
    int key ;
    struct atype *link ;
} ;

typedef struct atype AT ;
AT *head = NULL ;

int search(int s_key) {
    AT *p ;
    p = head ;
    while(p) {
        if (p->key == s_key)
            return 1 ;
            ㉡
        p = p->link ;
    }
    return 0 ;
}
```

```c
void insert(int i_key) {
    AT *p, *n, *old ;
    p = head ;
    old = p ;
    while (_____㉠_____) {
        old = p ;
        p = p->link ;
    }
    n = (AT*) malloc(sizeof(AT)) ;
    n->key = i_key ;
    n->link = p ;
    if (p == head) head = n ;
    else old->link = n ;
}
```

조건

• insert는 리스트의 요소들이 내림차순으로 정렬되도록 삽입한다. 단, 같은 크기의 요소는 삽입되지 않는다.
• search는 리스트의 요소 가운데 매개변수로 전달된 값을 찾는다. 리스트에서 검색되면 1을 반환하고, 그렇지 않으면 0을 반환한다.
• 리스트가 내림차순으로 되어 있으므로 앞에서부터 찾다가 검색 자료보다 작은 것이 나오면 검색을 중단한다.

(1) ㉠에 들어갈 코드는 무엇인가?

(2) ㉡에 들어갈 코드는 무엇인가?

**(1)** p != NULL && p->key > i_key

삽입할 키(i_key)가 들어갈 위치를 구하는 것이다. 내림차순으로 정렬하므로 i_key보다 작은 값이 있으면 그 위치에서 멈추고, 그렇지 않으면 i_key가 제일 작은 값이므로 null을 만날 때까지 반복한다.

**(2)** if (p->key < s_key) return 0

검색할 키(s_key)와 기존의 리스트에 있는 값들을 비교하는 것이다. 이미 리스트는 내림차순으로 정렬된 상태이므로 s_key보다 작은 값을 만나면 뒤는 상관없이 0을 리턴한다.

---

## 중등교사 임용시험 정보 · 컴퓨터 2009-1차-38.

다음은 재귀함수를 사용하여 영문자 또는 숫자로 구성된 문자열을 입력받아 역순으로 출력하는 C 언어 프로그램이다. reverse 함수는 문자열의 마지막을 만날 때까지 그전의 문자를 스택에 저장하고 마지막에 역순으로 출력된다. 물음에 답하시오.

```c
#include <stdio.h>

void reverse(char *str) ;
void main(void) {
    char str[15] ;
    gets(str) ;
    reverse(str) ;
}

void reverse(char *str) {
    char addr = *str ;
    if (addr) {
        _____㉠_____ ;
        _____㉡_____ ;
    }
}
```

(1) 프로그램의 ㉠, ㉡에 들어갈 내용은 무엇인가?

(2) 'Call 119'이 입력되었을 때 출력되기 직전 스택에 저장된 내용은 무엇인가?

---

풀이 (1) ㉠ : reverse(++str), ㉡ : printf("%c", addr)

(2) 911 llaC

'Call 119'가 입력되고 reverse 함수가 실행되면 if(addr) 구문으로 문자열의 마지막을 만날 때까지 문장 ㉠에 의해 그전의 문자가 스택에 저장된다. 그리고 문장 ㉡에 의해 스택의 내용이 출력된다.

```
        llaC
스      laC          911' 'llaC
택      aC           11' 'llaC
        C            1' 'llaC
```

---

다음 프로그램은 수열을 구하는 것으로 재귀문을 사용하여 서로 다른 두 가지 방법으로 구현한 것이다. 아래 물음에 답하시오.

$$S_1 = 1, \ S_2 = 2, \ S_n = S_{n-1} + S_{n-2} + 1 \ (n \geq 3)$$

```c
#include <stdio.h>
#include <stdlib.h>
#define N 7

int divProg(int n) {
   if (n <= 2) return n ;
   return divProg(n - 1) + divProg(n - 2) + 1 ;
}

int malRecur(int *seq, int n) {
   if (seq[n] == 0) {
      if (n <= 2) seq[n] = n ;
      else
         seq[n] = _____㉠_____ + 1 ; ← ㉡
   }
   return seq[n] ;
}
```

```
int malProg(int n)
   int i, result, *seq ;
   if (n <= 2) return n ;
   seq = (int *) malloc((n + 1) * sizeof(int)) ;
   for (i = 1 ; i <= n ; i++) seq[i] = 0 ;
   result = malRecur(seq, n) ;
   for (i = 1 ; i <= n ; i++) printf("%d ", seq[i]) ; ← ㉢
   free(seq) ;
   return result ;
}

int main(void) {
   printf("%d ", divProg(N)) ;
   printf("%d ", malProg(N)) ; ← ㉣
}
```

(1) divProg(7)이 실행되었을 때 다음의 divProg(n)이 호출되는 횟수를 각각 구하시오.

| divProg(6) | divProg(5) | divProg(4) | divProg(3) | divProg(2) | divProg(1) |
|---|---|---|---|---|---|
| | | | | | |

(2) (1)에서 구한 divProg(n)을 호출되는 순서대로 나열하시오.

(3) ㉠에 들어갈 내용을 쓰시오.

(4) malProg(7)이 실행되었을 문장 ㉡이 실행되는 횟수를 구하시오.

(5) 문장 ㉢이 실행되었을 때 출력 결과는 무엇인가?

(6) 문장 ㉣이 실행되었을 때 출력 결과는 무엇인가?

---

**풀이** (1)

| divProg(6) | divProg(5) | divProg(4) | divProg(3) | divProg(2) | divProg(1) |
|---|---|---|---|---|---|
| 1 | 2 | 3 | 5 | 8 | 5 |

(2) 6 5 4 3 2 1 2 3 2 1 4 3 2 1 2 5 4 3 2 1 2 3 2 1

(3) malRecur(seq, n - 1) + malRecur(seq, n - 2)

(4) 5회

(5) 1 2 4 7 12 20 33

(6) 33

다음 2개의 fib1, fib2 함수는 피보나치 수열의 n항을 구하는 C 언어 유형의 프로그램이다. fib1과 fib2에서 인자 n은 음이 아닌 정수이다. 피보나치 수열의 n항 $f_n$은 다음과 같이 재귀적으로 정의된다. 물음에 답하시오.

$$f_0 = 0, \ f_1 = 1, \ f_n = f_{n-1} + f_{n-2} \ (n \geq 2)$$

```
fib1(n) {
   if (_____㉠_____)
      return n ;
   else
      return fib1(n-1) + fib1(n-2) ;
}


fib2(n) {
   int k ;
   int ary_fib[n+1] ;
   ary_fib[0] = 0 ;
   if (n > 0) {
      ary_fib[1] = 1 ;
      for (k = 2 ; k <= n ; k++)
      _____㉡_____ = ary_fib[k-1] + ary_fib[k-2] ;
   }
   return ary_fib[n] ;
 }
```

(1) 밑줄 친 ㉠, ㉡에 해당하는 내용은 무엇인가?

(2) fib1(4)를 실행할 때 재귀 호출 순서는 다음과 같다. 밑줄 친 ㉢, ㉣에 해당하는 내용은 무엇인가?

   fib1(3) → fib1(2) → ( ㉢ ) → fib1(0) → fib1(1) → ( ㉣ ) → fib1(1)
   → fib1(0)

(3) fib1(5)의 실행을 완료하였을 때 fib1(1)이 호출된 전체 횟수는?

(1) ㉠ : n < 2 또는 n <= 1, ㉡ : ary_fib[k]

조건에 보면 피보나치 수열은 $f_0 = 0$, $f_1 = 1$이라고 있다. 따라서 2보다 작은 경우 return n이 된다. 조건을 살펴보면 ㉡이 ary_fib[k]이 나오는 이유를 알 수 있다. 피보나치 수열은 앞의 두 항을 더하는 것이다.

(2) fib(1), fib(2)

재귀함수로 함수를 호출하는 식인데 호출순서는 깊이 우선으로 한다.

(3) 5

fib1(1)이 호출된 총 횟수는 fib1(5)의 결과 값과 같다.

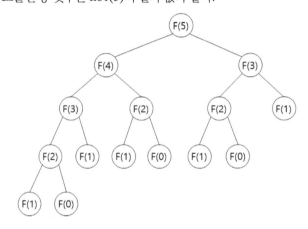

중등교사 임용시험 정보 · 컴퓨터 2020-A-9.

다음 프로그램에서 A_P 함수와 B_P 함수는 재귀호출로 구현된 것이다. 물음에 답하시오.

```c
#include <stdio.h>

int A_P(int x, int n) {
   if (n == 0)
      return 1 ;
   return x * A_P(x, n - 1) ;
}

int main () {
```

```
    printf("%d ", A_P(2, 5)) ;
    return 0 ;
}

#include <stdio.h>

int B_P(int x, int n) {
    printf ("%d ", n) ;
    if (n == 0)
        return 1 ;
    else if (n % 2 == 0)
        return 1 * B_P (x * x, n / 2) ;
    return x * B_P (x * x, (n - 1) / 2) ;
}

int main() {
    int ax, an ;
    scanf("%d %d", &ax, &an) ;
    B_P(ax, an) ;
    return 0 ;
}
```

(1) A_P를 사용하는 경우 프로그램의 실행 결과는 무엇인가?

(2) B_P를 사용하는 경우 main에서 ax = 2, an = 10일 때 실행 결과는 10 5 2 1 0
이다. ax = 2, an = 20일 때 실행 결과는 무엇인가?

(3) A_P와 B_P의 시간 복잡도를 빅-오(Big-oh) 표기법으로 각각 나타내시오.

---

풀이 (1) 32

(2) 20 10 5 2 1 0

(3) A_P는 n만큼 return을 실행하므로 O(n), B_P는 주어진 수를 계속해서 절반으로 줄여
나가므로 $O(\log_2 n)$이다.

## 6.4 프로그래밍 실기

갓 태어난 토끼 한 쌍이 있으며 이 한 쌍의 토끼는 두 달 후부터 매달 암수 한 쌍의 새끼를 낳는다. 그리고 새로 태어난 토끼도 태어난 지 두 달 후부터 매달 한 쌍씩 암수 새끼를 낳는다. 개월 수를 입력받고 그때 토끼가 몇 쌍인지 출력하는 프로그램을 작성하고자 한다. 이를 위해 ㉠에 들어갈 코드를 작성하시오.

| 입력 예시 | 출력 예시 |
|:---:|:---:|
| 5 | 8 |
| 7 | 21 |

```c
#include <stdio.h>

int rabbit(int n) {
    if (n == 0 || n == 1) return 1 ;
                   ㉠
        else return -1 ;
}

void main() {
    int n, result ;
    scanf("%d", &n) ;
    result = rabbit(n) ;
    if (result == -1) printf("error! 0~30 값을 입력\n") ;
    else printf("%d\n", result) ;
}
```

**풀이**

```c
else if (n > 1 && n <= 30)
        return rabbit(n - 2) + rabbit(n - 1) ;
```

다음 그림과 같이 첫 달에 태어난 토끼 한 쌍이 1개월 후에 어른 토끼가 되고, 2개월 후에 토끼 한 쌍을 낳게 된다. 이후 어른 토끼는 매달 토끼를 한 쌍씩 낳게 되고 새끼 토끼는 한 달 후에 어른 토끼가 되고, 두 달 후부터 토끼 한 쌍씩 낳게 된다. 따라서 개월 수에 따른 토끼 쌍의 수는 다음 표와 같다.

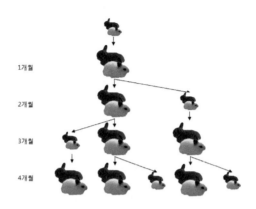

| 개월 | 0 | 1 | 2 | 3 | 4 | 5 | 6 | ... |
|---|---|---|---|---|---|---|---|---|
| 토끼 쌍의 수 | 1 | 1 | 2 | 3 | 5 | 8 | 13 | ... |

숫자 3개를 입력받고, 이들을 변의 길이로 하여 만들 수 있는 삼각형이 삼각형의 조건 중 몇 개의 조건을 만족시키는지 확인하는 프로그램을 작성하고자 한다. 이때 만들어지는 삼각형은 직각, 예각, 둔각, 이등변, 정삼각형의 조건을 사용하여 검사한다. 이를 위해 ㉠에 들어갈 코드를 작성하시오.

| 입력 예시 | 출력 예시 |
|---|---|
| 3 4 5 | 1 |
| 3 3 3 | 3 |
| 10 4 4 | 0 |

```c
#include <stdio.h>

int check(int x, int y, int z) {
    int temp ;
    if (y > x && y > z) {
        temp = y ;
        y = x ;
        x = temp ;
    }
    else if (z > x && z > y) {
```

```
        temp = z ;
        z = x ;
        x = temp ;
    }
    temp = 0 ;

    if (x >= y + z)
        return -1 ;    // 삼각형이 아님
    ┌──────────────────────────────────┐
    │                 ㉠                 │
    └──────────────────────────────────┘
    return temp ;
}

main() {
    int num1, num2, num3 ;
    scanf("%d %d %d", &num1, &num2, &num3) ;
    printf("%d개", check(num1, num2, num3)) ;
}
```

---

**풀이** 삼각부등식에 따르면 삼각형의 제일 긴 변이 나머지 두 변의 합보다 작다. 삼각형의 세 변이 a, b, c일 때 a + b > c, a + c > b, b + c > a 중 1개를 만족해야 한다.

```
if ((x * x) == (y * y) + (z * z)) // 직각 삼각형
    temp++ ;
if ((x * x) < (y * y) + (z * z)) // 예각 삼각형
    temp++ ;
if ((x * x) > (y * y) + (z * z)) // 둔각 삼각형
    temp++ ;
if (x == y && y == z) // 정 삼각형
    temp++ ;
if (x == y || x == z) // 이등변 삼각형
    temp++  ;
```

동적 할당(malloc)을 사용하여 순차탐색 기능의 프로그램을 작성하고자 한다. 다음 예시와 같이 정렬되지 않은 데이터를 입력받으며, 데이터의 마지막은 −1이 입력된다. 이를 위해 ㉠~㉢에 들어갈 코드를 작성하시오.

| 입력 예시 | 출력 예시 |
|---|---|
| 1 0 8 2 5 4 3 1 7 6 9 −1<br>5 | 7번째 5 |

```c
#include <stdio.h>

typedef struct list {
        int data ;
        struct list *next ;
} list ;

list *start = NULL ;

insert(int value) {
   list *extra = start ;
   list *temp = (list *)malloc(sizeof(list)) ;
   temp->data = value ;
   temp->next = NULL ;

   if (start == NULL) start = temp ;
   else {
     if (temp->data < start->data) {
                        ㉠
     }
     else {
         while (extra->next) {
           if (temp->data < extra->next->data) {
                        ㉡
             return ;
           }
           extra = extra->next ;
         }
         extra->next = temp ;
```

```
        }
    }
}

list *seq_search(int value, int *cnt) {
    list *temp = start ;
    while (temp) {
        if (temp->data == value)
            return temp ;
    ┌─────────────────────────────────┐
    │                ㉢                │
    └─────────────────────────────────┘
    }
    return temp ;
}

print() {
    list *temp = start ;
    while(temp) {
        printf("%d ", temp->data) ;
        emp = temp->next ;
    }
}

main() {
    int value, cnt = 1 ;
    list *search = NULL ;
    while(1) {
        scanf("%d", &value) ;
        if (value == -1)
            break ;
        insert(value) ;
    }
    scanf("%d", &value) ;
    search = seq_search(value, &cnt) ;
    if (search)
        printf("%d번째 %d\n", cnt, search->data) ;
    else
        printf("없음\n") ;
    print() ;
}
```

풀이 ㉠
```
temp->next = start ;
start = temp ;
```

㉡
```
temp->next = extra->next ;
extra->next = temp ;
```

㉢
```
temp = temp->next ;
*cnt = *cnt + 1 ;
```

중등교사 임용시험 정보 · 컴퓨터 2020-B-7.

다음은 수식 트리(expression tree)를 이용하여 산술 연산식을 계산하는 C 프로그램이다. 물음에 답하시오.

```c
#include <stdio.h>

typedef struct tree_node {
   int data ;
   struct tree_node *left, *right ;
} TreeNode ;

TreeNode n1 = {6, NULL, NULL} ;
TreeNode n2 = {3, NULL, NULL} ;
TreeNode n3 = {'/', &n1, &n2} ;
TreeNode n4 = {4, NULL, NULL} ;
TreeNode n5 = {'-', ㉠ , ㉡ } ;
TreeNode n6 = {2, NULL, NULL} ;
TreeNode n7 = {5, NULL, NULL} ;
TreeNode n8 = {'*', &n6, &n7} ;
TreeNode n9 = {'+', &n5, &n8} ;

int Expression_tree(TreeNode *node) {
   int op1, op2, op3 ;
```

```
        if (node == NULL) return 0 ;
        if (node->left == NULL && node->right == NULL)
           return node->data ;
        else {
           op1 = Expression_tree(node->left) ;
           op2 = Expression_tree(node->right) ;
           ┌─────────────────────────────┐
           │              ㉮              │
           └─────────────────────────────┘
           return op3 ;
        }
        return 0 ;
   }

int main () {
   printf ("%d", Expression_tree(&n9)) ;
   return 0 ;
}
```

조건

- 주어진 수식 트리는 이진트리이다.
- 수식 트리에서 피연산자는 단말 노드에 저장되고, 산술 연산자는 루트 노드 또는 내부 노드에 저장된다.
- TreeNode의 data는 피연산자 또는 산술 연산자 {+, −, *, /}를 갖는다.
- 주어진 수식 트리를 루트 노드 n9부터 전위 순회한 결과는 '+ − / 6 3 4 * 2 5'이다.

(1) 연산자에 따라 사칙연산이 가능하도록 ㉮에 들어갈 코드를 작성하시오.

(2) 주어진 수식 트리를 루트 노드 n9부터 후위 순회한 결과는 무엇인가?

(3) ㉠, ㉡에 해당하는 내용을 쓰시오.

(4) 프로그램의 실행 결과는 무엇인가?

---

**풀이** (1)
```
if (node->data == (int) '/')
   op3 = op1 / op2 ;
if (node->data == (int) '*')
   op3 = op1 * op2 ;
if (node->data == (int) '+')
   op3 = op1 + op2 ;
if (node->data == (int) '-')
   op3 = op1 - op2 ;
```

(2) 6 3 / 4 − 2 5 * +

(3) ㉠ : &n3, ㉡ : &n4

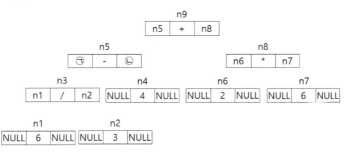

(4) 8, (6 / 3 − 4 + 2×5)

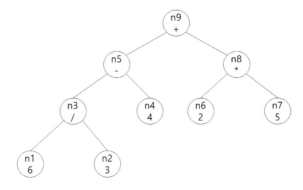

다음은 두 가지 프로그램은 수열 s에 대한 재귀 관계식과 수열 s의 n항인 $s_n$ 값을 구하는 것이다. 각각은 재귀 반복 기반의 분할정복 알고리즘과 동적 계획 알고리즘을 사용하였다. 물음에 답하시오.

$$s_n = \begin{cases} 1 & : n = 1\text{일 때} \\ 2 & : n = 2\text{일 때} \\ s_{n-1} + s_{n-2} + 3 & : n \geq 3\text{일 때} \end{cases}$$

```
int divConq(int n) {
    if (n <= 2) return n ;
    return divConq(n-1) + divConq(n - 2) + 3 ;
}

int dynaProg(int n) {
    int i, sn, *s ;
    if (n <= 2) return n ;
    s = (int *) malloc((n + 1) *sizeof(int)) ;
    for (i = 1 ; i <= n ; i++)
        s[i] = 0 ;
    sn = recur(s, n) ;
    free(s) ;
    return sn ;
}

int recur(int *s, int n) {
    if (s[n] == 0) {
        if (n <= 2) _____ㄱ_____ ;
        else
            s[n] = recur(s, n - 1) + recur(s, n - 2) + 3 ;  ← ㄴ
    }
    return s[n] ;
}
```

(1) divConq(6)이 호출된 직후부터 결과 값이 리턴 될 때까지 divConq(1)이 호출되는 총 횟수를 구하시오.

(2) ㉠에 들어갈 코드를 쓰고, 알고리즘 divConq() 수행 중 발생하는 중복 호출 문제가 dynaProg()에서 어떻게 해결되는지 기술하시오.

(3) dynaProg(6)이 호출된 직후부터 결과 값이 리턴 될 때까지 문장 ㉡이 수행되는 총 횟수를 구하시오.

**풀이** (1) 3

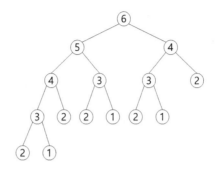

(2) s[n] = n, 배열에 저장된 값을 이용하므로 함수 중복호출 문제를 해결한다.

(3) 4, n = 6, 5, 4, 3 경우 실행

다음 C 언어 프로그램은 아래 그래프에서 최소비용 신장트리를 찾기 위해 Kruskal 알고리즘을 구현한 것이다. 물음에 답하시오.

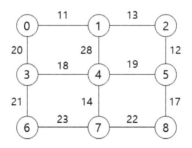

```c
#include <stdio.h>
#include <stdlib.h>
#define NUM_NODE (9)

typedef struct {
    int node1 ;
    int node2 ;
    int weight ;
} edge_t ;

void init_set(int parent[], int n) ;   // 서로소 집합 초기화
int find_set(int parent[], int v) ;    // v가 속한 집합 찾기
```

```
void set_union(int parent[], int v, int u) ;   // v와 u에 대한 합집합 연산
// 간선의 가중치를 기준으로 비교
int compare_edge(const void* a, const void* b) ;
/**
 * kruskal 알고리즘
 * @param graph 간선 리스트로 표현된 그래프
 * @param num_edges 그래프 내 간선의 수
 * @param out_mst 계산된 mst를 저장할 배열
 * @return mst의 비용
 */
int kruskal(edge_t graph[], int num_edges, edge_t out_mst[]) ;

int main(void) {edge_t graph[] = { { 0, 1, 11 }, { 0, 3, 20 },
    { 1, 2, 13 }, { 1, 4, 28 }, { 2, 5, 12 }, { 3, 4, 18 }, { 3, 6, 21 },
    { 4, 5, 19 }, { 4, 7, 14 }, { 5, 8, 17 }, { 6, 7, 23 }, { 7, 8, 22 } } ;

    edge_t mst[NUM_NODE - 1] ;
    int cost ;
    cost = kruskal(graph, sizeof(graph) / sizeof(graph[0]), mst) ;
    for (int i = 0 ; i < NUM_NODE - 1 ; i++) {  ← ㉠
        printf("%d - %d : %d\n", mst[i].node1, mst[i].node2, mst[i].weight) ;
    }
    printf("cost of minimum spanning tree : %d\n", cost) ;  ← ㉡
}

void init_set(int parent[], int n) {
    for (int i = 0 ; i < n ; ++i) {
    parent[i] = i ;
    }
}

int find_set(int parent[], int v) {
    while (parent[v] != v) {
    v = parent[v] ;
    }
    return v ;
}
```

```
void set_union(int parent[], int v, int u) {
        int v_set = find_set(parent, v) ;
        int u_set = find_set(parent, u) ;
        if (v_set < u_set) parent[u_set] = v_set ;
        else parent[v_set] = u_set ;
}


int compare_edge(const void* a, const void* b) {
        edge_t* edge1 = (edge_t*)a ;
        edge_t* edge2 = (edge_t*)b ;
        return edge1->weight - edge2->weight ;
}


int kruskal(edge_t graph[], int num_edges, edge_t out_mst[]) {
        int total_cost = 0 ;
        int out_mst_index = 0 ;
        int parent[NUM_NODE] ;  // 서로소 집합을 위한 배열
        init_set(parent, NUM_NODE) ;  // 서로소 집합 초기화
        // 가중치 오름차순으로 정렬
        qsort(graph, num_edges, sizeof(edge_t), compare_edge) ;
        for (int i = 0 ; i < num_edges ; ++i) {  // 간선 리스트 순회
           int v = graph[i].node1 ;
           int u = graph[i].node2 ;
           int v_set = find_set(parent, v) ;
           int u_set = find_set(parent, u) ;
           if (v_set != u_set) {  // cycle이 발생하지 않는 경우
                set_union(parent, v, u) ;
                out_mst[out_mst_index++] = graph[i] ;
                total_cost += graph[i].weight ;
           }
        }
        return total_cost ;
}
```

(1) for문 ㉠의 출력은 무엇인가?

(2) 문장 ㉡의 출력은 무엇인가?

---

**풀이** (1)

| for문 ㉠의 출력 | 최소비용 신장트리 |
|---|---|
| 0 - 1 : 11<br>2 - 5 : 12<br>1 - 2 : 13<br>4 - 7 : 14<br>5 - 8 : 17<br>3 - 4 : 18<br>4 - 5 : 19<br>3 - 6 : 21 | |

(2) cost of minimum spanning tree : 125

---

**기수 정렬 기능의 프로그램을 큐를 사용하여 작성하시오. 입력과 출력 예시는 다음과 같다.**

| 입력 예시 | 출력 예시 |
|---|---|
| 10<br>15 78 24 61 23 128 156 2 10 1231 | 2 10 15 23 24 61 78 128 156 1231 |

---

**풀이**
```c
#include <stdio.h>
#define MAX 30
#define FULL 0
#define EMPTY 0

int queue[MAX] ;
int front = 0, rear = 0 ;

int is_empty() {
   if (front == rear) return EMPTY ;
   return 1 ;
}

int is_full() {
   if (front == (rear + 1) % MAX) return FULL ;
   return 1 ;
```

```
}

int enq(int value) {
    if (!is_full()) return FULL ;
    queue[rear] = value ;
    rear = (rear + 1 ) % MAX ;
    return 1 ;
}

int deq() {
    int temp ;
    if (!is_empty()) {
        printf("empty\n") ;
        return EMPTY ;
    }
    temp = queue[front] ;
    front = (front + 1) % MAX ;
    return temp ;
}

radix_sort(int array[], int size) {
    int digit = 0, max = array[0] ;
    int i, j, k, ten = 1 ;

    for (i = 0 ; i < size ; i++)
        if (max < array[i]) max = array[i] ;
    for (i = max ; i > 0  ; i = i / 10) digit++ ;
    for (i = 0 ; i < digit ; i++) {
        for (j = 0 ; j < 10 ; j++) {
            for (k = 0 ; k < size ; k++) {
                if ((array[k] / ten) % 10 == j) enq(array[k]) ;
            }
        }
        ten *= 10 ;
        for (k = 0 ; k < size ; k++) array[k] = deq() ;
        front = 0 ;
        rear = 0 ;
    }
}

print(int array[], int size) {
    int i ;
```

```
    for (i = 0 ; i < size ; i++) printf("%d ", array[i]) ;
    printf("\n") ;
}

main() {
    int array[MAX] ;
    int n, i, size ;

    scanf("%d", &n) ;
    for(i = 0 ; i < n ; i++) scanf("%d", &array[i]) ;
    size = n ;
    radix_sort(array, size) ;
    print(array, size) ;
}
```

 나열된 정수에서 범위를 지정한 후 지정한 범위의 정수들을 오른쪽으로 회전 시프트 하고자 한다. 〈조건〉을 고려하여 프로그램을 작성하시오.

조건

① 첫째 줄에는 정수의 개수 n(1≤n≤100)이 입력된다.
② 둘째 줄에는 시프트에 사용될 정수가 입력된다.
③ 셋째 줄에는 시프트 할 시작과 끝 지점(1≤시작≤끝≤m)이 입력된다.
③ 시프트에 사용될 입력 정수는 중복되지 않는다.

| 입력 예시 | 출력 예시 |
|---|---|
| 1<br>9<br>1 1 | 9 |
| 9<br>3 8 32 2 1 4 13 41 5<br>3 5 | 3 8 1 32 2 4 13 41 5 |

```
#include <stdio.h>
#include <stdlib.h>
#include <math.h>

typedef struct std* stdPointer ;
typedef struct std {
    int data ;
    stdPointer link ;
} std ;

no2_swap(int start, int end, stdPointer *head) {
    int cnt = 0 ;
    stdPointer temp1 = NULL, temp2 = NULL, temp3, temp4 = NULL,
    temp5 = NULL ;
    temp3 = *head ;
    while (cnt < start - 1) {
        cnt++ ;
        if (cnt == start - 1) temp4 = temp3 ;
        temp3 = temp3->link ;
        temp1 = temp3 ;
    }
    while (cnt < end - 1) {
        cnt++ ;
        if (cnt == end - 1) temp5 = temp3 ;
            temp3 = temp3->link ;
            temp2 = temp3 ;
    }
    if(temp5 != NULL) {
        temp5->link = temp2->link ;
        temp2->link = temp1 ;
        temp4->link = temp2 ;
    }
}

no2_print(stdPointer *head) {
    stdPointer temp ;
    temp = *head ;
```

```
        while (temp->link != NULL) {
            printf(" %d", temp->data) ;
            temp = temp->link ;
        }
        printf(" %d", temp->data) ;
}

no2_create(stdPointe r*head, int a) {
    stdPointer temp, temp2 ;
    temp = (stdPointer*)malloc(sizeof(std)) ;
    temp2 = *head ;
    temp->data = a ;
    temp->link = NULL ;

    if (!*head) *head = temp ;
    else {
        while (temp2->link != NULL)
        temp2 = temp2->link ;
        temp2->link = temp ;
    }
}

main() {
    int std = 0, data = 0, start = 0, end = 0 ;
    stdPointer head = (stdPointer*)malloc(sizeof(std)) ;
    head = NULL ;
    printf("데이터 개수(1~100) :") ;
    scanf("%d", &std) ;
    if (std < 1 && std > 100) {
        printf("입력 범위를 확인하세요.\n") ;
        exit(1) ;
    }

    printf("데이터 입력 : ") ;
    for (int i = 0 ; i < std ; i++) {
        scanf("%d", &data) ;
        no2_create(&head, data) ;
    }
```

```
    printf("시프트 할 시작과 끝 지점 입력 : ") ;
    scanf("%d", &start) ;
    scanf("%d", &end) ;
    no2_swap(start, end, &head) ;
    no2_print(&head) ;
}
```

CHAPTER **7**

# 정보통신윤리/인공지능/
# 소프트웨어공학

## ※ 정보통신윤리 과목의 평가 영역 및 평가 내용 요소

| 평가 영역 | 평가 내용 요소 |
|---|---|
| 정보사회의 특징 | 정보사회와 정보과학의 역할과 영향 |
| | 정보사회와 직업 |
| 소프트웨어 저작권 | 소프트웨어 저작권 이용 및 공유 방법 |
| | 소프트웨어 저작권 보호 기술과 제도 |
| | 오픈 소스 활용법 |
| 정보보호 | 개인정보의 개념과 보호 방안 |
| | 개인정보 관리의 법과 제도 |
| | 정보보안의 기술과 설정 |
| | 해킹 및 바이러스 피해 예방법 |
| 사이버 윤리 | 사이버 윤리의 필요성 및 관련 제도 |
| | 사이버 공동체 윤리 |
| | 사이버 공동체에서의 협업과 공유 |

## ※ 인공지능 과목의 평가 영역 및 평가 내용 요소

| 평가 영역 | 평가 내용 요소 |
|---|---|
| 인공지능의 개요 | 인공지능의 개요 및 역사 |
| | 인공지능 응용 분야 |
| 탐색을 통한 문제해결 | 문제해결 에이전트(탐색에 의한 문제해결, 상태 공간) |
| | 기본적인 탐색기법(깊이 우선 탐색, 너비 우선 탐색, IDS) |
| | 휴리스틱 탐색 기법(휴리스틱, 평가함수, $A^*$) |
| | 게임을 위한 탐색 |
| | 제약조건 만족 문제 |
| 논리적 에이전트 | 명제 논리 |
| | 술어 논리 |
| | 논리 추론 |
| 인공지능 응용 사례 | 기계학습 응용 사례 |
| | 지능형 에이전트 응용사례 |

## ※ 소프트웨어공학 과목의 평가 영역 및 평가 내용 요소

| 평가 영역 | 평가 내용 요소 |
|---|---|
| 소프트웨어공학 개요 | 소프트웨어와 시스템 |
| | 소프트웨어공학 개발 모형 |
| | 소프트웨어 개발에 영향을 미치는 요소 |
| 계획 | 계획 수립 |
| | 일정 계획 |
| | 개발비용 산정 |
| | 조직 계획 |
| | 위험분석 |
| 요구분석 | 요구 정의(기능적 요구, 비기능적 요구) |
| | 도메인 분석, 요구추출 방법 |
| | 구조적 요구분석(자료흐름도, 자료사전, 소단위명세서) |
| | 객체지향 요구분석(사용사례 다이어그램) |
| 설계 | 설계원리(문제의 분할, 추상화, 모듈화) |
| | 구조적 설계(변환분석, 자료설계, 알고리즘 설계) |
| | 객체지향 개념(클래스와 객체, 캡슐화, 상속, 다형성) |
| | 객체지향 설계(클래스 다이어그램, 인터랙션 다이어그램, 상태 다이어그램, 액티비티 다이어그램) |
| 구현 및 테스트 | 구현(코딩 원리, 코딩 스타일) |
| | 테스트 개념, 원리, 기법(화이트박스 테스트, 블랙박스 테스트, 통합테스트) |

## 7.1 정보통신 윤리

다음 A, B 두 사람의 대화 내용을 참조하여 물음에 답하시오.

> A : 선생님, 제가 직접 촬영한 사진과 동영상도 저작권의 보호를 받을 수 있나요?
> B : 그럼, 사상이나 감정을 표현한 창작물이면 저작물로 저작권 보호를 받을 수 있단다.
> A : ㉠ 2차적 저작물도 저작권의 보호를 받을 수 있나요?
> B : … (중략) …
> A : 그러면 ㉡ 인터넷에서 찾은 사진을 다운로드한 후, 편집하여 수업 자료로 사용하였다면 저작권법에 저촉되나요?

(1) 밑줄 친 ㉠의 개념을 기술하시오.

(2) 밑줄 친 ㉡이 저작권법(법률 제12137호, 2013.12.30., 일부 개정)에 저촉되는지 판단하고 그 이유를 기술하시오.

**풀이** (1) 2차적 저작물은 원 저작물을 편곡, 번역, 각색, 영상제작 그 밖의 방법으로 작성한 창작물로 독자적인 저작물로 보호된다.

(2) 저작권법에 위배되지 않는다. 교육기관은 학교수업을 위한 목적으로 저작물의 일부 또는 부득이한 경우 전부를 이용할 수 있다.

다음 설명에 관한 아래 물음에 답하시오.

> ( ㉠ )은(는) 자신의 창작물에 대해 일정한 조건으로 다른 사람이 자유롭게 이용할 수 있도록 허락한다는 내용을 표시하는 마크이다. 이런 표시를 하는 이유는 저작자의 권리를 보호하기 위해서다. 저작권법에 따르면 자신의 사상이나 감정을 표현한 창작물을 ( ㉡ )(이)라고 하는데, 법적으로 보호를 받는다. ( ㉡ )에는 소설, 시, 음악, 그림, 사진, 영화, 컴퓨터 프로그램 등 우리 주변에서 접하는 창작물 대부분이 해당된다.

(1) ㉠에 해당하는 용어는 무엇인가?

(2) ㉠의 기본 구성 요소 4가지를 쓰시오.

(3) ㉡에 해당하는 용어는 무엇인가?

**풀이** (1) 저작물 이용 허락 표시(CCL, Creative Commons License)

(2) 저작자 표시, 비영리, 동일조건 변경허락, 변경금지

한국저작권위원회 사이트에서 CCL 조건의 문자 표기로 BY, NC, ND, SA를 사용하기도 한다.

(3) 저작물

---

### 참고

저작권 보호 방안으로 영역별 저작권 보호 방안과 이용허락표시제도(CCL: Creative Commons License)를 사용할 수 있다. CCL은 자신의 창작물에 대하여 일정한 조건하에 모든 사람들의 자유 이용을 허락하는 내용의 라이선스이다

| 저작자 표시 | 비영리 | 변경금지 |
|:---:|:---:|:---:|
| 저작물 사용 허락 | 이차적 저작물 허락 | 동일 조건 변경 허락 |

공공누리(공공저작물 자유이용허락 표시제)는 다른 자유이용 라이선스와 달리 공공저작물에 특화된 라이선스이다. 공공저작물의 자유로운 이용을 촉진할 수 있는 표준화된 이용허락 제도의 도입과 유통체계 구축을 위해 도입되었다. 공공누리의 유형은 다음과 같다.

① 저작물의 출처 표시

이용자는 이용 공공저작물의 출처를 표시해야 한다. 출처 표시는 저작인격권의 하나로 인정되고 있으며, 이용자 입장에서 신뢰할 만한 저작물을 사용하였다는 점을 알릴 수도 있다.

② 비영리 목적의 저작물에 이용

상업적 이용이 금지된 공공저작물은 영리행위와 직접 또는 간접으로 관련된 행위를 위하여 이용될 수 없다. 다만, 별도의 이용허락을 받아 공공저작물을 상업적으로 이용하는 것은 가능하다.

③ 저작물 변경 및 2차적 저작물 금지

공공저작물의 변경이 금지되도록 한다. 내용상의 변경뿐만 아니라 형식의 변경과 원저작물을 번역·편곡·각색·영상제작 등을 통해 2차적 저작물을 작성하는 것도 금지 대상 행위에 포함된다.

다음은 인터넷 역기능과 관련된 내용이다. ㉠~㉣에 들어갈 용어는 무엇인가?

( ㉠ )는/은 컴퓨터 화면의 제어권을 빼앗거나, 개인 파일을 암호화하여 사용할 수 없도록 하고, 이를 해제해 주는 대가로 금전을 요구하는 악성 프로그램의 일종이다.

( ㉡ )는/은 인터넷 사용자가 소셜 네트워크 서비스나 포털 게시판 등에 올린 게시물의 삭제를 요청할 수 있는 권리이다. 인터넷에 공개된 정보로 인해 개인의 권리가 침해되는 경우, 정보통신망 이용촉진 및 정보보호 등에 관한 법률에 근거하여 정보의 삭제를 해당 기관에 요청할 수 있다.

( ㉢ )는/은 사람의 지문을 디지털화한 것으로, 숨은 메시지를 디지털 시청각 자료에 깊숙이 파묻는 것으로 저작물의 질에는 아무런 영향을 미치지 않는 저작권 보호기술이다.

( ㉣ )는/은 제3자(사업자)가 소비자의 결제대금을 예치하고 있다가 상품배송이 완료된 후 통신판매업자에게 대금을 지급하는 전자상거래 보호제도이다.

**풀이**  ㉠ 랜섬웨어

㉡ 잊힐 권리(the right to be forgotten)

㉢ 디지털 지문, 디지털 핑거프린팅(finger printing)

㉣ 에스크로 제도(결제대금예치제도)

## 7.2 인공지능

다음 지도를 빨강, 파랑, 노랑의 3가지 색상을 사용하여 모두 칠하고자 한다. 한 지역은 한 가지 색으로 칠하며, 이웃하는 지역은 서로 다른 색으로 칠해야 한다. 물음에 답하시오.

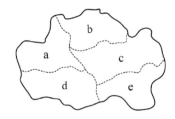

(1) 지도를 그래프로 표현하시오. 단, 각 노드 이름은 지도에 표기된 지역명(a, b, c, d, e)으로 표기한다.

(2) 백트래킹(backtracking) 알고리즘을 사용하여 해를 찾아가는 상태 공간 트리(state space tree)를 그리시오. 단, 각 지역을 알파벳순 (a → b → c → d → e)로 방문하며, 최초의 해를 발견하면 멈춘다.

(3) 너비우선 탐색 방법과 비교할 때 깊이우선 탐색 방법의 장단점을 1가지씩 서술하시오.

(4) 백트래킹 알고리즘의 효율성은 노드 방문 순서에 따라 달라진다. 효율적인 노드 방문 순서 결정 방법을 한 가지만 기술하고, 그 방법이 임의로 방문 순서를 정하는 방법보다 효율적인 이유를 서술하시오.

---

**풀이** (1) 지도를 그래프로 표현하면 다음과 같다.

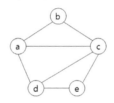

(2) 백트래킹 알고리즘을 사용하여 해를 찾아가는 상태 공간 트리는 다음과 같이 그려진다.

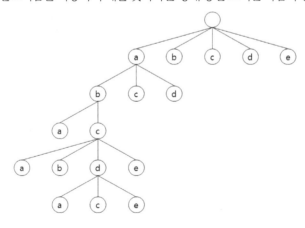

(3) 깊이 우선 탐색 방법의 장점은 무한히 넓은 트리의 탐색에 효과적이며, 단점으로는 시간이 많이 소요된다는 것이다.

(4) 백트래킹 알고리즘의 효율성은 노드 방문 순서에 따라 달라진다. 효율적인 노드 방문 순서 결정을 위한 방법으로는 분기를 한정시키는 방법이 있다. 이 방법이 효율적인 이유는 시간 낭비를 줄일 수 있기 때문이다.

다음 설명은 정보 과목 수업에서 토론을 위한 읽기 자료이다. 물음에 답하시오.

> ( ㉠ ) 기술은 인간의 지능이 가지는 학습, 추론 등의 기능을 컴퓨터가 가질 수 있도록 하는 기술로, 최근 주목받고 있는 ( ㉡ )도 이 기술의 한 분야로 발전하고 있다. ( ㉡ )은/는 컴퓨터가 명시적인 프로그램이 없이 배울 수 있고 데이터를 기반으로 예측하는 능력을 갖추도록 한다. ( ㉢ )은/는 인공신경망에 기반을 둔 대표적인 ( ㉡ ) 기술의 한 종류이다.
>
> ( ㉠ ) 기술을 핵심으로 활용하는 분야에는 전문가 시스템, 데이터 마이닝, 패턴인식, 자연어 처리, 컴퓨터 비전, 음성 인식, 로봇 공학 등이 있다.

(1) ㉠, ㉡, ㉢에 해당하는 각 용어는 쓰시오.

(2) 2015 개정 고등학교 정보 교육과정에서 위 자료와 관련된 성취기준을 1개 기술하시오.

**풀이** (1) ㉠ : 인공지능, ㉡ : 기계학습((Machine Learning), ㉢ : 딥러닝(Deep Learning)

(2) 정보사회에서 정보과학의 지식과 기술이 활용되는 분야를 탐색하고 영향력을 평가한다.

다음 설명에 관한 아래 물음에 답하시오.

> ( ㉠ )은/는 인공지능 분야에서 자연어 처리에 사용되는 대규모 언어 모델 중 하나이다. 이 모델은 인공 신경망을 사용하여 텍스트 데이터를 이해하고, 이를 바탕으로 새로운 텍스트를 생성하는 능력을 갖추고 있다. 이 모델은 트랜스포머(Transformer)라는 구조를 사용하며, 기존 모델인 RNN(Recurrent Neural Network)이나 LSTM(Long Short-Term Memory)보다 더욱 효율적으로 긴 시퀀스 데이터를 처리할 수 있다. 이 모델은 자연어 처리 작업, 대화형 인공지능 시스템, 대화형 챗봇, 가상 어시스턴트 등에서 사용된다. 예를 들면, OpenAI에서 개발된 대규모 언어 모델 중 하나인 ( ㉡ )은/는 인공지능 기술을 이용하여 자연어 이해와 생성 능력을 향상시키기 위해 훈련되었다.

(1) ㉠에 해당하는 용어는 무엇인가?

(2) ㉡에 해당하는 용어는 무엇인가?

**풀이** (1) GPT(Generative Pre-trained Transformer)

(2) ChatGPT

다음 ㉠~㉢은 인공지능 윤리와 관련된 중요 주제를 설명한 것이다. 각각의 설명과 관련된 주제를 ⓐ~ⓔ에서 선택하시오.

> ㉠ 인공지능 시스템이 내린 결정이 공정하고 투명하게 이루어져야 한다. 특히, 인간의 인권 침해 가능성이 있는 경우, 이러한 결정 과정은 더욱 투명하고 책임을 지는 방식으로 이루어져야 한다.
> ㉡ 인공지능 시스템이 수집한 개인정보를 적절하게 보호해야 한다. 이를 위해서는 개인정보 처리와 보호에 대한 적절한 규제와 정책이 필요하다.
> ㉢ 인공지능 시스템은 인간들의 필요와 관심을 고려하여 설계되어야 한다. 예를 들어, 인공지능 시스템이 보건 의료 분야에서 사용되는 경우, 환자의 이익과 건강을 최우선으로 고려하여 설계되어야 한다.
> ㉣ 인공지능 기술의 발전은 일부 직업을 자동화하고 새로운 직업을 창출할 수 있다. 따라서 직업적 안정성을 보장하기 위해서는 관련된 교육 및 직업 재교육 프로그램 등이 필요하다.
> ㉤ 인공지능 시스템이 사회적으로 책임을 지는 방식에 대한 규제와 법적 구조가 필요하다. 예를 들면, 자율 주행 자동차의 사고 발생 시 법적 책임이 누구에게 있는지의 문제이다.

> ⓐ : 법적 책임과 규제, ⓑ : 인간 중심적 설계, ⓒ : 개인정보 보호, ⓓ : 직업적 영향, ⓔ : 공정성과 투명성

**풀이** ㉠ : ⓔ, ㉡ : ⓒ, ㉢ : ⓑ, ㉣ : ⓓ, ㉤ : ⓐ

다음 그래프는 여행 경로를 탐색하기 위한 것이다. 그래프의 시작 정점에서 도착 정점까지 최소 비용을 갖는 경로를 탐색하고자 한다. 여행에 필요한 비용은 거리와 함께 체류 비용을 고려한 평가함수를 사용한다. 조건과 〈경로 탐색 알고리즘 설명〉을 고려하여 물음에 답하시오.

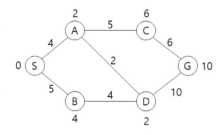

조건
- 그래프에서 간선의 숫자는 거리 비용을 나타낸다.
- 그래프에서 정점에 표시된 숫자는 여행 지역의 체류 비용을 나타낸 것이나.
- 출발지와 도착지는 각각 정점 S와 G이며, 다른 정점은 경유지를 나타낸 것이다.
- 정점 x에 대한 평가함수 f(x)는 다음과 같이 정의한다.

$$f(x) = g(x) + h(x)$$

- 평가함수에서 g(x)는 출발 정점 S에서 x까지 탐색 경로에 대한 거리 비용이다. h(x)는 정점 x에 대한 휴리스틱 함수로 도착 정점 G의 체류비용에서 정점 x의 체류비용을 뺀 것이다.

경로 탐색 알고리즘 설명
- 출발 정점에서 시작하여 하나의 정점을 방문한 경우 이것과 연결된 모든 정점을 방문 가능 정점의 집합에 추가한다. 그리고 추가된 각 정점에 대한 탐색 경로를 수정하고 평가함수를 계산한다.
- 한 정점에 대한 방문이 종료되면 방문 가능 정점의 집합에서 평가함수 값이 최소인 정점을 다음 방문 정점으로 선택한다.
- 최소 평가함수 값을 갖는 선택된 정점은 방문 가능 정점의 집합에서 삭제한다.
- 한 정점의 평가함수가 계산된 상태에서 새로운 정점의 추가에 의한 평가함수 값이 변경된 경우, 두 값 중에서 작은 것을 평가함수 값으로 설정한다.

(1) 탐색하는 순서대로 정점을 나열하시오.

(2) 평가함수 값이 최대인 정점과 그 정점의 평가함수 값을 쓰시오.

(3) 최단경로를 구하시오.

(4) 탐색 중에 평가함수의 값이 변경되는 정점을 순서대로 쓰시오. 그리고 그 정점에 대해 변경되기 전후의 평가함수 값을 쓰시오.

---

풀이 (1) S B A C D G

(2) G, 15

(3) S A C G

(4) D : 17→14

조건에 따르면 정점 x에 대한 휴리스틱 함수 h(x)는 도착 정점 G의 체류비용에서 정점 x의 체류비용을 뺀 것이다. 아래 왼쪽의 주어진 그래프에서 각 정점에 휴리스틱 함수를 적용하면 오른쪽 그래프가 된다.

위 그래프를 사용하여 출발지 정점 S에서 도착지 정점 G까지 각 정점에 대한 평가함수 값과 방문 순서는 아래와 같다.

• Visited : S→B→A→C→D→G

| Q | S | | | | |
|---|---|---|---|---|---|
| f(x) | 0 | | | | |

| Q | S | A | B | A: 4+8=12 | S→A |
|---|---|---|---|---|---|
| f(x) | 0 | 12 | 11 | B: 5+6=11 | S→B |

| Q | S | A | B | D | D: 5+4+8=17 | S→B→D |
|---|---|---|---|---|---|---|
| f(x) | 0 | 12 | 11 | 17 | | |

| Q | S | A | B | D | C | D: 5+4+8=17 | S→B→D |
|---|---|---|---|---|---|---|---|
| f(x) | 0 | 12 | 11 | 17→14 | 13 | | |

| Q | S | A | B | D | C | G | D: 4+2+8=14 | S→A→D |
|---|---|---|---|---|---|---|---|---|
| f(x) | 0 | 12 | 11 | 17→14 | 13 | 15 | C: 4+5+4=13<br>G: 4+5+6+0=15 | S→A→C<br>S→A→C→G |

| Q | S | A | B | D | C | G | G: 4+2+10+0=16 | S→A→D→G |
|---|---|---|---|---|---|---|---|---|
| f(x) | 0 | 12 | 11 | 14 | 13 | 15 | | |

| Q | S | A | B | D | C | G |
|---|---|---|---|---|---|---|
| f(x) | 0 | 12 | 11 | 14 | 13 | 15 |

다음 게임 트리에 mini-max 알고리즘을 적용하고자 한다. 물음에 답하시오.

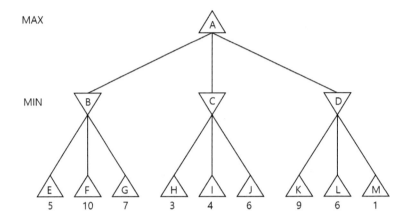

(1) 트리에서 가지치기(Alpha-Beta Pruning)가 발생하는 노드를 나열하시오.

(2) 트리에서 발생된 가지치기의 종류를 쓰시오.

(3) 각 노드의 평가함수 값을 계산하여 트리를 나타내시오.

**풀이** (1) I, J

(2) 알파 가지치기

(3)

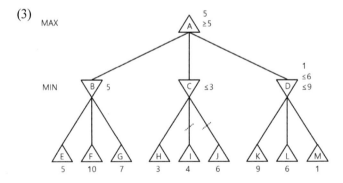

게임을 할 때 나의 관점에서 보면 나는 최댓값 노드의 최대 기댓값을 선택하고 상대는 최솟값 노드의 최소 기댓값을 선택하게 된다. 먼저 단말 노드인 E, F, G의 값인 5, 10, 7 중에서 나에게 가장 유리한 5를 선택한다. 이때 B는 5가 되고 A는 5보다 크거나 같다. 이어서 단말 노드인 H, I, J를 비교한다. 이때 첫 번째 노드인 H를 선택하면 C는 3이 되며, 노드 I, J는 비교할 필요가 없다. 그 이유는 C가 최솟값 노드이므로 3 이하의 값을 갖기 때문이다. 그런데 이전 비교에서 최댓값 노드인 A가 5 이상이므로 H를 제외한 C의 다른 자식 노드들의 비교 과정을 생략할 수 있다. 이어서 단말 노드인 K, L, M의 9, 6, 1을 비교하여 1이 선택된다. 다음 단계는 최솟값 노드들인 5, 3, 1에서 가장 큰 값인 5를 선택한다.

트리에서 가지치기하는 것은 탐색 시간을 줄이기 위해서이다. 트리에서 모든 노드를 탐색하는 것은 시간 측면에서 비효율적이므로 결과에 영향이 없는 탐색은 생략하도록 한다.

다음 프로그램은 알파-베타 가지치기(Alpha-Beta Pruning) 개념을 적용한 mini-max 알고리즘을 의사코드로 나타낸 것이다. 아래 게임 트리와 〈조건〉을 고려하여 물음에 답하시오.

```
alpha_beta(node, p_value) {
  if (node is te_node) return (ev_value of node) ;
  if (node is mx_node) {
    value = -∞ ;
    for (every ch_node of node) {
      ch_value = alpha_beta(ch_node, value) ;
      if (value < ch_value) value = ch_value ;
      if (_____㉠_____) break ;
    }
    return value ;
  } else {
    value = +∞ ;
    ┌─────────────────────────────┐
    │              ㉡              │
    └─────────────────────────────┘
    return value ;
  }
}
```

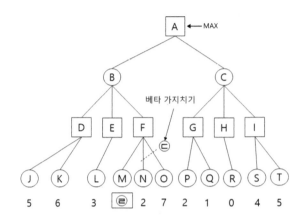

- 알고리즘에서 ch_node, te_node, mx_node, ev_value는 각각 자식노드, 단말노드, 최댓값 노드, 평가함수 값을 의미한다.
- 알고리즘에서 최댓값 노드(/최솟값 노드)의 평가함수 값을 구할 때 현재까지 찾아낸 가장 큰(/작은) 평가함수 값을 그 노드의 알파(/베타) 값이라 한다.
- 알파(/베타) 가지치기는 최솟값 노드(/최댓값 노드) X의 평가함수 값을 구하는 과정에서 부모노드 Y의 알파(/베타) 값보다 작거나 같은(/크거나 같은) 평가함수 값을 갖는 자식노드 Z가 발견될 경우 그 이후에 탐색하려 했던 X의 나머지 자식노드 모두를 가지치기하여 평가함수 값의 계산 대상에서 제외하는 것이다.

(1) 가지치기가 일어나도록 ㉠의 내용을 쓰시오.

(2) 위의 코드에 있는 변수들을 사용하여 ㉡에 들어갈 코드를 작성하시오.

(3) ㉢의 가지치기가 일어나기 위한 ㉣의 최솟값은 무엇인가? 단, 트리에서 단말노드 M의 평가함수 값인 ㉣은 ㉢ 베타 가지치기가 일어나도록 주어진다고 가정한다.

(3) 트리에서 발생하는 가지치기 이름은 무엇인가? 이때 평가 함수 값 계산에서 제외되는 모든 노드를 나열하시오. 단, ㉢의 가지치기는 제외한다.

---

**풀이** (1) p_value <= value

max node에서 자식 노드의 값이 부모 노드보다 크거나 같으면 가지치기가 일어난다.

(2) min node에서 자식 노드의 값이 부모 노드보다 작거나 같으면 가지치기가 일어난다.

```
for(every ch_node of node) {
    ch_value = alpha_beta(ch_node, value) ;
    if(value > ch_value) value = ch_value ;
    if(p_value >= value) break ;
}
```

(3) 3

　　node E에 의해 노드 B의 최솟값이 3이므로 베타 가지치기가 일어나기 위해서는 최솟

　　값 3이 된다.

(4) 알파 가지치기, H, I, R, S, T

　　node P, node Q에 의해 node G의 값이 2로 정해진 후 node A의 값이 3일 때 node C의

　　값이 최소 노드이므로 노드 H, I는 평가함수를 구할 필요가 없다.

　　이때 node C와 node H, node C와 node I 사이에서 가지치기가 일어난다. 따라서 가지

　　치기로 인해 평가함수 값 계산에서 제외되는 노드는 H, I, R, S, T이다.

---

중등교사 임용시험 정보 · 컴퓨터 2023-A-9.

---

다음은 퍼즐 문제를 해결하기 위한 A* 알고리즘의 의사코드이다. 〈조건〉을 고려하여 물음에 답하시오.

```
Nodes = ∅   // 평가할 노드 집합 Nodes를 공집합으로 초기화함
Checked = ∅   // 평가한 노드 집합 Checked를 초기화함

Nodes에 '시작노드'를 추가함

while (Nodes ≠ ∅) do {
 p = delete_min(Nodes)
 if (p == '목표노드') then return '성공'
 else {
   p의 모든 하위노드 집합 SubNodes를 생성한다.
   for each n ∈ SubNodes {  // 각 하위노드 n에 대해 수행
     if ((n ∉ Nodes) and (n ∉ Checked)) then {
       n의 평가함수 값 f(n) = g(n) + h(n)을 계산함
       n을 Nodes에 추가함
     }
   }
 }
 p를 Checked에 추가함
}
return '실패'
```

조건

- 3-퍼즐 문제란 2×2 퍼즐 숫자판에 놓인 3개의 숫자 조각을 인접한 빈 공간으로 상, 하, 좌, 우로 한 칸씩 이동하면서 시작 노드에서 목표노드로 만드는 것이다.
- A* 알고리즘은 초기상태인 시작노드에서 하위노드들을 확장해 가면서 목표노드에 도달하는데, 평가함수 f(n)의 값이 최소인 노드를 우선 확장한다.
- 하위노드란 한 노드에서 숫자 조각을 한 칸 이동하여 생성된 노드이며, 이들 중 이전에 생성된 적이 있는 노드는 문제 해결 과정에서 제외된다.
- 다음은 8-퍼즐과 그 하위노드들을 나타낸 예이다.

- 노드 n의 평가함수는 f(n) = g(n) + h(n)으로 정의한다.
- g(n)은 시작노드부터 노드 n까지의 경로 비용이다.
- g(시작노드)는 0이고, 어떤 노드 n에 대하여 g(n의 하위노드) = g(n) + 1이다.
- h(n)은 노드 n에서 목표노드까지의 비용을 예상하는 휴리스틱 값이다. h(n)은 노드 n의 숫자 조각이 목표노드와 동일한 위치에 있지 않은 숫자 조각의 개수로 계산된다.
- delete_min(Nodes) 함수는 집합 Nodes에서 평가함수 값이 최소인 노드를 가져온 후, 해당 노드를 Nodes에서 제거한다.
- 다음은 알고리즘에 적용할 3-퍼즐 문제의 시작노드와 목표노드의 상태이다.

(1) 다음 노드 n은 위 알고리즘을 적용하여 시작노드에서 목표노드로 만드는 과정에서 생성된 것이다. 노드 n에 대한 g(n)과 h(n)의 값을 각각 구하시오.

(2) 주어진 알고리즘을 사용하여 시작노드에서 목표노드로 만들었을 때 h(목표노드)와 f(목표노드) 값을 각각 구하시오.

---

**풀이** (1) 2, 1

동일한 위치에 있지 않은 숫자는 1로 1개이다. 따라서 g(n) = 2, h(n) = 1이 된다.

(2) 0, 3

g(목표노드) = 3, h(목표노드) = 0, f(목표노드) = 3 + 0 = 3

| 2 | 1 |
|---|---|
| 3 |   |

하위노드 :

| 2 |   |
|---|---|
| 3 | 1 |

| 2 | 1 |
|---|---|
|   | 3 |

⇒

|   | 1 |
|---|---|
| 2 | 3 |

⇒

| 1 |   |
|---|---|
| 2 | 3 |

# 7.3 소프트웨어공학

다음 〈작업 내용〉은 폭포수 모델에 관한 설명이다. 물음에 답하시오.

**작업 내용**
- 소프트웨어 개발에서 무엇(what)을 개발할 것인가를 결정하는 단계이다.
- 개발을 의뢰한 사용자의 요구나 주어진 문제를 정확히 파악하여 개발하려는 시스템에 대한 요구를 결정하는 작업을 수행한다.
- 기존 시스템을 변경하는 경우 시스템의 현재 상태와 요구 조건을 정의하고, 구현할 시스템의 목표를 도출한다.

(1) 소프트웨어 개발 생명주기에서 어느 단계에 해당하는가?

(2) (1)의 단계에서 생산되는 산출물인 주요 형상관리 항목을 쓰시오.

**풀이** (1) 요구분석

(2) 시스템 명세서, 소프트웨어 프로젝트 계획서, 예비사용자 매뉴얼

다음은 두 가지의 소프트웨어 개발 생명주기 모델을 설명한 것이다. 이에 관한 물음에 답하시오.

| 모델 ㉮ | 하향식 수명주기 방법으로 각 단계의 결과가 확인된 후에 다음 단계로 넘어가고, 다시 수정하도록 전 단계로 돌아가는 피드백이 있다. |
|---|---|
| 모델 ㉯ | 시스템의 일부 혹은 시스템의 모델이 될 만한 것을 만드는 과정이 포함된 모델이며, 모델 ㉮의 일부 단점을 보완하였다. |

(1) 모델 ㉮, ㉯의 이름은 무엇인가?

(2) 모델 ㉮의 단계와 단계별 결과물을 순서대로 나열하시오.

(3) 모델 ㉯에서 단계를 나열하고 피드백을 설명하시오.

(4) 모델 ㉮의 단점을 기술하시오.

(5) 모델 ㉯에서 모델 ㉮의 단점을 보완한 내용이 무엇인지 기술하시오.

---

**풀이** (1) ㉮ : 폭포수 모델, ㉯ : 프로토타이핑 모델

(2) • 단계 : 계획, 요구분석, 설계, 구현, 시험, 인수/설치
   • 단계의 결과물 : 계획서, 요구분석서, 구조설계서(상세설계서), 프로그램, 통합된 프로그램, 설치된 소프트웨어가 있다.

(3) 단계는 요구분석, 프로토타입 개발/개선, 프로토타입 평가, 구현, 인수/설치인 5개가 있다. 단계별 피드백에는 3번째 단계인 프로토타입 평가 단계에서 이전 단계들인 프로토타입 개발/개선과 요구분석 단계로의 피드백이 있다.

(4) 모델 ㉮의 단점으로는 첫째, 각 단계와 일정이 엄격하여 요구 변경을 수용하기 어렵다. 둘째, 설계, 코딩, 구현 등 각 단계가 지연될 가능성이 있다. 셋째, 재사용의 기회가 줄어든다. 등이 있다.

(5) 모델 ㉯는 프로토타입을 구현하여 의뢰인의 요구사항을 정확하게 파악하고 구현할 수 있다. 또한 프로토타입을 개발함으로써 사용자도 시스템에 대하여 실감할 수 있고 요구를 이해할 수 있다.

---

다음 애자일(Agile) 소프트웨어 개발 프로세스와 방법론에 관한 물음에 답하시오.

(1) 애자일 프로세스의 특징을 기술하시오.

(2) 애자일 방법론 세 가지를 쓰고 각각을 설명하시오.

---

**풀이** (1) ① 절차와 도구보다 개인의 소통을 중요하게 본다.
   ② 잘 쓴 문서보다는 실행되는 소프트웨어에 더 가치를 둔다.
   ③ 계약 절충보다는 고객 협력을 더 중요하게 여긴다.
   ④ 계획에 따라 하는 것보다 변경에 잘 대응하는 것을 중요하게 여긴다.

(2) ① 익스트림 프로그래밍(eXtreme programming)

　　　 소규모 개발 조직이 불확실하고 변경이 많은 요구를 접하였을 때 적절한 방법이다. 탐구, 계획, 반복, 제품화, 유지보수, 종료의 여섯 단계로 구성된다.

　　② 스크럼(scrum)

　　　 소프트웨어 개발팀이 개발을 연습하고 능력을 향상시킬 수 있는 프레임워크이다. 소프트웨어 개발자들의 팀구성, 팀구성원의 역할, 시간의 틀, 결과물, 스크럼 규칙으로 구성된다. 예측을 정확히 할 수 있고 위험을 관리할 수 있는 반복적이며 점증적인 접근 방법이다.

　　③ 기능 중심 개발(feature driven development)

　　　 전체 모델 개발, 기능 리스트 구축, 기능 단위의 계획 단계를 한 번 수행함. 이어서 기능 단위의 설계, 구축, 설치 단계를 반복 수행한다. 목표 지향적인 시스템에 적합하다.

---

객체지향 모델의 표현 방식인 UML(Unified Modeling Language)에 관한 다음 물음에 답하시오.

(1) UML을 이용한 시스템의 모델링 방법 3가지를 설명하시오.

(2) 클래스 다이어그램을 정의하고, 작성 과정을 설명하시오.

(3) 시퀀스 다이어그램을 정의하고, 작성 과정을 설명하시오.

---

**풀이** (1) ① 기능적 모델 관점

　　　 사용자 관점에서 시스템의 기능을 나타내며, 주로 요구분석 단계에서 사용하는 사례 다이어그램으로 표현한다.

　　② 정적(구조적) 모델 관점

　　　 시간 개념을 포함하지 않으며, 시스템의 구조적 측면을 나타낸다. 객체, 클래스, 속성, 연관 관계, 오퍼레이션, 패키지, 컴포넌트 등을 기초로 시스템의 구조를 나타낸다. 클래스 다이어그램, 패키지 다이어그램, 배치 다이어그램 등이 있다.

　　③ 동적 모델 관점

　　　 시간 개념이 있는 동적 모델은 특정한 시각에 시스템의 내부 동작을 나타낸다. 시퀀스 다이어그램, 상태 다이어그램, 액티비티 다이어그램 등이 있다.

(2) 클래스 다이어그램은 방향성 그래프로 나타낸다. 그래프에서 정점은 클래스이고 방향이 있는 간선은 클래스의 관계를 표시한다. 그리고 정점에는 클래스가 가지고 있는 속성과 오퍼레이션의 정보가 표시되어 있다. 이것은 도메인 모델을 나타내는 데 사용된다. 클래스 다이어그램의 작성 과정은 다음과 같다.

- 단계 1: 클래스가 될 만한 후보를 파악한다.
- 단계 2: 가장 중요한 클래스를 시작으로 연관과 상속 관계를 파악하고 속성을 추가한다.
- 단계 3: 클래스의 주요 임무를 찾아내어 오퍼레이션으로 추가한다.

(3) 시퀀스 다이어그램에서 정점은 객체를 나타내며, 방향성 있는 간선은 객체 사이에 오가는 메시지와 요구를 시간 순서로 나타낸다. 이것은 개발팀이 업무 프로세스를 이해하고 분석하는 데 도움이 된다. 시퀀스 다이어그램의 작성 과정은 다음과 같다.

- 단계 1: 참여하는 객체를 파악한다.
- 단계 2: 파악한 객체를 x축에 나열하고 라이프라인을 긋는다.
- 단계 3: 사용사례에 기술된 이벤트 순서에 따라 객체의 메시지 호출을 화살표로 나타낸다.

---

리팩토링(Refactoring)에 관한 다음 물음에 답하시오.

(1) 리팩토링을 정의하시오.

(2) 리팩토링의 목적을 기술하시오.

---

**풀이** (1) 리팩토링은 결과의 변경 없이 코드의 구조를 다시 조정하는 것이다. 가독성을 높이고 유지보수가 쉽도록 버그를 없애거나 새로운 기능을 추가하는 행위이다.

(2) • 소프트웨어의 디자인을 개선한다.
- 소프트웨어를 이해하기 쉽게 한다.
- 프로그램의 버그를 찾는 데 도움을 준다.
- 프로그램 작성을 빠르게 할 수 있게 도와준다.

다음은 프로그램 검사를 위해 테스트 케이스를 만들기 위한 순서도와 테스트 케이스 표이다. 〈조건〉을 고려하여 물음에 답하시오.

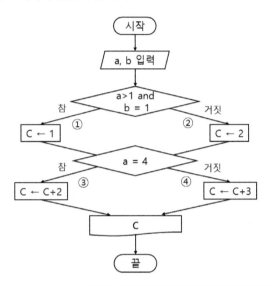

| 테스트 케이스 | 입력 | | 결과 | 경로 |
|:---:|:---:|:---:|:---:|:---:|
| | a | b | c | |
| A | 4 | 2 | 4 | |
| B | ㉠ | ㉡ | 4 | |
| C | ㉢ | 1 | 3 | |
| D | 3 | ㉣ | 5 | |

조건

• 케이스 A, B는 제시된 순서도에 대해 분기 테스팅에 따른 테스트 데이터이고, 케이스 A, B, C, D는 경로 테스팅에 따른 테스트 데이터이다.
• 분기 테스팅(branch testing)은 각 분기점에서 참과 거짓인 경우 모두가 검사될 수 있도록 테스트 데이터를 만든다.
• 경로 테스팅(path testing)은 각 분기점의 참/거짓 값에 따른 모든 경로가 검사될 수 있도록 테스트 데이터를 만든다.

(1) 분기 테스팅에 따른 테스트 데이터의 ㉠에 해당하는 조건을 쓰시오.

(2) 경로 테스팅에 따른 테스트 데이터의 ㉣에 해당하는 조건을 쓰시오.

(3) 분기 테스팅과 경로 테스팅에 따른 각 테스트 데이터의 ⓒ, ⓒ에 해당하는 값은 무엇인가?

(4) 위 순서도에서 경로 테스팅을 위한 총 경로의 수는 몇 개인가?

(5) 테스트 케이스 A~D에 해당하는 각 경로를 ①~④로 나타내시오.

---

**풀이**  (1) a > 1 and a ≠ 4

(2) b ≠ 1

(3) ⓒ : 1, ⓒ : 4

(4) 2×2＝4개

(5) A : ②-③, B : ①-④, C : ①-③, D : ②-④

---

📋 다음 그림은 테스트 케이스를 생성하기 위해 프로그램의 함수를 논리 흐름 그래프로 나타낸 것이다. 물음에 답하시오.

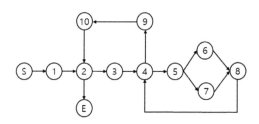

(1) 화이트 박스 테스팅을 위해 사용되는 기본 경로를 정의하시오.

(2) 주어진 그래프에 존재하는 기본 경로의 수는 몇 개인가?

(3) 테스트 케이스를 나열하시오.

---

**풀이**  (1) 기본 경로는 흐름 그래프의 시작 노드에서 종료 노드까지의 서로 독립된 경로로 사이클은 최대 한 번만 허용하는 경로이다.

(2) 4개

(3) ① S-1-2-E

② S-1-2-3-4-9-10-2-E

③ S-1-2-3-4-5-6-8-4-9-10-2-E

④ S-1-2-3-4-5-7-8-4-9-10-2-E

# 참고문헌

- 정보 · 컴퓨터 중등 임용고사 기출문항, 한국교육과정평가원 자료마당(www.kice.re.kr/boardCnts/list.do?boardID=1500212&searchStr=&m=030306&s=kice)
- 이양락, 표시과목별 중등교사 자격 기준과 평가 영역 및 평가 내용 요소 개발 · 보완 연구. 한국교육과정평가원 연구보고 CRO 2016-3-1, 2016
- C 언어로 쉽게 풀어쓴 자료구조, 천인국 외2, 생능출판사, 2019
- C로 쓴 자료구조론, 이석호 역, 교보문고, 2008
- 컴퓨터 구조론, 김종현 저, 생능출판사, 2019
- 컴퓨터 시스템 구조, 김종상 옮김, 프로텍미디어, 2017
- 처음 만나는 디지털 논리회로, 임석구 외1 공저, 한빛아카데미, 2016
- 운영체제, 박민규 옮김, 퍼스트북, 2020
- 운영체제, 구현회 저, 한빛미디어, 2016
- 컴퓨터 네트워크, 정진욱 외4, 생능출판사, 2018
- 데이터통신, 정진욱, 한정수 저, 생능출판사, 2017
- 데이터베이스 배움터, 홍의경 저, 생능출판사, 2012
- C 언어 프로그래밍, 안기수 저, 생능출판사, 2013
- 소프트웨어 공학, 최은만 저, 정익사, 2014
- 정보 · 컴퓨터 전공 A, 강오한 저, 21세기사, 2021
- 정보 · 컴퓨터 전공 B, 강오한 저, 21세기사, 2021

## 저자 약력

강오한(ohkang@anu.ac.kr)

- 경북대학교 전자계열 전산학 학사
- 한국과학기술원 전산학과 석사·박사
- ㈜큐닉스컴퓨터 선임/책임 연구원
- 현). 안동대학교 컴퓨터교육과 교수

## 정보 · 컴퓨터 중등교사 임용시험을 위한 교과내용학

1판 1쇄 인쇄 2023년 06월 26일
1판 1쇄 발행 2023년 07월 01일
저    자 강오한
발 행 인 이범만
발 행 처 **21세기사** (제406-2004-00015호)
경기도 파주시 산남로 72-16 (10882)
Tel. 031-942-7861    Fax. 031-942-7864
E-mail : 21cbook@naver.com
Home-page : www.21cbook.co.kr
ISBN 979-11-6833-080-1

**정가 35,000원**